전남대학교 철학연구교육센터 근대호남유학연구 총서 1

노사 기정진의 철학 사상

전남대학교 철학연구교육센터 근대호남유학연구 총서 ❶

노사 기정진의 철학 사상

근대호남유학연구단

윤사순 · 이동희 · 최영진 · 박학래 · 이향준
이천승 · 이상익 · 고영진 · 이형성 공저

전남대학교출판문화원

■ 근대호남유학연구 총서를 내면서

전남대학교 철학연구교육센터는 2019년부터 한국연구재단 인문사회연구소 사업에 선정되어 노사(蘆沙) 기정진(奇正鎭, 1798~1879) 선생의 철학을 중심으로 노사학파 연구를 진행하고 있습니다. 노사 선생은 「외필(猥筆)」, 「납량사의(納涼私議)」 등을 통해 독창적인 이기론(理氣論)을 주장한 호남의 거유(巨儒)이며, 노사학파는 직전, 재전, 삼전, 사전 제자를 포함해 8천여 명으로 구성된 거대한 지적 공동체입니다. 따라서 노사학파는 근대호남유학의 실체를 규명하기 위해서 반드시 거쳐 가야 할 관문이라고 할 수 있습니다.

노사학파는 성리학에 대한 이론적 탐구는 물론 조선 말기 국운이 기우는 상황에서 호남 의병 운동 확산에 주도적인 역할을 함으로써 진정한 유학자로서의 삶을 보여주는 사표(師表)입니다. 하지만 그들의 삶은 근대 사회에 유학의 쇠락을 보여주는 지표(指標)이기도 합니다. 유학과 삶의 관계를 고민하는 현재의 우리들에게 노사학파는 좋은 지적 탐구의 대상이라고 할 수 있습니다.

철학연구교육센터는 노사 선생의 철학사상을 비롯하여 체계적인 노사학파 연구를 위해 직전과 재전 이후 문인의 문집 조사와 정리 및 해제 작업을 하고 있습니다. 또한 노사학 관련 자료를 선별하고 번역하여 자료집으로 편찬할 계획입니다. 마지막으로 유학의 문화 콘텐츠 개발을 위해 노사학파가 남긴 유·무형의 문화유산들에 대한 실태조사를 진행하고 있습니다. 사업단은 이와 같은 연구 결과를 토대로 매년 근대호남유학총서를 연속적으로 출판할 예정입니다.

우선 근대호남유학연구의 발판을 마련하고자 노사 선생의 철학사상 출간을 계획하였습니다. 이에 노사 선생 성리학의 철학적 탐구에 도움이 될 수 있는 논문을 가려 뽑고, 노사학파의 특징과 위상 그리고 지역에서의 노사학 계승과 후학 양성을 엿볼 수 있는 논문을 추가하였습니다. 이 자리를 빌려 총서에 원고를 싣도록 허락해주신 대한민국 학술원 회원이신 윤사순 고려대 명예교수님, 이동희 계명대 명예교수님, 최영진 성균관대 명예교수님, 박학래 군산대 교수님, 이천승 성균관대 교수님, 이상익 부산교대 교수님, 고영진 광주대 교수님들께 깊은 감사의 말씀을 올립니다. 끝으로 노사학파 연구와 지역 조사에 노력하고 계신 세 분의 학술교수님께도 감사드리는 바입니다.

노사학파에 대한 광범위하고 체계적인 연구가 부족한 상황에서 근대호남유학총서 시리즈는 노사학파를 연구하고자 하는 이들에게 좋은 길잡이가 될 것입니다. 부디 저희 사업단의 연구가 노사학파에 대한 관심을 불러일으키고 호남유학의 문화적 유산을 되새겨보는 기회가 되기를 바랍니다.

감사합니다.

2021년 6월

철학연구교육센터 센터장 양순자

■ 차 례

【부록 논문】

- 노사 기정진의 리 일원적 우주관 | 윤사순
  — 동아 유일의 리 일원적 성리학설 —

- 노사 기정진의 유리론(唯理論)의 과정철학적 의미 | 이동희

- 노사 기정진의 이일분수설에 관한 고찰 | 최영진

- 노사 기정진의 인성물성론 | 박학래
  — 理分圓融에 기초한 湖洛 兩論의 비판적 지양 —

- 기정진의 심론(心論)과 명덕설(明德說) | 박학래

- 「외필(猥筆)」의 외침 | 이향준
  — 기사(騎士)는 죽었는가? —

- 노사 기정진의 '즉기관리(卽氣觀理)'에 기초한 리 중시적 사유 | 이천승

- 노사 기정진 성리학의 재검토 | 이상익

노사 기정진의 리 일원적 우주관*

— 동아 유일의 리 일원적 성리학설 —

윤 사 순

(고려대학교 명예교수, 학술원 회원)

동아 유일의 리 일원론적 주리설

모든 것을 리(理)와 기(氣) 개념으로 해석하는 성리학은 리기이원(理氣二元)의 균형을 맞추기가 매우 어렵다. 그 원인은 뒤 본론에서 밝혀지겠지만, 리기 개념의 의미 등에 대한 규정과 함께 이를 사용하는 학자의 의도 때문이다. 이 개념들을 사용하여 이룩한 이론이 이원론(二元論)의 균형을 깨고 어느 한 개념으로 치우치는 경향, 곧 리를 위주로 한다거나 기를 위주로 하는 경향이 곧 '주리(主理)'·'주기(主氣)'임은 널리 알려진 사실이다.

조선시대 성리학에서 주리·주기의 경향을 본격적으로 띠기 시작한 때는 대체로 16세기부터이다. 퇴계(退溪) 이황(李滉, 1501~

* 이 글은 2012년 『학술원논문집』 제57집 제2호〔대한민국〕에 수록되었다.

1570)의 성리설이 전자에 속하고, 화담(花潭) 서경덕(徐敬德, 1489~1546)의 성리설이 후자에 속하는 대표적 실례이다. 주리·주기의 용어 자체는 '사단칠정(四端七情)에 대한 이기론적 해석'을 하던 중 이황이 처음으로 사용한 것인데, 그 뒤로 19세기 조선 말기에 이르기까지 학자들이 자주 사용했다. 중국유학이나 일본유학에서는 한국에서처럼 이것이 사용되지 않는다. 따라서 이 용어의 잦은 구사도 한국 성리학의 한 특징이라 할 수 있다. 이기론적 탐구가 한국에서 왕성했고, 그 탐구에 얽힌 사변성(思辨性)이 그만큼 높은 수준이었다는 증거이기도 하다.

조선 성리학의 발전이 18~19세기에 이르면, 이기론에 나타나는 주리 주기의 편향은 그 어느 때보다도 극심해진다. 주기론의 경우는 녹문(鹿門) 임성주(任聖周, 1711~1788)의 이기론이 그렇고, 주리론은 노사(蘆沙) 기정진(奇正鎭, 1798~1876)의 이기론이 그런 것으로 대표적이다. 이들의 주기·주리의 편향 현상과 비슷한 사례는 중국에서도 일부 찾아진다. 다만 정도의 차이가 문제로 될 따름이다.

임성주의 기철학에 나타나는 '주기의 경향 정도'는 중국의 장재(張載, 1020~1077) 이후 대진(戴震, 1723~1777)이라든가 완원(阮元, 1764~1849)에게서 보인다. 그러나 주리설의 경우, 리철학을 본격적으로 발전시킨 정이(程頤, 1033~1107)와 주희(朱熹, 1130~1200) 이후 중국에서는 어느 성리학자도 기정진의 주리설에 비유될 학설을 내지 않았다. 그 정도로 기정진의 이기론은 극심하게 주리로 편향한 것이다.

본론에서 확인되겠지만, 기정진은 '리(理)' 외에는 아예 '기(氣)'

를 별개로 인정하지 않는 경향을 띠었다. 그는 '기'를 〈리의〉 '분(分)'으로 표현했다. 그에 있어 기는 일종의 리의 편린처럼 간주되고 있을 따름이다. 이는 주리를 넘어 '이기 일원'에 가까운 '유리(唯理)의 성향'이라 할 수 있는 편향이다. 중국에서 이런 것을 찾아 볼 수 없는 이유도 기가 리로 대치된 정도의 사고로까지 흐른 경우가 없기 때문이다.

기정진은 물론 초학에서 정주(程朱)의 리기설을 대부분 계승했다. 그것을 계승, 그 나름의 사유로 진전시키다가 이렇게 리에만 편중하는 현상을 조성하게 되었다. 따라서 편향으로 판단하면, 리 철학은 기정진에게서 갈 데까지 다 간 '극치점(極致点)에 이른 것'이다. 이에 '동아(東亞) 유일(唯一)의 리 일원론적 이론'이 바로 그의 이기론 또는 그의 성리학이라고 해도 지나침이 없다.

논자는 이렇게 독특한 특색을 지닌 '기정진의 성리학'을 고찰하려 한다. 다만 본론의 서술에 앞서, 일정한 철학의 형성에는 대체로 그 개인의 '철학적 관심'과 더불어 '시대환경'의 영향을 크게 받음을 감안하여, 그의 개인 및 시대 환경을 먼저 살필 계획이다. 이런 방법을 통해서만 그의 독특한 사상이 지닌 '포괄적 함의(含意)'까지 충분히 밝힐 수 있으리라고 판단된다. 철학에 있어 독특한 이론의 형성도 중요하지만, 그로 인한 사상적 영향과 미래지향의 함의 또한 중요하기는 마찬가지라는 것이 논자의 견해이다.

이제까지 기정진에 대한 연구는 학계에서 상당히 진행되었다. 박사학위 청구 논문만도 수편에 이른다. 그러나 당시 서세동점(西勢東漸)의 현실에서 유교문화를 수호하면서 제국주의로 무장한 외세를 배척하던 이른바 위정척사(衛正斥邪) 운동에 열성을 바치던 성리학자들, 특히 기정진 같은 학자가 제기한 주리론이 지닌 그 시대적 의의를 깊이 천착한 연구물은 아직 나오지 않았다. 그러므로 이런 측면에 대한 연구를 논자는 이 자리에서 시도해보려 한다.

시대배경과 기정진의 학자적 자세

기정진은 1798(정조 22)년에 태어나 1879(고종 13)년에 세상을 하직한 19세기 인물이다. 당시 조선은 왕조 말기의 현상인 '쇠망의 그림자'가 어둡게 깔린 형국이었다. 국내외로 내일을 예측할 수 없던 누란의 위기 바로 그것이었다.

국내의 정치는 순조(純祖) 이후 시행된 외척(外戚)의 세도정치(勢道政治)로 삼정(三政: 軍政·田政·還穀)의 문란이 극에 달해 민생을 도탄에 빠뜨리고 있었다. 양민들은 고난을 이기지 못해 다수가 유이민(流移民)으로 전락한 상태였고, 각종 형태의 민요(民擾)를 야기했다. 홍경래(洪景來)의 반란(1811), 충청 전라 경상 삼도의 민란(1862), 광양 민란(1869), 영해·진주 민란(1871), 그리고 동학혁명(東學革命, 1894) 등이 모두 이 시대에 일어난 사건들이다.

대외로는 열강의 제국주의 침략의 마수가 본격적으로 뻗쳐 오던 시대였다. 병인양요(丙寅洋擾)로 불리는 1866년의 미국함선[제네럴 셔어맨]의 평양 무단 침입, 불란서군함의 두 차례 침입에 의한 강화도(江華島) 점령, 연이은 미국군함의 강화 공격(1871)과 일본군함[雲揚號]의 침입[1875] 등이 그러한 것들이다. 이런 외세의 침략에 대해, 허약성만 노정하던 조선은 무력 대응에서 실패한 채, 다만 '척화정책'[斥和碑 설치, 1871]만을 펴면서 시간을 벌려고 하였다. 그러나 월등한 무력으로 압도해오던 침략세력이 조선에게 시간의 여유를 줄 리 없었다. 특히 서구적 근대화와 제국주의를 모방하는데 조선보다 앞선 일제의 끈질기고 간악한 압박으로 인해, 조선은 마침내 기정진이 사망하던 1876년 인천(仁川)을 개항, '쇄국의 문호'를 열 수밖에 없었다.

조선의 성리학자들 특히 애국적인 선비들이 '위정척사(衛正斥邪)'의 구호를 외치면서, 침략성을 지닌 외세를 물리치는데 심혈을 기울인 시대가 또한 이 시대였다. 위정척사란 정학(正學)이라 여기던 성리학의 유교이념을 비롯한 문화전통을 지키면서, 간악한[邪] 침략자들인 외세의 문명과 문화를, 특히 서학(西學) 이름의 천주교를 배척하자는 의미이다. 성리학자들은 서구 무력에 의한 조선 패망이나 천주교의 전파에 의한 조선인들의 정신적 황폐화나, 모두 망국(亡國)을 초래하는 점에서는 같다고 판단했다. 그들로서는 문(文)과 물(物), 양 측면으로 일단 쇄국정책을 택할 수밖에 없었다. 성리학자 기정진은 이 위정척사를 위해 혼신의 노력을 기울인 학자 가운데 하나에 드는 인물이다. 그가 지녔던 학자적 자세와 선비로서 취한 노선은 '위정척사파에 속한 것'으로 이미 드러났다고 할 수 있다.

기정진은 전북 순창에서 태어났으나, 어릴 적에 전남 장성(長城)으로 옮겨와, 일생을 장성에서 살다가 그 곳에서 세상을 떠났다. 그는 4세에 말과 글을 함께 익히면서, 8～9세에는 벌써 유학의 경전과 역사서에 능통했다고 하는 '천재적 재질의 소유자'였다. 34세에는 벼슬길로 통하는 과거인 사마시(司馬試)에 응시해 장원을 차지하여, 강릉참봉(康陵參奉)에 임명되었으나, 그는 사절하고 취임하지 않았다. 45세의 그에게 전설사(典設司) 별제(別提, 종 6품)가 주어짐에 그것을 받아드렸지만, 겨우 6일 만에 사직하고 말았다. 그 뒤로 생애를 마칠 때까지 그는 더 이상 벼슬을 넘보지 않았다.[1] 소질로 보아 자신은 관료로서 부적합하며, 특히 국란의 위기에 관직의 책임을 다 할 수 없는 인물이라고 판단했던 것 같다.

기정진의 일생은 '재야의 선비'로서 성리학의 연찬에 깊이 파고 든 학자이다. 비록 관료가 아니었지만, 그는 선비로서의 소임에는 충실하려고 했다. 선비란 곧 '나라의 으뜸가는 기운[國之元氣]'이라는 것이 그들 자신이 규정한 선비관이었다. 따라서 그들은 관직에 있지 않더라도, 자신의 역량과 방법에 따라 항상 국정에 적극 참여해야 한다고 생각했다. 그도 이런 사유를 가지고 그 실천에 매진한 '선비의 전형'에 속한다. 그 좋은 사례가 바로 구미의 군함이 극심하게 출몰하던 해[1866, 고종 3년]에 그가 상소문(上疏文), 이른바 「병인소(丙寅疏)」를 제출한 것이다. 그 내용은 국내외로 위란기인 당시 '위정척사(衛正斥邪)'만이 필요하다는 요지로 집약된다.[2] 그가 19세기 위정척사파의 하나임도 이로써 확인된다.

기정진의 위정척사 정신은 그 뒤에 일어나는 '의병활동(義兵活動)'의 밑거름이 된다. 위정척사 정신이 다음 세기에 침략자 일제

1) 『蘆沙先生全集』 「年譜」 등 참조.
2) 앞과 같음.

에 대항하려 궐기한 의병들의 정신적 토양이었던 것은 유의해야 할 점이다. 특히 그와 의병의 관계는 그 고장 장성에서 살던 그의 '일가친척(一家親戚)의 정신'과 크게 연계되었던 것이다. 20세기 초 장성을 중심으로 한 호남의 '두 의병장'으로 궐기해 왜군 섬멸에 지대하게 공헌한 송사(松沙) 기우만(奇宇萬, 1846~1916), 성재(省齋) 기삼연(奇參衍, 1851~1908)과 기정진의 관계가 바로 그것이다. 이 두 의병장들은 다 그의 문하에서 자라난 제자들이자, 각각 그의 손자와 재종손이었다. 이들의 의병활동으로 말미암아 기정진의 선비세계[士林]에서 차지하던 중량이 더해졌음은 말할 나위 없다.

학자로서 기정진은 40대 이후 많은 저술에 정력과 시간을 할애했다. 「우기(偶記)」(48세) 「정자설(定子說)」(48세), 「리통설(理通說)」(55세) 및 「외필(猥筆)」 등이 그러한 것이다. 이 저술 가운데 「외필(猥筆)」이 그의 이기론의 요체를 담은 내용이어서 학자들의 주목을 받는다. 거의 말년[81세]까지 다듬기를 계속한 이 「외필」은 46세 때부터 구상하던 『납량사의(納凉私議)』와 다른 저술들을 모두 함께 엮어 놓은 것이다.[3)]

한편 후학의 교육에도 열성적이었던 그는 많은 제자들을 길러냈다. 그의 훈도를 받은 문하생들은 실로 장성을 중심으로 한 전남에만 한정되지 않았다. 경남의 일부와 충청도 일부에까지 걸친 넓은 범위로 퍼져 있었다. 이런 그의 문도들은 마침내 하나의 큰 학문집단인 '노사학파(蘆沙學派)'를 이루었다. 따라서 일생을 장성에서만 지냈던 그의 명성과 학문이 전국으로 전파되기에 이르렀

---

3) 『蘆沙先生全集』 「年譜」 참조.

다. 그는 당시로도 대학자의 위상을 차지했었음에 의문의 여지가 없다.

리 일원적 주리사유의 극치

■ 리기 개념에 대한 다양한 규정

이기론에서 주리의 경향이 있게 되는 원인부터 해명하겠다. 이미 그 원인의 대부분을 '리와 기의 개념 규정'과 그것을 응용하는 학자들의 태도에 달렸다고 했다. 그 구체적인 규정은 물론 성리학계에서 이미 이루어진 무언의 공유 약속인데, 그것을 이용하는 학자들 사이에는 반드시 일치하도록 하지 않는 부분이 있다. 바로 이런 점부터 소개하겠다.

리기 개념의 기본적 의미부터 살피자. 리는 모든 변화와 행위에 있어서의 '원리', '원칙'을 가리키고, 이것이 리의 기본적 의미이다. 기는 '음양(陰陽)', '오행(五行)'으로 대표되면서, 모든 현상적 '사물의 바탕인 질(質)' 또는 '재료(材料)'라고 한다. 사물을 이루는 '기운(氣運)'이라고도 한다. 이로 미루어, 기는 기본적으로 '원질', '기상', '원기', '에너지'를 의미한다.

정주성리학이 발달하면서, 리의 기본적 의미에 새로운 의미가 첨가되었다. 정주성리학의 리에는 모든 운동 변화 및 생성의 원인, 곧 '소이연(所以然)'과 인간 행위를 비롯한 모든 운동 변화의 마땅함 곧 '소당연(所當然)'의 의미가 추가되었다. 동시에 기를 위주로 사색하는 성리학자들과 달리 리를 실재(實在)로 여기는 사유가 가해졌다. 소이연과 실재시에 대한 인정 여부가 곧 주리 주기의 분기점이 되었다. 정주성리학의 '주리적 성향'은 이로부터 출발하는 것이다.

기정진은 이런 규정들을 다 인정 계승한다. 그의 이론의 '주리적 경향'은 이런 리 개념의 규정을 계승하는 데서 싹튼다. 그는 소이연이란 단어를 자주 사용하고, 그 리의 실재까지 긍정하면서 다음과 같은 발언을 한다. "리라, 리라, 그것은 모든 사물[萬有]의 종자(種子)이다."[4] 이 '종자'란 리의 실재성을 앞세우고 사용한 소이연 의미의 용어이다. 이런 사유를 바탕으로, 리는 모든 것의 원인인데 비해, 기는 그 결과와 같은 처지로 된다. 그런 의미에서 정주성리학자들은 리는 기에 선행(先行)하고, 반대로 기는 리에 뒤진다는 "리선기후(理先氣後)"를 주장하고, 경우에 따라서는 "리가 기를 생한다[理生氣]"고도 주장한다. 기정진 또한 이런 주장을 긍정해 계승한다.

리기 개념의 특성에 대한 규정도 이런 맥락에서 나온다. 리의 실재시(實在視)부터가 '리의 특성'에 대한 사고에 해당한다. 이런 종류의 특성에 대한 사고가 주리·주기의 분화 요인임에는 의문의 여지가 없다. 리와 기의 특성은 각기 『주역』의 용어를 적용하여, '형이상(形而上)'과 '형이하(形而下)'로 표현되면서, 리는 '도(道)'로 기는 '기(器)'로 상징했다. 리는 감각을 초월하는 보편자(形而上者)이므로, 형체나 방위나 조작, 즉 한 마디로 작위성이 없다는 '무위(無爲)'로 나타낸다. 반면 기는 감각되는 현상적 존재의 측면을

4) 『蘆沙先生全集』 卷16 「答人問第二」 359쪽: 天下未有無種而生者, 理乎理乎, 其萬有之種子歟!

이루는 것(形而下者)이므로, 소장(消長), 집산(集散), 굴신(屈伸), 왕래(往來), 승강(昇降) 등 각종 작위성, 곧 '유위(有爲)'로 나타낸다. 이상이 리기의 기본적 특성이다. 따라서 두 개념을 이 정도로만 사용하면, 주리·주기의 분별은 생기지 않을 것이다.

그러나 이황을 비롯한 기정진 같은 학자들은 여기서 멈추지 않고, 특히 리에도 〈기의 특성과 다르다는〉 작위성을 적용시키는 사유를 감행한다. 그런 것이 또한 '주리의 성향'을 더욱 강화한 사유이지만, 그 '리의 작위성' 적용이 결국 리기 개념에 혼란을 야기함도 실제 사실이다. 이것이 주의를 요하는 주리설의 한 대목이기도 하다.

예로 이황에 따르면, 리의 '무위'는 어디까지나 본원인 '체(體)의 측면'을 가리키는 데 지나지 않고, 그 '용(用)의 측면'으로는 '리도 유위하다'는 것이다. 그는 리에 '체용(體用)'의 용법을 적용한다. 그리하여 리의 특성을 "무위지만 유위한 것[無爲而無不爲]"이라 한다.

이런 리 개념의 특성에 대한 사유를 계승한 기정진은 "리무위기유위"는커녕, 성리학자들 사이에서 간혹 나오는 "리약기강(理弱氣强)"의 표현조차 극구 부정한다.[5] 그는 리가 기보다 결코 약한 것이 아니라고 생각한다. 논자가 앞서 리와 기의 구별에 혼란이 생겨 주의를 요한다고 한 발언은 이러한 규정적 사유를 두고 미리 밝힌 것이다. 기정진 같은 주리론자의 이론을 읽을 때가 바로 그러함은 다시 말할 나위 없다.

---

5) 앞 책, 卷16「猥筆」370쪽: 又理弱氣強, 吾懼夫氣奪理位也.

■ 주리 편향의 극치, '리주기복설', '기리중사설' 등

주리·주기의 분화는 '리와 기의 관계'에 대한 규정적 사유에 따라서도 일어난다. 주희가 규정한 리와 기의 관계는 실제 사물로는 함께 있어 떨어질 수 없는 "불가분리(不可分離)"이면서, 동시에 〈서로 다르므로〉 리와 기는 함께 혼잡해서는 안 되는 "불가혼잡(不可混雜)"의 관계라는 것이다. 리와 기는 이렇게 불이(不離)·부잡(不雜)의 관계로 설정되었다.

여기서 주리 주기의 편향이 일어나는 사유란 아래와 같다. 즉 리와 기 둘의 '실제 분리의 불가능'을 주장하는 태도는 '주기'이고, 둘 다 인정하되 뒤의 '혼잡해서는 안 됨'[리가 실재하므로]을 더 강조하는 태도는 '주리'이다. 기정진은 물론 후자를 택하였다.

리의 작위성을 보다 더 명백히 주장하는 부분이 나온다. 리의 유위성 사유를 바탕으로 그는 리의 '주재성(主宰性)'을 주장하는 것이다. 기정진은 바로 이 부분, 리의 주재를 매우 강조하는 학자였다. 그는 기에 대한 '리의 주재'를 "리가 (기에) 명(命)한다"고 하는데, 명을 한다고 함은 '부리는 것[使之]'을 의미한다.

> 기의 행(行)은 실상 리에게서 명을 받음이다.[6]

> 동하는 것(動者), 정하는 것(靜者)은 기이고, 동하게 하고 정하게 하는 것(動之靜之者)은 리이다. 동하게 정하게 함이 그렇게 부림[使之]이 아니고 무엇인가![7]

---

6) 앞 책, 같은 곳, 370쪽: 氣之發與行, 實受命於理.

7) 앞 책, 같은 곳, 370쪽: 動者靜者, 氣也; 動之靜之者, 理也. 動之靜之,

리를 기의 주재자로 보는 사유에 대해서는 논자의 설명이 필요할 듯하다. 이는 '천(天)'에 대한 관념이 '리'로 바뀌면서 생긴 사유이다. 성리학이 발흥되기 전 '천'은 창공, 자연, 운명, 등과 함께, 특히 인격신인 '상제(上帝)'의 의미로 사용되었다. 이 인격신 상제[천]의 능력은 주로 인간과 우주 만물에 대한 '주재(主宰)의 기능'을 발휘하는 것으로 믿어졌다. 천명(天命)도 그런 상제 천의 주재를 전제한 데에서 나왔다. 그런데 성리학의 발흥과 짝하여 천에 대한 이런 사유가 변했다.

정호(程顥)·정이(程頤) 등은 유학의 종교성을 불식하고 철학화하는 작업에 착수하여, 모든 것을 '원리적으로 독해'하는 시각에서 리(理) 개념을 구사했다. 아울러 리가 지닌 이치, 원리, 원칙의 의미에 원인, 곧 소이연(所以然)의 의미를 첨가한 것이다. 이렇게 '모든 운동 변화의 원인을 리'라고 하는 것은 곧 리가 과거 '천이 가졌던 주재의 권능을 대신함'에 다름 아니다. 이런 의미에서 그들은 "천즉리(天卽理)"라는 명제를 도출했던 것이다. 바로 기정진이 기에 대한 '리의 명(命)' 또는 '부림[使之]'이라는 표현을 사용하면서, 리의 주재성을 논하는 데에는 바로 이런 사상적 배경이 자리했음을 알아야 한다.

기정진은 기에 대한 리의 주재를 논하면서, 아울러 '리와 기의 관계'에 대해서도 그 나름대로 독특한 용어를 구사하여 리의 주재성을 돋보이게 했다.

> 리와 기는 온갖 조화[萬化]에서 합한 듯이 한 몸[一體]이어서 원래 떨

非使之然而何?

어지지 않지만, 그 떨어지지 않는 가운데서 만약 반드시 이렇게 됨이 무엇 때문인지 묻는다면, 그 원인은 리에 있지, 기에 있지 않다. 그러므로 주인[主]과 종[僕]의 형세와 선후의 분별이 이에 이르러 판연해진다.[8]

형이상[形上]·형이하[形下]가 합하여져 한 몸이 되지만, 형이상이 주인[主]이 되고 형이하가 종[僕]이 된다….[9]

기의 발(發)과 행(行)은 실상 리에게서 명을 받음이니, 명하는 것은 주인이고 명받는 것은 종이다.[10]

이에 따르면, 기정진은 리와 기가 실제상으로는 '한 몸[一體]'을 이루어서 분리되는 것이 아님을 일단 분명히 했다. 그러나 분리되지 않은 채 한 몸으로 일으키는 '일정한 변화의 원인'-이른바 무엇 때문이냐의 무엇-을 찾는다면, 그것은 리이지 기가 아니라고 주장한다. 바로 이 점에서 그는 리와 기의 관계를 '주인과 하인' 곧 "리주기복(理主氣僕)"이라고 했다. 그의 리기 개념이 리에 치우친 '주리(主理)의 성향'을 띠고 있음이 이보다 더 확실할 수는 없다.

리기의 관계에 대한 기정진의 파악은 '리주기복'에 그치지 않았다. 그의 이 두 개념에 대한 주리적 표현은 더 격심해진다.

---

8) 앞 책, 『答問類編』 卷1 「論道體第一」 〈總論一之一〉 625쪽: 理氣之在萬化, 脗然一體, 元不相離, 而就此不相離之中. 若問其曷爲而必若此, 則其故在於理而不在於氣也? 然則主僕之勢, 先後之分, 卽此而已判然矣.

9) 앞 책, 같은 곳, 632쪽: 形上形下, 脗然一體, 而形上爲主. 形下爲僕.

10) 앞 책, 卷16 「猥筆」 370쪽: 氣之發與行, 實受命於理. 命者爲主而受命爲僕.

리의 존귀함은 대비될 것이 없다. 기가 어찌 리와 상대되는 짝[偶]이 될 수 있겠나! 그 광활함에 대비될 것이 없다. 기 또한 리 속의 일[理中事]로서, 〈기는〉 곧 리가 유행하는 데서의 손과 발[理流行之手脚]이다. 그것이 본래 대적(對敵)이 없는 터에, 짝이 아니고 적도 아닌데, 대비해 들 것[對擧]이 무엇이 있겠나?[11)]

기정진은 이 자리에 '기를 리의 손발'이라고 주장했다. 손발은 한 몸의 일부임을 감안하면, 이는 주인과 하인의 분리된 관계보다 더 리에 편중된 것임을 알 수 있다. 더욱이 주목되는 점은 "기가 곧 리속의 일[理中事]"이라는 그의 견해이다. 이는 기를 리로 포괄하여 기의 독립성을 부정하는 사유이다. 그에 있어 이제 기는 〈리와 별개가 아니라는 의미에서〉 리에 귀속 포괄된 형편에 이르렀다. 따라서 리 기에 대한 그의 주리 성향은 마침내 리일원(理一元)의 정도라고 하게 되었다. 그의 주리 경향은 이렇듯 '유리(唯理) 정도'로까지 주장함으로써 그 편향의 극치를 보인다.

주기, 리기이원, 사유들의 배척

■ 주기설에 대한 부정

리와 기의 관계를 거의 리일원으로 규정한 기정진은 이 기준에 맞지 않는 이기론들을 모두 비판 배척했다. 그러한 배척이 무엇

11) 앞 책, 같은 곳, 371쪽: 理之尊無對, 氣何可與之對偶? 其闊無對, 氣亦理中事, 乃此理流行之手脚. 其於理本非對敵, 非偶非敵, 而對擧之何哉?

보다도 긴요하다고 판단했던 것 같다. 자신이 주리 경향과 반대되는 '주기 경향의 이론들[主氣說]'은 그에 있어 가장 적극적으로 부정되는 대상이었다. 조선 성리학계에서 영향력을 크게 발휘한 학자가 주장한 주기설일수록, 그에서는 비판과 배척의 과녁으로 되는 우선순위에 올랐다.

그의 시기에 이르기까지 성리학계에서 영향력을 떨쳤던 주기설의 사례는 바로 서경덕과 임성주의 이론이었다. 기정진도 이들의 리기설을 가장 두드러진 주기설로 판단한 것 같다. 실제로 그는 이들의 성리학설을 가장 먼저 강력히 부정했다.

> 지금 '기틀이 절로 그러할 뿐[機自爾]'이라 한다. 절로일 뿐[自爾]은 비록 힘써 하기를 기다리지 않음을 말하지만, 이미 자신에서 유래하지 다른 것에서 유래하지 않는다는 뜻을 지닌다. 또 거듭 말해, 시키는 것 없이 절로일 뿐이라 할 때는 말은 분명히 하지 않아도, 시키는 것 없다는 의미는 확실하다. 참으로 음양에 유래하는 것 없이, 절로 가고 절로 멈춘다는 것, 이 두 구절만은 내가 보기에 이해되지 않는다.[12]

여기 "기틀[機]이 절로 그럴 뿐, 시키는[곧 부리는] 무엇이 있지 않다"는 문구는 바로 서경덕과 임성주 및 이이가 공통으로 발설한 문구이다. 이는 현상적 사물의 운동 변화가 리로 인한 것이 아니고, 기의 작용이 '저절로 그렇게 됨'이라는 의미이다. 다시 말

12) 앞 책, 卷16「猥筆」369쪽: 今日其機自爾. 自爾雖不竢勉強之謂. 而已含由己不佗由之意. 又申言之日非有使之者, 說自爾時, 語猶虛到, 非有使之, 語意牢確. 眞若陰陽無所關由而自行自止者, 秖此兩句, 淺見已不可曉.

해, 기의 운동 변화는 기정진의 말대로 "리의 시킴"이나 "부림"이라는 타력적(他力的) 원인(原因) 없이, 기의 자력적(自力的) 자기원인(自己原因)에 의해 이루어진다는 것이다. 기정진의 견해와 정반대 견해가 곧 이 구절의 내용이다. 그가 이 사유를 "이해되지 않는다"라는 표현으로 부정·배척한 이유가 이에 있다.

■ 리기이원설에 대한 비판

율곡(栗谷) 이이(李珥, 1536~1584)의 이론 또한 기정진의 시각으로는 이미 부정의 대상으로 오른 셈이었으나, 엄밀히 살피면 이이의 이기론은 서경덕이나 임성주의 주기설과 변별된다. 그는 특히 리와 기의 관계를 "하나이면서 둘이고 (一而二) 둘이면서 하나임(二而一)"을 앞세워 "리기의 묘(理氣之妙)"를 논했고, 리의 보편성을 주장하는 맥락에서 "리통기국(理通氣局)"의 표현으로 리기의 이원성을 인정했기 때문이다.

그러나 사단칠정에 대한 이이의 "기발리승일도설(氣發理乘一途說)"은 이황의 '사단 칠정을 각각 리발 기발로 해석'한 이론[四則理發而氣隨之, 七則氣發而理乘之]에 비하면, 기의 기능을 중요시한 것이 사실이다. 이이의 사단칠정설은 '발할 수 있는 것[能發者]은 오직 기'일 뿐이지 소이연자인 리가 아님을 밝히기까지 하면서, 이황의 '리발(理發)'을 부정하고 낸 이론이었기 때문에, 그의 리통기국설 같은 것과 상관없이, 이 이론은 일단 주기설에 간주할 수 있었다. 특히 기정진에게는 이이의 사단칠정설도 서경덕의 "기자이(機自爾)" 못지않게 비판·배척할 대상이었다. 실제로 이이의 이론에 대해 기정진은 아래와 같이 논평했다.

묻기를 '이른바 리는 어디에 떨어지는가?'라고 하면, '탄다(乘之)'고 답한다. 애초에 그렇게 하도록 하는 묘함[使之然之妙]이 이미 없다면, 끝에서도 조종하는 힘은 없을 터이니, 붙여져 태워짐이 매우 심하다.[13)]

이는 이이의 '기발리승지'라는 명제에서 기발만을 인정할 때의 '리가 어떻게 있을까'에 대한 문제에 대한 기정진의 지적이다. 기발만 인정하던 이이가 실은 리는 기에 타고 있다는 표현[理乘之]을 했다. 기정진의 견해로는 바로 그 리가 탄다는 이이의 언표는 자의(自意)와 자력(自力)에 의한 '능동적인 탐'이 아니라. 타의(他意)와 타력(他力)에 의한 '수동적인 태워짐'이다. 그는 리의 주재성을 부정한 이이의 이 사고, 사실상 리의 능력에 대한 무시를 일종의 폐단적 약점으로 보아 이렇게 비난했던 것이다.

주리의 경향일지라도, '리일원화 정도'의 편향에 미치지 않는 이론에 대해서는 기정진은 모두 만족하지 못한다. 바로 사단칠정에 리기를 적용한 이황의 경우가 그런 사례에 든다. 이황은 「사단칠정론」에서 리에 체용관(體用觀)을 적용하여 '리가 무위함은 리의 체의 측면'이고, 리의 '용의 측면으로는 리도 유위하다'는 의미로 "리기호발설(理氣互有發用說)"을 냈다. 그러나 이 이론에 대해서도 기정진은 불만이다.

사단칠정이 두 정[兩情]이 아니어서, 리기의 호발(互發)이란 없다. 〈이렇게 말한〉 여러 선생의 이론이 들어맞아 의심할 바가 없다.[14)]

---

13) 앞 책, 같은 곳, 371쪽: 問所謂理者落在何方? 則曰乘之矣. 初旣無使之然之妙, 末又非有操縱之力, 寄寓來乘, 做得甚事.

14) 앞 책, 卷16 「偶記」 368쪽: 四七非兩情, 理氣無互發, 諸先生所論的然無可疑.

기정진은 이황의 주장에 대한 논평에서는 매우 조심성 있는 태도를 보였지만, 그런 태도 속에서도 사단칠정을 이황이 둘로 보아 '대비해 거론[對擧]'한 방법 자체를 부정했다. 그리고서 자신이 아닌 타인들[여러 선생]의 '호발에 대한 부정설'이 정확하다고 우회적인 비평을 하고 있다. 여기서 그의 선배에 대한 예절이 돋보이기는 하지만, 그는 사단 칠정을ㅡ칠정이 사단을 포함[七包四]한다는 점을 앞세워ㅡ'둘이 아닌 하나'로 보는 견해까지 드러내 보였다.[15]

리 일원적 우주관, 재해석된 이일분수론

■ 이일분수론, '우주=한 리의 그물망'

자신의 이론과 다른 리기설들을 비판한 기정진은 그 리 일원적 유리설에 부합하는 우주관(宇宙觀)의 형성 단계로 나아간다. 당시 성리학계에는 그러한 우주관이 있었던 것을 상기하면, 그 우주관의 형성 아닌 선택 단계로 나아갔다고 해야겠다. 정이(程頤, 1033~1107)가 제창한 '이일분수(理一分殊)' 이론이 바로 그러한 것이었다. 이것이 기정진의 독특한 '리 일원화 사유'에 적용하는데 딱 적합한 이론이었다.

이 이론의 연원적 배경은 『주역』의 우주 생성관과 주돈이(周敦

15) 이 점은 이 항을 마친 다음에 논의해야 할 것이어서 논자가 미리 주의를 환기해 둔다.

頤, 1017~1073)의 「태극도설(太極圖說)」 및 장재(張載, 1020~1077)의 「서명(西銘)」에 담긴 '물아일체관(物我一體觀)'의 기철학 등이었다고 할 수 있다. 이런 것들이 그의 이론에 간접적 영향을 끼친 이론들이다. 보다 더 직접 영향을 끼친 것은 정호(程顥, 1032~1085)·정이(程頤)의 '천즉리(天卽理)'와 '태극즉리(太極卽理)'의 사유이고, 『주역』에 담긴 우주에 대한 '유기체관[생명체관]'이다. 그리고 이것을 더 세련된 이론으로 뒷받침한 사상은 주희(朱熹, 1130~1200)의 '태극설'로 된 우주관이다. 아무튼 '이일분수론'을 논자 나름으로 잠시 풀이하는 작업이 필요할 것 같다.

일찍이 정호·정이 형제는 우주의 근원을 '태극(太極)'으로 여기면서, 그 태극을 리로 환원[太極卽理]하였다. 모든 변화의 원인[所以然]을 리라고 보면, 우주를 형성한 궁극의 원인인 태극도 리일 수밖에 없기 때문이다. 이렇게 태극을 리라고 전제하면, 우주 자체는 태극이라는 하나의 리를 근원으로 삼는 동시에, 각 개체들도 제각기 태극이라는 리로 근원을 삼는다고 할 수 있게 된다. 즉 리로 이해할 때, 우주 전체는 '하나의 리'이며, 각 개체들은 제각기 '나뉘어진 리'라는 것, 곧 '리의 그물망 같은 체계'로 된 것이라는 사유가 성립한다. 이 사유가 다름 아닌 "이일분수(理一分殊)"의 명제로 표현된 것이다.

정리하면, 이것은 우주 전체의 한 근원과 잡다하게 분화된 개체들의 근원을 리로 해명하는 방식이다. 곧 근원에 해당하는 하나[一]와 개체들의 많음[多]의 원인을 다 함께 리로 해명하는 방식이다. 이런 방식의 논리에서 나온 명제가 바로 우주란 총체로는 '하나의 리[理一]지만, 개체로는 그 리의 다양한 분포[分殊]라'는 의미의 "이일분수(理一分殊)"이다. 이것을 뒷받침한 주희의 태극설이 바로 우주란 "총체로 보면 하나의 태극이고[總體一太極], 개체들로 보면 물체마다 각기 한 태극을 지닌다[物物各有一太極]"는 것이다.

기정진은 바로 이 사유를 인정하고 계승하면서, 이 태극설을 자기 나름으로 논하였다.

> 그 드러난 것으로부터 보면, 동정(動靜)은 서로 때[時]를 달리하고, 음양(陰陽)은 자리[位]를 달리하지만, 태극은 있지 않은 곳이 없다. 이는 체(體)가 용(用)에 갖추어 있음을 말한다.[16)]

지금 기정진은 과거 이황이 제시한 '리에 대한 체용관'을 태극에 적용하여, 태극이 용의 상태로 '어디에나 다 있다[無所不在]'고 주장한다. 이 주장은 '각 사물에 모두 태극이 들어 있다'는 주희의 이론을 대변한 것이다. 주리적 리 일원론으로 해석된 그의 우주관은 바로 '본원인 태극 하나가 만물에까지 담겨진 것'이라는 견해이고, 이것이 다름 아닌 이일분수라는 '리의 체계'로 환원한 사유이다. 그런데 기정진은 이 사유의 계승에 그치지 않았다. 유리론의 우주관을 받드는 이일분수의 발상을 더욱 합리화 또는 타당화하는 새로운 이론, 즉 '기정진의 독특한 이일분수론'의 산출에 골몰했다. 아래 절목이 그런 내용이다.

---

16) 『蘆沙先生全集』『答問類編』 卷1 「論道體第一」〈總論一之一〉 622쪽: 自其著者而觀之, 則動靜不同時, 陰陽不同位, 而太極無不在焉, 此言體藏於用也.

■ 리의 분, 리의 작은 조리라는 이론

기정진은 '이일분수'를 합리화하기 위해, 먼저 '리의 분(分)'이라는 것을 새롭게 언표하고, 이것에 대한 오해가 없도록 주의를 환기한다.

> 이 분(分)은 임시로 배정된 것이 아니다. 이것이 〈리의 본연〉이다.[17]

기정진은 리의 분이란 리가 지닌 '본래적인 〈본연〉의 한 모습'이라는 점을 강조했다. 그의 이 발언은 다분히 어떤 물체가 시차를 두고 분열되어지는 현상과 다름을 밝히려고 한 것 같다. 리의 본래 명칭은 태극이라 할 수 있음을 고려하면, 리의 '분'은 원천적으로 '태극 본래의 분'에 해당한다. 사실 기정진도 이것을 태극의 분이라고 명시한 것이 찾아진다.

> 태극의 리는 원통(圓通)한 것 같지만, 실은 방엄(方嚴)하다. 이와 같은 것은 반드시 이와 같아서 저것으로 되지 않고, 저와 같은 것은 반드시 저와 같아서 이것으로 되지 않는다. 그런 까닭에 사물 사이에서 그 유행의 드러남이 각기 일정한 분으로 나누어진다. 더해질 수도 없고, 덜해질 수도 없다. 지나칠 수도 없고, 모자랄 수도 없다. 학자란 이를 밝히고, 도(道)란 이를 행하는 것이다.[18]

---

17) 앞 책, 卷16「納涼私議」360쪽: 分亦臨時排定而不得爲本分.
18) 앞 책,『答問類編』卷1「論道體第一」〈總論一之一〉620~621쪽: 太極之理, 似圓通而實方嚴. 如此者, 必如此而不爲彼; 如彼者, 必如彼而不爲此. 故流行宣著於事物之閒者, 截然各有一定之分. 加不得減不得, 過不可不及不可. 學者明此也, 道者行此也.

그에 따르면, 리의 분이란 태극의 리가 사물상의 동정이나 유행하는 상태에서 마치 법칙처럼 일정하게 드러나는 것을 가리킨다. 태극의 유행 자체가 무원칙하게 두루 통하는 것이 아니고, 일정한 원칙으로만 엄정하게 되는 것이다. 그렇게 엄정히 유행하기 때문에 '태극의 분'이라는 현상도 있게 되었다. 기정진의 이 해설은 리의 분이 마치 기와의 관계로 말미암아 이루어진다는 인상을 준다. 그렇다면, 분의 현상은 그가 기를 주재하는 것이 리라고 역설한 내용과 서로 어긋나지 않나 의문이다. 이 의문을 해소시킬 수 있는 그의 글이 있다.

> 분이라 함은, 리는 실(實)하더라도 이름은 허(虛)한데, 다만 각기 한정(定限)이 있어 서로 넘어서지 않음을 가리킨다. 본래 리의 명칭도 아니고, 기를 가리킴도 아니다. 하나[곧 理一]에 함유된 것으로부터 말하면 참으로 지극히 은미한 리[至微之理]이고, 그 각기 한정된 것으로부터 말하면 반드시 기가 터전[地盤]이 된다.[19]

이로 보면 '분'은 '한정(定限)'의 의미를 나타낸다. 일정한 경계로 정하여진 성격의 리를 분이라고 일컫는 것이다. 따라서 이것은 리의 주재 여하보다 오히려 '한정적으로 엄정하게 유행'하는 리의 또 다른 특성을 가리킨다.

유행이 아닌 본래적 시각으로 보면 이 '분'은 본원의 일리에 포함된 '은미한 리'이지만, 유행의 시각으로 보면 현상의 기를 터전

19) 앞 책 卷16「納凉私議」365쪽: 分之爲言, 理實而名虛, 秖是各有定限, 不相踰越之謂. 本非理之名, 亦非氣之稱也. 自其涵於一者而言之, 則固至微之理; 自其定於各者而言之, 則必須氣爲之地盤.

으로 한 '한정된 리'이다. '지극히 은미하다'고 하는 것은 분이 본원인 리일(理一)에 이미 가능태로 갖추어졌기 때문이고, '기를 터전으로 한다'고 함은 한정된 현 실태로 드러났기 때문이다. 이렇게 이해하면, 분은 결국 리의 주재성과 상충됨이 없이 논의되는 '리의 존재양상'을 가리킨다고 할 수 있다.

기정진이 분을 리일에 함유된 것[즉 체]이기도 하고, 기세계로서 현상화된 것[즉 용]이라 함은 리가 지닌 일종의 '체(體)와 용(用)'의 양면임을 의미한다. 이런 점에서 분은 리일과 분수의 양면을 이질화하기보다, 오히려 그 양면을 동질화시킨다는 해석을 가능하게 한다. 실제로 이 점이 기정진의 언설로 확인된다.

> 나의 얕게 들은 것으로는, 분이란 리일 중의 작은 조리(條理)여서, 리와 분 사이에는 층절(層節)이 있을 수 없다. 분은 리의 상대[對]가 아니다. 분수(分殊)라는 두 글자 곧 리일에 상대된다. 리는 온갖 분수를 함유하고, 그러므로 일[一]이라 하지만, 실은 일물이라 함과 같다. 다름[殊]이란 참된 다름[眞殊]이 아니기 때문에 분수(分殊)라고 한다. 다름이라 하는 것은 다만 그 분한(分限)일 따름이다.[20]

> 나의 설은 곧 리와 분의 화합인 원융(圓融)의 이론이다. 이는 이른바 체와 용은 한 근원임(體用一原), 드러남과 은미함에 틈이 없음[顯微無間], 같은 것 중에 다름이 있고[同中有異], 다른 것 중에 같음이 있는 것[異中有同]이어서, 같음과 다름을 더 논해야할 필요가 없다.[21]

---

20) 앞 책, 같은 곳, 360쪽: 以膚淺所聞, 分也者理一中細條理, 理分不容有層節. 分非理之對, 分殊二字乃對一者也. 理涵萬殊, 故曰一, 猶言其實一物也; 殊非眞殊, 故曰分殊. 言所殊者, 特其分限耳.

21) 앞 책, 같은 곳, 364쪽: 如吾之說, 則理分圓融. 所謂體用一原, 顯微無間者,

기정진은 분을 리에 속한 '작은[분한적] 조리[細條理]'라고 일컬었다. 리와 분 사이에는 아무런 층절이 있을 수 없는데, 그 원인은 본원 리[理一]가 체인데 비해 분은 그 용이기 때문이다. 이런 점에서 '본원의 리와 조리의 분'은 서로 녹아들듯이 화합한 원융(圓融)의 관계라는 것이 그의 견해다. 이는 일종의 '리분일원설(理分一原說)' 또는 '리분원융설(理分圓融說)'로 이름 해야 할 기정진의 독특한 이론이다.

본원 리와 조리의 분이 서로 이질시 되지 않는 것[원융]이므로, 리일만 말하고 분수를 간과한다든지, 분수를 말하고서 리일을 간과하는 일이 없어야 한다. 리일과 분수 또한 서로 기다려주는 불가분의 관계, 곧 '상수(相須)의 관계'에 있기 때문이다. 그는 실제로 '리와 분의 일원'을 상수관계라는 표현으로 되풀이하여 강조하고 있다.[22)]

이상과 같이 기정진에 있어 현상의 기세계는 리의 터전[地盤]이라 하여, 리와 서로 이질시 하는 듯하지만, 실은 그 '기(氣)의 세계'를 '리의 분[또는 분수]'으로 간주하고 있음에 유의해야 한다. 기세계를 리의 분으로 간주하는 이 사유야말로 기를 리에 포괄하여 내린 '리일원론'이다. 그의 주리 경향은 이 대목에서 마침내 기의 세계를 '리의 작은 조리[細條理]들'인 '분'으로 환원한 '리일원의 우주관'을 형성하는 것임을 알 수 있다. 그의 견해로, 리 외에 기는 별도로 간주되지 않는다.

同中有異, 異中有同, 同異不須論也.

22) 이 相須性에 대한 상세한 소개는－朴鶴來『奇正鎭 哲學思想 研究』, 고려대 민족문화연구원 2003에서 하고 있다.

리 일원적 우주관의 영향과 함의

유학에서 우주관이 다른 분야의 사상에 영향을 끼치게 되는 것임은 말할 나위가 없다. 일정한 우주관은 인간관이나 사회관의 수립에 상당히 영향을 끼치는 한 요인이다. 본원유학으로부터 성리학에 이르기까지 '윤리 도덕의 수립'을 학문의 궁극 목표로 했던 유학의 경우, 일정한 우주관은 결코 그 자체만을 위한 단독적 이론에 그치지 않는다. 이런 점에서 기정진의 우주관 역시 도덕을 비롯한 다른 철학적 문제들과 연계되었을 개연성이 매우 높다.

기정진의 우주관이 다른 분야와 연관된 것을 찾을 때, 논자는 앞의 각주 14번에서 그가 사단과 칠정을 별개로 생각하지 않았던 점을 상기하게 된다. 사실 사단칠정론(四端七情論)은 인성물성동이론(人性物性同異論)과 함께 조선 성리학에서 인간관을 이루는 사상 가운데 핵심적 부분이라고 해도 과언이 아니다. 기정진의 리 일원적 우주관이 이것들과는 어떻게 연관될지 탐색하기로 한다.

먼저 사단칠정에 대한 리기 해석론부터 살피겠다. 기정진은 사단과 칠정을 별개로 생각지 않고, 사단을 칠정에 포함시키고서, 그 둘을 나누어 이황처럼 대거(對擧)하는 것을 부당하게 판단했다. 이 점부터가 이황의 태도와 다른 것이었다. 이미 살핀 대로 그는 기의 독자적 능력의 작용을 인정하지 않고, 오로지 '리의 (주재인) 명(命)'에 의해 기의 작용이 일어난다고 했다. 이런 점에서 그는 이이의 '기발일도설(氣發一途說)'과 이황의 '리기호발설(理氣互發說)'을 모두 부정했다. 이로써 기정진의 사단칠정에 대한 견해는 결국 '리의 발[理之發]'만 주장할 것이 명백하다. 아마도 그의 사단칠정에 대한 리기해석론은 '리발일도설(理發一途說)'일 것이 자명하다고 할 수 있다. 이런 추정에 대한 확증이 바로 그의 다음 글이다.

> 기가 리에 따라[順하여] 발한 것은 '기의 발[氣發]이 곧 리의 발[理發]'이다. 〈기가〉 리에 따라 행(行)한 것은 '기의 행이 곧 리의 행'이다. 리는 조작하고 작동하는 것 아닌데다, 그 발하고 행함은 분명 기가 하는데도 리발 리행이라 함은 무엇인가? 기의 발과 행이 실은 리에게서 명(命)을 받기 때문이다. 명하는 것은 주인이고 명받는 것은 종이다.[23)]

리 일원적 주리의 시각을 고수하는 그로서는 리가 지닌 주재(主宰)의 특성을 바탕으로 한 '리주기복(理主氣僕)'이라는 사유로 인해, 사단이든 칠정이든 모두 '리발'일 따름인 셈이다. 이런 견지에서 그는 기에 의한 정(情)의 발동·발로를 다름 아닌 '리의 발동·발로'라고 해석해야 한다고 실제로 주장한다. 이로써 사단칠정에 대한 그의 리기해석설이 '리발일도설'임이 확인되었다.

이런 견해가 지향하는 목적은 무엇인가? 본원의 리가 성(性) 가운데서도 특히 오성(五性: 仁義禮智信·五常)의 선성(善性)임을 감안하면, 그의 리발일도설은 분명 그 선성에 의한 도덕수립의 가능성을 확보하려는 데에 목적을 둔 것이 아닐 수 없다.

리 일원적 주리의 시각으로 풀어 가면, '인성물성의 동이론'에 있어서도, 그의 견해는 틀림없이 기를 고려치 않은 "본연의 성[本然之性]"에 기초한 외암(巍巖) 이간(李柬, 1677~1727)의 동론 (同論)

---

23) 『蘆沙先生全集』 卷16 「猥筆」 370쪽: 氣之順理而發者, 氣發卽理發也; 循理而行者, 氣行卽理行也. 理非有造作自蠢動, 其發其行, 明是氣爲, 而謂之理發理行何歟? 氣之發與行, 實受命於理, 命者爲主而受命爲僕.

에 설 것이다. 사실 이와 관련하여, 그는 "천[하늘]이 인간과 타물에 부여(命)한 것으로는 오상(五常) 외에 다른 것은 없다"[24]라고 했다. 이로 보면, 이간이 천명 태극의 리가 모든 개체에 들어있다는 뜻으로 인성물성의 같음[同]을 주장하였으나, 기정진은 천명으로 품수된 '모든 개체의 성이 오직 오상'뿐이라는 주장을 앞세워 인성물성의 같음을 믿고 있었다. 같은 '인성물성동론'이지만, 이간의 이론과는 그 근거한 점이 서로 다른 인성물성의 동론이다. 오상만을 천명으로 내세운 기정진의 이론이 이간의 이론보다 더 '도덕수립과 직결'된 것임은 더할 나위 없다.

경우에 따라 기정진도 본성[本然之性]과 대비되는 기질성[氣質之性]을 인정하는 때가 있다. 그러나 그에 있어 기질성은 분수된 리에 다름 아니고, 리일과 분수가 하나의 리로 합일되는 원융의 관계라고 했음[理分圓融說]을 상기하면, 그 기질성 또한 본성과 리로서는 서로 다르지 않다는 주장이 성립한다. 이로써 리의 주재성에 입각하여 형성한 그의 심성론도 그의 우주론과 같은 리 일원적 이론의 특색을 띠고 있음을 알 수 있다.

기정진에 있어 우주론이나 심성론이나 모두 근본적으로는 '리의 주재성'에 기초하여 형성되었다. 물론 리의 주재성에 대한 주장은 애초 리의 의미에 원인[소이연]의 의미가 있다는 사유에서 출발했다. 따라서 이 '리의 주재'란 과연 어떤 성격의 주재인가 이제 성찰해야 할 시점에 이르렀다고 생각된다. 주리론자들이 리의 주재에 대한 설명을 위해 드는 실례가 있다. 그것은 바로 "사람이 말[馬]을 타고서 그것을 부리는" 사례[人乘馬行]이다. 기정진

24) 앞 책, 卷16「納凉私議」363쪽: 天之所以命人物, 五常之外無佗焉.

도 마찬가지다. 다음 글에서 그 점이 확인된다.

> 원래 리가 있으면 물(物)이 있다. 비록 리는 기에게 권력[權]을 위임했지만, 기는 리에게서 명(命)을 받는다. 이는 마치 들고 남에 빠름과 느림이 말에 달렸더라도, 말 자체의 느림과 빠름이 사람에서 말미암는 것과 같다.[25]

기정진이 주재로 통하는 원인[所以然] 곧 '명(命)'과, 실력으로서 능력[所能]인 '권력[權]'을 구분하여 사용하는 사실이 이 글에서 드러난다. 그로서도 실제로 발휘되는 권력은 리 아닌 기에 있음을 알고 인정한 것이다. 그런데 그의 견해로는 '기가 행사하는 권력'은 리가 기에게 위임[委]한 것일 따름이다.

실제의 권력은 기에 위임했더라도, 리는 여전히 '기에게 명을 내리는 위치'에 있다. 이 '실권 없이 기에 내리는 명령'이 곧 리의 주재(主宰)를 의미한다. 이런 주재가 바로 말[馬]을 다루는 사람의 의사에 비유된다. 실력은 사람보다 말에게 더 많지만, 그런 말의 실력 행사를 사람이 조종하는 것이 곧 리의 주재이다.

리가 실권을 지닌 기에게 내리는 '명령이라는 주재의 성격'이 이 대목에서 밝혀진다. 이것은 마치 무력(無力)하여 실력을 행사하지 못하는 처지이더라도, 본래부터 가지고 있는 명목(名目), 명분(名分)으로 소유한 권위(權威), 또는 권한(權限)의 성격과 같다. 일종의 '명분적 권한'이라는 점에서 이는 마치 무능한 상관이 유능한 부하의 실권행사를 추인해주는 형식의 명과 다르지 않다.

---

25) 앞 책, 卷4「答權信元(宇仁○壬午八月)」92쪽: 大抵有是理, 方有是物. 理雖委權於氣, 氣實受命於理. 如人之疾徐, 雖在於馬, 而馬之緩驟, 實由於人也.

앞서 “기가 리에게 순순히 따르는 것이 곧 리발(理發)”이라고 했던 그의 해석이 리의 이런 ‘주재 성격’을 입증한다.

리의 주재를 아무리 역설하더라도 리가 실질적으로 무력하다면, 그 주재는 현실적으로 쓸모없는 것처럼 생각될 수 있다. 그럴 수 있지만, 반드시 그렇지만은 않다. 이런 주재에도 현실적 실용과 실효가 있을 수 있다. 예를 들면, 왕이 무력해 그 왕권을 행사하지 못할지라도, 그 왕의 존재만으로 왕조 계승의 효과만은 있는 사례가 그런 것이다. 기정진 같은 성리학자들이 이상적 제왕의 통치를 ‘통치함 없이 통치됨[無爲而治]’으로 내타낸 것도 실은 제왕의 권능을 대행할 신하들의 유능성을 전제한 데서 나왔다.

이런 점을 감안하면, 기정진의 리 일원적 사유에는 ‘기존의 도덕질서(道德秩序)’와 ‘기존의 체제(體制)’를 옹호하고 유지하려던 의지가 잠재되었음이 짐작된다. 이것이 바로 당시 안팎으로 지극히 혼란하던 정치 사회적 현실에 대하여 그가 대응한 ‘사상적 함의’라 할 수 있다. 이것이 당시 무능한 ‘정치 체제의 옹호’를 전제로, 관료들의 능력발휘에 의한 사회의 안정과 도덕적 질서의 공고화를 소망한 그의 사상의 특성이라 해도 틀리지 않을 것이다. 그의 위정척사 운동이 이점을 행동으로 확인해 주는 것이다.

기존의 체제적 질서와 연관된 것이라고 해도, 시각을 좀 달리하면, 기정진의 사상이 이렇게 보수성(保守性)만 지녔다고 판단하기 어려운 점도 발견된다. 리(理)의 의미가 ‘소이연(所以然)’으로 해석되는 필연적 원리 원칙과 함께 ‘소당연(所當然)’이라는 선(善)을 지향하는 당위의 도덕적 규범법칙 의미를 겸지 했음은 재언할 필요가 없다. 리의 이런 의미들을 다시 고려하면, 기정진이 리를 중요시함으로써 유리론적 경향의 사유로 이룩한 그의 우주론, 인성론 등은 '합리성(合理性)과 합당성(合當性)'에 대한 투철한 신념 없이는 원천적으로 불가능했던 것이다. 따라서 그의 유리론적 사상이 지닌 함의도 본원적으로는 합리성과 합당성에 대한 신념의 투철함과 관련된 점에서 찾아보아야 한다.

이런 시각에 서면, 그의 독특하고도 유별나다 해야 할 유리론적 사상이 지닌 함의는 바로 당시 세도정치로 인한 국내의 온갖 부조리(不條理)의 만연을 '합리적으로 시정'하려는 그의 의지와 함께, 대외적으로는 제국주의자들의 '부당(不當)한 침략을 저지해야 마땅하다'는 당위 의식의 표출이라 하겠다. 당연과 통하는 의리(義理)를 생명처럼 여긴 성리학자이고 위정척사운동가로서 기정진이 이룩한 사상에는 진정 이러한 합리성과 합당성 추구의식이 반영되었다고 해야 맞을 것이다.

논자의 이런 판단은 당시 그의 상소문에 나타난 '내외의 위기(危機)'로 집약된 시대진단을 감안할 때 더욱 확실성을 확보한다. 아울러 기정진처럼 위정척사 운동에 참여한 당시 화서(華西) 이항로(李恒老, 1792~1868), 한주(寒洲) 이진상(李震相, 1818~1886), 중암(重菴) 김평묵(金平默, 1819~1891) 등의 성리학설들이 모두 '주리의 경향을 강하게 띤 공통점'을 지닌 특징을 보더라도, 기정진을 비롯한 이 학자들의 지극한 '주리(主理)로의 경도'에는 합리성과 합당성의 구현에 대한 높은 의지, 곧 국내의 모든 부조리를 합리적으로 시정하고 제국주의자들의 부당한 침략성을 저지해야 마땅하다는 사유 실천의 의지가 무엇보다도 많이 반영되었다는 판단이 가능하다. 그의 이론이 지닌 '진정한 사상적 의의'도 이에 함재한다고 하겠다.

노사 기정진 유리론(唯理論)의 과정철학적 의미*

이 동 희

(계명대학교 명예교수)

서언

노사(蘆沙) 기정진(奇正鎭, 1798~1879)은 19세기 후반에 활약한 사람인데, 이 시대는 이미 전통적인 사유방식인 성리학[주자학][1]이 시대 추세와 맞지 않아 개명적인 유학자들이 진로를 고민하던 때였다. 그러므로 기정진의 소위 유리론이라는 성리학적 사유는 매우 보수적인 사상으로서 특이하다고 하지 않을 수 없다. 뿐만 아니라 성리학 사유 중에서도 리(理)를 높이는 '유리론(唯理論)'이라는 주장은 더욱 그러하다고 할 수 있다.

---

* 이 글은 2004년 4월 『철학논총』 제36집〔새한철학회〕에 수록되었다.

1) 일반적으로 쓸 때, 혹은 송대 성리학적 사유방식의 의미로는 성리학[신유학]이라 하고, 이기론, 태극론처럼 朱熹에 와서 체계화된 형이상학 내지 우주론을 말할 때는 주자학이라고 하였다.

그런데 유리론이라고 할 때 한 가지 유의할 점이 있다. 유리론이라 하더라도 기(氣)를 배제한 채 '리'만으로 이 세계를 설명하는 식의 사유방식은 아니고, 이기이원론(理氣二元論)이라는 성리학 기본 논리를 완전히 벗어나지 않은 전제 위에서 리의 중요성을 강조한 데 특징이 있고, 그 특징을 강조하여 유리론이라 이름한 것이다.[2] 물론 이 명칭에 반대하고 '철저한 존리론(尊理論)', 혹은 '이일원론화(理一元論化)'라는 다른 이름을 쓰기도 한다.[3] 이기이원론의 전제 위에서 리를 상대적으로 강조하는 주리론의 연장선상에서 리를 극단적으로 더욱 강조한 시각이라고 할 수 있다. 이기이원론을 완전히 벗어나지 않았다면 어떤 연관이 있을 것인데, 그렇게 보면 소위 주리론과의 동이점이 문제가 된다.

그러나 이기이원론 위에서 벌어진 퇴계(退溪) 이황(李滉, 1501~

2) 현상윤, 배종호, 안진오 세 사람은 기정진의 성리설을 '유리론'이라 하였다. 현상윤, 『조선유학사』, 현음사, 1982, 368~375쪽; 배종호, 『한국유학사』, 연세대출판부, 1974, 130쪽; 안진오, 『호남유학의 탐구』, 이화문화사, 1996, 408쪽. 한편, 안종수는 라이프니츠의 성리학 해석과 기정진의 유리론을 비교하여 설명하면서 리만 존재하고 기는 없다는 식으로 유리론을 해석하면 안 되지만, 기가 리에 의존한다는 의미로 말한다면 유리론이라 하는 것이 정확하다고 하였다. 안종수, 「리와 기에 대한 라이프니츠와 기정진의 해석」, 『철학연구』 제72집, 대한철학회, 1999, 303쪽.

3) 이상익은 기정진 성리설을 '독특한 체계'로 보고자 하였으며, '철저한 존리론'이라는 용어를 사용하였다〔이상익, 「기정진 성리설의 재검토」, 『철학』 제52집, 한국철학회, 1997, 5쪽 및 35쪽〕. 이상호도 '유리론'을 반대하였다〔이상호, 「노사 기정진의 성리설에 대한 재검토」, 『유교사상연구』 제7집, 유교학회, 1994, 370쪽〕. 한편 김형찬은 '理一元論化'라는 용어를 썼는데〔김형찬, 「이기론의 일원론화 연구 - 녹문 임성주와 노사 기정진을 중심으로」, 고려대 대학원 박사학위논문, 1996〕, 기정진이 기를 종속적으로 보았으나, 이기이원을 전제로 하였으므로 역시 부가 설명이 필요하다. '극단적 주리론'이라는 의미에서 '理一元化'라면 의미는 통한다.

1570)과 고봉(高峯) 기대승(奇大升, 1527~1571) 사이의 사단칠정논쟁과 그 후 이황과 율곡(栗谷) 이이(李珥, 1536~1584)를 대표자로 하여 형성된 '주리론'-'주기론'의 맥락과는 완전히 같지 않다. 이황의 처음 사칠리기호발설(四七理氣互發說)[이하 '호발설'이라 약함]의 의도는 리·기를 선·악처럼 대립시켜 입론하려는 가치적 관점이었지만, 호발설을 강조하는 과정에서 나온 '리의 극존무대설(極尊無對說)'은 절대적 리[태극]에 대한 경외와 유사한 것이어서 이것은 '존리론(尊理論)'[4]이라 할 수 있다. 여기에는 절대자에 대한 관심과 신앙이 있다고 할 수 있는데, 기정진의 유리론도 그러한 맥락에서 말할 수 있다. 그러므로 그의 유리론을 '존리론'이라 하는 것이 의미 전달상 적절할 것이다. 여기서는 같은 의미로 이제까지 통용해온 '유리론'과 병용하였다.

이러한 기정진의 성리설은 선배 학자들의 여러 성리설을 비판하는 가운데서 성립되었다.[5] 즉 존재론적 측면에서는 율곡 이이

4) '主理論'과 구별하기 위하여 필자가 붙인 이름이다. 이황의 '極尊無對'라는 표현과 태극의 위상, 그리고 '尊'이라는 한자의 의미를 살린 것이다. 그러나 현재 일정한 설명을 덧붙여 '유리론'이라는 용어를 많이 쓰므로 병용하였다.

5) 최영진은 기정진의 성리학은 존재론에 있어서는 이이의 이론을 지지했고, 가치론에 있어서는 이황의 입장을 따라 두 설의 종합을 시도한 것으로 보았고[최영진, 「蘆沙 奇正鎭의 理一分殊說에 관한 고찰」, 『조선조 유학사상의 탐구』, 여강출판사, 1988, 276~281쪽 및 296쪽], 이상호는 기정진의 심성론은 이이의 입장에서 크게 벗어나지 않는다고 보았으며[이상호, 전게 논문, 16~17쪽], 이상익은 기정진의 이기론이 최영진의 지적처럼 이기일체관을 근간으로 하지만, 그의 理氣一體觀은 이이의 그것과 체계가 다른 것이라고 하고, 그런 점에서 그의 성리학은 선배 학자에 대한 비판 속에서 성립한 독자적인 체계라고 주장하였다[이상익, 전게 논문, 6쪽]. 그러나 기정진은 이황의 호발설을 반대했고, 이이의 사칠설도 반대했다. 또 '理氣一體說' 같은 용어도 기정진의 사상을 해석하는 데 불충분하다. 그리고 이상익의 말처럼 '또 다른 체

의 '이통기국설(理通氣局說)'을 비판하고, 도덕론적 측면에서는 이황의 '호발설'과 이이의 '사칠배속설', 그리고 당시 학계의 '인물성동이론(人物性同異論)' 등을 비판하면서 자기 설을 개진하였다. 그러나 그 비판이 전적으로 옳다고 볼 수는 없다. 성리학의 형이상학적 체계에 대한 이해의 부족이라든가, 혹은 유리론[존리론]의 시각에서 행한 일방적 비판일 수도 있다. 그러므로 여러 연구자들이 그를 비판적으로 고찰하고 있다.

그의 성리설의 특징은 존재론 측면에서 리를 극히 강조한 점, 즉 '존리설'과 성리학의 이일분수설을 '이분원융설(理分圓融說)'로 새롭게 해석하려는 데에 있다고 할 수 있다. 이러한 특징의 배경은 성리학 속에 감추어진 '태극론(太極論)'이 갖는 종교적 발상이라고 할 수 있다. 즉 그의 존리론은 성리학의 종교적 절대자, 혹은 형이상학적[존재론적] 궁극자에 해당하는 '태극'의 리에 대한 종교적 경외라고 볼 수 있다. 유신론 체계가 없는 성리학에서 태극론은 화이트헤드(1861~1947)의 과정철학과 비교하여 말하면 형이상학적 신관(神觀)과 유사하고, 또 태극은 과정철학의 신과 위상이 비슷하다.[6)]

그 보다 약 1세기가 앞선 인물로 녹문(鹿門) 임성주(任聖周, 1711~1788)가 있다. 그는 소위 '유기론(唯氣論)'을 주장하고, '기일분수

계'라고 할 때 그 사유의 특징과 의미는 아직 밝혀지지 않았다. 이렇게 보면 기정진에 대한 연구는 아직 그 특징이 확실하게 해석되지 못하였고, 여러 설이 분분하다고 볼 수 있다.

6) 이하 본문에서 언급한다. 주자학과 과정철학(process philosophy)에 대한 비교는 이동희, 『한국의 철학적 사유의 전통－화이트헤드와 성리학의 만남』〔대구: 계명대출판부, 1999〕의 제1장 「주자학과 과정철학」 참조.

(氣一分殊)'를 주장했는데, 이는 기정진과 반대로 성리학의 이기이원론의 전제 위에서 기를 극단적으로 강조한 것이다. 기의 강조는 명대 중기 정암(整庵) 나흠순(羅欽順, 1465~1547) 등으로부터 나타나기 시작한 시대사조이지만, 거슬러 올라가면 횡거(橫渠) 장재(張載, 1020~1077)의 기론(氣論)에 가 닿는다. 이 기론은 중국 고대의 자연철학의 중요 개념이었지만, 이 기 개념이 성리학에 와서 리와 더불어 형이상학적 체계의 하나의 중요 범주로 자리잡게 되자 '주기론적' 시각도 나오게 되었다. 그리하여 임성주의 유기론에 가서는 원초의 '일기(一氣)'에 이미 만수(萬殊)가 포함되어 있다고 하여 '기일분수'라고 하였다.[7] 이때는 기의 개념에 담긴 '생의(生意)'가 중요 모티브가 되고, 여기에 기의 원초로서 '일기(一氣)'[장재의 '太虛']를 상정하고, 그 모습을 '담일청허(湛一淸虛)'라고 하는 발상이 덧붙여졌다. 이때 '일기'라고 할 때 기가 우주에 충만해 있다는 의미, '충만성(充滿性)'도 물론 들어 있다. 그러나 기는 실제로 이미 움직여 청탁(淸濁)·수박(粹駁)으로 편차가 생겨 있다. 그러므로 '일기'는 하나의 이데아로서 요청되어진 것이다. 임성주의 소위

7) 임성주의 기일분수설에 대해 이상곤은, 기는 리와 같은 원리가 아니기 때문에 氣一에서는 분수를 생각할 수 없다, 즉 '氣涵萬殊'는 성립할 수 없다고 비판하였다. 그 이유를 그는, "氣一分殊的 입장은 현상을 중심으로 하여 보편－특수를 논하는 것이므로 氣分殊에서만 '氣一'을 생각할 수 있을 뿐, 氣一에서는 分殊를 생각할 수 없다. 왜냐하면 기는 리와 같은 원리가 아니기 때문이다"라고 하였다. 그리고 그는 李珥의 理通氣局說, 임성주의 기일분수설, 그리고 기정진의 '理涵萬殊說'〔理分圓融說〕이 차례로 성립됨으로써 진정한 이일분수설이 성립되었고, 이것은 성리학의 한국적 성과라고 하였다〔이상곤, 「蘆沙 奇正鎭의 理一分殊觀」, 『원불교사상』 제10·11집, 원광대 원불교사상연구원, 1987, 914~915쪽〕. 그러나 아직 이러한 결론을 내리기에는 이르다. 비판적 고찰이 좀 더 필요하다고 생각한다.

'유기론'은 이러한 배경을 갖고 있다.[8)]

그런데, 여기서 유의할 점은 유기론이 기의 생의와 충만성에 착안하여 '기일분수'를 주장하였다는 점인데, 이와 마찬가지로 유리론에서도 리를 '천명(天命)'이나 '씨앗'[종자]으로 보는 관점이 모티브가 되고 있다는 것이다. 리·기 양 극단으로 가면 결국 공통점에 이른다는 것을 알 수 있는데, 이것은 성리학이 태극, 리, 기 삼자로 이루어져 있는 것과 연관 있다. 과정철학과 비교해 보아도 그 점은 명확하다. 유리론을 고찰할 때 참고해야 할 점이다.

기에 비해 리는 훨씬 관념성이 강하므로 초월성을 말하는 데는 매우 유리하다. 리와 기는 절대자의 초월과 내재를 말할 때 항상 '불상리(不相離)와 불상잡(不相雜)'을 강조하므로 주자학 체계[9)]에서 어느 한쪽을 강조하면 유기론과 유리론은 다 가능하다고 할 수 있다. 그러나 어느 것이나 한쪽을 극단적으로 강조한 것이다. 물론 그렇게 할 이유가 원래 주자학 속에 이미 있기 때문에 그 나름의 논리는 있다. 그러나 주자학의 존재의 형이상학은 태극, 리, 기, 세 범주[개념]로 이루어지므로 유기론이나 유리론만으로는 결코 충분하지 않다.[10)]

---

8) 임성주에 대한 것은 이동희, 「녹문 임성주 유기론의 과정철학적 의미 고찰」, 『철학논총』 제32집 제2권, 새한철학회, 2003 참조.

9) 우주론을 형이상학적 체계로 성립시킨 사람은 주희이다. 그러므로 그를 성리학[신유학]의 집대성자라고 말한다. 일반적으로 성리학과 주자학을 같은 의미로 쓰지만, 엄밀하게 말하면 형이상학적 체계만은 주자에 의해 체계화 되었으므로 태극론, 이기론을 말할 때는 주자학이라고 해야 한다. 주돈이의 「태극도설」, 장재의 기의 우주론[자연학], 程顥, 程頤 형제의 리에 관한 사상, 程頤의 體用論, 邵雍의 주역론 등을 합하여 태극론과 이기론을 체계화한 이는 주희이다. 그러므로 화이트헤드의 과정철학과 비교하는 것은 주희의 우주론, 형이상학이라고 해야 한다.

그러므로 기정진의 유리론에 대해서도 그의 발상을 높이 평가하기도 하면서 한편으로는 연구자들이 여러 가지로 비판적으로 보고 있다. 현상윤은 그를 '조선 성리학의 6대가'로 보고 있지만,[11] 이상익은 그의 성리설에서 이이의 '인기유분(因氣有分)'을 '이분격단(理分隔斷)'이라 비판한 것이나 악(惡)의 설명에서 모순을 보이고 있다고 하였고,[12] 이상호 역시 악의 설명에서 논리가 일관되지 못하고 있다고 비판하였다.[13] 또 최영진은 기정진의 이일분수설의 새로운 해석, 즉 '이분원융설(理分圓融說)'은 이기이원론에 입각한 이일분수설의 두 가지 문제점을 해결하였다고 하였다.[14] 최영성은 그의 사상의 이기설에 있어서는 '이기일체관(理氣一體觀)'이며, 또 '이존기비(理尊氣卑)', '이주기복(理主氣僕)' 등의 주

10) 기정진의 유리론은 태극의 리를 강조하여 성리학에 내포된 최고 궁극자 문제를 탐구하려는 시도를 하였다는 또 다른 의미를 가지고 있다. 그러나 기정진 역시 극단적 주리론을 주장함으로써 이기를 지나치게 일원화하여 보려는 폐단을 동시에 보여주었다고 할 수 있다. 다시 말하면 주자학의 이기이원론이라는 형이상학에 대한 이해의 부족, 혹은 오해라고 할 수 있다.

11) 현상윤, 전게서, 368~375쪽.

12) 이상익, 전게 논문, 30쪽.

13) 이상호, 전게 논문, 14쪽.

14) 두 가지 문제점은 첫째, 선악의 결정권을 기가 갖게 되어 이기관계가 전도된다는 점, 둘째, 이일지리는 형기를 초월하게 되고 분수지리는 형기에 떨어진 이후에 성립되는 것으로 설명되어 양자 상호매개점이 없는 점이라고 하였다[최영진, 전게 논문, 294~296쪽]. 여기서 첫째 문제는 기정진이 이이의 '因氣有分'을 비판한 것과 같은 내용이고, 둘째는 이기이원론에서 리·기로써 초월성과 내재성을 말하기 위한 불가피한 논리이기 때문에 비판 대상이 될 수 없다. 다시 말하면 이기이원론의 이일분수는 그의 '이분원융'의 논리가 이미 전제가 되어 있고, 설명의 방법상 이분법을 취하는 것이기 때문에 그것과 상충되는 것은 아니다. 그러므로 최영진은 기정진의 논리가 타당한지 결론짓기 어렵다고 하였다.

장을 볼 때는 '이일원론에 가까운 존리론(尊理論)'이라 할 수 있다 하였다.[15)]

한편 이상곤은 기정진의 이일분수설을 높게 평가하여 이분법적 사고방식을 극복했다고 하였다.[16)] 그러나 이상익은 기정진의 성리학이 이이 성리학을 초극한 것이라든가 호락(湖洛) 양론을 종합 지향했다고는 볼 수 없고, 이이 성리학과는 다른 체계라고 하였다.[17)] 또 그는 기정진이 이기이원론의 이일분수에서 '인기유분'을 '이분격단'이라 비판하고 이에 대한 대안으로서 '이분원융'을 주장한 데 대하여, 리·분 역시 개념적으로 구분하기는 마찬가지이고, 또 만일 논리적 구분을 무시한다면 대상세계를 개념적으로 설명하고자 하는 모든 학문 자체가 성립될 수 없기 때문에 기정진의 비판은 무리라고 하였다.[18)]

이와 같은 여러 비판적 분석에도 불구하고 기정진의 사상의 특징은 아직 선명하게 현대적으로 그 의미가 해석되지 않았다. 본고에서는 기정진 성리설의 핵심은 존재의 형이상학에서의 '존리적' 발상에 있다고 보고 그 의미를 '종교론적' 관점에서 과정철학과 비교하여 보다 심도 있게 논하고자 한다.

---

15) 최영성, 『한국유학사상사』(V), 아세아문화사, 1997, 42~44쪽.

16) 이상곤에 의하면, 현상계를 리와 기로 대거하여 설명하려는 이기이원론과는 달리 리 자체의 일과 분수라는 논리를 전개함으로써 본체와 현상, 보편과 특수에 대한 횡적 논리의 통일을 가져왔으므로 이분법적 사고를 극복했다고 하였다. 이상곤, 전게 논문, 908쪽.

17) 이상익, 전게 논문, 36~37쪽.

18) 이상익, 전게 논문, 35쪽. 이상익의 생각은, 이기이원론의 이일분수에서 분수의 원인은 기에 있다고 설명하는 것이 논리적 설명상 불가피한데, 기정진이 이를 이분격단이라 비판한 것은 자가당착이라고 하였다.

퇴계 이황의 주리설과 존리설(尊理說)

이기이원론은 주희朱熹[朱子] 형이상학의 기본 명제이다. 이때 리는 플라톤의 이데아, 아리스토텔레스적 의미의 '형상'에 해당하는 것이고, 기는 아리스토텔레스적 의미의 질료에 해당한다. 화이트헤드의 과정철학으로 말하면 리는 '영원적 객체'(eternal object)요, 기는 '현실적 존재'(actual entity)이다. 이것은 존재론, 우주론에서 기본적으로 정의할 수 있는 이기의 개념[범주]이다.

그런데 이 이기 개념이 도덕론을 논하는 상징으로 사단칠정론(四端七情論), 인심도심론(人心道心論) 등에 응용되었을 때 그 개념의 의미가 조금 다르게 나타나기 시작했다. 사단칠정론에서 이황이 사단칠정리기호발설(四端七情理氣互發說)[이하 '호발설'로 약함]을 주장한 것이 그 대표적인 케이스이다. 사단은 리발, 칠정은 기발이라고 하여 대립적으로 입론한 것이 호발설이다. 이황은 인심과 도심도 대립적이고, 본연지성–기질지성의 관계도 또한 대립적이라고 보았다. 이는 도덕론에서 가치를 대립시킨 것이다.[19] 여기에서 이기 두 개념은 하나의 '상징'(symbol)으로 쓰인 것이다.[20]

이황과 기대승 사이의 사칠논쟁에서 이황은 호발설을 뒷받침하려는 의도에서 리의 체용론(體用論)과 함께 리를 매우 중요하게

19) 이황은 "리는 귀하고 기는 천하다. 그러나 리는 작용이 없고[無爲], 기는 욕망이 있다[有欲]"라고 하였다. 『退溪全書』 卷12, 「與朴澤之」 24면.

20) 이황에 있어서 존재론적 개념의 도덕론적 전용에 따른 이러한 의미 전환의 사정은 정확하게 인식되지는 않았다. 왜냐하면 전통시대에 존재론과 도덕론은 구분되어 있지 않았기 때문이다. 이황, 기대승 이후 사칠논쟁의 지속의 원인도 이런 점과 무관하지 않다.

생각해야 한다고 말한 것을 우리는 잘 알고 있다. 이때의 리는 리·기 상대의 리보다 태극과 같은 절대의 리로 표현되었다. 그의 호발설의 배경에 이러한 리에 대한 특이한 발상이 있었던 것이다.

기대승과 논변을 하는 과정에서 이황은 리를 정의하기를

> 리는 원래 극존무대(極尊無對)하여 사물에 명령하지 사물에 어떤 명령을 받지 않는 것으로 기가 이길 수 없다.[21]

라고 하였다. 또 그는 '태극동이생양(太極動而生陽)'에 대한 해석에서 '생生'자를 글자 그대로 해석하여 태극에 작용성이 있는 듯이 해석했고,[22] 리의 작용성에 대한 해명을 함에 있어 '체용론'을 응용하여, 리의 작용이 없는 것은 체의 측면이요, 능발능생(能發能生)의 작용은 용의 측면이라고 하였다.[23] 더 나아가 그는 기대승에게 충고하면서

> 고금에 학문에 차이가 나는 것은 리자(理字)가 알기 어렵기 때문인데, 그것도 올바르고 충분히 알기가 어렵다.[24]

라고 하여 리에 대한 이해의 중요성을 거듭 강조하였다.

이러한 이황의 언표를 종합해 보면, 이때의 리는 태극과 같이

---

21) 『退溪全書』 卷13 「答李達·李天機」 16면.
22) 같은 책, 卷41 「非理氣爲一物辨證」 20면.
23) 같은 책, 卷39 「答李公浩問目」 28면.
24) 같은 책, 卷16 「答奇明彦論四端七情 第二書」 46면.

리 중의 리, 즉 형이상학적으로 말하면 최고의 궁극자, 궁극적 원인자, 또는 종교적으로 말하면 최고의 신과 같은 절대자를 염두에 두고 말한 것이 틀림없다. 이황의 호발론 배경에는 이와 같은 절대적 리에 대한 발상이 있었다. 이 절대적 리는 성리학의 '태극'인데, 주자학에서 태극도 리요, 개별 사물의 존재 원리도 리이기 때문에 이러한 리의 의미 중첩에서 이러한 발언이 나온 것이다. 특히 창조주 인격신을 상정하지 않는 동아시아 유교 전통에서 이러한 의미 중첩에서 오는 혼란은 불가피한 것이다.[25]

이황의 이러한 리에 대한 발상은 어디에서 오는가? 그것은 주희에게 이미 그러한 사고방식이 있었다. 주희는 자연의 질서를 '주재(主宰)'의 작용이라고 보았다. 즉 그는 "대개 천(天)은 하나의 지강지양(至强至陽)의 물(物)인데, 자연히 끊임없이 움직인다. 이러한 까닭에는 반드시 주재자가 있다"[26]라고 하였다. 그는 또 "그렇다고 만약 하나의 주재가 있어서 마치 세상에 동상처럼 있는 것은 절대 아니다"[27]라고 하였다. 이는 인격신을 상정하지 않는다는 것이다. 그러나 이 '주재자'는 바로 주희가 존재의 근거, 즉 궁극자로서 '태극'을 지칭하여 말한 것이다. '주재'라는 것이 매우 실재성을 지칭하는 것이므로, 주희가 태극을 역시 매우 실재적으로 보고 있는 것이다. 그러므로 줄리아 칭(Julia Ching)은 말하기를

25) 과정철학에서 신, '영원적 객체', '현실적 존재', 이 삼자의 역할과 관계에 대해 자세히 설명하고 있어서 이것으로 주자학 존재론의 기본 개념인 태극, 리, 기, 이 삼자의 관계를 비교해 보면 그런 느낌을 지울 수 없다.

26) 『朱子語類』 卷68 「易四·乾上」, 北京: 中華書局, 1986, 1684~1685쪽.

27) 같은 책, 卷3 「鬼神」 48쪽.

> 유교 고전인 『시경』과 『서경』의 '상재(上帝)'에 대하여 주자가 신인동형론적(神人同形論的) 표상(즉 인격신적 표현)에 대해 주석한 것을 보면 "세계의 주재자가 하늘에 사람이 있는 것처럼 존재한다고 말하는 것도 옳지 않지만 그런 주재자가 없다고 해도 잘못이다"라고 했다. 주자에게 있어 천과 상제는 지고한 주재자인 신을 지칭한다.[28)]

라고 말하였다.

주자학에서 태극은 '리의 총체(總體)[總集]' 내지 '리의 총괄(總括)'로 규정되고 있다.[29)] 주희는 태극을 말하기를 "천지·인물의 만선(萬善)의 지극히 좋다[至好]는 것에 대한 명칭이다. 사람마다, 사물 마다 하나의 태극이 있다"[30)]라고 하였고, 또 "태극은 별도의 어떤 사물이 아니고, 음양이면 음양에, 오행이면 오행에, 만물이면 만물에 있다. 다만 하나의 리일 뿐이다"[31)]라고 하였다. 주희는 이 우주의 보편적 질서(天道; 天理)는 '리적인 것'으로 규정하여, 그것을 주돈이의 '태극'에서 찾았다.[32)] 그러므로 태극은

---

28) 줄리아 칭 지음, 임찬순 외 옮김, 『유교와 기독교』, 서광사, 1993, 170~171쪽.

29) 『朱子語類』 卷94 「周子之書·太極圖」 2375쪽. 주자는 "천지 만물의 리의 총체, 혹은 총괄하는 것이 바로 태극이다〔總天地萬物之理 便是太極〕"라고 하였는데, 이때 '總'은 태극과 개별리와의 관계를 一〔전체〕과 多〔부분〕의 관계로 보면 '총체'의 뜻이 되고, 태극의 만물에 대한 주재의 측면에서 보면 '총괄한다'의 뜻이 된다. 두 가지 의미를 다 갖고 있다.

30) 같은 책, 卷94 「周子之書·太極圖」 2371쪽.

31) 같은 책, 卷94 「周子之書·太極圖」 2371쪽.

32) 주희는 주돈이의 『태극도설』을 주해하였는데, 주돈이는 '태극'이 理的인 것인지, 氣的인 것인지, 다시 말하면 관념적인 것인지, 물질적인 것인지 확실하게 말하지 않았다. 주희가 리적인 것으로 확정함으로써 비로소 성리학의 형이상학적 체계가 이루어졌다. 주희의 『태극도설해』는 매우 독창적인 것으로 그 수준이 높아 그 후 성리학 이해의 첫 관문으로 간주되었다. 성리

이데아 중의 이데아, 즉 선의 이데아인 것이다. 형이상학적 궁극자를 리적인 것으로 본다는 것은 만물의 존재의 원리를 리로 규정한 이상, 그 개별리[개별 사물의 리]의 총체적 포괄자가 당연히 요구된다는 것을 말한다. 유신론[인격신론]의 신관으로 말한다면 그것은 '신'의 역할과 동일한 발상인 것이다. 동아시아에서 유신론적 체계가 없다 하더라도 이는 중세적인 종교철학이라 할 만하다. 그런 의미에서 태극은 형이상학과 종교의 접점이라고 할 수 있다.[33]

화이트헤드는 신을 통해서 우주는 성립되고, 따라서 신은 '세계 구체화의 원리'라고 말하였다.[34] 이는 신은 궁극적 한정이며, 신 속에서 전 우주의 총합이 이루어진다는 의미이다. 과정철학에서 신은 하나의 '현실적 존재'로 다른 '현실적 존재'와 더불어 같이 있다고 하였다.[35] 이것이 기존의 기독교 신관의 지나친 초월성을 배제하고 있는 화이트헤드의 독특한 '형이상학적 신관'[36]이다. 이러한 신과 이 세계와의 밀접한 관련성은 유신론 체계가 없는 동아시아에서 '무극이태극(無極而太極)'과 태극—음양의 관계,

---

학의 유기체 우주론을 여실히 보여주는 걸작이다.

33) 주희 태극론의 철학적, 종교적 의미를 화이트헤드의 과정철학의 형이상학 체계와 神觀〔종교론〕과 비교한 것에는 전게 이동희, 『한국의 철학적 사유의 전통』의 제1장 참조.

34) 화이트헤드, 오영환 역, 『과학과 근대세계』, 서광사, 1991〔3쇄〕, 25쪽.

35) 화이트헤드, 오영환 역, 『과정과 실재』, 민음사, 1991, 73쪽.

36) '형이상학적 신관'이라는 것은 신 문제를 기성의 종교론으로 논하는 것이 아니라 형이상학 체계 속에서 보편철학으로 논하는 관점을 말한다. 그러므로 화이트헤드는 종교는 형이상학의 도움을 필요로 한다고 하고, 반대로 종교의 형이상학에의 공헌도 말하였다. 화이트헤드, 류기종 옮김, 『종교론』, 종로서적, 1986, 65~67쪽.

즉 초월—내재성과 비교하여 이해할 수 있다.

주희의 우주론 속에 이미 절대적 의미의 리로서의 태극이 있었고, 이황의 호발설을 통해 표출된 절대적 리에 대한 존중은 철학적[형이상학적] 세계 해석인 이기이원론과는 다른 관점으로 절대자에 대한 경외로서 일종의 종교론[형이상학적 神觀]을 형성하고 있다. 이러한 발상은 '존리론'이라 할 만하다. 리에 가치를 부여하고 높이면 이는 단순한 도덕론을 넘어서서 존재의 궁극 원인 내지 우주의 근원에 대한 종교적 성찰로 넘어가는 것이라고 볼 때 이황의 '존리론'은 강조점이 다르지만, 그의 도덕론인 '주리론'의 연장선상에 있는 것이다. 다시 말하면 이황의 호발설은 도덕론이며, 존리론은 종교론이라고 할 수 있고, 양자는 또 밀접한 관련이 있는 것이다. 기정진의 유리론 역시 이 이황의 주리론—존리론의 연장선상에서 고찰하지 않으면 안 된다.

노사 기정진의 유리론

기정진 역시 이황의 '존리론'과 유사한 발언을 하였다. 그는 말하기를

> 리와 기를 상대화하여 리-기라고 부른 것은 어느 때 시작된 것인가? 나는 이것은 반드시 성인의 말이 아니라고 생각한다. 왜 이렇게 말하는가? 리의 존귀함은 상대가 없으니, 기가 어떻게 리와 짝이 될 수 있겠는가? 그 넓음은 상대가 없으니, 기 역시 리 속의 일이며[氣亦理中事], 이 리가 유행하는 손발이어서[此理流行之手脚] 리에 본래부

터 상대가 없다. 짝도 아니고 상대도 아닌데, 상대화시키는 것은 무슨 이유인가?[37]

라고 하였다. 여기에서 그의 리에 대한 기본적 시각을 읽을 수 있다. 이러한 시각에서는 당연히 율곡 이이의 '그 기틀이 스스로 그러하고, 시키는 자가 없다[其機自爾, 非有使之]'라는 기의 정의, 즉 이기의 형이상학에 대해 반대할 수밖에 없다. 그는 말하기를

> 음양동정을 겉으로만 보면 자행자지(自行自止)하는 것 같으나, 실제를 깊이 탐구해보면 전부 천명(天命)이 그렇게 시키는 것이다. 천명이 그러하기 때문에 부득이 그렇지 않을 수 없는 것이다. 이것을 '소이연(所以然)'이라 일컫는다. … 이제 〈율곡이〉 '그 기틀이 스스로 그러하다'[38]고 하였는데, '그 기틀이 스스로 그러하다'라는 것은 노력을 기다리지 않는다는 말이지만, 이미 자기로 말미암고 다른 것에 말미암지 않는다는 뜻을 포함하고 있다. 또 부연하여 말하기를 '시키는 자가 없다'고 하니, '스스로 그러하다'고 할 때는 그 뜻이 오히려 여유가 있었으나, '시키는 자가 없다'고 하니, 말뜻이 확고하다. … '시키는 자가 없다'라는 말에서 천명은 이미 끊긴 것이다.[39]

라고 하였다. 여기서는 기정진의 두 가지 중요한 사고방식이 나타나 있다. 하나는 이이의 기에 대한 설명을 반대한 것이요, 다른 하나는 리를 '천명(天命)'으로 해석한 점이다. 천명으로서의 리, 이것은 '존리론'의 단적인 표현이다. 안종수는 이러한 기정진의 리

37) 『蘆沙集』 卷16 「猥筆」 27면.
38) 『栗谷全書』 卷10 「答成浩原」 26면.
39) 『蘆沙集』 卷16 「猥筆」 24~25면.

에 대해 그가 만물의 근원인 태극을 어느 정도 인격적인 존재로 보고 있고, 리 자체의 활동성도 암묵적으로 인정하고 있는 것으로 해석하였다.[40]

뿐만 아니라 기정진은 또 리를 '씨앗'[種子]에 비유하였다. 그는 말하기를

> 이 세상에 씨가 없이 생겨난 것은 아직 없었다. 리여! 리여! 모든 것의 씨앗이로다.[41]

라고 하였다. 리를 종자로 보면 리가 기의 근원이 된다는 의미이다. 여기에서 기정진이 기독교의 신과 같은 창조주로 말하지는 않았지만, 천명론과 아울러 보면 그 발상은 매우 유사하다고 하지 않을 수 없다.

기정진은 이 천명론과 씨앗론을 바탕으로 이기 관계에서도 리의 기에 대한 '주재력'을 강조하였다. 즉 그는 말하기를

> 기가 리를 따라서 발한 것은 기발이 곧 리발이요, 기가 리를 따라 행한 것은 기행(氣行)이 바로 리행(理行)이다. 리는 스스로 조작하거나 움직임이 있는 것이 아니므로 그 발하고 행하는 것은 분명히 기가 하는 것인데, 이를 리발, 리행이라 말하는 것은 무엇 때문인가?

---

40) 안종수는 라이프니츠의 중국 사상[성리학]에 대한 학설과 비교하여 말한 바 있다. 즉 라이프니츠가 서양의 17세기 신의 활동성처럼 중국의 성리학의 리는 활동성이 있다고 주장했는데, 인격신의 전통이 없는 기정진의 경우 서양과 같은 리의 활동성은 아니지만, 서양의 신과 리를 매우 유사하게 보았다고 안종수는 논증하였다. 안종수, 전게 논문, 307쪽.

41) 『蘆沙集』 卷16 「答人問第二」 3~4면.

> 기의 발하고 행하는 것은 실로 리에서 명령을 받는 것이니, 명하는 자는 주인이 되고 명령을 받는 자는 종이 된다. 종은 그 노역을 담당하고 주인이 그 공로를 차지함은 천지의 진리이다.[42]

라고 하였다. 마지막 구절의 '종과 주인의 비유'는 가치론적 입론으로서 존재론적 이기 개념 사용과는 용례가 완전히 다르다. 기발과 기행을 말하는 것은 기정진 역시 이기이원론의 토대 위에 있는 것 보이지만, 그의 기본 생각은 리의 기에 대한 우위, 주재력을 말하고자 한 데 있었다. 여기서 기발이 리발이요, 기행이 리행이라는 언명은 성리학 원래의 이기론의 형이상학 체계와는 물론 다른 것이다.

이러한 기정진의 발상은 이기선후(理氣先後) 문제에서도 당연히 '이선기후(理先氣後)'로 나타났는데, 그는 말하기를

> 주자가 말하기를 "태극은 상수(象數)가 아직 드러나지 않았으나 그 리는 이미 갖추어진 것을 말한다"라고 하였으며, 또 말하기를 "만일 원리적으로 말하면[在理上看] 사물이 있지 않아도 이미 사물의 리는 있다"고 하였으며, … 이와 같은 말들은 이루 다 열거할 수 없으니, 어찌 일찍이 이기가 서로 떨어지지 않는다[不相離] 하여 리가 먼저 갖추어져 있다는 뜻을 폐기할 수 있겠는가? … 리가 다만 기와 서로 떨어질 수 없다는 까닭으로 마침내 먼저 갖추어진 묘가 없어지는 것이겠는가?[43]

---

42) 같은 책, 卷16 「猥筆」 26면.
43) 같은 책, 卷4 「擬與權信元」 24면.

라고 하였다. 주희의 말을 인용하여 이선기후(理先氣後)를 강하게 주장하였다. 또 그는 말하기를

> 이른바 리가 먼저 갖추어져 있다는 것은 허공에 매달린 리가 먼저 갖추어져 있다는 말이 아니다. … 추론하고 또 추론해 보아도 필경 이 리가 있고 이 기가 있는 것이다. … 차천지(此天地)의 리가 선천지(先天地)의 위에 먼저 갖추어져 있으니, 이것이 과연 허공에 매달려 있는 것이겠는가?[44]

라고 하였다. 여기서는 리의 선재(先在)가 실재적이라는 것을 비유를 들어 강조하였다. 그는 다른 곳에서는 '이기불리(理氣不離)'를 말하기도 하였지만, 강조점은 역시 위와 같이 '이선기후'에 있었다. '이기불리'는 형이상하라는 성리학의 기본 이론에서 대략 말한 것이고, '이선기후'는 그의 유리론적 사고에서 나온 것이다. 일견 모순되지만, 그의 유리론의 의도를 이해한다면 그 모순의 이유를 알 수 있다.

성리학에서 이기 관계에 대한 언급은 많이 있으나, 리가 어떻게 기에 관계하는가 하는 데 대한 자세한 설명은 별로 없다.[45]

---

44) 같은 책, 卷5「答權信元」〈別紙〉31면.

45) 리와 기의 관계는 '서로 떨어져 있지도 않고, 서로 섞여 있지도 않다'〔理氣不相離雜〕는 정도로 설명하고 있다. 이이는 주희의 설을 종합하여 말하기를 "〈이기가 一物인가 二物인가 라는 질문에 대해 송대 학자의 설을 참고해 보니, 이기는〉 하나이면서 둘이고, 둘이면서 하나이다. 리·기는 밀접하게 붙어 있어〔渾然無間〕 원래 서로 떨어지지 않으므로 二物이라 할 수 없다. 그러므로 程子〔정호 - 필자〕는 '氣가 또한 道이고, 道 또한 氣이다'〔氣亦道, 道亦氣〕라고 하였다. 비록 서로 떨어지지 않고 붙어 있는 가운데서도 〈리·기는〉 서로 섞이지 않으므로 一物이라 할 수도 없다. 그러므로 주자는 '리는

과정철학은 '영원적 객체'(eternal object)의 '현실적 존재'(actual entity)에의 진입(ingression)을 말하고 있다. 뿐만 아니라 영원적 객체와 최고 궁극자 신과의 관계 등도 함께 유기적으로 설명되고 있는데, 성리학은 이런 설명이 좀 부족하다.

리와 기의 관계를 '서로 떨어지지 않으면서도 서로 섞이지도 않는다'라고 하거나, 하나이면서 둘이라[一而二, 二而一][46]고 하는 정도로 그 밀접한 관계만을 중점적으로 설명하고 있다. '무극이면서 태극이다'[「태극도설」]라든가 '태극은 리이다'라는 명제로써 태극의 원리성을, '태극은 천지만물지리의 총칭이다' 또는 '태극은 만선지호(萬善至好)이다'라는 명제로써 태극의 궁극자의 성격을 말하고, 그리고 '통체태극(統體太極)—각구태극(各具太極)'[47] 및 '이일분수'로써 태극의 초월—내재성의 이중구조론[48]을 설명하

스스로 리이고, 기는 스스로 기이어서 서로 섞이지 않는다'라고 하였다. 두 설을 합하여 음미하면 리·기의 妙를 볼 수 있을 것이다"라고 하였다. 『栗谷全書』 卷20 「聖學輯要(二)」 참조.

46) 주자는 性과 心의 관계를 논하면서 '一而二, 二而一'라고 표현하였다. 또 성은 태극과 같고, 심은 음양과 같다고도 하였다. 『朱子語類』 卷5 「性理二·性情心意等名義」 87쪽; 89쪽 참조.

47) 주희는 「太極圖說解」에서 "남·여에서 보면 남·여가 각각 性(人性)을 하나로 가져 남·여가 하나의 태극이다. 만물에서 보면 만물이 각각 하나의 性(物性)을 가져 만물이 하나의 태극이다. 합하여 말하면 만물이 전체로 하나의 태극이고〔統體一太極〕, 나누어 말하면 一物이 각각 하나의 태극을 갖고 있다〔各具一太極〕"라고 하였다.

48) 도모에다(友枝龍太郎)는 태극과 음양과의 관계를 '不離不雜'으로 보고, 그 때의 태극을 '통체태극－각구태극'으로 나타내는 것은 바로 '리의 이중구조'라고 표현하였다. 不雜의 관점에서 태극을 보면 리는 절대적인 '리가 되는 것'〔리로 보는 것〕이고, 不離의 관점에서 태극을 보면 리는 상대적인 '리가 된다'〔리로 본다〕고 하였다. 그러나 양자는 별개가 아니고 사유의 방편상 그렇게 '보는 것'이라고 하였다〔宇野哲人의 말을 인용〕. 이것을 그는 '離合看'〔不

고 있다.

과정철학에서 신은 이 세계와 밀접히 관계한다. 먼저 신은 하나의 현실적 존재이며, 또 신의 양극성(dipolarity), 즉 '원초적 본성'(primordial nature)과 '결과적 본성'(consequent nature)을 가지고 이 세계에 관여하고 있다. 원초적 본성에서 볼 때 신은 현실적 존재가 자기를 형성해 가도록 처음 동기 부여, 목적 부여를 해줌으로써 만물을 새로운 창조적 미래로 불러내는 존재론적으로 부르는 소리요 힘이다.[49] 이것이 신이 원초적 본성에서 영원적 객체를 파악(prehension)하고 있는 양상이다. 이것이 신의 '개념적 파악'이고, '영원적 객체'에서 보면 영원적 객체의 '현실적 존재'에의 진입이다.

신의 '결과적 본성'이란 현실적 존재가 합생을 끝내고 다른 현실적 존재의 여건이 될 때 불사적(不死的) 객체화가 된 현실적 존재들을 '물리적으로 파악'하는 것을 말한다.[50] 이 물리적 파악은 신이 현실적 존재를 자신 안에 수용하는 것을 말한다. 이러한 신의 양극성이 신으로 하여금 이 세계와 관계를 맺게 한다.[51] 태극의 이일분수에 이 신의 물리적 파악과 같은 설명은 없지만, 태극의 이 세계와의 '초월—내재'의 관계에서는 신의 양극성과 다름

離不雜看〕이라고 하였는데, 이때 '看'이라는 말은 보는 시각 내지 관점을 말하는데, 일종의 논리를 말하기도 한다. 이 말은 주자의 말이기도 하다〔『朱子語類』 卷74 「易十·上繫上」 1895쪽〕. 友枝龍太郎, 『朱子の思想形成』, 東京: 春秋社, 1969, 198쪽. 이때의 리의 이중구조는 태극의 이 세계와의 관계, 즉 초월과 내재성을 말하는 것이므로 과정철학의 신의 양극성과 같은 것이다.

49) 화이트헤드, 오영환 역, 전게서〔민음사〕, 110~111쪽, 157쪽, 189~190쪽.

50) 같은 책, 190쪽.

51) 같은 책, 590~603쪽.

없다.

과정철학과 비교해본 성리학의 태극론에서 최고의 리로서의 태극의 종교적 절대자의 위상을 볼 수 있고, 이러한 리에 대한 착상이 기정진의 유리론, 존리론의 핵심을 이루고 있다고 본다면 그의 여러 성리학적 언표들은 이해의 여지가 많다.

'이일분수'의 새로운 해석: 이분원융(理分圓融)

조선 후기 기호학파에서 일어난 인물성동이논쟁은 인간과 다른 사물, 즉 만유[만물]의 존재의 원리[존재성]에 있어서 보편성과 특수성[차별성]의 관계를 어떻게 보는가 하는 논쟁인데,[52] 크게 인간과 사물[동식물과 무생물]의 성질이 같은가 다른가를 논하였다. 어떤 종교철학에서나 마찬가지로 성리학에서도 일찍이 이 문제를 다루었다. 그것을 나타내는 명제가 바로 '이일분수'이다.[53] '이일(理一)'은 보편성을, '분수(分殊)'는 특수성을 말한다.

성리학은 유기체 우주론으로서 우주 속의 모든 존재는 유기적으로 결합되어 상호 영향을 주고 있다고 생각하였다. 이는 성리학이 불교 화엄의 '법계연기관(法界緣起觀)'에서 받은 영향이다.[54]

---

52) 인물성이 같다고 한 주장을 洛論이라 하고, 인물성이 다르다고 한 주장을 湖論이라고 한다. 그러므로 이 논쟁을 '호락논쟁'이라 하기도 한다.

53) 주희는 "하나의 실상이 만 가지로 나뉘어져[一實萬分] 萬과 하나가 각각 바르게 되니, 바로 이일분수이다"라고 하였다. 『朱子語類』 卷94 「周子之書·通書」 〈理性命〉 2409쪽.

54) 다케우찌(武內義雄)는 "화엄은 實相論과 緣起論을 종합하여 법계연기론을 세우고 있는데, … 이 화엄의 교리는 … 유교에 영향을 주어 새로운 유가철

유기체 우주론에서 모든 존재는 이와 같이 서로 연관되어 영향을 주고받으므로 그 존재의 가치는 절대 평등하다. 그런 의미에서 만유는 보편성을 가진다고 할 수 있다. 그러나 현상적으로 볼 때 만유는 제각각이다. 그 차이는 어디에서 오는가? 성리학은 그 차이의 원인을 기에 돌렸다. 이 때 기에 의한 분화된 각 사물의 존재 원리는 또 어떻게 되는가? 분화된 각 사물의 존재 원리를 '분수의 리'라고 한다. 이 분수의 리와 보편성의 리, 즉 '이일의 리'와는 그러면 어떤 관계인가? 성리학은 그것이 별개의 리가 아니라고 한다. 그러므로 결국 각 존재[사물]는 보편성과 개별성을 함께 가지고 있는 것이 된다. 이것이 이일분수의 의미이다.

기정진은 각 사물의 분화의 원인이 기라고 보는 데 반대하고 보편의 리, 즉 '이일의 리'에 이미 분수의 리, 즉 분화될 원인을 함유하고 있다고 보았다. 성리학의 형이상학 체계는 리와 기로써 존재의 이데아와 질료를 각각 표시하므로 이기이원론적 구조를 가지고 있다. 그러므로 이일분수를 말할 때 리를 가지고 '하나'[一]'과 '분수'[多]를 나타내고, 분수의 원인은 기에 돌렸다. 왜냐하면 기는 그 속성상 자체 운동인을 갖고 있고, 그것에 의해 이미 현실적으로 움직였고,[55] 그 움직임에 의해 여러 편차[淸·濁·粹·駁]를 나타낸다고 보았기 때문이다. 기는 과정철학의 '현실적 존재'와 같이 가장 기초적인 사물의 기본 구성체이기 때문에 그 이상 나아가 존재의 원인을 찾을 수 없는 존재의 기본 단위이다. 그러

학을 탄생시켰다"라고 하였다. 武內義雄, 이동희 역, 『중국사상사』, 여강출판사, 1987, 174쪽.

55) 기의 그러한 속성을 나타내는 명제가 바로 '動靜無端, 陰陽無始'이다.

므로 기론자들처럼 기의 원초적 모습을 찾아 '태허'라든가, '담일청허한 일기'라든가 하여 그것을 실체화하거나 초월화시킬 수 없다. 그것은 기본적으로 리·기 양자의 역할 분담이라는 차원에서 볼 때도 기의 속성에 맞지 않다.

이때 '일기'가 담일청허 하다든가 태허를 기의 원초로 초월화시키면 임성주처럼 '기일분수'까지 생각할 수 있다. 리·기의 밀접한 관련을 생각하면 이일분수는 기일분수를 전제로[기반으로] 하지 않을까 생각할 수도 있다. 그러나 기가 현실적 차이를 설명하는 기제라는 점을 다시 생각해 보면 '기일분수'는 기의 분수라는 현상에서 '기일(氣一)'을 상정한 것임을 알 수 있다. 그러므로 '기일'에서는 분수를 생각할 수 없다. 왜냐하면 기는 '제한성의 원인'이고 리와 같은 '원리'가 아니기 때문이다. 그러므로 정이와 주희는 리로써 보편과 특수를 나타내는 방법을 택한 것이다.

과정철학으로 말하면 신의 양극성으로써 신의 초월성과 이 세상과의 관계, 즉 내재성을 나타내는 것과 같다. '현실적 존재'는 가장 기본적인 존재의 기본 구성체이지만, 신[태극]과 '영원적 객체'[리]의 목적[이데아] 부여에 의하여 우주 전체 조화 아래 생성 변화해 가는 것이다. 이 원리를 인간의 본성에 적용하여 말하면, 보편성을 말할 때는 '본연지성'이라 하고, 기질에 의하여 제한된 개별성을 말할 때는 '기질지성'이라 하는데, 핵심은 이 두 본성은 이름만 다르지 '실재'로 있는 두 가지 종류의 본성이 아니라는 데 있다. 본연지성이 기질에 떨어져 있는 것을 기질지성이라 하므로56) 결국 두 측면에서 이름을 붙인 것이다. 다시 말하면 인간은

56)『朱子大全』 卷61, 「答嚴時亨」 참조.

두 종류의 본성을 가지고 있는 것이 아니라 두 측면에서 묘사할 수 있는 본성을 가지고 있는 것이 된다.

기정진이 리를 중요시하는 존리론적, 혹은 유리론적 관점은 그의 이일분수설에 대한 해석에서도 나타난다.[57] 그는 '이일'이라 하면 그 속에 이미 '분수'가 함유되어 있다는 것이다. 이는 달리 말하면 리와 기를 나누어보지 않으려는 관점이다.[58] 이기이원론은 이일분수에서 분수는 기 때문이라고 본다. 이것을 기정진의 시각에서는 리와 기를 지나치게 나누는 것이라고 비판한다.

이이가 성리학의 이일분수를 부연하면서 '이통기국'이라 하였다.[59] 이이는 이통기국설을 통하여 성리학의 이일분수설을 조리 있게 설명하였지만, 역시 이 형이상학적 명제는 이해하기가 매우 어렵다. 리는 원리로서 이데아이며 순선한 것이며, 태극의 리의 경우는 궁극자이며 가치의 표준이기도 하다. 그런데 이것이 기에 의해 어떻게 편차가 생기는 것인가 하는 문제이다. 이이에 의하

---

57) 이상호는 기정진의 이일분수설이 안진오의 지적처럼 그의 이기론의 전체 구조〔기본 발상〕가 아니고, 인물성동이론의 문제와 연관되어 제기된 것으로, 즉 제한된 의미를 갖는 것으로 봐야 한다고 하였는데〔이상호, 전게 논문, 10~11쪽〕, 이 주장을 유추해 보면 기정진의 이기론이나 이일분수설이나 그 발상은 같은 것이며, 오히려 그 발상의 기저는 종교론적 관점에서 리를 높이는 존리론적, 혹은 유리론적 이기설에 있음을 알 수 있다.

58) 이 때문에 기정진이 이기를 '不相離'의 측면에서 논하는 것을 보고 학자들은 그의 사상을 흔히 '理氣渾一', '理氣一體' 등으로 표현하는데, 안종수는 '이기일체', 또는 '이기혼일'〔또는 '이기일원'〕 등의 표현은 어떤 것이 더 근원적이고 독립적인가를 따지는 것이므로 기정진의 성리학에 적절하지 않다고 하였다〔안종수, 전게 논문, p.303〕. 기정진이 이기를 불상리로 표현하는 것이 문제가 아니라 근본적으로는 리를 어떻게 보느냐에 그의 사상의 특징이 있다.

59) 『栗谷全書』 卷10 「答成浩原」 26면.

면 “리는 어떻게 하여 만수(萬殊)가 있게 되는가? 기가 가지런하지 않으므로[不齊] 기를 타고 유행할 때 만수가 있게 된다”라고 하였다.[60]

여기에서 기정진은 ‘기에 의한 분수’는 ‘기에 의한 리의 분수’가 되어 결국 리에 편차가 있게 되고, 나아가 리의 본연이 훼손되는 결과가 된다고 생각하였다. 신이 이 세계와 관계를 깊이 가지지만, 그렇다고 그 초월성에 하자가 있어서는 안 된다는 발상과 같은 것이다. 그러므로 그는 말하기를

> 리라는 것은 영축(盈縮)과 선후(先後)가 없다. 일리(一理)라 하여 많은 것이 아니고, 만리(萬理)라 하여 많은 것이 아니니, 이것을 영축이 없다고 하는 것이다. 이 사물이 있다고 하여 생기는 것도 아니요, 이 사물이 없다고 하여 없어지는 것도 아니니, 이것을 선후가 없다고 하는 것이다. 이것을 깨달으면 이른바 ‘일(一)’이라는 것을 이해할 수 있을 것이다.[61]

라고 하였다. 또 그는 인물성동이론을 비판하면서 이러한 이일분수설의 새로운 관점을 피력하였다. 즉 그는 말하기를

> 여러 학자들이 인성(人性)과 물성(物性)을 논한 것은 … 모두 동일한 폐단에 빠졌다. 그것은 이일(理一)과 분수(分殊)가 서로 괴리된 데 있다. … 학자들의 학설을 살펴보면 리는 분(分)이 없는 것이요 분은 기로 인하여 있게 된다고 하여 이일을 형기(形氣)를 떠난 곳에 한정

60) 같은 책, 卷12「答成浩原」 20면.
61)『蘆沙集』卷16「答人問第一」 3면.

> 시키고, 분수를 형기에 타재(墮在)된 이후로 국한시킨다. 이에 리는 리대로, 분은 분대로 되어[理自理, 分自分] 성(性)과 명(命)이 옆으로 갈라지게 되었다. … 내가 아는 바로는 분은 이일 가운데의 세조리(細條理)로서 리와 분 사이에는 층절[단절]이 없다.[62]

라고 하였다. 그는 이와 같이 당시 학자들이 리와 분을 분리시켜 본다고 하였다. 그는 또 말하기를 "여러 사람의 인물성 논의의 폐단은 이분상리(理分相離)에 있다. 그것은 리는 무분지물(無分之物)이라 보고, 분(分)은 기로 인하여 제한된다[因氣有限]"[63]라고 비판하였다. 이에 대해 자신의 관점은 '이분원융(理分圓融)'이라 하였다. 즉 그는 말하기를

> 나의 주장을 따르면 리(理)와 분(分)이 원융하여[理分圓融] 이른 바 체용일원(體用一源), 현미무간(顯微無間)과 부합한다. 동(同) 가운데 이(異)가 있고, 이(異) 가운데 동(同)이 있으니, 동·이를 논할 필요가 없는 것이다. 구론(舊論: 호론과 낙론 - 필자)을 따르면 리와 분이 격단되어[理分隔斷] 체·용이 이본(二本)으로 되고, 현미(顯微)가 유간(有間)하게 된다. 동(同)은 스스로 동(同)일 뿐이고, 이(異)는 스스로 이(異)일 뿐이어서 끝내 회통할 기약이 없는 것이다.[64]

라고 하였다. 여기서 '체용일원, 현미무간'은 정이의 『역전(易傳)』 서(序)에 나오는 말이고, 동이론(同異論)은 주희가 말한 것이다.[65]

---

62) 같은 책, 卷16 「納凉私議」 4~5면.
63) 같은 책, 卷16 「納凉私議」 5면.
64) 같은 책, 卷16 「納凉私議」 14면.
65) 주희는 말하기를 "萬物의 一原을 논하면 理는 같고 氣는 다르며, 萬物의

그는 또 '이분원융'과 같은 의미로 '이함만수(理涵萬殊)'66)라고 표현하기도 했다.

원래 이일분수는 형식논리로 보면 모순이다. 그러므로 주희도 이것을 설명하기가 어려웠다. 모든 종교는 인간의 평등을 논한다. 그 보증을 신의 의사에 의한 것이라고 말한다. 그러므로 기독교의 경우 하나님 앞에서 모든 인간은 평등하다고 한다. 이 평등은 바로 보편성을 말한다. 모든 종교는 이러한 메시지를 전하려고 한다. 성리학의 이일분수설도 같은 의도를 가지고 있다. 종교적 보편성을 말한다면 불교의 자비라든가 성리학의 '만물일체의 인(仁)'이라는 것도 같은 맥락이다. 다만 성리학의 이 명제는 만물의 차별성의 원인도 함께 논하려고 하는 점에서 형이상학적 이론이라고 할 수 있다.

이 명제는 이와 같은 형이상학이나 종교론에서 거론되는 것일 뿐만 아니라 오늘날 생명복제라는 생물학[생명공학]의 영역에서도 볼 수 있다. 인체의 모든 체세포[몸 세포]는 원래는 어떤 부분의

異體〔다양한 모습〕를 보면 氣가 오히려 서로 가깝고, 理는 절대로 같지 않다"라고 하였다〔『朱子大全』 卷46, 「答黃商伯」〕. 여기서 만물의 일원은 보편성을 말한다. 만물의 다양한 모습도 결국은 기의 편전에 의해 나타난 것일 뿐 기의 속성은 변함없다는 것이다. 리가 같지 않다는 것은 만물의 특수성을 말한다. 결국 만물은 보편성과 특수성을 함께 가지고 있는 것이 된다. 이일분수설과 같은 내용이다.

66) 기정진은 말하기를 "分이란 理一 중의 細條理이다. 리와 분은 상하의 層節〔단절〕이 있을 수 없으니, 분은 리와 상대되는 것이 아니다. 분수 二字는 一者에 대한 말이지만, 理는 萬殊를 涵包〔理涵萬殊〕하였으므로 一이라 하는 것이니, 실은 一物이라 하는 것과 같다"라고 하였다〔『蘆沙集』 卷16 「納凉私議」 5면〕. '이함만수'이기 때문에 기정진은 자기 이일분수설을 '理分圓融'이라 하였으므로 '이함만수'나 '이분원융'이나 같은 내용이다.

세포이든지 생식이 가능하게 생겨나지만, 생명체의 생장에 따라 그 부분의 기능만 점점 자라게 된다.[67] 그러므로 생명복제에 적합한 환경을 만들면 체세포에서도 전기 충격으로 생식세포의 기능을 재생할 수 있다고 한다. 이것이 체세포에 의한 생명체 복제이며, 근간에 이런 방법으로 양의 복제가 이루어졌다.[68]

이일분수는 이런 상황을 잘 설명해 준다. 개별리는 보편리를 본질적으로 갖고 있으면서 개별리를 이루어 나간다. 주희는 '월인만천(月印萬川) 또는 월영만천(月映萬川)'이라는 비유로써 이를 설명하였다.[69] 즉 달이 만개의 강에 비치지만, 달이 쪼개진 것이 아니고 온전한 모습으로 비친다는 사실을 비유하고 있는 것이다. 이제는 이 비유를 빌릴 것도 없이 생물학적으로 이미 증명이 되었다.

기정진이 호락양론을 '이분격단'이라 비판하고 '이기불리'의 관

67) 신체의 각 부분으로 자라기〔분화〕 전의 세포, 즉 수정 후 14일 이내의 세포를 '胚芽'라고 하고, 여기에서 몸 각 부분으로 자랄 수 있는 기본 세포를 '줄기세포'라고 한다.

68) 영국에서 복제한 양은 임신한 어미의 체 세포〔겨드랑이 세포〕에서 세포를 체취하고, 그 세포의 핵을 다른 양의 난자의 세포의 핵과 치환하여 복제한 것이다. 최근에는 사람의 체 세포를 동물의 난자에 핵치환하여 배아 줄기세포를 만드는 기술까지 갔고, 최근〔2004년 2월〕 우리나라에서는 인간 세포끼리의 핵치환에 의한 세포 복제가 가능한 획기적인 발명이 이루어졌다. 이렇게 만들어진 줄기세포는 이식거부가 없어 손상된 장기 치료에 유효하게 쓰이게 된다. 물론 이 줄기세포를 인간의 자궁에 착상시키면 인간 복제가 가능하다.

69) 『朱子語類』 卷94 「周子之書·通書」 〈理性命〉 2409쪽. 鄭이 묻기를 "「理性命」에 어찌하여 分字를 썼습니까?"라고 물은 데 대하여 주희는 "나누어 조각낸 것이 아니고, 달이 모든 냇물에 비치는 것〔月映萬川〕과 같다"라고 대답하였다.

점에서 '이분원융'을 주장하였는데, 과연 그러한 주장을 어떻게 평가해야 할까? 일견 생각하면 이일분수나 이통기국이 리와 기를 이원화함으로써 체용일원의 우주의 만유의 실상을 제대로 설명하지 못한 것 같이 생각될 수 있다. 그러나 이기이원론의 이일분수설이 분수의 원인을 기에 돌렸다[因氣有分] 하더라도 '이함만수' 자체를 부정하는 것은 아니다. 다시 말하면 만수의 가능태를 리가 이미 포함하고 있다고 전제한다.[70] 일(一)과 분수를 논리적으로 나누어 설명한 것, 이함만수를 전제로 한 이통기국이요 이기이원론이라면 기정진의 유리론은 결국 이기이원론과 거리가 그리 멀지 않다.

우리는 사물의 진상을 설명하기 위하여 체·용으로 나누어 설명한다든지, 아니면 리·로 나누어 설명하는 소위 '이분법적 설명방식' 외에 과연 다른 방식이 있을 수 있겠는가?[71] 기정진이 비판한 '이분격단'이나 '인기유분'은 이기론의 논리상 불가피한 결과이다. 그렇게 보면 기정진의 이분원용설은 이일분수설의 대안이라기보다 보충 설명한 것이라고 볼 수 있고, 그 주요 배경이 되는 것은 그의 유리론적, 존리론적 발상 때문이라고 할 수 있다.

안종수는 "라이프니츠가 동양의 이일분수설을 기독교 신학을 빌려 설명하면서 신이 처음부터 모든 것의 원인을 포함하고 있다

70) 이이는 "一本之理는 리의 體요, 萬殊之理는 리의 用이다"라고 하였다(『栗谷全書』 卷12 「答安應休」 20면). 이것을 보면 이기이원론의 이일분수설도 '이함만수'를 이미 전제하고 있다는 것을 알 수 있다.

71) 이상익은 기정진이 비판하는 이이의 이통기국설에서의 '因氣有分說'은 결코 '理分隔斷'이 아니라고 하고, 기정진도 결국 理와 分으로 나누어 개념상 설명하지 않을 수 없는 것을 볼 때 이분법적 설명은 학문에 있어 불가피하므로 그의 비판은 적절하지 않다고 하였다. 이상익, 전게 논문, 35쪽.

고 한 설명과 기정진의 리에 대한 설명, 즉 모든 존재의 리는 최초의 태극에 포함되어 있다는 설명과 같다"고 하였는데,[72] 기정진의 입장을 잘 표현했다고 보인다. 결론적으로 기정진의 유리론은 유신론 체계가 아닌 성리학에서 나올 수 있는 특이한 종교적 발상이라고 할 수 있다.

결어

그의 성리설의 특징은 존재론 측면에서 리를 극히 강조한 점, 즉 '존리론'과 성리학의 이일분수설을 '이분원융설(理分圓融說)'로 새롭게 해석하려는 데에 있다고 할 수 있다. 이러한 특징의 배경은 성리학 속에 감추어진 '태극론'이 갖는 종교적 발상이라고 할 수 있다. 즉 그의 존리론은 성리학의 종교적 절대자, 혹은 형이상학적[존재론적] 궁극자에 해당하는 '태극'의 리에 대한 종교적 경외라고 볼 수 있다. 유신론 체계가 없는 성리학에서 태극론은 화

72) 안종수는 "주희는 사물들의 다양성의 원인이 기로 말미암아 발생하는 것이라고 보기 때문에 최초의 태극은 미래에 실현될 다양성을 포함할 수 없으나, 기정진이 생각한 최초의 태극은 이미 미래에 실현될 다양성까지도 포함하는 것이다"라고 하여[안종수, 전게 논문, 316쪽], 기정진의 '이분원융'의 새로운 면을 부각시켰다. 그러나 程頤는 이미 "沖漠 無朕한데 萬象이 森然하게 이미 갖추어져 있어서 應하지 않았다고 해서 먼저가 아니고, 이미 應하였다고 하여 뒤가 아니다"라고 한 바 있다[『二程全書』 卷15 「伊川語錄·入關」 13면]. 이는 태극의 리를 양면으로 설명한 것으로 '흐릿하여 아무 조짐이 없으나, 만상의 理는 이미 다 갖추어져 있다'는 의미이므로 기정진의 '이분원융' 사상과 다를 바 없다. 그러므로 이 '이분원융설'은 이일분수설의 보완적 설명이라고 할 수 있다.

이트헤드의 과정철학과 비교하여 말하면 형이상학적 신관과 유사하고, 또 태극은 과정철학의 신(God)과 위상이 비슷하다.

주희는 이 우주의 보편적 질서[天道; 天理]는 '리적인 것'으로 규정하여, 그것을 주돈이의 '태극'에서 찾았다. 그러므로 태극은 이데아 중의 이데아, 즉 선의 이데아이며, 동시에 형이상학적 궁극자이며, 종교적으로 말하면 절대자이며 만물의 근원자이다. 다시 말하면 개별리[개별 사물의 리]의 총체적 포괄자가 태극이다. 화이트헤드도 신을 통해서 우주는 성립되고, 따라서 신은 '세계 구체화의 원리'라고 말하였다.

성리학의 형이상학적 체계는 존재론의 경우 리와 기에 의해서 원리와 질료를 설명하고, 우주의 전체 조화를 위하여 태극의 리가 요청되었다. 태극은 과거의 천명이나 상제와 같이 초월성만 있는 것이 아니고 태극—음양과의 관계에서 보듯이 내재성도 함께 가지고 있다. 이것이 유기체 우주론의 특징이다. 어느 것이 우주의 근원인가 하는 문제에서 기나 리 어느 쪽으로 극단적으로 강조할 수 있다. 기를 극단적으로 강조한 것이 임성주의 유기론이고, 리를 극단적으로 강조한 것이 기정진의 유리론[혹은 尊理論]이다.

리와 기는 절대자의 초월과 내재를 말할 때 항상 '불상리잡'을 강조하므로 성리학 체계에서 어느 한쪽을 강조하면 유기론과 유리론은 다 가능하다고 할 수 있다. 그러나 성리학의 존재의 형이상학은 태극, 리, 기, 이 삼자로 이루어지므로 유기론이나 유리론만으로는 결코 충분하지 않다. 그러므로 그의 유리론이 반영된 이일분수설, 즉 '이분원융설'은 그가 '이분격단(理分隔斷)'이라 비판한 이기이원론의 이일분수설과 큰 차이가 있는 것은 아니다. 오히려 리로써 보편성, 기로써 분수의 원인으로 나누어 설명할 수밖에 없는 불가피한 이분법적 논리 자체를 비판하는 잘못을 범하고 있다.

그의 성리설이 이와 같이 어느 극단으로 치우친 것은 사실이지만, 본고는 이러한 발상을 하게 된 배경을 철학적으로 해석하려 하였다. 여기에는 종교론적 고찰이 유효하고, 그것도 성리학과 유사한 유기체 우주론을 가진 화이트헤드의 과정철학의 형이상학 이론과 종교론 이론과 비교하여 유리론의 의미를 드러내었다. 그것은 성리학의 태극론이 가지고 있는 종교론적 측면을 기정진이 강조하여 보여주었다고 하는 것이다. 이런 발상은 이미 퇴계 이황에 의해 주리론－존리론을 통하여 우리에게 싹을 보여 준 것이다.

노사 기정진의 이일분수설에 관한 고찰*

최 영 진
(성균관대학교 명예교수)

서론

조선조 성리학사에 있어서 전기가 중국 성리학을 수용하여 한국적 토양 위에서 주체적으로 발전시킨 시기라면, 후기는 전기의 성리학이 제기한 문제점을 치밀하게 검토하여 해결을 시도하는 시기라고 볼 수 있다. 후기 성리학이 이른바 주리(主理)·주기(主氣) 및 절충론으로 전개된다고 주장하는 경우가 있는데, 그들은 퇴계(退溪) 이황(李滉, 1501～1570)과 율곡(栗谷) 이이(李珥, 1536～1584)의 이기심성론(理氣性情論)이 제기하는 문제점에서 시작한다.[1] 이러

* 이 글은 본래 『동양철학연구』 제1집〔동양철학연구회, 1980년〕에 수록되었고, 1988년 여강출판사에서 출판한 『조선조 유학사상의 탐구』에도 수록되었다. 이 책의 편집 과정에서 각주의 출처 등을 수정 보완하였음을 밝힌다.

1) 玄相允, 『朝鮮儒學史』〔민중서림, 1971〕, 369쪽 참조.

한 이기론은 성리학파뿐만이 아니라 후기 유학사를 이루는 양명학파(陽明學派)·실학파(實學派)에 의해서도 이론적 기초로써 다루어지고 있다. 성리학파·양명학파·실학파는 각자의 사상적 입장에서 이기론에 접근한다. 따라서 후기 성리학의 이기론에 대한 정확한 이해는 조선조 후기 유학사 내지 사상사를 탐구하는 초석이 된다.[2]

이 글에서 고찰하고자 하는 노사(蘆沙) 기정진(奇正鎭, 1798~1879)은 녹문(鹿門) 임성주(任聖周, 1711~1788)와 더불어 후기 성리학파를 대표하는 학자이다. 그가 주제로 삼은 것은 인물성동이론(人物性同異論), 리의 능동성 문제, '심시기(心是氣)'에 관한 성정론 등으로 집약될 수 있다. 이 가운데서 기정진 철학사상의 특징은 인물성동이론의 비판 근거가 되는 이일분수설(理一分殊說)에 관한 독자적 해석에서 드러난다.

이일분수설에 대한 일반적인 해석은 보편적인 근원적 일리(一理)가 참치부제(參差不齊)한 기의 제약을 받아 개별적인 '분수지리(分殊之理)'로 나타난다는 것이다.[3] 여기에서 사물의 개별은 기에 의해서 좌우되는 것으로 해석됨으로써 현상계에서 실제적으로는 기가 리를 지배하는 결과를 낳게 된다. 이러한 결과는 근원적 리를 보편적 일자(一者)로 정의하는 이상, 현상계의 특수성은 기로 설명할 수밖에 없는 주자학(朱子學)의 기본전제에서 도출된다. 동시에 리가 분수되는 원인을 기에 둔다고 할 때, '이일지리(理一之

2) 柳承國, 『한국의 유교』〔세종대왕기념사업회, 1976〕, 243쪽.

3) 『栗谷全書』 卷20 『聖學輯要』(2) 「窮理章第四」 60면: 理本一矣 而由氣之不齊 故隨所萬 而各爲一理此所以分殊也 非理本不一也

理)'는 기의 속성을 배제한 순수한 리이므로 '분수지리'와 상호 매개점을 확보하지 못하고 '상리(相離)'하게 된다.[4] 기정진은 위와 같은 이기관계의 전도(顚倒)[5]와 '이분상리(理分相離)'[6]라는 두 가지 문제점을 극복하기 위하여 리와 기의 상관성을 해명하고, 이기론을 바탕으로 '이일지리'와 '분수지리'의 개념을 새로운 각도에서 고찰하여 양자의 상함성(相涵性)의 논리적 근거를 정초함으로써 이일분수설을 독자적으로 구축하였다.

본고는 먼저 이일분수설과 인물성동이론의 내용을 검토하고 그 관계를 살핌으로써 문제점을 명료히 한 뒤에 이황과 이이에 의하여 조선조 성리학의 핵심과제로 제기된 리의 능동성에 관한 기정진의 견해를 밝힘으로써 리와 기의 상관성을 고찰하고자 한다. 이어서 앞서 검토한 내용을 기초로 기정진의 「납량사의(納涼私議)」를 중심으로 하여 문제점을 고찰한다. '리'와 '분'의 개념을 명료히 하고 그 상함성의 논리적 근거가 어떻게 정초되고 있는가에 초점을 맞추어 기정진의 '이분원융(理分圓融)'의 논리구조를 해명하고자 한다.

---

4) 이 논술이 理과 氣의 관계성을 부정하는 것은 아니다. 다만 理一之理와 分殊之理가 그 根據를 달리 한다고 본다면, 兩者는 斷絕되어 相互媒介의 계기를 마련할 수 없는 것이다. 이 문제에 관하여는 Ⅳ장에서 詳論한다.

5) 『蘆沙集』 卷16 「納涼私議」 15면: 氣無聽命於理 理反取裁於氣 참조.【참고】『蘆沙集』은 보경문화사 영인본(1983)을 저본으로 하였다

6) 같은 책, 卷16 「納涼私議」 5면 참조.

이일분수설과 인물성동이론

■ 이일분수설

호락(湖洛)의 인물성동이론은 조선조 후기 성리학의 대표적 이론으로서[7] 기정진에게 직접적으로 문제를 제기한 논쟁이다.[8]인물성동이론의 사상적 기초는 이일분수설이다. 따라서 이일분수설과 인물성동이론은 기정진 철학의 바탕이 될 뿐만 아니라 이일분수설에 대한 기정진의 해석에서 그의 사상적 핵심이 명료하게 드러나고 있다.

이일분수설은 궁극적 실체와 현상계 개체와의 관계를 이기의 개념으로 설명하고 있는 성리학의 형이상학 체계이다. 이러한 사상의 원형은 『시경(詩經)』의 "하늘이 뭇 백성을 낳으시니 사물이 있으면 법칙이 있다."(天生烝民 有物有則), 『논어』의 "하나로써 관통한다."(一以貫之), 『주역』「계사하전(繫辭下傳)」의 "천하가 같은 데로 돌아가나 길은 달리하고, 이루는 것은 하나이나 생각은 백가지이다."(天下同歸而殊塗 一致而百慮)등에서도 찾아 볼 수 있다. 그러나 체계적 논술은 염계(濂溪) 주돈이(周敦頤, 1017~1073)의 「태극도설」에서 시작된다. 그는 우주의 궁극적 실체에서부터 현상계의 개체들이 전개되어 나오는 과정을 태극·음양·오행의 개념으로 설명하는 동시에, "오행은 음양과 하나요, 음양은 태극과 하나요, 태극은 본래 무극이다. 오행의 생함에 각 각 한가지씩의 본

7) 玄相允, 『朝鮮儒學史』〔민중서림, 1971〕, 291~286쪽 참조
8) 『蘆沙集』 卷16 「納凉私議」 21면 참조.

성을 갖는다."[9]라고 하여, 개체로부터 궁극적 일자(一者)를 논리적으로 소급하고 있다. 주자(朱子)는 이 구절을 사물로부터 '무극지묘(無極之妙)'를 추본(推本)하여 각 사물이 '무극지묘'를 구비하고 있었음을 밝힌 것이라고 해석했다.[10]

『통서(通書)』에서 주돈이는 근원적 실체와 개체와의 관계를 다음과 같이 설명한다.

> 이기(二氣, 陰陽)와 오행이 만물을 변화 생성시키니 오수(五殊)가 이실(二實)요, 이본(二本)이 즉 '하나'이다. '만(萬)'이 '하나'가 되고 하나가 실로 만분(萬分)이니 '만'과 '하나'가 각각 올바르고, 소(小)와 대(大)가 정립된다.[11]

이것은 궁극적 '일자(一者)'와 현상계의 '다수자(多數者)'와의 관계를 '분'의 개념으로 설명한 것으로 이일분수설의 본질을 설명하고 있다. 여기에서의 '분'의 개념은 분열이 아니라 분유(分有)의 뜻으로 만물이 '일자'를 전구(全具)함을 의미한다.[12] 따라서 만물에 내재한 '일자'는 궁극적 '일자'와 동일한 것이다. 현상계로부터

---

9) 『性理大全』「太極圖說」 31면: 五行一陰陽也 陰陽一太極也 太極本無極也 五行之生各一其性

10) 같은 책, 「太極圖說解」 31면:「五行具則造化發育之具無不備矣 故又卽此而推本之 以明其混然一體 莫非無極之妙 而無極之妙 亦未嘗不各具於一物之中也

11) 『通書』「理性命第二十二」 1면: 二氣五行 化生萬物 五殊二實 二本則一 是萬爲一 一實萬分 萬一各正 小大有定【참고】『通書』는 『性理大全』 卷3에 수록된 것을 저본〔보경문화사, 1983〕으로 하였음을 밝힌다.

12) 『性理大全』 卷3 『通書』「理性命第二十二」〈細註〉 2면: 本只是一太極 而萬物各有稟受 又自各全具一太極爾 如月在天只是一而已 及散在江湖則隨處而見 不可謂月分也

근원자를 추론해 가면 만물은 일태극(一太極)으로 수렴되며 근원자로부터 현상계를 연역해 보면, 일리지실(一理之實)을 만물이 분유(分有)하여 본체로 삼는 것으로 해석된다.[13] 이러한 해석은 궁극적 '일자'와 만물에 분유된 '일자'인 만물의 본체와의 본질적 동일성을 전제로 하는 것이다. 이와 같은 궁극적 실체와 개체와의 동일성은 횡거(橫渠) 장재(張載, 1020~1077)의 「서명(西銘)」에서 다음과 같이 설명된다.

> 건(乾)을 아버지라 부르고 곤(坤)을 어머니라 부른다. 나의 이 작은 몸이 혼연한 그 가운데에 처하니, 그러므로 천지에 가득 차 있는 것이 나의 몸이요, 천지를 이끄는 것이 나의 본성이다.[14]

여기에서 자아(自我)는 우주의 대아(大我)로서 설명된다. 주자는 이 구절을 "대개 건으로써 아버지를 삼고 곤으로써 어머니를 삼는다. 생명을 갖는 부류는 모든 존재가 그러하니 이른바 리는 하나라고 하는 것이다."[15]라고 해석하여 만물에 내재한 보편적인 이지일리(理之一理)를 밝힌 것으로 보았다. 「서명」의 다음 구절인 "백성은 나의 동포요, 사물은 나와 같은 족속이다."(民吾同胞 物吾

---

13) 『通書解』「理性命第二十二」 2면: 自其末以緣本 則五行之異 本二氣之實 二氣之實 又本一理之極 是合萬動而言之 爲一太極而已也 自其本而之末 則一理之實 而萬物分之以爲體 故萬物之中 各有太極 而小大之物 莫不有一定之分也【참고】『通書解』는 『性理大全』 卷3에 수록된 것을 저본〔보경문화사, 1983〕으로 하였음을 밝힌다.

14) 『性理大全』 卷4 「西銘」 1면~2면: 乾稱父 坤稱母 予兹藐焉乃 乃混然中處 故天地之塞 吾其體 天地之帥 吾其性

15) 『退溪全書』 卷7 「進聖學十圖箚(并圖)」 〈西銘〉 14면: 蓋以乾爲父 坤爲母 有生之類無物不然 所謂理一也

與也)와 “대군(大君)은 나의 부모 종자(宗子)요, 그 대신(大臣)은 종자의 가상이다.”(大君者吾父母宗子 其大臣宗子之家相也)를 이황은 「서명도(西銘圖)」에서 “인물분수 군신분수(人物分殊 君臣分殊)”로 해석했고, 주자도 분수를 설명한 것으로 보았다.[16] 즉 만물이 건곤(乾坤)을 근거로 생함은 이일(理一)이요, 피아(彼我)·인물(人物)·귀천(貴賤) 등 각각 구별이 있는 것은 분수이다. 하지만 “만수이일관(萬殊而一貫)”[17]이라 하여 특수성 속에 보편성이 내재함을 강조한다. 따라서 ‘이일’과 ‘분수’는 분리될 수 없으며 어느 한 가지도 부정될 수 없다.

만물에 내재한 보편성의 근거를 궁극적 실체에 두어 ‘이일’로써 설명할 수 있다면, 현상계의 특수성의 근거는 어디에서 찾을 수 있을까? 이천(伊川) 정이(程頤, 1033~1107)은 그것을 기에서 찾는다.

> 성(性)이 곧 리이니 리는 요순으로부터 일반 사람에게 이르기까지 동일하다. 재(才)가 기(氣)에 품수되고 기(氣)에는 청탁(淸濁)이 있으므로 맑은 기를 품수 받은 자는 현명한 사람이 되고 탁한 기를 품수 받은 사람은 어리석은 자가 된다.[18]

리는 보편적 ‘일자’이지만 기의 청탁에 따라 구별이 나타난다는 것이다. 인물의 구별도 기의 편정(偏正)에 좌우된다.

---

16) 같은 책, 卷7 「進聖學十圖箚(并圖)」〈西銘〉 14면: 人物之生 血脈之屬 各親其親 各子其子 則其分亦安得而不殊哉

17) 같은 책, 卷7 「進聖學十圖箚(并圖)」〈西銘〉 14면.

18) 『二程集』(1) 『河南程氏遺書』 卷18 「劉元承手編」 204쪽: 性卽是理 理則自堯舜至於塗人一也. 才稟於氣 氣有淸濁 稟其淸者爲賢 稟其濁者爲愚

> 기가 섞임에는 편정이 있으므로 사람과 사물이 달라지게 되며, 청탁이 있으므로 지혜로움과 어리석음 등이 있게 된다.[19)]

주희도 천(天)과 인(人)을 일관하는 리의 선험적 보편성을 강조한다.[20)] '일리'가 현상계에서 개별적인 특수성을 띤 만물의 성으로 나타나도록 만들어 주는 것은 기이다. 주희는 다음과 같이 설명한다.

> 만물의 일원(一原)을 논하면 리는 같으나 기는 다르고, 만물의 이체(異體)를 관찰하면 기는 오히려 서로 비슷하지만 리는 절대로 같지 않다.[21)]

여기에서 만물의 본원적인 리와 사물에 내재한 리와의 구별이 드러난다. 만물을 '일원'의 입장에서 보면 모든 리는 동일성을 갖지만 다양한 현상계에서 보면 만리(萬理)는 각각 같지 않다는 것이다. 동일한 리를 부동(不同)한 리로 만드는 것은 기이다.[22)]

"기로써 형체를 이루고 리가 또한 여기에 부여된다."(氣以成形理亦賦焉)고 할 때, 만물의 형체를 이루는 기가 같지 않으므로 품

---

19) 『二程集』(2) 『河南程氏粹言』 「人物篇」 1266쪽: 子曰 氣之所鐘有偏正 故有人物之殊 有清濁 故有智愚之等【참고】『程書分類』 卷11.

20) 『朱子大全』 卷30 「答張欽夫」 37면: 天人性命 豈有二理哉.【참고】『朱子書節要』〔태학사, 1979〕, 67쪽.

21) 같은 책, 卷46 「答黃商伯」 15면: 論萬物一原 則理同而氣異 觀萬物之異體 則氣猶相近 而理絕不同也【참고】『朱子書節要』〔태학사, 1979〕, 237쪽.

22) 같은 책, 卷61 「答嚴時亨」 37면: 論人與物性之異 固由氣稟之不同 但究其所以然者 却是因其氣稟之不同 而所賦之理 固亦有異【참고】『朱子書節要』〔태학사, 1979〕, 237쪽.

부된 리가 달라진다는 것이다. 이러한 사실을 주희는 “이 기가 많으면 리가 많고 이 기가 적으면 이 리가 적다.”[23]라고 표현한다. 실제적인 현상계에 있어서 리의 성격이 기에 의하여 좌우된다고 할 때 리가 기에 의하여 지배를 받게 되는 결과를 가져오게 되는 것이다.[24]

이이에 있어서도 이러한 사실이 드러난다. 이이는 일본지리(一本之理)와 만수지리(萬殊之理)를 체용(體用)으로 나누어 다음과 같이 설명한다.

> 리에는 본래 체용이 있는 것이다. 일본(一本)의 리는 리의 ‘체(體)’이며 만수(萬殊)의 리는 리의 ‘용(用)’이다. 리가 어떻게 만수가 되는가? 기는 부제(不齊)함으로 기를 타고 유행하면 이에 만수가 되는 것이다.[25]

일본의 리는 리의 ‘체’로서 보편적인 일성(一性)을 갖지만[26] 실제적인 사물의 리는 ‘승기유행(乘氣流行)’ 하는 리로서 그 기의 부제(不齊)로 말미암아 리가 만수(萬殊)하게 된다.[27] 만물에 내재한 리는 기에 품부된 리라는 점에서 성(性)이다.[28] 따라서 인성(人性)

---

23) 같은 책, 권59, 「答趙致道(師夏)」 54면: 是氣多則是理多 是氣少則是理少 【참고】『朱子書節要』〔태학사, 1979〕, 370쪽.
24) 勞思光, 『中國哲學史』 三册上(臺北: 三民書局, 民國 71年), 187쪽 참조.
25) 『栗谷全書』 卷12 「答安應休(天瑞)」 19~20면: 理有體用固也 一本之理 理之體也 萬殊之理 理之用也 理何以有萬殊乎 氣之不齊 故乘氣流行 乃有萬殊也
26) 같은 책, 卷9 「答成浩原」 〈心性情圖〉 39면: 夫本然者 理之一也
27) 같은 책, 卷10 「答成浩原(壬申)」 2면: 理雖一 而旣乘於氣 則其分萬殊 故在天地而爲天地之理 在萬物而爲萬物之理

과 물성(物性)이 다른 것은 '기지국(氣之局)' 때문이며, 사람의 이치와 사물의 이치가 같은 것은 '리지통(理之通)' 때문이다.[29] 사람과 사물의 보편성은 리에 근거하는 것이며 사람과 사물의 특수성은 기에 근거하는 것이라는 이이의 이론은, 호락의 인물성동이론에서 정치하게 논의된다.

■ 인물성동이론

- **인물성동론**: 외암(巍巖) 이간(李柬)

모든 사물은 리와 기로써 이루어지므로 보편성과 특수성을 동시에 갖는다. 따라서 '인성과 물성을 같은 것으로 보는가 아니면 다른 것으로 보는가'는 성을 '인물의 보편적 성질로 보는가 아니면 특수한 성질을 성으로 보는가'라는 관점의 차이, 즉 성의 개념에 대한 해석의 차이점에서 비롯된다. '이일지리(理一之理)'를 성으로 정의하면 인성과 물성은 동일하며, '분수지리(分殊之理)'를 성으로 정의하면 인성과 물성은 상이하게 되는 것이다.

외암(巍巖) 이간(李柬, 1677~1727)은 성의 개념을 다음과 같이 정의한다.

> 나의 견해는 즉, 천명(天命)과 오상(五常)과 본연(本然)은 명목이 비록 다양하나 이 리가 가리키는 바를 좇아 이름을 달리하는 데에 불과한 것이요, 처음에 피차(彼此)·본말(本末)·편전(偏全)·대소(大小)의

28) 『朱子言論同異攷』 卷2 「性」 1면: 蓋理賦於氣中 然後方爲性
29) 『栗谷全書』 卷10 「與成浩原」 40면: 人之性非物之性者 氣之局也 人之理卽物之理者 理之通也

다름이 있었던 것이 아니다. 무릇 부여하는 것은 하늘에 있고 받는 것은 사물에 있는데 하늘과 사물이 본래 두 가지 존재가 아니다. '성(性)' 바깥에 '명(命)'이 있는 것이 아니요 '명' 바깥에 '성'이 있지 아니하니 다만 하나의 존재이다. 그러므로 일원(一原)이라고 말하는 것이다.[30]

본연지성(本然之性)은 천명·오상·태극과 같은 차원의 초형기적(超形氣的)인 순수리(純粹理)로서 보편적인 것이다.[31] 따라서 천(天)·인(人)·물(物)은 본성상 동일하다.[32] 이러한 본연지성이 성이므로 성과 물성은 동일하다. 물론 이간도 사람과 사물의 상이점을 간과하지 않는다. 기질로써 말한다면 인성과 물성이 다를 뿐만이 아니라 사람 사이의 성도 각각 다르고 사물 사이의 성도 각각 다르다는 것이다.[33] 어떠한 기를 얻었는가에 따라 사람과 사물이 달라지고 인인(人人)·물물(物物)의 천차만별이 나타난다.[34] 하지만 성은 어디까지나 리라는 것이다.[35] '성즉리(性卽理)'가 기

30) 『巍巖集』 卷7 「答韓德昭別紙(壬辰)」 〈未發詠〉 17～18면: 鄙見則天命五常太極本然 名目雖多 不過此理之隨指異名 而初非有彼此本末偏全大小之異也. 夫賦之在天 受之在物 天與物 固二物也 性外無命 命外無性 … 只一物故謂之一原也

31) 같은 책, 卷7 「答韓德昭別紙(壬辰)」 〈未發詠〉 16면: 以一原言 則天命五常俱可超形器 而人與物無偏全之殊

32) 衛湜, 『禮記集說』 卷133 〈唯天下至誠爲能盡其性…〉: 廣安游氏曰 … 人也物也天也 其性之理則一而已

33) 『巍巖集』 卷4 「上遂菴先生」 〈別紙〉 44면: 論其氣質 則非惟犬之性 非牛之性 跖之性 非舜之性矣

34) 같은 책, 卷4 「上遂菴先生」 〈別紙〉 44면: 以氣質言之 則得氣之正且通者爲人 而偏且塞者爲物 而正通之中 又有淸濁粹駁之分焉. 偏塞之中 又有或通全塞之別焉 則是人物異體之有萬不齊者然矣

35) 같은 책, 卷7 「答韓德昭別紙(壬辰)」 〈未發詠〉 21면: 本然氣質之間 性只是

본전제인 이상 성의 본질은 본연지성에 있으며 인성과 물성은 동일하다는 결론이 필연적으로 나온다고 하겠다.

• **인물성이론 :** 남당(南塘) 한원진(韓元震)

그것이 본연지성이든 기질지성이든 성은 리라는 것이 이간을 중심으로 한 낙론(洛論) 인물성동론의 기본전제라면, 그것이 본연지성이든 기질지성이든 한갓 리가 아니고 성일 수 있는 것은 기와의 연관 아래에서만 가능하다는 것이 한원진을 중심으로 한 호론(湖論)의 인물성이론의 기본 전제이다.[36] 한원진은 『주자언론동이고(朱子言論同異攷)』에서 다음과 같은 주희의 말을 인용한다.

> 리가 기 가운데에 품부된 뒤에 비로소 성이 된다. 그러므로 '인기질(因氣質)'하여 말한 것이요, 기질에 기인하지 않으면 성라고 이름 붙이지 아니하는 것이다.[37]

한원진의 다음과 같은 리의 분류는 호론의 입장을 대표한다.

> 리는 본래 하나인데 형기(形氣)를 초월하여 말하는 것이 있고, '인기질(因氣質)'하여 말하는 것이 있고, '잡기질(雜氣質)'하여 말하는 것이 있다. 형기를 초월하여 말하면 태극이 이것이니 만물의 이치가 동일하다. '인기질'하여 이름하면 건순오상(健順五常)의 이름이 이것이니

此理也

36)『南塘集』 卷11「擬答李公擧」 10면:理在氣中然後爲性. 若不在氣中 則當謂之理 不當謂之性. 此皆愚說之所本也

37)『朱子言論同異攷』 卷2「性」 1면:理賦於氣中 然後方爲性 故曰因氣質而言 不因乎氣質則不名爲性矣

사람과 사물의 성이 부동하다. '잡기질'하여 말하면 선악의 성이 이것이니 인인물물(人人物物)이 부동하다.[38]

한원진은 리를 세 가지로 분류한다. 첫 번째, 리는 형기를 초월한 태극으로서 만물의 이치가 동일한 보편성을 갖는다. 두 번째, 리는 '인기질'한 리이며, 세 번째, 리는 '잡기질'한 리이다. 첫 번째는 인물이 모두 같은 본연지성이며, 두 번째 리는 인물이 다른 본연지성이며, 세 번째 리는 기질지성이다.

'인(因)'과 '잡(雜)'은 어떻게 다른 것일까. 한원진은 "심(心)은 곧 기이며 성은 곧 리이다. 기에는 청탁미악(淸濁美惡)의 부제(不齊)함이 있으나 그 이치는 순선(純善)하다. 그러므로 리를 '단지(單指)'하여 본연지성으로 삼고 이기를 '겸지(兼指)'하여 기질지성으로 삼는다. 성에 두 가지 체가 있는 것이 아니요. 기질을 겸하느냐 겸하지 않느냐에 따라 두 가지 이름이 있는 것뿐이다."[39]라고 하여 '단지기리(單指其理)'·'겸지리기(兼指理氣)'로 성을 구분한 적도 있다. "기질을 근거로 하여 이름한 것"을 '단지기리'로, "기질과 섞어 이름한 것"을 '겸지리기'로 볼 수 있다면, 전자는 본연지성으로, 후자는 기질지성으로 볼 수 있다.

주희는 본연지성과 기질지성을 다음과 같이 설명한다.

---

38) 『南塘集』 卷11 「擬答李公擧」 9면: 理本一也 而有以超乎形氣而言者 有以因氣質而名者 有以雜氣質而言者 超形氣而言 則太極之稱是也 而萬物之理同矣 因氣質而名 則健順五常之名是也 而人物之性不同矣 雜氣質而言 則善惡之性是也 而人人物物不同矣

39) 같은 책, 卷11 「擬答李公擧」 45면: 心卽氣也 性卽理也 氣有淸濁美惡之不齊 而理則純善 故單指理爲本然之性 兼指理氣爲氣質之性 性非有二體也 只是氣質之兼不兼而有二名耳

성은 '인기질'한 뒤에 말하는 것인 즉, 성이 기 가운데에 있지 않은 적이 없다. 기 가운데에 있음을 근거로 하여 그 기를 '겸지'하여 기질지성으로 삼고 또한 그 가운데 품부된 리를 '직지(直指)'하고 기와 섞이지 않은 것이 본연지성이다. 이것은 성에 비록 두 가지 이름이 있으나 실은 두 가지 체가 있는 것은 아니다.[40]

성은 기질과 연관된 뒤에 성일 수 있는데, 기를 겸하여 말하면 기질지성이 된다. 성 가운데서 성의 개념에 전제되어 있는 기를 논리적으로 제거하고 그 리만을 척출해 낸 것이 본연지성이라는 것이다. 이 본연지성은 리가 아닌 성이므로 기가 전제되나 기와 섞인 것이 아닌 상태를 한원진은 '인기질'로 표현한 것 같다. 따라서 '인기질'은 리와 성의 개념에 원초적으로 전제되어 있는 기와의 논리적 관계를 의미하는 것으로 생각된다. 이 리는 기와 논리적인 관계를 맺고 있으므로 우주적인 보편성을 가질 수 없으나, 기에 실제적인 제약을 받는 것은 아니므로 인간의 본연지성은 사물의 본연지성과는 구별되지만 인간이라는 범주 안에서 보편성을 가지며 사물의 본연지성은 인간의 본연지성과는 구별되나, 사물의 범주 안에서는 보편성을 갖는다.[41] 한원진이 말하는 '인물성이(人物性異)'의 성은 이러한 본연지성을 말하며, 인성과 물성의 상이점은 '인기질'의 기질의 차이에 의거한다.[42]

---

40) 『朱子言論同異攷』 卷2 「性」 45면: 性因氣質而後言 則性無時不在氣中矣 因在氣中 而兼指其氣 爲氣質之性. 又直指其中所賦之理 而不雜乎其氣 則爲本然之性 此則性雖有二名 而實無二體也

41) 같은 책, 卷1 「人物之性」 21면: 有言人物不同 而人與人同 物與物同之性

42) 『南塘集』 卷9 「答崔成仲(己丑三月)」 20면: 萬物雖皆均受五行之氣 物之所受 極其昏濁 則其理只得爲昏濁之理而已 豈可以此而與論於仁義禮智之粹

'기질과 섞어서 말'한 리는 사물에 내재하여 개체의 특성을 이루는 구체적인 기질지성이다. 이것은 기의 참치부제(參差不齊)에 따라 개체마다 각각 다른 특성을 갖는다.[43]

이와 같이 성의 개념을 기와의 연관 아래서 정의할 때, 사람과 사물의 성은 상이하다는 인물성이론(人物性異論)이 성립된다 하겠다.

• 인물성동이론에 대한 노사의 비판

이간은 형기를 초월한 일원(一原)으로서의 이지일리(理之一理)를 본연지성으로, 기와 결부된 분수지리(分殊之理)를 기질지성으로 정의한다. 본연지성은 사람과 사물에 보편적이므로 인성과 물성은 동일하며, 기질지성은 기의 정통을 얻은 인간의 것과 기의 편색(偏塞)을 얻은 사물의 것이 상이하다. 반면에 성이 한갓 리가 아니고 성일 수 있는 근거를 기와의 연관성에 두고 있는 한원진의 입장에서 보면 이간의 본연지성은 한갓 리이며 성이 아니다. 그것이 성인 이상 어떤 방식으로든지 기와 관계되어야 하며 그 연관방식에 따라 본연지성과 기질지성으로 나뉜다.[44] 본연지성에도 기가 전제됨으로 인성과 물성은 상이하다. 이와 같이 이간과 한원진의 성의 개념은 그 차원을 달리함으로 양론은 접근될 수가 없었던 것이다.

기정진의 인물성동론(人物性同論)에 대한 비판은 편전지성(偏全

然者哉

43)『朱子言論同異攷』 卷1 「人物之性」 21면: 有言人人不同 物物不同之性

44) 각주 38), 각주39) 참조.

之性)[45]을 본연지성이 아닌 것으로 보는 데에서 기인하는 편전지성과 오상의 분리에 초점이 모아진다. 앞에서 서술한 바와 같이 이간은 오상을 태극, 천명과 같이 초형기적인 형이상자로 보아 오상과 편전지성을 분리시킨다. 그러나 기정진에 의하면 편전과 오상은 분리되는 것이 아니라 오상이 편전에 내재한다.[46] 기정진은 다음과 같이 말한다.

> '편전'은 형이하자이고 '편전지성'은 형이상자이다. 형이상자가 본연이 될 수 없다면, 부자가 말씀하신바 형상지도(形上之道)는 다만 기질 일변을 설명하신 것인가?[47]

'편전'은 형이하자이고 '편전지성'은 형이상자라는 것이다. 기질은 형이하자이지만 기질에 내재된 리인 성은 형이상자인 것과 같다.[48] 그러므로 '편전지성'을 본연지성이라고 할 때, 본연지성은 오상이므로 '편전'을 초월하여 오상이라는 위계가 별도로 있는 것이 아니다.[49] 그러나 '편전지성'을 본연지성이 아니라고 보면, 본연지성은 초월적인 한갖 공허한 개념으로 전락하고 마는 것이다.[50] 낙론은 분리되어서는 안 되는 '이일(理一)'과 '분수(分殊)'를

---

45) "偏全이란 人間은 氣의 正通을 禀受하므로 人性은 全具하지만 物은 氣의 偏塞을 품수하므로 五常을 偏具함을 말한다." 배종호, 『韓國儒學史』〔연세대학교출판부, 1974〕, 1974, 271쪽.

46) 『蘆沙集』 卷16 「納凉私議」 12면: 五常之隨物而偏全 乃此理之本分

47) 같은 책, 卷16 「納凉私議」 12면: 偏全形而下者 偏全之性 形而上者 形而上者 不得爲本然 則夫子所言形上之道 秪說得氣質一邊耶

48) 『朱子言論同異攷』 卷2 「性」 1면: 性雖因氣質而名 然其所指爲性之物 則實指其中所賦之理

49) 『蘆沙集』 卷16 「納凉私議」 12면: 初非偏全之上 更有同五常之一位也

서로 분리시켜[51] '분수' 밖에 '이일'이 존재하는 것으로 잘못 생각함으로써 인물성동론에 집착하는 오류를 범했던 것이다.[52]

인물성이론에 대해서도 '분리성(分離性)'에 비판의 초점이 맞추어진다. 한원진의 리의 분류에서 나타나듯이, 일원자(一原者)는 형기를 초월한 이일지리(理一之理)이므로 사람과 사물의 성과는 서로 분리하게 된다. 성을 기와의 연관성에서 파악하여 인성과 물성을 서로 다른 것으로 보는 한 보편적 '일원자'는 사람과 사물의 성보다 한 단계 높은 위계에 정초시킬 수밖에 없다고 할 때, 양자는 서로 분리되는 것이다.[53] 하지만 기정진은 "처음 '리'를 따라 내려가 일료(一料)를 덧붙여 '분'을 이루고 '분'을 거슬러 올라가 일보를 넘어서서 '리'라고 칭하는 것이 아니다."[54]라고 하여 '리' 아래에 '분'이 성립하는 것이 아니며, '분'을 초월하여 '리'가 있는 것이 아님을 언명한다. 그는 다음과 같이 말한다.

> 반드시 한 층을 배출(排出)한 뒤에 만물의 일원이 된다고 말하는가? 옛 성인은 도리에 대하여 형기(形器)와 섞어 말씀하시지 아니하고,

---

50) 같은 책, 卷16「納涼私議」12면: 偏全皆非本然 則天下無一物能性其本然之性者 而本然之性 永爲懸空之處位

51)『栗谷全書』卷9「答成浩原」〈心性情圖〉39면: 理一分殊四字 最宜體究 徒知理一而不知分之殊 則釋氏之所以作用爲性而猖狂自恣是也 徒知分之殊而不知理之一 則荀楊以性爲惡 或以爲善惡混者是也

52)『蘆沙集』卷16「納涼私議」9면: 性同者 吾不曰不然 而以偏全之性 爲非本然 則是分外有理也. 遂主同以廢異 則性爲有體無用之長物矣

53) 같은 책, 卷16「納涼私議」8~9면: 噫 性異者 吾非曰不可 而異處及在五常之帶氣 則大本有所不明矣 不得不別立一原

54) 같은 책, 卷16「納涼私議」5면: 初非沿理而下 添一料而方成分 遡分而上 超一步而方稱理之謂也

또한 형기와 분리하여 말씀하시지 아니하였다. 『시경』의 "사물이 있으면 법칙이 있다", 『주역』의 "한 번 음하고 한번 양하는 것을 도라고 이른다"가 모두 이것이다.[55)]

만물을 일층 초월한 위계에 일원이 있는 것은 아니라는 것이다. 도리가 형기와 섞인 것은 아니지만 형기와 분리된 것은 아니니, 사물이 있으면 법칙이 있고 일음일양(一陰一陽)하게 하는 것이 도인 것과 같다. 일원을, 만물을 초월한 것으로 생각하는 것은 "사물을 떠난 뒤에 법칙이 있고 음양을 떠난 뒤에 도가 있다."[56)]는 것과 같은 오류를 범하는 것이다. 기정진은 태극의 본연이 오상지리(五常之理)에 불과하며[57)] 오상이 인간에 내재함을 강조한다.[58)] 오상의 내재는 태극본연(太極本然)의 내재며 태극본연이 인간에 내재한다고 할 때 인성을 초월하여 일원자가 별도로 존재하는 것이 아니다. '분수'를 떠나 '일원'이 초월적으로 존재하는 것이 아닌 것이다.[59)] 호락은 '이일'과 '분수' 어느 한 편에만 집착하는 데에서 오는 출발점의 다름으로 인하여, 서로 접근할 수 없는 괴리를 갖는다. 하지만 인성과 물성은 동이점을 동시에 갖는다.[60)]

---

55) 같은 책, 卷16「納凉私議」 9면: 必曰挑出一層然後 爲萬物之一原乎 前聖之於道理 雖不雜形器而言之 亦不離形氣而言之 詩言有物有則 易言一陰一陽之謂道 皆是也

56) 같은 책, 卷16「納凉私議」 10면: 離物而後有則 離陰陽而後有道

57) 같은 책, 卷16「納凉私議」 11면: 太極之本然 無聲臭之妙 深探而究言之 則不過五常之理

58) 같은 책, 卷16「納凉私議」 11면: 五常之在人 亦何嘗有形象聲臭 不過因用而推之耳

59) 같은 책, 卷16「納凉私議」 10면: 何故必擺脫分殊而後方成一原乎

60) 같은 책, 卷16「納凉私議」 19면: 以理言之 則萬物一原 固無人物貫賦之殊

리는 일(一)인 동시에 분수인 것이다.[61] 그러므로 성은 동이점을 동시적으로 가지며, 동(同)과 이(異)는 모순되지 않는다.[62] 기정진은 동이를 다음과 같이 설명한다.

> 무릇 그 체단(體段)은 같으나 작용이 다른 것이다. 기품(氣稟)의 미악(美惡)에 인연하여 그 사이에 용사한다.[63]

사람과 사물의 본체는 같고 그 작용이 다르다는 것이다. '체용일원(體用一源)'의 입장에서 볼 때 이러한 동이는 서로 넘나들 수 없는 심연에 가로막힌 것이 아니다. 기정진은 다음과 같이 말한다.

> 리라는 것은 하나면서 실은 만분(萬分)이니, 다를수록 더욱 같아지는 것이다. 하나이면서 나뉘어지나니 '실이(實異)'가 아니요, 다르면서 같으니 곧 '진동(眞同)'이다. 양가(兩家)가 말하는 동이는 동이가 서로 용해되지 않는다. 이와 같이 말하는 바의 '이(異)'란 곧 '실이'이며 '동(同)'은 '진동'이 아니다.[64]

결국 기정진의 입장에서 보면 호락은 '이일'과 '분수'를 분리시

… 以氣言之 則得其正且通者爲人 得其偏且塞者爲物

61) 같은 책, 卷16「納凉私議」7면: 一而未嘗無分殊

62) 같은 책, 卷16「納凉私議」17면: 先覺論性 有言理同者 有言不同者 非相戾也

63) 같은 책, 卷16「納凉私議」9면: 夫其體段則同 而作用則異者 因緣氣稟之美惡 用事於其間

64) 같은 책, 卷16「納凉私議」9면: 理者一實萬分 愈異而愈同者也 一而分 非實異也 異而同 乃眞同也 兩家之言同異 同異不相容若此 蓋其所言異者是實異 而同者非眞同也

킴으로써 갈등을 일으키게 된다.[65] 그러면 '이일'과 '분수'를 서로 분리시키는 근본 원인은 무엇일까? 기정진은 다음과 같이 진단한다.

> 무엇을 '리'와 '분'이 서로 분리된다고 말하는가? 제가(諸家)의 학설을 상구(詳究)해 보면 한결같이 모두 '리'는 '분'이 없는 존재로 여기고 '분'은 기 때문에 있다고 여겨, '이일'이 형기를 떠난 지점에 제한시키고, 분수가 형기에 떨어진 뒤에 국한시킨다. 이에 '리'는 스스로 '리'가 되고 '분'은 스스로 '분'이 되어 성명이 횡결(橫決)하게 되나니 성명이 횡결되자 성을 논함에 천하가 분열되기 시작한 것이다.[66]

성론이 분열되는 원초적 이유를 기정진은 "리는 분이 없는 존재로 여기고, 분은 기 때문에 있다고 여기는 것"(以理爲無分之物 分爲因氣而有)으로 진단한다. '리'를 무분(無分)으로 보며, '분'의 원인을 기에 두기 때문에 '리'와 '분'이 서로 분리한다는 것이다. 그렇다면 '이분불리(理分不離)'하기 위하여 '리'는 '분'하여야 하며, '분'의 원인을 '기' 아닌 것에 두어야 한다. 이러한 기정진의 이론은 타당한 것일까. 기정진의 이기론을 바탕으로 이 명제의 해석에 본고의 초점을 맞춘다.

---

65) 같은 책, 卷16「納凉私議」4~5면: 諸家言人物之性 其歸雖殊 竊意其所蔽一也 曷言蔽之一 蔽在理分相離

66) 같은 책, 卷16「納凉私議」5면: 曷言理分相離 詳諸家之意 一是皆以理爲無分之物 分爲因氣而有 限理一於離形氣之地 局分殊於墮形氣之後 於是理自理分自分 而性命橫決矣. 性命橫決 而論性始爲天下裂矣

리와 기의 상관성

인물성동이론에 대한 기정진의 비판이 '편전지성'과 '오상'의 분리, 만물과 일원과의 분리 즉 '이분상리(理分相離)'에 그 초점이 맞추어진 것은 그의 일원론적 사유구조에 근거를 두고 있다. 따라서 그가 기의 자기 원인적 능동성을 부정하고 리의 주재성을 강조하는 것은, 당시의 학설이 리의 주재성을 부정하고 현상계를 기의 자발적 운동으로 해석하므로 리와 기의 관계를 단절시킨 것을 비판함으로서, 리와 기의 상호관계성을 정초시키려는 데 있다. 이러한 기정진의 입장은 그의 '이기일체관(理氣一體觀)'에 근거한다. '이일'과 '분수'를 분리시키지 않는 '이분원융(理分圓融)'의 논리는, 리와 기의 불리성(不離性)을 강조하는[67] '이기일체관'[68]에 기초하는 것이다. 기정진은 "제가(諸家)가 선각들이 성을 논한 자리를 상밀(詳密)하게 강구하였으나, 다만 '이분일체처(理分一體處)'에 대하여 아직 착안하지 아니하여 리와 기가 서로 투기하고 동(同)과 이(異)가 서로 물리치게 된 것이다."[69]라고 하여, 이분(理分)·이기(理氣)·동이(同異)가 서로 깊은 함수 관계에 있음을 시사한다.

주지하는 바와 같이 이황의 이기호발설(理氣互發說)을 이이가 정면에서 비판한 이후 영남학파와 기호학파 그리고 절충파(折衷

67) 같은 책, 卷16「納凉私議」 6면: 天下無離氣獨立之理
68) 같은 책, 卷4「答權信元」〈別紙〉 16면: 惟形字是老兄所謂理氣一體脗合 元不相離底境界也
69) 같은 책, 卷16「納凉私議」 17~18면: 諸家於先覺論性處 非不講貫詳密 而特緣理分一體處 未甚着眼 以致理氣相妬 同異相攘

派)로 전개된다고 보는 것이 일반적 견해이다. 조선조 후기의 유학사에서는 전기의 성리학이 내포하고 있는 문제가 다루어진다고 할 때 기정진의 이기론은 이황과 이이의 미해결점에서 출발한다.

기정진의 만년 정론인 「외필(猥筆)」에 나타난 이기론의 핵심은 다음과 같이 정리될 수 있다.

① 氣의 자기 원인적 능동성 부정.

② 리의 主宰性 강조.

「외필」은 기의 자기 원인적 능동성[70]을 주장하는 당시의 학설에 대한 비판에서부터 시작된다. 기정진은 기의 이러한 운동을 "기기자이(其機自爾)"·"비유사지(非有使之)"[71]로 표현한다. '기기자이'는 화담(花潭) 서경덕(徐敬德, 1489~1546)의 사상을 대표할 수 있는 개념이다. 서경덕은 감각할 수 없는 선천(先天)의 기가 후천의 구체적 사물로 전개되는 소이연(所以然)을 기자체(氣自體)의 자기원인으로 설명하여 '기자이(機自爾)'란 용어로 표현하고 있다.[72] 그는 기의 이러한 작용은 누가 시켜서 하는 것이 아니라 기의 필연적인 자기 전개로 해석한다. 일기(一氣)가 음양(陰陽)으로 나누어져 개합동정(開闔動靜)하는 소이연(所以然)을 리에 두어 리를 '기

70) 같은 책, 卷16「猥筆」24면: 今日其機自爾 自爾雖不竢勉强之謂 而已 含由己不佗由之意

71) 같은 책, 卷16「猥筆」24면: 又申言之曰非有使之者 說自爾時 語猶虛到 非有使之

72)『花潭集』卷2「原理氣」12면: 倏爾躍 忽爾闢 孰使之乎 自能爾也 亦自不得不爾 是謂理之時也 易所謂感而遂通 … 不能無動靜無闔闢 其何故哉 機自爾也

지재(氣之宰)'[73]로 보지만, 이것은 외적인 주재(主宰)가 아니라 기의 필연적인 자기법칙 이상의 의미를 가지지 않는다. 기정진은 음양이 겉보기에는 이처럼 '스스로 가고 스스로 그치는[自行自止]' 것 같으나 사실은 천명(天命)에 의하여 지배받고 있음을 명확히 밝힌다.[74] 천명은 기정진에 의하면, 필연성의 소이연과 같은 차원으로 이해되며[75] 소이연은 곧 리라고 볼 수 있다. 기정진은 다음과 같은 김석구(金錫龜, 1835~1885)의 논술을 지지한다.

> 리는 다만 '소이연지묘(所以然之妙)'일 뿐이요 '소능연지력(所能然之力)'을 가진 적은 없다.[76]

기정진 자신도 "리는 종자이다. 다만 '필연지묘(必然之妙)'를 가질 뿐이요 '능연지력(能然之力)'을 갖는 것이 아니다."[77]라고 하여 리의 '능연지력'을 부정한다. 따라서 천명의 기에 대한 주재는 근거 주는 자와 근거 받는 자와의 관계,[78] 혹은 규정성 대 피규정

---

73) 같은 책, 卷2「理氣說」14면: 氣外無理 理者氣之宰也 所謂宰非自外來而宰之 指其氣之用事 能不失所以然之正者而謂之宰

74)『蘆沙集』卷16「猥筆」24면: 陽動陰靜 驟看皮面 果似自行自止 若深原其實 則壹是天命使之然也

75) 같은 책, 卷16「猥筆」24면: 天命然也 故不得不然 此之謂所以然 非天命之外 別有所以然

76)『答問類篇』卷1「論道體第一·總論一之一」38면: 理只是所以然之妙 未有所能然之力也【참고】『答問類篇』은 1976년 영인·출판된『蘆沙先生文集』〔아성문화사〕에 수록된 것을 저본으로 하였다.『蘆沙先生全集』에 수록된『答問類篇』은『노사선생문집』과 내용상 약간의 차이가 있다.

77)『蘆沙集』卷16「答人問第三」38면: 理者種子也 但有必然之妙 非有能然之力

78) 友技龍太郎,「朱子」,『講座東洋思想(2)』〔宇野精一 編, 東京大學出版會, 1967년〕, 188쪽.

성 등과 같은[79] 논리적 차원에서 이해하여야 한다. 그러면 기정진이 리의 실제적인 '능연지력'을 부정하면서도, 음양의 자행자지(自行自止)를 비판하고 천명사지(天命使之)를 강조하는 이유[80]는 어디에 있는 것일까? 그는 '자이(自爾)'와 '소이연(所以然)'의 관계를 다음과 같이 밝힌다.

> 어리석은 견해로써 논해 보건대 '자이(自爾)' 두 글자와 '소이연(所以然)' 세 글자를 적대하는 것과 같다. '자이'를 주장하면 '소이연'은 퇴축(退縮)하지 않을 수 없다.[81]

'자이'와 '소이연'은 모순관계이기 때문에 기의 자기 원인적 능동성을 긍정하면 소이연은 부정할 수밖에 없다는 것이다. 따라서 본체계는 한갓 공허한 개념으로 전락함으로써 현상계와의 적극적 관계성이 상실되는 것이다. 기정진은 리와 기의 관계를 다음과 같이 설명한다.

> 동정하는 것이 기이고 동정하게 하는 것이 리이다. 동정하게 하는 것은 부리는 것이 아니고 무엇인가?[82]

이처럼 기에 대한 리의 적극적인 관계성을 명시하는 표현은 도

---

79) 河岐洛, 「主理論의 展望」, 『哲學研究』 32집, 韓國哲學研究會, 1981, 6쪽.
80) 『蘆沙集』 卷16 「猥筆」 25면: 今有自行自止 不關由天命者 則天命之外 又一本源也 兩箇本領 各自樞紐 則造化必無此事
81) 같은 책, 卷16 「猥筆」 25면: 論以愚見 自爾二字與所以然三字 恰是敵對 自爾爲主張 則所以然不得不退縮
82) 같은 책, 卷16 「猥筆」 25면: 動者靜者氣也 動之靜之理也 動之靜之 非使之然而何

처에서 발견된다.

> 동정하는 것은 기이고 동정하게 하는 것은 태극이다.[83]

실제적으로 동정하는 것은 기이며, 동정하도록 하는 것은 태극이다. 따라서 리는 기의 모든 것의 근거이다. 기정진은 "이 리가 있으므로 반드시 이 기가 있으니 어찌 기 없는 리가 있겠는가? 이 리가 없으면 기가 좇아서 생(生)할 수 없으니 어찌 리 없는 기가 있겠는가? 동정의 리가 있으므로 기가 움직이지 않을 수 없다. 이것이 과연 서로 동정하는 것인가?"[84]라고 하여 리는 기의 존재와 생성과 운동의 근거임을 밝힌다. 따라서 기의 모든 것, 심지어는 과불급(過不及)의 악까지도 리에 근거한다.[85]

이러한 기정진의 주장이 의미하는 바는 무엇일까? 그것은 본체와 현상의 관계를 구조적으로 구축하고자 하는 의도로 보여진다. 즉 리의 기에 대한 적극적인 관계성을 강조함으로써 양자의 상관성에 대한 논리적 근거를 마련하고 있는 것이다. 리가 있으므로 기가 반드시 있으니, 기 없는 리 없고 리가 없으면 기가 생할 수 없으니 리 없는 기가 없다는 기정진의 주장은 리와 기의 상관성

---

83) 『答問類篇』 卷1 「論道體第一·總論一之一」 10면: 動靜氣也 而使之動靜者太極也

84) 『蘆沙集』 卷4 「答權信元」 〈別紙〉 18~19면: 有此理 故必有此氣 豈有無氣之理 無此理 則氣無從而生 安有無理之氣也 有動靜之理 故氣不能不動者是果互相動靜之謂乎

85) 『答問類篇』 卷1 「論道體第一·總論一之一」 34면: 曰理之本然 固純善無惡 而及其乘氣流行 則不能無過不及之差也 氣不能無過不及者 亦理勢然也 而纔有過不及則惡之所由生也

을 강하게 언명한다. 형이상의 리와 형이하의 기는 마치 두 개의 톱니바퀴의 이가 맞물려서 돌아가듯이 서로를 깊이 머금고 있는 것이다.

이러한 기정진의 이기관은 일반적으로 생각하듯이 기를 이중(理中)에 포섭시키는 주리적(主理的) 경향의 극단적인 형태로서의 유리론자(唯理論者)[86]라는 도식적 이해만으로는 설명될 수 없는 부분이 있다. 「외필」에서 "리는 존귀하여 상대가 없으니 기가 어찌 대우(對偶)가 될 수 있겠는가? 그것은 광활하여 상대가 없으니 기도 또한 가운데의 일이다. 곧 이것이 리가 유행(流行)하는 손과 다리이다."[87]이라 하여, 기를 리에 포함시키는 표현이 나오지만. "이제 실사(實事)로써 말을 하면 이른바 리라는 것은 음양의 묘(妙)에 불과하다"[88]라는 구절에서는 리를 기에 내포시킨다. 기정진의 리가 단순히 사물의 조리(條理)[89]와 같은 것이 아니라 기를 생성시키고 지배하는 주재성이 강조되지만[90] 이때의 생(生)은 논리적 개념에 지나지 않으며[91] 주재성도 소이연이라는 논리적 의미로 이해한 바 있다.

---

86) 裵宗鎬, 위의 책, 130쪽 참조

87) 『蘆沙集』 卷12 「猥筆」 27면: 理之尊無對 氣何可與之對偶 其闊無對 氣亦理中事 乃此理流行之手脚

88) 같은 책, 卷12 「答金景範問目」 12면: 今以實事言之 則所謂理者 不過陰陽之妙也

89) 『孟子字義疏證』 卷上 「理」 288쪽: 得其分則有條而不紊 謂之條理 孟子稱孔子之謂集大成 日始條理者 智之事也 終條理者 聖之事也. 참조.【참고】『孟子字義疏證』은 『戴東原先生全集』에 수록된 것을 저본〔大化書局, 中華民國 67〕으로 하였다.

90) 『蘆沙集』 卷4 「擬與權信元」 23면: 二氣五行 非此不生 品彙庶物 非此不生

91) 같은 책, 卷4 「擬與權信元」 23면: 所謂生者 豈血氣成胎 彌月如達而生之乎

리와 기의 상관성의 논리적 근거를 구조적으로 정초시키고자 하는 기정진의 의도는 이황과 이이의 쟁점이었던 '이발(理發)'에 대한 해석에서 명료하게 드러난다. 주지하다시피 이황은 이발(理發)과 기발(氣發)을 엄밀하게 구별하여 본질적으로 다른 차원으로 이해한다. 이러한 이황의 입장은 "기가 리를 좇아 발하여 한 터럭의 장애도 없는 것이 곧 리의 발이다."[92]라는 고봉(高峯) 기대승(奇大升, 1527~1572)의 질문에 대한 "기가 리를 좇아 발하는 것을 이발로 여긴다면 기를 리로 여기는 병에서 벗어나지 못할 것이다."[93]라는 답변에서 잘 나타난다. 기가 리에 순응하여 발해서 리가 현상계에 발현된다고 해도[94] 그것은 이발일 수 없다. 따라서 이황은 "측은(惻隱)·수오(羞惡)·사양(辭讓)·시비(是非)가 어디에서부터 발하는가? 인의예지(仁義禮智)의 성이다. 희노애구애오욕(喜怒哀懼愛惡欲)이 어디에서부터 발하는가? 사물이 그 형기에 접촉하여 마음 가운데에서 움직여서 경계(境界)를 따라 나오는 것이다."[95]라고 하여 사단과 칠정을 본질적으로 차원을 달리하는 것으로 파악한다. 여기에서 이발과 기발은 단절된다.

사칠론(四七論)에 대하여 기정진은 다음과 같이 단언한다.

---

92)『退溪全書』卷17「答奇明彦(論四端七情第三書)」5면: 氣之順理而發 無一毫有碍者 便是理之發矣

93) 같은 책, 卷17「答奇明彦(論四端七情第三書)」6면: 以氣順理而發 爲理之發 則是未免認氣爲理之病

94)『李子粹語』卷1「道體」17면: 氣能順理時 理自顯

95)『退溪全書』卷16「答奇明彦(論四端七情第一書)」9면: 惻隱羞惡辭讓是非 何從而發乎 發於仁義禮智之性焉爾 喜怒哀懼愛惡欲 何從而發乎 外物觸其形而動於中 緣境而出焉爾

사단과 칠정은 두 개의 정이 아니며 리와 기는 서로 발하지 않는다.[96]

여기에서 기정진은 사단과 칠정을 본질적으로 차원을 달리하는 개념으로 파악하는 태도를 부정하고 있으며, 사칠의 이론적 기초인 이기론에 있어서도 호발론(互發論)을 부정한다.[97] 하지만 이발 자체를 부정하지는 않는다.

기가 리를 좇아서 발하는 것은 곧 이발이요, 리를 따라 행하는 것은 기행(氣行)이 곧 이행(理行)이다.[98]

이와 같이 이발과 기발은 이황에서와 같이 서로 넘나들 수 없는 본질적으로 다른 차원을 갖고 있는 것이 아니라 일치되는 것으로 이해된다. 여기에서 이원적(二元的) 사고양식을 극복하고 리와 기를 하나로 보려는 일원적(一元的) 사유구조를 포착할 수 있을 것이다.[99] 이와 같이 호발설을 거부하고 사칠을 하나로 보는 태도는 이이 입장에 가깝다고 볼 수 있다.[100]

기정진은 "기발이리승지(氣發而理乘之)"의 '이승지(理乘之)'에 있

96) 『蘆沙集』 卷10 「答鄭希淸(戊午正月)」 31면: 四七非兩情 理氣無互發
97) 『答問類篇』 卷3 「(論道軆第一)·心性情一之三」 8면: 七情之外 本無四端 互字不好
98) 『蘆沙集』 卷16 「猥筆」 26면: 氣之順理而發者 氣發動理發也. 循理而行者 氣行卽理行也
99) 같은 책, 卷16 「偶記」 22면: 若或執據理氣發之說 疑四七之原有二本 則豈朱子之本意哉
100) 『栗谷全書』 권10 「答成浩原(壬申)」 7면: 七者之外 無他情 四端只是善情之別名 言七情則四端在其中矣

어서 리의 기능을 강조하고 있다. '승(乘)'의 개념은 주희가 「태극도설」을 주석한 "대개 태극이란 본연지묘(本然之妙)요, 동정이란 타는 바의 기(機)이다."[101]라는 귀절에서 시작한다. '승'은 승재(乘載)의 뜻으로,[102] 동정할 수 없는 리가 기에 승재하여 기의 동정에 따라 움직인다는 것이다. 이러한 논술을 그대로 따른다면 "기에 동정이 있으면 승재한 바의 리가 어찌 동정하지 않을 수 있겠는가?"[103]라고 하여, 리가 현상계에서는 오히려 기에 지배받는 결과를 빚게 된다.[104] 기정진은 이러한 리를 "살에 붙은 혹, 천리마에 붙어 다니는 파리"[附肉之疣 隨驥之蠅]에 비유하여 주재의 기능이 상실되어 있음을 비판한다.[105] 그는 승마(乘馬)에 비유하여 '승(乘)'의 본의는 한갓 말 위에 올라앉는 것이 아니라 말과 일체가 되어 말을 지배하는 것이라고 설명한다.[106] 즉 '승'의 개념에는 '사지(使之)'의 의미가 강하게 내포된다고 하겠다.

리의 기에 대한 적극적인 관계성의 강조가 "기는 또한 리 가운데의 일이니, 곧 리가 유행하는 손과 다리"라는 표현으로 나타난다. 이 말은 리를 극대화하여 기를 격하시킨 것으로 해석할 수도

---

101) 『性理大全』 卷1 「太極圖說解」 15면: 蓋太極者 本然之妙也 動靜者 所乘之機也

102) 같은 책, 卷1 「太極圖說解」 〈細註〉 21면: 乘如乘載之乘

103) 같은 책, 卷1 「太極圖說解」 〈細註〉 21면: 氣旣有動靜 則所載之理 亦安得無動靜

104) 『蘆沙集』 卷16 「猥筆」 27면: 究厥端由 原於乘者 失其本旨 駸駸致得 理輕而氣重 直至氣奪理位

105) 『蘆沙集』 卷16 「猥筆」 27면.

106) 『答問類篇』 卷1 「(論道體第一)·總論一之一」 8면: 今人之言乘者 有若上人下馬 初不相謀 南北東西 茫無主張 忽見烏疋 當前趫捷 而騰上去 朱子本意遠矣

있지만[107] 리의 유행이 기에 의하여 현실적으로 이루어짐을 나타낸 구절이라는 해석도 가능하지 않을까? "발하는 것은 기이고 발하는 소이는 리다."라는 이이의 경우처럼 실제적으로 작용하는 것은 기이며, 기 작용의 소이연자가 리이므로 이것을 리의 작용으로 볼 수 있다는 것이 기정진의 리의 능동성에 대한 해석이다. 주돈이가 "태극이 동하여 양을 낳고 정하여 음을 낳는다"라는 말만 하고 기(氣) 자가 보이지 않는다고 해서 기기(氣機)를 버린 것은 아님을 강조한다.[108] 주인이 종을 시켜 일하는 것을 주인이 일한다고 말하는 것과 같이 실제적(實際的)인 작용은 기가 해도 그것은 리의 명(命)에 의하여 이루어질 때 그것은 곧 리의 작용인 것이다. 기정진은 이발설(理發說)에 대한 해석에서 리와 기의 관계를 다음과 같이 설명한다.

> 발(發)하고 행(行)하는 것은 분명히 기가 하는데 이발(理發)·이행(理行)이라고 말하는 것은 어째서인가? 기의 발(發)과 행(行)은 실제로 리에게 명령을 받는 것이니 명령하는 자는 주인이 되고 명령을 받는 자는 종이 된다. 종은 그 수고로운 일을 맡고 주인은 그 공에 거한다.[109]

기정진은 경험계에서 실제적으로 발하고 행하는 것은 기임을 명확히 단언한다. 그것을 '이발'·'이행'이라고 하는 것은 기가 리

---

107) 배종호, 위의 책, 130쪽.

108) 『蘆沙集』 卷16 「猥筆」 26면: 劈頭言太極動而生陽 靜而生陰 不見一氣字 非遺却氣機也

109) 같은 책, 卷16 「猥筆」 26면: 其發其行 明是氣爲 而謂之理發理行何歟. 氣之發與行 實受命於理. 命者爲主而受命爲僕 僕任其勞 而主居其功

의 명을 받아 그대로 작용함으로써 리의 성격이 현상계에 발현되기 때문이다. '기발이이승지(氣發而理乘之)'라고 할 때, 기가 타고 있는 리의 주재에 의하여 작용하여 리가 기를 통해 현상계로 나타난 것, 이것은 곧 이발인 것이다.[110] 여기에서 이발과 기발이 합일될 수 있는 근거가 마련된다. 기정진이 이기를 주종관계로 보는 것은 기를 강조하고 중시하는 당시의 학설[111]을 반박하여 전도된 이기관계를 정립하려는 의도도 있었지만, 그리고 「외필」에서 이러한 의도가 강조되고 있는 것도 사실이지만, 보다 중요한 이유는 리와 기의 유기적 상관성을 구조적으로 정초시키는데 있는 것이다. 왜냐하면 현실이란 리만도 아니고 기만도 아니라 리와 기, 형이상과 형이하가 만나는 경계이기 때문이다.[112] 양자의 상관성의 논리적 근거를 마련하기 위하여 리의 주재성을 강조함으로써 기의 모든 작용은 리의 현상적인 표현으로 설명되는 것이다. 이와 같이 기의 모든 작용은 리의 발현이므로 '이기일체(理氣一體)'라고 볼 때, 리와 기는 두 개의 톱니바퀴가 맞물려 하나의 움직임을 이루듯이 서로를 깊이 머금는 유기적 상관성을 갖는 것이다.[113]

---

110) 『朱子大全』 卷31 「答張敬夫」 10면: 但發而中節 卽此在中之理發形於外

111) 『蘆沙集』 卷16 「猥筆」 27면: 理輕而氣重 直至氣奪理位

112) 같은 책, 卷4 「答權信元」 〈別紙〉 16면: 惟形字是老兄所謂理氣一體脗合元不相離底境界也.

113) 논리적으로는 리가 사지(使之)하지만, 실제적으로는 리가 음양지묘(陰陽之妙)에 불과하다고 할 때 리는 기에 내포된다. 『蘆沙集』 卷12 「答金景範問目」 12면: 今以實事言之 則所謂理者 不過陰陽之妙也 참조.

‘이일지리’와 ‘분수지리’의 상함성

■ ‘이일’의 형이상학적 의미

기정진의 철학적 탐구는 ‘이분상리(理分相離)’의 극복으로서의 ‘이분원융(理分圓融)’의 논리적 근거를 정초시키는 작업으로 집약될 수 있다. 앞서 기술한 바와 같이 「납량사의」에서 ‘리’와 ‘분’이 서로 분리되는[相離] 근본원인은 “‘리’를 ‘분’이 없는 존재로 여기고 ‘분’은 기 때문에 한계가 있는 것으로 여겨, 이일(理一)이 형기(形氣)를 떠난 기국에 있고 분수(分殊)는 형기에 떨어진 뒤에 있게 된다.”라고 진단된다. 기정진의 이 진단에 따른다면 ‘리’와 ‘분’이 분리되지 않기 위해서는 다음 두 가지 조건을 만족시켜야 한다.

첫째, ‘리’는 분지물(分之物)이어야 한다.
둘째, ‘분’은 기 아닌 다른 것에 의하여 제한받아야 한다.

리를 ‘분’이 없는 존재로 파악하고 ‘분’은 기에 의하여 한계를 갖는 것으로 파악하는 것이 ‘이분상리’의 원인이기 때문이다.

‘리’와 ‘분’의 개념을 정의하는 일은 간단하지 않다. 기정진은 「납량사의」에서 ‘이일과 분수’, ‘리와 분’, ‘일(一)과 분’, ‘일(一)과 분(分)’, ‘일(一)과 수(殊)’, ‘일리(一理)와 분수(分殊)’, ‘일리(一理)와 분’을 대응시키고 있다. 이러한 용례를 볼 때 ‘리·이일·일·일리’, ‘분·분수·수’의 개념을 엄밀하게 구분하고 있는 것 같지는 않다. ‘분’은 리의 상대가 아니요 ‘분수’ 두 글자 곧 일(一)의 상대라 하여 ‘분’과 ‘분수’, ‘리’와 ‘일’을 구별하고 있지만, 위의 용례들을 볼 때, 이것은 피상적인 구분에 불과하다.

이일분수를 "리는 일(一)이면서 분수이다."로 번역할 수 있다면, 의미에서 위의 인용문과 같이 '일'과 '분수'만이 대립관계에 있으며 '리와 분', '이일과 분수'는 대응될 수 없다. 대립(對立) 내지 대응(對應)은 같은 유(類) 안에서만 이루어지기 때문이다. 「납량사의」에서 위의 용례 가운데 이일과 분수의 대응이 가장 많이 나오는데, 분수를 이분수(理分殊)로 보아 이일과 동류(同類)로 이해할 때, '이일과 이분수'라는 대응이 가능해진다. 여기에서 우리는 '리'를 '이일지리(理一之理)'로, '분'을 '분수지리(分殊之理)'로 해석함으로써, '리'와 '분'의 개념을 명료히 할 수 있다.

기정진이 '리'를 '일'과 환치(換置)시키고 있음을 볼 때, 우리는 첫 번째 문제인 '이무분지물(理無分之物)'에 대한 비판으로서의 '이분지물(理分之物)'이라는 명제와 충돌하게 된다.[114] '리는 일자(一者)'라는 명제는 '리는 분지물(分之物)'이라는 명제를 용납할 수 없다. '일(一)'은 불가분성(不可分性)을 전제하기 때문이다.[115] 여기에서 잠시 '일'의 형이상학적 의미를 검토해 보면 일단 다음 세 가지의 특성으로 정리될 수 있을 것이다.

- **보편성**

"천지 만물을 합하여 말하면 단지 하나의 이치일 뿐이다."[116],

114) 여기에서 분(分)은 분수지리(分殊之理)가 아니고 본래적인 '나눈다'라는 동사로 쓰였다.

115) "존재론적일(存在論的一)은 유(有)의 자체 불가분성(不可分性)이다." 鄭義釆, 『形而上學』 성바오로출판사, 1975, 117쪽.

116) 『朱子語類』 卷1 「理氣上·太極天地上」 2면: 合天地萬物而言 只是一箇理

"천지 사이에 다만 하나의 도리가 있을 뿐이다."[117]라는 말이 설명해 주듯이 이일지리(理一之理)는 모든 사물이 공통적으로 갖고 있는 하나의 리를 의미한다고 할 때, 이일(理一)의 일(一)은 "사람 사물 하늘은 그 본성의 이치가 하나일 따름이다."[118]라고 할 때의 '일(一)'과 같은 개념으로서 우주적인 보편성을 의미한다.

• **본원성**

일(一)은 단순히 '하나'라는 개수를 나타낼 뿐 아니라, 모든 수의 출발점이라는 시원의 뜻을 함축한다.[119] 이이가 "무릇 理의 근원은 하나일 뿐이다."[120] "일본지리(一本之理)가 리의 본체이다."[121]라고 하여, '이일지리'를 근원적 존재로 본 바와 같이 '일(一)'은 본원성을 의미한다. 이것은 『회남자(淮南子)』가 "하나라고 하는 것은 만물의 근본이요, 대적할 수 없는 도(道)이다."[122]라고 한 '일'에 관한 정의에서도 인증될 수 있다. 모든 존재의 근거가 되는 궁극적 본원자는 '일자(一者)'인 것이다.

---

117) 『性理大全』 卷2 『通書』 「師第七」 〈細註〉 20면: 天地間只有一箇道理

118) 衛湜, 『禮記集說』 卷133 〈唯天下至誠爲能盡其性…〉: 廣安游氏曰 … 人也物也天也 其性之理則一而已

119) 『中文大辭典』(一), [一], 1쪽: ③〔廣韻〕 一 數之始也〔漢書敍傳〕 元元本本數始於一也

120) 『栗谷全書』 卷10 「答成浩原」 17면: 夫理之源 一而已矣

121) 같은 책, 卷10 「答安應休(天瑞)」 20면: 一本之理 理之體也

122) 『大漢和辭典』(一) 1책, [一], 1쪽: ⑧〔淮南子, 詮言訓〕 一也者 萬物之本也 無敵之道也

- **전체성**[123]

기정진은 "대개 일리(一理)라고 말하는 것은 모든 이치를 합쳐서 이름한 것이다"[124]라고 하여, '이일지리'는 한갓 '일리'가 아니라 모든 이치의 총체임을 언명한다. 따라서 '일'은 모든 존재의 총합인[125] 전체성을 갖는다.

우리가 형이상학적으로 '일'을 말할 때는 위의 세 가지 속성을 내포한다. 이러한 '일'의 개념이 '분'을 용납할 수 있을까. 『통서(通書)』의 '일실만분(一實萬分)'에 대하여 제자가 "태극이 분열하는 것인가?"라고 질문했을 때, 주자는 다음과 같이 답했다.

> 본래 다만 하나의 태극인데 만물이 각각 품수하였으며, 또한 각각 하나의 태극을 전구(全具)할 따름이다.[126]

만물에 내재한 태극은 본원적 '일자'인 태극의 일부분이 아니라 전체라는 것이다. 이일분수설에서 '이일지리'가 개체에 품수되어 한정된 '분수지리'로 다양화되는 것이지, '일' 자체가 분할되는 것은 아니다. 강호(江湖)에 비친 달은 천상월(天上月)의 한 조각이 아니라 전체인 것과 같다. 이 논술에서 태극의 일성(一性)은 분할성(分割性)을 거부한다.

그러나 기정진은 "하나이면서 나누어지지 아니한 적이 없고,

---

123) 같은 책, [一], 1쪽, :⑭〔經傳釋詞, 三〕一 猶或也
124) 『蘆沙集』 卷4 「答黃聖儀(錫進)」 37면:盖一理云者 總萬理而名者也
125) 같은 책, 卷4 「擬與權信元」 25면:一者萬之總也
126) 『性理大全』 卷3 『通書』 「理性命第二十二」 〈細註〉 2면:本只是一太極而萬物各有稟受 又自各全具一太極爾

다르면서 하나를 해치지 않는다."[127]라고 하여 '일'과 '분'을 동시에 긍정하며, 분한성(分限性)[128]이 일성(一性)을 파괴하지 않음을 언명한다. 기정진은 '일'과 '분'의 개념과 관계를 다음과 같이 밝히고 있다.

> 천박한 들은 바에 의하면, '분'이라고 하는 것은 이일(理一)가운데의 세조리이니 '리'와 '분'사이에 층절(層節)이 용납되지 않는다. '분'은 '리'의 상대가 아니요, 분수(分殊) 두 글자가 '일(一)'에 상대가 된다. '리'가 만수(萬殊)를 함용(涵容)하므로 '일'이라고 하였는데 사실은 일물(一物)이라고 하는 것과 같다. 다른 것이 진실로 다른 것이 아니니, 그러므로 분수라고 하였는데 다른 바라고 하는 것은 다만 그 분한을 말한 것일 따름이다. 일구양어(一句兩語)가 서로 기다려 뜻이 되니 하나를 제외할 수 없다. 그러므로 '일'을 말할 때에 '분'이 함용되어 있음을 알 수 있고 분수를 말할 때에 '일'이 자재(自在)함을 이미 본다.[129]

기정진은 '분'을 "이일 가운데의 세조리[理一中細條理]," '일'을 "리가 만수를 함용함[理涵萬殊]", '수(殊)'를 '분한(分限)'으로 정의하고 '일'과 '분수'를 대립시킨다. 여기에서 '일'과 '분수'는 상호대대적(相互對待的)인 개념으로 나타남을 볼 수 있다. "일구양어가 서로 기다려 뜻이 되니 하나를 제외할 수 없다.[一句兩語 相須爲義 除

127) 『蘆沙集』 卷16 「納凉私議」 7면: 一而未嘗無分殊而不害於一
128) 같은 책, 卷16 「納凉私議」 5면: 言所殊者特其分限耳
129) 같은 책, 卷16 「納凉私議」 5면: 以膚淺所聞 分也者理一中細條理 理分不容層節 分非理之對 分殊二字 乃對一者也 理涵萬殊 故曰一 猶言其實一物也 殊非眞殊 故曰分殊 言所殊者 特其分限耳 一句兩語 相須爲義 除一箇不得 故說一時 可知分之己涵 說分殊時 已見一之自在

一箇不得]"라는 말은 대대적인 관계를 설명해주는 명제로서, 예를 들면 양(陽)은 음(陰)에 대한 개념이며 음은 양에 대한 개념으로, 음의 개념에는 양이 전제되며 양의 개념에는 음이 전제되어 있어 음을 제거한 양, 양을 제거한 음은 성립될 수 없는 것과 같다. 하나의 개념이 성립하기 위하여 상대적인 개념을 필연적 전제로서 요구할 때 양자는 상호대대적인 관계를 갖는다. '일'과 '분수'가 이러한 관계를 갖는다면 '일'에는 '분수'가, '분수'에는 '일'이 필연적 전제로서 함유된다.

기정진은 이러한 대대논리를 근거로 하고 주자의 "태극이란 상수(象數)가 아직 나타나지 아니하였는데 그 이치가 이미 갖추어져 있음을 칭한다."라는 태극에 대한 정의를 바탕으로 하여 '일'에 '분'이 내포되어 있음을 논증한다.

> 무릇 상수가 아직 나타나지 아니하면 나뉘지 않은 하나요, 그 이치가 이미 갖추어져 있으면 '분'이 이미 함용됨이 아닌가?[130)]

태극은 형상을 초월한 충막무짐(冲漠無朕)한 존재이면서 만물의 궁극적 근거가 되는 본원적 존재라는 점에서 삼라만상의 모든 이치를 본유(本有)한다. '만리(萬理)'는 곧 '분수지리(分殊之理)'이며, '분수지리'의 근거가 '이일지리(理一之理)'라는 점에서 '일'은 '분수'를 내포한다. 이러한 논술을 통하여 볼 때 "원두일리(原頭一理)는 '분'이 없지 아니함을 이르는 것이다."[131)]라는 명제는 '일리'의 분할성(分割

---

130) 같은 책, 卷16「納涼私議」5면: 夫象數未形則未破之一矣 而其理已具則非分之已涵乎

131) 같은 책, 卷16「納涼私議」6면: 原頭一理 非無分之謂也

性)을 주장하는 것이 아니라 '일리'는 모든 '분수지리'의 근거가 된다는 점에서 '일리'가 '분'을 가능태로서 함유한다고 하는 논리적 의미로 해석할 수 있다. 기정진은 다음과 같은 예를 들고 있다.

> 비근한 일로써 비유한다면, 이제 동철(銅鐵) 덩어리가 있는데 이것이 일태극(一太極)이다. 소반과 사발이 될 수 있고 칼이 될 수도 있으니 이것이 분수가 하나에 함용되어 있는 것이다.[132]

한 덩어리의 쇠는 그릇도 될 수 있고 칼도 될 수 있다는 말은 쇳덩어리가 그릇과 칼을 가능태로서 내포함을 의미하며, 이것은 쇳덩어리라는 '일자(一者)'에 그릇과 칼이라는 '분수'가 함용되어 있는 것으로 해석할 수 있다.

우리는 '일'의 속성으로 전체성과 본원성을 지적했다. '이일'은 존재하는 모든 것을 포섭하는 대전(大全)이라는 점에서 만물의 '분수지리'를 내포할 뿐만 아니라, 모든 존재하는 것들의 존재근거를 정초시켜주는 궁극적 본원자라는 점에서[133] 만리를 함용한다. 즉 '분수'가 본래 하나에 함용되어 있는 것이다.[134]

이와 같이 '일리'는 충막무짐하지만 모든 존재하는 것들의 근거이기 때문에 모든 존재하는 것들을 내포한다. 이것을 기정진은 "일원(一原) 가운데에 분수가 이미 함용되어 있다."[135]라고 주장한 것이다.

---

132) 같은 책, 卷16「納涼私議」6~7면: 請復以淺事喩之 今有一塊銅鐵 是一太極 可以爲盤盂 可以爲刀劍 是分殊之涵於一

133) 같은 책, 卷16「答人問第三」4면: 萬有之根於理

134) 같은 책, 卷16「納涼私議」7면: 分殊之涵於一

135) 같은 책, 卷16「納涼私議」13~14면: 一原之中 己涵萬殊

■ 분의 본연성

기정진이 '이분상리(理分相離)'의 원인으로 진단한 두 번째 명제인 "'분'은 기 때문에 한계가 있게 된다.(分爲因氣而有限)"라는 주장은 이일분수설에 있어서의 '분수'에 대한 일반적인 해석과 일치한다.

> 대개 천지가 만물을 낳으매 그 이치에는 본래 차별이 없다. 다만 사람과 사물이 품수 받은 형기가 같지 않으므로 그 마음에 명암의 다름이 있고 성에 온전함과 온전하지 아니함의 다름이 있을 뿐이다.[136]

> 리는 비록 하나이나 기를 탄 즉 그 나뉨이 모두 다르다. 그러므로 천지에 있어서는 천지의 이치가 되고 만물에 있어서는 만물의 이치가 된다. … 그러므로 참치부제(參差不齊)한 것은 기의 소위(所爲)이다.[137]

위와 같은 주자와 이이의 논술이 보여주는 바와 같이 '리'는 천(天)·인(人)·물(物)을 일관하는 보편성을 갖는다. 본원적 '일리'가 개별적인 '분수지리'로 나타나게 하는 것은 차별적인 기의 작용이다.[138] 그뿐만 아니라 이이는 "본연지리(本然之理)는 본래 순선하나 기를 타고 유행(流行)함에 그 나뉨이 모두 다르다. 기품에 선악

136) 『朱子大全』 卷58 「答徐子融」 17면: 蓋天之生物 其理固無差別. 但人物所稟 形氣不同 故其心有明暗之殊 性有全不全之異耳【참고】『朱子書節要』〔태학사, 1979〕, 350쪽.

137) 『栗谷全書』 卷10 「答成浩原(壬申)」 2면: 理雖一 而旣乘於氣 則其分萬殊 故在天地而爲天地之理 在萬物而爲萬物之理 … 然則參差不齊者 氣之所爲也

138) 같은 책, 卷12 「答安應休(天瑞)」 20면: 理何以有萬殊乎 氣之不齊 故乘氣流行 乃有萬殊也

이 있으므로 리에도 또한 선악이 있다."[139]라고 하여 선악의 결정권도 기에 있음을 언명한다. 이러한 논법을 그대로 따른다면 현실세계의 모든 현상은 기의 제약에 의하여 나타나게 되므로 현상계에서는 리가 기에 의하여 지배받는 결과를 낳게 된다. 리를 보편적·본원적 '일자'로 보며 순수지선한 존재로 이해하는 이상, 현실적인 개별성과 선악은 기로 설명할 수밖에 없기 때문이다. 그러나 이분수(理分殊)의 근거를 기에만 둔다면, 순수한 '리'인 '이일지리'와 상호 매개될 수 있는 근거를 갖지 못하고 서로 분리하게 된다.

기정진은 이일분수설에 대한 일반적 해석, 즉 '이일지리'가 기의 제약을 받아 '분수지리'로 나타난다는 해석이 '리'와 '분'을 서로 분리케 하는 원인이라고 비판한다.[140] 그는 "이일분수는 기로써 '분'을 말한 것이 아닌가."[141]라는 질문에 다음과 같이 답한다.

> '분'이라는 말은, 리는 진실하나 이름은 공허하니 다만 각각 정해진 한계가 있어 서로 넘어가지 아니함을 이르는 것이다. 본래 리의 이름도 아니며 기를 칭하는 것도 아니다. 일자(一者)에 함용되어 있는 것으로부터 말하면 본래가 지극히 은미한 이치이며, 각자(各者)에 정해진 것으로부터 말하면 반드시 기가 지반이 된다. 그러므로 주자가 "기가 분처(分處)가 됨에 또한 그것이 있다"라고 말한 것이다.[142]

---

139) 같은 책, 卷10「答成浩原」〈心性情圖〉39면: 本然之理固純善 而乘氣流行 其分萬殊 氣稟有善惡 故理亦有善惡也

140)『蘆沙集』卷16「納凉私議」5면: 曷言理分相離 詳諸家之意 一是皆以理爲無分之物 分爲因氣而有

141) 같은 책, 卷16「納凉私議」14면: 曰理一分殊 此非以氣言分耶

142) 같은 책, 卷16「納凉私議」15면: 分之爲言 理實而名虛 秖是各有定限 不

기정진은 '분'을 다른 것과 구별된다는 한정의 뜻으로 해석하고 '분'이 '일'에 내포되어 있을 때는 지미지리(至微之理)이며 구체적으로 한정된 사물에 개별자로 나타났을 때는 반드시 기가 '분'의 지반이 됨을 밝히고 있다. '분'은 반드시 기를 동반한다. 그러나 기 때문에 '분'이 생겨나는 것은 아니라는 것이다.[143] 이것이 기존의 학설과 구별되는 점이다. 기정진은 "선유 가운데 주리(主理) 일변론자는 인물(人物)의 분변(分辨)이 전적으로 기에 있다고 하였다. 무릇 기를 말하고 리를 위주로 하지 아니하면 정통편색(正通偏塞)이라고 말한 바가 모두 하나의 빈 껍질에 불과하니 어찌 인물의 귀천(貴賤)으로 여길 수 있겠는가?"[144]라고 하여, 기의 편전(偏全)으로 인물을 구별하는 태도를 비판한다. 기 때문에 인(人)·물(物)이라는 '분수'가 나타나는 것은 아니기 때문이다.

> 이 '분'은 임시로 배정된 것이 아니요 본연이다.[145]

'분'이 임시배정된 것이라면 본분(本分)이 될 수 없고 임시배정된 것이 아니므로 '분'이 본연성을 갖출 수 있다는 것이다. 임시배정에 대하여 기정진은 다음과 같이 설명한다.

相踰越之謂 本非理之名 亦非氣之稱也 自其涵於一者而言之 則固至微之理 自其定於各者而言之 則必須氣爲之地盤 故朱子謂氣爲分處亦有之

143) 같은 책, 卷16「納凉私議」15면: 圖解分字所指深味之 亦自可見 玆不復言 참조.

144) 같은 책, 卷16「納凉私議」19면: 先儒之主理一邊者 乃謂人物之辨 專在於氣 夫言氣而不以理爲主 則所言正通偏塞者 皆不過一箇空殼 何足以爲人物之貴賤乎

145) 같은 책, 卷16「納凉私議」7면: 是分也 非臨時排定 是本然

리는 머리와 다리가 없어 하나의 사물에 착락(着落)하지 못하고 명막(冥漠)한 사이에 매달려 있다가, 중도에 유력자에 의하여 구사(驅使)되어 갑자기 만수(萬殊)를 성출(成出)하게 된다고 여기면 또한 잘못이 아닌가?[146]

초월적인 리가 유력자에 의하여 갑자기 배정되어 만수를 성출하게 되는 것이 임시배정이라는 것이다. 유력자는 기를 말하는 것이며, 갑자기 우연성을 의미한다면 '분'은 기에 의한 우연적 존재가 아니라는 뜻이 된다. 즉 '분'은 리에 의한 필연적 존재이며, 이런 뜻에서 본분이다. '분'은 본연적 존재이며, 이 본연성은 리에서 나오는 것이다. 그러나 '분'은 '리'만이 아니며, 물론 기만도 아니지만[147] 현상적인 개념인 이상 기를 동반하지 않을 수 없다. 하지만 기정진에 있어서 기의 모든 작용은 리의 표현이므로 '분'의 개념에 내포된 기의 근거는 리일 수밖에 없는 것이다. 기정진은 '분'과 기와 리의 관계를 다음과 같이 설명한다.

하나이면서 '분'이 없는 것은 내가 하나라고 말하는 바가 아니다. 그러므로 『중용혹문』과 『대학혹문』에서 "조수와 초목의 생함은 다만 형기의 편색함을 얻어 전체를 통관할 수 없다."라고 말하였으니, 저것이 천하여 사물이 된 것은 형기의 편색함에 질곡되어 그 본체의 온전함을 충실(充實)케 함이 없기 때문이다. 이것은 인물(人物)의 성은 비록 같은 하나의 리이지만 리 가운데에 분한(分限)이 없을 수 없음을 말한다. 기가 이 이치를 승재(乘載)한 까닭에 비록 형기를 떠나

146) 같은 책, 卷16「納凉私議」8면: 以理無頭腳沒着落之一物 懸在冥漠之間 而中道被有力者驅使 倉卒排定成出萬殊來 不亦誤哉
147) 각주 143) 참조.

지 아니하고 '분'을 말하였으나 하나가 일찍이 나뉘어지지 아니함이 없었음을 여기에서 볼 수 있다.[148]

인(人)·물(物)의 상이점은 형기의 편전(偏全)에 있으며 형기의 편전은 리 가운데의 분한(分限)에 근거한다. 인·물의 동일성은 리의 일성(一性)에 기초하며 인물의 상이성은 리의 일성에 내포된 '분'에 기초하는 것이다. 기는 이러한 리를 승재한다. 그러므로 '분'에는 기가 수반하지만 '분'은 일찍이 '분'이 없는 적이 없는[未嘗無分] 리의 일성에 근거를 두고 있는 것이다. 즉 '분'이 기를 동반하지만 기의 편전의 결정권의 근거는 리이므로[149] '분'은 리에 근거한다는 삼단논법(三段論法)이 가능한 것이다.

이상과 같이 기정진은 '분'의 근거를 궁극적 존재인 리의 일성(一性)에 정초시킴으로써 '분'을 기의 제약으로 설명하는 데에서 일어나는 이기관계의 전도를 극복하였다. 그러나 그가 "'분'은 기 때문에 한계가 있게 된다."는 명제를 비판한 보다 근본적인 이유는 '이분상리(理分相離)'를 극복하는데 있다.

■ '리'와 '분'의 구조적 상함성

"일원(一原) 가운데 이미 분수가 함용되어 있으며 일찍이 이일(理一)에 함용되어 있다."라는 기정진의 명제는 이일지리(理一之理)와

148) 『蘆沙集』 卷16 「納凉私議」 17면: 一而無分 非吾所謂一也 故庸學或問 卽言鳥獸草木之生 僅得於形氣之偏 而不能有以通貫乎金體 彼賤而爲物者 梏於形氣之偏塞 而無以充其本體之全 此言人物之性 雖同此一理 而理中之分限不能無也 氣所以承載此理 故雖不離形氣而言分 而一之未嘗無分 於此因可見矣

149) 같은 책, 卷16 「納凉私議」 19면: 然則所言乎氣者 乃所指則理之偏全也

분수지리(分殊之理)와의 상함성을 언명한다. 이러한 상함성의 근거를 기정진은 '일'과 '분수'의 상호대대적 관계에서 찾는다. 앞서 기술한 바와 같이 '일'과 '분수'의 관계는 다음과 같이 설명된다.

> 일구양어(一句兩語)가 서로 기다려 뜻이 되니 하나를 제외할 수 없다. 그러므로 '일'을 말할 때에 '분'이 함용되어 있음을 알 수 있고 '분수'를 말할 때에 '일'이 자존(自存)함을 이미 본다.[150)]

이일분수라는 일구양어는 '이일'과 '분수'가 서로 기다려야만 비로소 성립될 수 있는 명제다. '일'은 '분수'에 대한 개념이며 '분수'는 '일'에 대한 개념으로서, '일'이라는 개념 그 자체에 이미 '분수'가 전제되어 있으며 '분수'에는 '일'이 내재된다. 따라서 '분수'가 전제되지 않는 '일'은 '일'일 수 없는 것이다.[151)] 기정진은 다음과 같이 말한다.

> 리는 원통(圓通)하므로 만리가 곧 일리 가운데 함용된 바이며 일리가 곧 만리의 실체이다. 만약 '일'인데 '만'이 빠져있고 '만'인데 '일'을 방해한다면 이것은 죽은 태극이요 산 태극이 아니다.[152)]

만리는 일리에 함유되어 있고 일리는 만리의 실체이다. 따라서 만리가 없는 일리, 일리를 방해하는 만리는 성립될 수 없는 것이

150) 같은 책, 卷16「納凉私議」5면: 一句兩語 相須爲義 除一箇不得 故說理一時 可知分之已涵 說分殊時 已見一之自在
151) 같은 책, 卷16「納凉私議」17면: 一而無分 非吾所謂一也
152) 같은 책, 卷15「答景道」21면: 理則圓通 故萬理卽一理之所涵 一理卽萬理之實體 若一而厥萬 萬而妨一 則是死太極 非活太極

다.[153] 즉 '분수'를 제거한 '일', '일'이 제거된 '분수'는 그 개념자체가 이루어질 수 없다는 점에서 양자는 서로를 필연적 전제로서 요구한다. 그러므로 '일'과 '분수'가 서로 분리될 때 이일분수라는 명제 자체가 성립될 수 없는 것이다. 이와 같은 사유방식은 대대적 구조를 기저로 하고 있다. 대개 관계란 정이가 "리에는 반드시 대대가 있으니 생생(生生)의 근본이다. 위가 있으면 아래가 있고 이것이 있으면 저것이 있고 '질(質)'이 있으면 '문(文)'이 있다. 하나는 홀로 성립될 수 없으니 둘이 있어야 '문'을 이룬다."[154]라고 한 바와 같이, 하나의 존재가 성립하기 위하여 상대방을 필연적인 전제로서 요구하는 관계를 말한다.[155] 따라서 양자는 서로를 상함 함으로써 존재한다.

기정진은 '리'와 '분의 구조적 상함성을 대대론과 아울러 체용론(體用論)으로서 논증한다.

> 나의 설은 이분원융(理分圓融)이니, 이른바 체용일원(體用一源)이요 현미무간(顯微無間)이다.[156]

여기에서 '이분원융(理分圓融)'의 경지가 "체용일원·현미무간"으

---

153) 같은 책, 卷4 「答黃聖儀(錫進)」 37면:蓋一理云者 總萬理而名者也 若除卻萬理 則所謂一理何理也

154) 程頤, 『易傳』 「賁卦」 〈彖傳註〉 3면:理必有對待 生生之本也 有上則有下 有此則有彼 有質則有文 一不獨立 二則爲文【참고】 『易傳』은 『周易傳義大全』에 수록된 것을 저본〔보경문화사, 1983〕으로 하였음을 밝힌다.

155) 市川安司, 『程伊川哲學研究』〔東京大學出版會, 1964〕, 86~108쪽 참조.

156) 『蘆沙集』 卷16 「納凉私議」 14면:如吾之說 則理分圓融 所謂體用一源 顯微無間

로 설명된다. 일찍이 이이가 "리에는 본래 체용이 있으니 '일본지리(一本之理)'는 리의 체요 '만수지리(萬殊之理)'는 리의 용이다."[157] 라고 하여 '이일지리'와 '분수지리'를 체용의 개념으로 설명한 적이 있거니와 '리'와 '분'을 체용 관계로 설명한 기정진의 논술은 그 상함의 근거를 해명하는 중요한 단서를 마련해 준다. 체와 용은 그 개념자체에 상함성을 전제하기 때문이다. 주자는 도의 체용에 대하여 다음과 같이 비근한 예를 들어 설명한다.

> 가령 귀가 체라면 듣는 것이 용이요, 눈이 체라면 보는 것이 용이다.[158]

듣는다는 작용이 없는 귀는 귀가 아니며 귀를 떠나 듣는다는 작용이 독립해 있을 수는 없기 때문에 체용은 서로 분리될 수 없다. 사물의 소리를 듣는 기관을 '귀'라고 이름 붙인 것이라고 할 때 귀라는 개념 속에는 이미 듣는다는 작용이 전제되며, 귀의 작용을 '들음'이라고 이름 붙인 것이므로 '들음'이라는 개념자체에 귀가 전제된다. 귀는 '듣는 것'이며, '듣는 것'이 귀인 것이다. 체는 용을 머금고 있으며 용에는 체가 내재된다. 체와 용은 상함되어 있는 것이다.

이러한 논리를 이일분수설에 적용시킬 수 있다면 기정진이 '이분상리'를 극복하기 위하여 "'리'는 '분'이 없는 존재요, '분'은 기 때문에 한계가 있게 된다."라는 명제를 비판한 이유를 해명할 수

---

157) 『栗谷全書』 卷12 「答安應休(天瑞)」 19~20면: 理有體用固也 一本之理 理之體也 萬殊之理 理之用也

158) 錢穆, 『朱子新學案』 「朱子論體用」 429쪽: 問道之體用 日假如耳便是體 聽便是用 目是體 見是用

있을 것이다. 리의 일성(一性)이 '분'을 용납할 수 없다면 '이일지리'는 '분수지리'와 연결될 매개점을 가질 수 없으므로 초월적으로 분리된다고 기정진은 생각한 것이다.[159] 그러므로 기정진은 "원두 일리는 '분'이 없음을 말한 것이 아니다."라고 하여 일리에 분이 본래적으로 전제되어 있음을 강조한다. 동시에 "이것이 어찌 먼저 분이 없는 '일'이 있고 뒤에 기 때문에 '분'이 생기는 것인가?"라고 하여, 이분수(理分殊)의 원인을 기에 둘 수 없음을 언명하는 것도 같은 이유이다. 기정진은 분수에는 기가 반드시 동반함을 강조하면서도 "'분'이라는 것은 이일 가운데의 세조리이다." "분수가 일찍이 이일에 함용되어 있었다."라고 하여 분수의 근본인(根本因)을 리에 두는 것은 '이일지리'와의 상관성을 확보하려는데 있다. '이일지리'는 리의 일성(一性)에 내재된 '분'[160]을 근거로 '분수지리'와 매개되며, '분수지리'는 분수의 근본인인 이일에 전제된 '분'[原頭一理 非無分之謂也]을 근거로 '이일지리'와 매개된다. 이러한 논리를 근거로 '이일리지'와 '분수지리'의 상함성이 논증될 수 있다. 기정진은 다음과 같이 말한다.

> 리의 근본은 하나이므로 이일을 주로 하지만 만수가 그 가운데에 함용되어 있다. 기에 즉한 즉 기가 이미 나누어지므로 분수를 주로 하지만 이일이 그 사이에 있는 것이다.[161]

---

159) 『蘆沙集』 卷16 「納凉私議」 8~9면: 旣以無分爲一 則無怪其別立一層本然於本然之上 以爲萬物之一原 … 不得不別立一原 則是理外有分也
160) 같은 책, 卷16 「納凉私議」 19면: 無分之一 豈理也哉
161) 같은 책, 卷16 「納凉私議」 17면: 理本一 故理一爲主 而萬殊涵於其中 卽氣則氣已分 故分殊爲主 而理一存乎其間

이일에 만수가 함유(涵有)되어 있으며 '분수'에는 이일이 내재한다는 것이다. 이일과 만수는 상함되어 있으며, 이런 의미에서 '이분일체(理分一體)'이며 '이분원융(理分圓融)'인 것이다.

결론

기정진은 '이일리지'를 '분이 없는 존재'로 파악하고, '분수지리'를 보편적 일리가 기에 제한을 받아 성립되는 것으로 이해할 때 다음 두 가지 문제가 발생하는 것으로 보았다.

첫째, 현상계에서는 다양성과 선악의 결정권을 기가 가짐으로써 리가 기의 지배를 받게 되는 결과를 초래하여 이기관계가 전도된다.

둘째, '일리지리'는 형기를 초월하게 되고 '분수지리'는 형기에 떨어진 뒤에 성립되는 것으로 설명되므로 양자는 상호매개점을 확보하지 못하여 서로 분리된다.

이 문제를 해결하기 위하여는 '이일지리'에 '분수'의 개념을 내포시켜야 하며, '이분수(理分殊)'의 원인을 기 아닌 리에서 찾을 수밖에 없다고 기정진은 생각한다. 이일에 '분'을 내포시킬 수 있다면 '이분수'의 원인을 '이일지리'에 함유된 '분'에다 근거시킬 수 있으므로 위와 같은 문제는 해결될 수 있을 것이다. 하지만 '일리'의 개념에 분수성이 내포된다면 리의 일성(一性), 즉 보편성과 근원성과 전체성이 위협받게 된다는데 기정진의 고민이 있다. 일성은 불가분성을 전제로 하며 보편과 특수는 동시적으로 공존할 수 없기 때문이다.

기정진은 그의 이기론을 바탕으로 '이분수'를 다음과 같이 설명한다. 모든 현상계의 작용은 기이지만 일체의 기의 작용은 리의 주재에 의한 것이다. 현상계는 기에 의한 리의 실현이라고 볼 수 있다면 기의 모든 작용, 심지어는 과불급(過不及)까지도 리의 표현이라고 할 수 있으므로 '이분수'가 설사 기에 의한 리의 제약이라 할지라도 기의 제약이라는 그 작용 자체가 리의 주재에 의한 것이라는 점에서 결국 '이분수'의 근거는 리에 있게 된다는 것이다. 만약 보편적인 일리를 기가 제약하여 '분수지리'로 구성해낸다고 한다면, 기는 리를 떠나 자율적이며 독자적인 영역을 갖게 되므로 리와 기는 분리된다는 것이 기정진의 생각이다.

기의 모든 현상적 작용은 리의 실현이므로 이기는 일체라는 기정진의 이론을 끝까지 관철시킬 때 '이분수'의 궁극적 원인은 리에 둘 수밖에 없다면 불가분성과 보편성을 전제로 한 리의 일성에 분수의 개념을 포섭시켜야 하며, 이 작업에서 발생하는 갈등의 극복을 모색하는 데 기정진의 노력이 집중된다.

기정진은 '이일지리'와 '분수지리'가 대대관계를 갖고 있다는 점을 발판으로 해결점을 찾는다. 앞서 기술하였듯이 대대관계는 하나의 개념이 성립하기 위하여 상대방의 개념을 필연적 전제로써 요구하는 관계라고 정리할 수 있다. 양자가 이러한 관계를 갖는다면 '이일지리'라는 개념 그 자체에 '분수지리'의 개념이 전제되어 있으며, '분수지리'에는 '이일지리'가 전제된다. 즉 '일'을 제거한 '분수', '분수'를 부정한 '일'은 그 개념 자체가 성립할 수 없는 것이다. 따라서 '이분수'는 리의 일성에 이미 전제로써 내포되어 있으며, 이에 동반되는 기는 일리에 전제된 '분수지리'를 실현시키는 것이지, 기가 일원의 리를 제약하여 '분수지리'로 구성해내는 것이 아닌 것이다. 기정진은 이러한 논리로써 첫 번째 문제에 답한다.

기정진의 이와 같은 논리는 두 번째 문제에도 적용될 수 있다. '이일지리'와 '분수지리'가 대대관계를 갖는다면 양자는 상대방을 필연적 전제로써 요구하기 때문에 분리되지 않을 뿐만 아니라 상함한다. 즉 '이일지리'와 '분수지리'의 관계에 있어서 '일'에 전제된 '분수', '분수'에 내재된 '일'을 매개로 양자가 상함되는 것이다. 두 개의 톱니바퀴가 상대방의 톱니를 깊이 머금음으로써 그 톱니를 매개로 하나의 움직임을 이루듯이 '이일지리'와 '분수지리'는 상함한다. 이것이 기정진이 주장하는 '이분상리(理分相離)'·'만일간격(萬一間隔)'의 극복으로서의 '이분원융(理分圓融)'·'만일융통(萬一融通)'의 논리인 것이다.

이일분수설에 대한 기정진의 이와 같은 해석이 객관적 타당성을 보장받을 수 있을 것인가 하는 문제는 쉽사리 단정 지을 수 없으며, 이론 전개에 있어서 논리적으로 무리한 요소가 없는 것은 아니다. 하지만 종래의 이일분수설에 대한 그의 비판은 날카로운 지적이며, 이기론에서 호발설(互發說)을 부정하여 현상계를 이원적으로 설명하는 데에서 오는 문제점을 제거하는 동시에, 기의 모든 작용의 근거를 리에 둠으로써 리와 기의 관계를 바로잡았다. 즉 기정진은 존재론에 있어서는 이이의 이론을 지지했고 가치론에 있어서는 이황의 입장을 따라 양설의 종합을 시도한 것으로 보인다. 이와 같은 기정진의 종합적이며 일원론적 사유체계는 조선조 후기 성리학사의 한 정점이 된다고 할 수 있을 것이다.

노사 기정진의 인성물성론*

— 理分圓融에 기초한 湖洛 兩論의 비판적 지양 —

박 학 래

(군산대학교 교수)

들어가는 말 — 19세기 기호학계와 호락논쟁

18세기 이후 근 2세기에 걸쳐 기호학계의 최대 쟁점은 '호락논쟁(湖洛論諍)'이었다. 이 논쟁은 인성물성동이(人性物性同異), 미발심체유선악(未發心體有善惡), 성범심동이(聖凡心同異), 명덕분수(明德分殊) 등 다양한 성리학적 주제를 포괄하였으며, 사단칠정논쟁(四端七情論爭)과 인심도심변(人心道心論辨) 등 전대(前代)의 여러 성리 논쟁에서 제기된 문제의식을 계승하는 것이었다. 이에 따라 이 논쟁은 변화하는 시대 상황에 부응하는 심화된 의식을 반영하며 논쟁 초기부터 기호 학계의 주요 학자들을 중심으로 논의를 심화하였다. 특히 논쟁 초기의 논쟁 주체들은 주자학에 대한 포괄적

* 이 글은 2018년 12월에 간행된 『동양고전연구』 권74호〔동양고전학회〕에 수록되었다.

인 이해를 이끌며 경화되어 가던 기호학계에 새로운 학술적 분위기를 조성하였으며, 논쟁이 거듭되면서 참여 학자들의 확대는 물론, 지역적 확산이 이루어져 호락논변은 저변화 되는 양상을 띠었다.[1)]

하지만 호락논쟁은 논쟁이 거듭될수록 정치 사회적 입장이 개입되고, 학문적 입장이 당론(黨論)과 연계되면서 부정적인 면모가 부각되기 시작하였다. 그리고 19세기에 접어들어 호락 양론의 계승자에 의해 상대방에 대한 부정과 비난이 두드러지면서 심각한 말폐 현상이 가시화되었다. 이 시기 호락 양론의 계승자들은 대체적으로 선배 학자들의 학문적 주장에 대한 교조적 계승의 면모가 두드러졌으며, 이러한 입장은 상대 학설에 대한 부정과 비난으로 이어져 기호학계 전반에 걸친 시속(時俗)의 평가는 더욱 부정적으로 변모하였다.[2)]

부정적인 분위기가 구체화되는 가운데 기호학계의 다른 일각에서는 이에 대한 반성과 새로운 대안 모색도 제기되었다. 호락 양론의 직접적인 계승자들에 의해 반성적인 분위기가 표출되기도 하였지만, 대체적으로 호락논변에 대한 반성과 대안 모색은 특정

1) 이경구의 연구에 따르면, 『雜著記說類記事索引』에는 호락논쟁의 핵심 주제 중 하나인 '인성물성동이'를 주제로 한 잡저 기사가 18세기 저작물 6편에 실린 반면, 19세기 저작물은 16편, 20세기 저작물은 22편이 각각 실린 것으로 확인된다. 그만큼 호락논쟁은 18세기 후반 이후 학자들에게 폭넓게 전파되고 저변화되었다. 「영조-순조 연간 호락논쟁의 전개」, 『한국학보』 93, 1998, 140쪽 참조.

2) 18세기 후반에 드러난 호락 양론의 비난과 이에 따른 갈등은 권오영, 『조선후기 유림의 사상과 활동』, 돌베개, 2003, 27~94쪽 참조. 19세기 전반기의 호락 갈등은 노관범, 「19세기 후반 호서산림의 위상과 '正學' 운동-淵齋 宋秉璿(1836~1905)을 중심으로」, 『한국사론』 38, 1997 등 참조.

한 사승 관계에 얽매이지 않는 학자들에 의해 주도되었다.[3)]

19세기 초중반 기호학계에서 호락논변에 대한 반성과 주자학의 본령을 회복하고자 하는 의식적인 노력을 기울인 학자로는 화서(華西) 이항로(李恒老, 1792～1868), 노사(蘆沙) 기정진(奇正鎭, 1798～1879), 그리고 연재(淵齋) 송병선(宋秉璿, 1836～1905) 등을 손꼽을 수 있다. 이들은 호락 양론의 직접적인 계승자가 아니었던 만큼 객관적인 입장에서 호락 양론의 논의를 검토하였으며, 이를 통해 호락논변이 초래한 부작용, 이를테면 문호 분립과 갈등 등을 극복하고 시대 문제에 대처할 수 있는 구심점을 확립하고자 하였다.[4)] 이미 가시화된 학파 분립과 이에 따른 문인 집단의 형성이라는 기호학계 지형 변화 속에서 이들은 호락논변의 학문적 본령을 새로운 각도에서 탐구하면서 학문적 대립과 갈등을 지양하고자 하였고, 특히 성리학적 문제의식을 강화하여 시대적 난제를 극복하는 이론적 체계를 구축하고자 하였다.

본고에서 주목하는 기정진은 특정한 사승 관계없이 일찍부터 주목할 만한 학문적 성취를 이루어 호남 및 서부 경남 지역을 중심으로 문인집단을 형성하였으며, 학문 형성 초기부터 호락논변

3) 이 시기 호락논변에 대한 반성과 대안 모색을 제기했던 학자로는 충청도에서 학문적 영향력을 발휘하고 있었던 李趾秀(1779～1842)를 비롯하여 宋達洙(1808～1858) 등을 들 수 있다. 이들은 대체로 호락논변 이전의 기호학파 연원이 되는 栗谷 李珥와 尤庵 宋時烈의 학술을 강조하였다. 노관범, 앞의 논문, 114쪽 참조.

4) 宋秉璿이 추구하였던 '正學'은 호락의 분열을 극복하고 기호학계를 포함한 학계 전반의 구심점을 회복하고자 하는 것이었으며, 李恒老나 그의 제자 金平默이 호락논변 이전의 栗谷 李珥이나 尤庵 宋時烈의 학문을 의도적으로 강조하면서 계승점을 확인하고자 한 것도 호락논변 이전의 체계로 돌아가 분열된 학계의 구심점을 찾으려는 의도라 할 수 있다.

의 여러 주제에 대해 학문적 관심을 기울였다. 그리고 46세 때인 1843년에 이르러 인성물성동이 문제를 중심으로 호락논변에 관한 자신의 입장을 구체화한 「납량사의(納凉私議)」를 저술하였다. 이후에도 그는 지속적으로 문인들과 격의 없는 문답을 통해 호락논변의 여러 주제에 대한 자신의 생각을 체계화하였으며, 1874년[77세]에 이르러 이미 저술하였던 「납량사의」의 몇 개 단락을 수정하는 등 말년까지 지속적으로 호락논변에 천착하였다.[5] 호락논변에 대한 자신의 입장을 구체화한 후에도 30여 년 간 지속적으로 이 논변에 관심을 기울였다는 것은 그만큼 호락논변의 비판적 지양이 그의 학문에서 큰 비중을 차지함을 의미한다고 하겠다.[6]

호락논변, 특히 인성물성동이에 대한 기정진의 입장은 엇갈리는 양론의 주장을 근원에서 해소하고자 하는 것이었다. 「납량사의」를 저술하면서 그는 호락논변의 논쟁 주체들이 성(性)에 대해 논하면서 리(理)와 분(分)의 경계에 어두워 이일(理一)과 분수(分殊)를 오해하였고, 그 결과 성(性)과 명(命)이 횡결(橫決)되어 성을 논하는 것이 찢어졌다고 비판하였다.[7] 이러한 그의 비판의식 저변

---

5) 奇正鎭, 『蘆沙先生文集』 附錄 卷1 「年譜」 〈十一年甲戌(先生七十七歲)〉 30면: 改納凉私議數段.

6) 기정진이 호락논변에 깊은 학문적 관심을 기울였고, 그 결실이 그의 학문 체계에서 적지 않은 비중을 차지하고 있음은 河謙鎭(1870~1946)이 편찬한 『東儒學案』에서도 확인된다. 하겸진은 기정진이 호락논쟁의 직접적인 주체가 아님에도 불구하고 호락논쟁의 논쟁 주체이자 호락의 중심인물인 權尙夏, 金昌協, 李柬, 韓元震 등과 더불어 '湖洛學派'로 분류하여 그 위상을 확인하였다.

7) 『蘆沙先生文集』 附錄 卷1 「年譜」 〈九年癸卯(先生四十六歲)〉 16면: 近世論性者昧於理分, 限理一於離形氣之地, 局分殊於墮形氣之後, 理分間隔而性命橫決, 論性始爲天下裂矣.

에는 기를 위주로 한 학설의 성행을 우려한 인식이 자리 잡고 있었다. 그래서 그는 “성인은 동이(同異)를 말하지 않았는데, 동이를 말하는 것은 후학의 폐단”[8]이라고 지적하며 논란의 불거진 것 자체를 비판적으로 인식하였다.

호락논변의 쟁점, 특히 성론(性論)을 중심으로 호락 양론의 대립을 지양하고자 했던 기정진의 학문적 입장은 그의 문인들에게로 고스란히 이어졌다. 그의 이기론적 입장을 대표하는 저술인 「외필(猥筆)」과 더불어 「납량사의」가 비록 문인들에게 일찍부터 공개되지는 않았지만, 기정진은 호락논변의 주요 쟁점에 대해 지속적으로 문인들과 격의 없는 문답을 주고받으며 학문적 일체감을 쌓았다. 그리고 사망하기 한 해 전인 1879년에 이르러 노사학파의 3대 제자로 평가받는 대곡(大谷) 김석구(金錫龜, 1835~1885), 노백헌(老柏軒) 정재규(鄭載圭, 1843~1911), 일신재(日新齋) 정의림(鄭義林, 1845~1910) 등에게 이 저술들을 열람시켰고, 이들로부터 모두 독실하게 믿겠다고 약속을 받아냈다.[9] 그만큼 기정진과 그의 제자들 사이에는 학문적 일체감이 뚜렷하였다. 이에 따라 기정진의 사후인 20세기 초반에 그의 주요 저작 내용을 둘러싸고 빚어진 기호학계의 학술 논쟁에서 그의 문인들은 스승인 기정진과의 합일된 이기론적 지향과 입장을 기반으로 타 학파의 비판에 대해

8) 같은 책, 卷1 「年譜」 〈九年癸卯(先生四十六歲)〉 17면: 聖人不言同異, 而言同異, 後學之蔽也.

9) 같은 책, 卷1 「年譜」 〈十六年己卯(先生八十二歲)〉 35면: 以納涼私議及猥筆, 示門人金錫龜,鄭載圭,鄭義林. 曰;金鄭同侍, 先生出以示之曰, 曾聞有此錄乎? 對曰聞之矣. 讀了? 先生曰; 於二三子之意何如? 并作而對曰; 願篤信焉.

반비판을 전개하며 기정진의 학문적 입장을 보다 구체화하였다.[10] 특히 전우에게서 제기된 호락논쟁에 대한 비판에 대해 기정진의 주요 문인들은 반비판을 전개하며 그의 학문적 입장을 다시 한 번 천명하였다.[11]

리 중심의 이일분수 체계의 정립

기정진은 호락논변의 여러 쟁점 가운데 인성과 물성의 동이에 집중하여 호락 양론의 대립을 지양하고자 하였다. 그가 性論에 주안점을 두어 호락논변에 대해 자신의 입장과 논지를 전개한 것은 자칫 성론의 분열이 현실 세계에서 도덕적 근거에 대해 의심 내지 부정하는 방향으로 이어질 것을 우려했기 때문이었다.[12] 그래서 그는 호락 양론이 자신의 주장을 근거 짓기 위해 제시한 초형기(超形器)와 인기질(因氣質), 일원(一原)과 이체(異體)의 관점이 갖는 문제점에 주목하여 양론을 비판하고, 이를 극복하기 위해 리 중심의 이일분수(理一分殊)에 대한 이해를 제시하였다. 그가 이

10) 『蘆沙集』 重刊과 관련하여 불거진 蘆沙學說에 대한 연재학파 및 간재학파의 비판과 노사 문인들의 반비판에 대해서는 박학래, 「노사 기정진의 성리설을 둘러싼 기호학계의 논쟁－「외필」을 중심으로」, 『민족문화연구』 48, 2008. 참조.

11) 기정진의 호락논변에 대한 입장을 둘러싼 기호학계의 논쟁은 박학래, 「기정진의 「납량사의」를 둘러싼 기호학계의 논쟁」, 『유교사상연구』 39, 2010. 참조.

12) 『蘆沙先生全集』 卷16 「納凉私議」 6면: 吾懼一是儱侗無物而不足爲一原, 分亦臨時排定而不得爲本分, 同異猶屬第二件事, 其於實體何如也, 此所以諸家論性, 節節推去, 終多難從者也.

일분수에 대해 주목한 것은 근원적 동일성[同]과 현상적 차별성[異]이 리의 체계 내에서 원융(圓融)될 수 있으며, 나아가 세계 구성 및 도덕적 근거를 원리적으로 구조화할 수 있다고 판단했기 때문이었다.

■ 호론 및 낙론의 문제점과 이분원융(理分圓融)의 제시

기정진은 인성과 물성에 대한 자신의 입장을 제기하기에 앞서 호락 양론의 성론(性論)이 가지는 문제점을 '리와 분을 서로 나누는 것'[理分相離]으로 요약하였다. 즉 호론과 낙론의 엇갈리는 주장의 이면에는 이일분수에 대한 잘못된 이해가 개재되어 있으며, 그것이 곧 성론의 분열로 이어졌다는 것이다.

그는 근원적 동일성[同]의 원리인 '리'와 현상적 차별성[異]의 근거인 '분'을 나누게 된 원인을 ① 리를 분이 없는 존재[無分之物]로 여기고, ② 분을 기로 인하여 존재하는 것[因氣而有]이라고 파악했기 때문이라고 지적한다. 이러한 잘못된 이해에 따라 현상 세계의 원리인 이일은 형기(形氣: 현상 세계)와 분리된 곳으로 한정하게 되고, 다양성이 드러나는 현상[分殊]을 현상 세계[形氣]에만 국한하게 되는 잘못을 범한다고 파악한다. '이분상리(理分相離)'는 결국 근원적 동일성의 원리이자 현상 세계의 도덕적 근거인 리[天命]와 다양한 현상 세계의 근거이자 현실에서 도덕 실천의 근거인 분[性]이 유기적인 관련성을 맺지 못하는 결과를 초래한다는 것이 기정진의 진단이다.[13] 다시 말해 성론의 분열은 현실 세계에서 도

13) 같은 책, 卷16「納凉私議」 4~5면:諸家言人物之性, 其歸雖殊, 竊意其所蔽一也. 曷言蔽之一, 蔽在理分相離. 曷言理分相離? 詳諸家之意, 一是皆以理

덕적 근거의 약화 내지 부정으로 이어질 가능성을 내포한다는 것이다. 이러한 진단에 따라 기정진은 '이분상리'의 문제점를 극복하고 지양하는 방향으로 자신의 이론 체계를 구성한다. 다시 말해 기존의 이해와는 다른 방향에서 이일분수를 재해석하고, 이를 통해 '이분상리'를 '이분원융(理分圓融)'의 체계로 구조화하여 '이분상리'에서 초래하는 여러 문제점을 극복하고자 하는 것이다.

기정진 이전의 이일분수에 대한 대체적인 이해는 율곡(栗谷) 이이(李珥, 1536~1584)로부터 비롯된다고 할 수 있다. 이이는 "리는 비록 하나이지만, 이미 기를 타면 기의 청탁수박에 따라 달라지게 된다."고 하여 현상 세계의 근원적 동일성의 원리이자 보편 법칙인 이일(理一)이 유형유위(有形有爲)한 기를 타고 유행할 때 참치부제(參差不齊)한 기의 운동 변화와 편정통색(偏正通塞)한 기의 속성과 결합하여 현상 세계의 다양성이 드러난다는 입장을 제시하였다.[14] 이러한 언급은 현상 세계의 보편성 내지 동일성을 리[이일]에, 다양성을 기에 각각 연계하여 이동기이(理同氣異)의 입장으로 이일분수를 이해할 가능성을 열어둔 것이다. 물론 이이가 체용(體用)의 논리를 적용하여 동일성의 원리를 리의 체(體)에, 개별성의 원리를 리의 용(用)에 각각 연계하여 리를 통해 동이(同異)의 문제를 이해할 수 있는 통로를 제시하기도 하였지만,[15] 대체

爲無分之物, 分爲因氣而有, 限理一於離形氣之地, 局分殊於墮形氣之後. 於是理自理分自分, 而性命橫決矣. 性命橫決而論性, 始爲天下裂矣.

14) 『栗谷全書』 卷10 「答成浩原(壬申)」 2면: 夫理一而已矣, 本無偏正通塞粹駁之異, 而所乘之氣, 升降飛揚, 未嘗止息雜糅參差, 是生萬物, 或正或偏 或通或塞 或淸或濁 或粹或駁焉, 理雖一而旣乘於氣, 則氣分萬殊, 故在天爲天地之理, 在萬物而爲萬物之理, 在吾人而爲吾人之理.

15) 같은 책, 卷12 「答安應休(天瑞)」 19~20면: 理有體用固也, 一本之理, 理之

적으로 기호학계에서는 다양성의 원인을 구체적인 현실에서 운동 변화하는 기와 연관하여 파악하는 방향으로 논의가 전개되었다.

하지만 기정진은 이일분수에 대한 해석을 통해 '이동기이(理同氣異)'의 입장에 대해 리의 주재성을 다시 확인하며 자신의 입장을 분명히 한다. 그는 근세의 여러 학자들이 리동기이를 제시하고 있음을 전제하고, 이 말이 "좋은 말이 아님"을 확인한다. 그리고 리동기이를 수용하면 그 폐가 "기가 리에게서 명령을 듣는 것이 아니라, 리가 도리어 기에 제재를 받는 결과가 된다."고 지적하고, 이러한 논의는 결국 '천명지위성(天命之謂性)'이라는 도덕적 근거로부터 비롯되는 논의 체계가 한낱 헛된 말에 머물 것이라고 비판한다. 차별성의 원인을 기로 한정하면 결국 리는 현실에서 아무런 의미를 갖지 못하고, 구체적인 운동 변화의 주체인 기에 의해 좌우되는 상황이 연출될 수밖에 없다고 본 것이다.[16] 따라서 기정진은 차별성의 근거가 기가 아닌 리에서 찾아야 한다는 입장으로 나가게 되는 것이다.

위와 같이 이일분수에 대한 기존의 이해를 비판한 기정진은 근원적 동일성의 원리로서 리와 현상적 다양성의 근거로서 분을 상함적 관계로 구조화한다. 그에 따르면, '분(分)'[分殊之理]은 '리(理)'[理一之理]의 세조리(細條理)이다. 현실 세계의 다양성을 근거 짓는 분은 근원적 동일성의 원리인 리에 포함되는 관계이기 때문에 리

體也, 萬殊之理, 理之用也.

16) 『蘆沙先生全集』 卷16 「納涼私議」 14~15면: 況理一氣異, 縱然說得, 亦非好語, 何以故? 理旣云萬事本領, 氣是甚樣物事, 乃獨你一我殊背馳去? 玆故理一氣異, 縱然說得, 亦非好語. 近世諸先生坼開理分, 大抵皆你一我殊之論, 其蔽也, 氣無聽命於理, 理反取裁於氣, 天命之謂性, 徒虛語耳.

와 분에는 층절이 용납될 수 없으며, 분은 리의 상대가 될 수 없다.[17] 리 밑에 한층 내려가 분을 이루고, 분 위에 한 걸음 올라가 리가 따로 있는 것이 아니라,[18] 분이 리에 포함되어 있기 때문에 동일성과 다양성의 원리는 리에 통일되어 있다는 것이다. 그래서 리는 다양성의 원리를 포함하고 있는 보편 원리이기 때문에 보편적 일자(一者, 一, 一物)로 규정된다.[19]

리와 분의 상함적 관계에 대해 기정진은 "일이면서 일찍이 분이 없지 아니하고, 다르지만[殊] 일에 해가 되지 않는 것이 바로 리의 자연"[20]이라고 역설한다. 리는 본래 동일성과 차별성의 원리를 모두 포괄하는 것이기 때문에 리에는 차별성[분]이 내함되어 있고, 현실에서 드러나는 차별적 양태는 아무리 다르게 나타난다고 하더라도 리의 보편성 내지 동일성을 부정하는 것이 아니라는 것이다. 이러한 측면에서 그는 "리는 원통(圓通)하기 때문에 만리(萬理)가 곧 일리(一理) 가운데 함용된 것이며, 일리가 곧 만리의 실체이다. 만약 일(一)인데 만(萬)이 빠져있고, 만인데 일을 방해한다면 이것은 죽은 태극이요 산 태극이 아니다"[21]라고 하여 리가 함의하는 내용을 보다 분명하게 제시한다. 나아가 그는 동일성의

17) 같은 책, 卷16「納凉私議」5면:分也者理一中細條理, 理分不容有層節, 分非理之對.

18) 같은 책, 卷16「納凉私議」5면:初非沿理而下, 添一料而方成分, 泝分而上, 超一步而方稱理之謂也.

19) 같은 책, 卷16「納凉私議」5면:理涵萬殊故曰一, 猶言其實一物也.

20) 같은 책, 卷16「納凉私議」14면:一而未嘗無分, 殊而不害於一者, 乃理之自然.

21)『答問類篇』卷2「(論道體第一)·性命一之二」7면:理卽圓通, 故萬理卽一理之所涵, 一理卽萬理之實體. 若一而闕萬, 萬而妨一則死太極, 非活太極.

원리로서 일과 차별성의 근거로서 만의 관계에 대해 "일(一)은 만(萬)의 총화(總化)이고, 만은 일의 내실(內實)이다. 만을 제외하고 일을 말하고, 일을 제외하고 만을 말하는 것은 모두 리를 알지 못하는 것이다. 그 비고 빠짐이 없음을 말하면 이른바 만리삼연(萬理森然)이고, 그 처음에 봉합(縫合)이 없음을 말하면 이른바 일리혼연(一理渾然)이니, 그 실은 두 가지 일이 아니다"22)라고 하여 일과 만, 리와 분이 원융되어 있음을 거듭 강조한다.

이러한 입장에서 기정진은 리와 분의 관계를 다음과 같이 정리한다. 그리고 이를 기반으로 인성물성동이에 대한 전체적인 입장을 제시한다.

> 나의 설은 '이분원융(理分圓融)'이다. 이것은 이른바 '체용일원(體用一原)'·'현미무간(顯微無間)'이니, 같은 것 가운데 다름이 있고, 다른 것 가운데 같음이 있어서 같음과 다름은 더 이상 논의를 할 필요가 없다.23)

기정진의 입장에 따르면, 리와 분은 원융되어 있기 때문에 근원적 동일성 및 보편성[리], 현상적 다양성과 차별성[분]은 리에 통일되어 있다. 따라서 같음과 다름[同異]의 문제는 원리적으로 근원에서부터 해소되었다고 보는 것이 그의 생각이다. 리는 분을 내함하고 있기 때문에 현상적으로 드러나는 다양성은 근원적 동

---

22) 같은 책, 卷1 「論道體第一·總論一之一」 14면: 一者 萬之總也, 萬者 一之實也. 外萬而言一, 外一而言萬, 皆不知理者也. 言其無所空闕, 則謂之萬理森然, 言其初無縫合, 則謂之一理渾然, 其實非有兩事也.

23) 『蘆沙先生全集』 卷16 「納凉私議」 14면.

일성으로 수렴되고, 현실에서 드러나는 다양성은 근원적 동일성을 전제하고 있기 때문에 현상에서 드러나는 다양성은 실제로 다른 것이 아니다. 이일분수는 기본적으로 만유일체론(萬有一體論)의 입장에 서있는 것이고, 결국 개체를 전체 속에 포괄한다는 점에서 기정진은 "다르면서 같음이 바로 진정한 같음"이라고 하여 다양성을 이일에 통일시키고자 하는 의도를 '이분원융'을 통해 은연중에 제시하였다.

■ 이일과 분수의 상수(相須) 및 분(分)의 본연성 강조

기정진은 리 중심의 이기론적 입장을 천명하면서 기에 대한 리의 철저한 주재를 강조하였고, 리의 주재가 관철되는 곳은 바로 리와 기가 일체를 이루는 현상임을 역설하였다. 이러한 입장의 연장선상에서 기정진은 동일성과 차별성이 통일된 원리인 이일의 현실적 소재처가 현실 세계임을 재차 확인하였던 것이다. 그래서 그는 "천하에 기를 떠나 독립된 리는 없으니, 분수 이외에 어찌 일찍이 별달리 이른바 이일이라는 것이 있겠는가?"라고 하여 분수, 즉 구체적인 현상 세계가 이일의 소재처임을 강조하였다.[24] 이러한 입장은 「외필」 등 여러 저작에서 일관되게 드러나는 기정진의 이기론적 전제와 밀접하게 관련된 것이라 할 수 있다.

리의 현실적 소재처가 구체적 현상임을 확인한 기정진은 이일과 분수를 상수(相須) 관계로 정초하여 원리[理一]와 현상의 일체화를 구조화하고자 하였다. 그는 먼저 이일의 상대가 분수임을

24) 같은 책, 卷16 「納涼私議」 6면: 天下無離氣獨立之理, 分殊之外, 曷嘗別有所謂理一者也? 須知秖此分殊便是理一處.

확인한다. 즉 같고 다름의 통일 원리로서 이일의 상대는 그것이 구체적으로 소재하는 현상, 즉 분수라는 것이다. 그리하여 그는 "〈이일분수라는〉 하나의 글귀와 〈이일과 분수라는〉 두 가지 말은 서로 기다려서 뜻을 이루는 것이므로 〈이일과 분수 가운데〉 하나도 제거할 수 없다"라고 전제하고, 이일을 말할 때 벌써 분이 함유됨을 알아야 하고, 분수를 말할 때 이미 일이 자재해 있음을 보아야 한다고 강조한다.[25] 리와 분의 상함적 구조화와 더불어 현상 세계는 원리[理一]와 현상[分殊]이 통일되어 있다는 것이다. 즉 이일과 분수의 상수관계를 통해 리와 분의 통일된 원리는 구체적인 현상 세계에 실재하고 있음을 확인하고자 하는 것이다.

상수 관계에 놓인 이일과 분수는 결국 원리와 현상의 일체화를 의미하는 것이고, 따라서 이일의 실재성은 자연스럽게 확보된다는 것이 기정진의 생각이다. 이러한 맥락에서 기정진은 학자들이 평생 동안 박문약례(博文約禮)하는 것은 모두 분수상의 공부일 뿐이고, 이일처에서 이르러서 '일이관지(一以貫之)'라는 한 구절이면 충분하다고 강조한다.[26] 즉 이일의 소재처는 분수일 뿐이기 때문에 구체적인 현상 세계인 분수에서 같고 다름의 통일 원리인 이일을 확인해야 한다는 것이다.

기정진은 이러한 세계 구성의 체계와 의미를 말로 온전히 설명하기 어렵다고 이해하였다. 그에 따르면, 뜻은 원만하지만 말은 막히고, 뜻은 넓지만 말은 협착(狹窄)되어 한 구절을 가지고 두 내

25) 같은 책, 卷16「納凉私議」5면: 一句兩語相須爲義, 除一箇不得, 故說理一時, 可知分之已涵, 說分殊時, 已見一之自在.

26) 같은 책, 卷16「納凉私議」7면: 是以學者平生博文約禮, 皆是分殊上工夫, 而至於理一處, 一以貫之一句已是多.

용을 온전히 설명할 수 없다. 그리하여 부득불 이일과 분수, 리와 기, 천명(天命)과 품수(稟受), 일원(一原)과 이체(異體) 등으로 쌍관(雙關)하여 설명하게 되었다고 보았다. 한 가지 말로 설명할 수 없는 세계 구성의 체계와 의미를 후세의 현인들은 두 개념을 쌍관하여 세계 구성의 근원과 내력을 알게 하고 구체적인 현상 세계에서 본체가 생동함을 이해할 수 있게 하였다는 것이다.[27] 그런데 후학들은 말에만 얽매어 본지(本旨)를 미혹시키고 말았다는 게 기정진의 판단이다.[28] 즉 원리와 현상이 일체화되어 있는 현실 세계를 설명할 때에는 이일과 분수가 상수관계에 놓여 있음에 유의하여야 함에도 불구하고 이를 분리시켜 이해하였다는 것이다. 그 결과 원리와 현상이 분리됨은 물론이거니와 아래와 같은 폐단을 낳았다고 비판한다.

> 리는 머리와 다리가 없어 하나의 사물에 착락하지 못하고 명막한 사이에 매달려 있다가, 중도에 유력자에 의하여 구사되어 갑자기 만수를 성출하게 된다고 여기면 또한 잘못이 아닌가?[29]

이일과 분수, 천명과 품수, 일원과 이체 등을 쌍관하여 이해하지 않으면 리의 현실적 실재는 부정될 수 있으며, 현상 세계에서

27) 같은 책, 卷16 「納凉私議」 8면: 且意圓而語滯, 意闊而語窄, 勢不可以當句, 竭盡兩端, 乃取理一分殊, 常常雙關說去, 或以理氣分雙關, 或以天命稟受分雙關, 或以一原異體分雙關, 每同一邊, 屬之上一段, 異一邊, 屬之下一段. 蓋上一段, 乃夫子太極一貫之旨也, 下一段, 卽夫子形而上下之說也. 夫子之所兩處言之者, 後賢一時并擧, 蓋欲學者識其原委彼此相形, 去去來來, 本體躍如也.

28) 같은 책, 卷16 「納凉私議」 8면: 後學乃反包羅不周, 執言迷旨.

29) 같은 책, 卷16 「納凉私議」 8면.

드러나는 다양성의 원인이 리가 아닌 기에 의해 드러나고, 또 현실적 다양성은 우연에 불과한 것으로 이해될 수 있음을 지적하고 있다. 즉 현실 세계의 다양성은 리에 내재된 분의 현실화가 아니라 기에 의한 것으로 이해되어 리동기이의 입장에 설 수 밖에 없다는 것이다. 하지만 앞서 지적한 바와 같이 기정진은 동일성과 다양성은 모두 리에 통일된 것이고, 기는 리의 주재 하에 놓인 것으로 규정하였다. 이에 따라 기정진은 분의 원인이 기가 아닌 리에 있음을 확인하는 동시에, 분의 본연성을 확인하는 방향으로 논의를 전개한다.

그는 분이 없는 일이 먼저 존재하고, 뒤에 기의 나뉨이 생겨서 리는 스스로 리이고, 분이 스스로 분이 되는 여러 학자들의 주장을 비판하고,[30] 현상 세계의 다양성의 근거인 분은 "임시로 배정한 것이 아니라 본연"[31]이라고 강조한다. 그리고 태극으로서의 리가 가지는 특성을 제시하여 분의 본연성을 더욱 강화한다.[32] 나아가 기정진은 이일분수가 "기로써 분을 이야기한 것이 아닌가?"라는 문제제기에 대해 분의 의미를 분명히 하여 자신의 입장을 관철하고자 한다.

그는 분을 한정의 의미로 규정하고, 보편적 일자로서 리와 구별한다.[33] 리와 구별한다는 것은 리의 영역에서 분을 배제하는

---

30) 같은 책, 卷16「納涼私議」7면: 是豈先有無分之一, 後生因氣之分, 理自理分自分, 如諸家之意耶?

31) 같은 책, 卷16「納涼私議」7면: 是分也, 非臨時排定, 是本然.

32)『答問類編』卷1「論道體第一·總論一之一」2~3면: 太極之理, 似圓通而實方嚴, 如此者必如此而不爲彼, 如彼者必如彼彼而不爲此, 故流行宣著於事物之間者, 截然各有一定之分, 加不得, 減不得, 過不可, 不及不可, 學者 明此也, 道者行此也.

것이 아니라 리에 내함된 지극히 작은 리라는 의미임을 확인하는 것일 뿐이다. 그가 주목하는 것은 분을 기와 연관하여 이해하는 입장이다. 그는 분을 기와 연관지어 이해하는 것은 분이 구체적으로 드러나는 곳이 현실 세계, 즉 기의 영역이라는 것이지, 분의 원인이 곧 기라는 것은 아니라고 주장한다. 즉 다양성의 근거인 분의 현실적 소재처가 기일 뿐이라는 것이다.

이러한 구도에서 그는 기에 의해 드러나는 현실적 다양성도 그 근거는 리임을 전제하고, "선유(先儒) 가운데 이일변(理一邊)을 주장한 자가 사람과 사물의 구분이 오로지 기에 있다고 말하였는데(여러 공들의 말이 모두 그러하다), 무릇 기를 말하면서 리를 주로 하지 않으면, 말한바 정통편색(正通偏塞)이란 것이 모두 하나의 빈껍데기에 불과하니, 어찌 족히 사람과 사물의 귀천이 되겠는가?"[34] 라고 하여 리에 내재된 분이 현실적 다양성의 근거임을 분명히 하였다.

호락 양론에 대한 비판적 지양

앞서 살펴본 바와 같이 기정진은 이분원융을 기초로 이일과 분

33) 『蘆沙先生全集』 卷16 「納涼私議」 15면: 分之爲言, 理實而名虛, 秖是各有定限, 不相踰越之謂, 本非理之名, 亦非氣之稱也. 自其涵於一者而言之, 則固至微之理, 自其定於各者而言之, 則必須氣爲之地盤, 故朱子謂氣爲分處亦有之.

34) 같은 책, 卷16 「納涼私議」 19면: 然則所言乎氣者, 乃所指則在乎理之偏全也. 先儒之主理一邊者, 乃謂人物之辨專在於氣.(諸公之論皆然) 夫言氣而不以理爲主, 則所言正通偏塞者, 皆不過一箇空殼, 何足以爲人物之貴賤乎?

수의 상수 관계에 주목하여 리 중심의 이일분수 체계를 구축하였다. 그가 제시한 리 중심의 이론 체계는 호락 양론의 성론이 야기할 수 있는 여러 문제점을 극복하고, 근원적인 보편적 도덕 법칙으로서의 리에 동일성과 차별성을 통일시키고, 그것의 현실적 실재를 확인하는 것이었다. 이러한 목표 아래에 이분원융 및 이일과 분수의 상수성을 담보하는 이론 체계를 구축하였으며, 분의 본연성을 강조하여 기를 배제한 리 중심의 이일분수 체계를 정립하였다. 도덕 실천의 근거이자 세계 구성의 원리인 리가 분수인 현실의 세계에 자재함을 확인하는 동시에 분을 포함한 리가 현실 세계에 드러나는 구조에서 기를 배제함으로써 도덕 실천의 근거로서 리의 순수성을 확인하였다. 이것은 호락 양론을 통해 드러난 성론의 분열을 근원에서부터 해소하고, 동과 이를 리의 체계 내에서 포괄하는 것이라 할 수 있다.

■ 호론 비판과 오상론(五常論)의 제시

호론이나 낙론은 인성과 물성의 같고 다름 중 하나를 선택하는 것이 아니라 같고 다름은 각각의 관점에 따라 성립하고, 그 가운데에서 무엇을 위주로 하여 인성과 물성을 파악할 것인가에 따라 입장이 구분된다. 호론의 성론, 즉 인성물성이론(人性物性異論)을 주도한 남당(南塘) 한원진(韓元震, 1682～1751)은 초형기(超形器)와 인기질(因氣質), 그리고 잡기질(雜氣質)로 구분되는 성삼품설(性三品說)을 제시하고, 이 가운데에서 인기질의 관점을 주로 하여 인성과 물성의 다름을 주장하였다. 이때 그가 제기한 초형기는 기를 제외하고 리만을 가리키는 것으로, 이에 따르면 인성과 물성이 같다는 입장에 놓이게 된다. 인기질은 각각의 기질을 고려하여 그 심의 리를 가리키는 것이며, 잡기질은 리와 기를 혼잡하여 말하는 것으로, 이 입장에 따르면 인성과 물성의 다름뿐만 아니라 인성 사이와 물성 사이에도 다름이 주장될 수밖에 없다.[35]

기정진은 호론의 성론에 대해 그가 호락논변의 핵심적 원인으로 지적한 '이분상리'에 유의하여 다음과 같이 이해한다. 그가 주목한 것은 한원진이 인성물성이론을 주장하면서 제기한 '성상품설'이었다.

> 대개 이미 분이 없는 것으로 일(一)을 삼는다면 별도로 한 층의 본연을 본연의 위에 세워 만물의 일원으로 삼은 것도 괴의할 것이 없고, [남당 한원진은 형기를 범하지 않고 단지 그 리만을 지적하여 제1층의 본연으로 삼았다] 인의예지(仁義禮智)를 기에 따라 각기 가리키는 성으로 삼아 인간과 사물의 성이 다르다는 이론(異論)이 있게 되는 것도 이상할 것이 없다. [남당 한원진이 말하기를 '천명은 형기를 초월하여 말한 것이고, 오상은 기품에 근거하여 말한 것'이라 하였다.][36]

기정진은 호론이 기본적으로 '이분상리'의 문제를 안고 있다고 진단하고 있다. 이미 현실 세계에 동일성과 차별성의 통일 원리로서 리가 자재하고 있음에도 불구하고, 다양성을 배제한 리를 다시 상정하는 것이 문제라고 파악하고 있다. 아울러 현실 세계에 자재한 다양한 도덕 원리는 근원적인 도덕법칙인 리에 포함되어 있을 뿐만 아니라 리의 필연적 자기 전개임에도 불구하고, 오

35) 韓元震, 『南塘先生文集』 卷7 「上師門(戊子八月)」 2면 참조.
36) 『蘆沙先生全集』 卷16 「納凉私議」 8면.

상이 기에 따라 드러나는 것으로 이해하고 있다고 비판한다. 다양성의 근거가 리에 자재된 분임에도 불구하고 기에 따라 드러나는 것으로 오해하고 있다는 것이다. 그래서 그는 호론의 문제점을 ① 본연 위에 또 본연을 세우고[超形器의 설정], ② 오상을 기에 따라 가리키는[五常因氣] 성으로 파악하는 두 가지 문제점이 호론의 폐단이라 지적한 것이다.

기본적으로 기정진은 호론의 주장, 즉 '인성과 물성이 다르다'는 것을 부정하지 않는다. 그러나 그가 호론에서 문제 삼는 것은 현실 세계의 도덕 원리인 오상이 기와 연관되어 있다고 보는 것이었다.

> 〈나와 호론이〉 다른 것은 바로 오상(五常)이 대기(帶氣)라고 한 것이니, 대본(大本)이 밝지 못한 바가 있으므로 부득불 달리 일원(一原)을 세우지 않을 수 없으니, 이렇게 되면 이것은 리 밖에 분이 있게 되는 것이다. 그리하여 드디어 다른 것을 주로 삼고 같은 것을 폐해버리니, '성은 곧 리[性卽理]'라는 한 구절은 허망한 말이 되고 만다.37)

인성물성이론을 주장하는 호론은 인기질의 관점에서 현실 세계의 도덕 원리인 오상은 기에 따라 각각 가리키는 성이라고 규정한다. 기정진은 이러한 호론의 입장을 순선한 도덕적 원리이자 리에 내재된 다양한 도덕 근거인 오상이 기에 의해 좌우되는 것으로 파악하였다. 그리고 기와 연계된 오상은 도덕적 근원으로서의 의미가 퇴색될 수밖에 없고, 이에 따라 호론은 초형기의 관점

---

37) 같은 책, 卷16「納凉私議」 8~9면.

을 설정하여 도덕적 근거를 보다 명확히 하고자 하였다고 이해한다. 오상이 기에 따른 것이라는 이해는 초형기의 설정으로 이어지고, 이것은 현실 세계와 분리된 도덕적 근거를 세우는 것으로 구체화되기 때문에 결국 호론의 주장은 리와 분, 즉 리와 성이 서로 나뉘어져 '성즉리'가 부인되는 결과를 수반한다는 것이 기정진의 비판이다.

기정진은 앞서 호론의 문제점으로 지적한 두 가지 중 하나인 초형기의 설정은 그것 자체로도 문제이지만,[38] 또 다른 문제점으로 지적한 '오상을 기에 따라 가리키는 성'에 따라 부수된 문제로 파악하고 있다. 따라서 기정진의 입장에 따르면, 호론의 핵심적인 문제는 그들의 오상론으로 귀결되는 셈이다. 그리하여 기정진은 '오상이 기에 따라 가리키는 성'이라는 호론의 주장을 지양하는 관점에서 자신의 오상론을 제기한다.

그는 우선 오상이 리의 측면에서 이해되어야 함을 역설한다. 오상은 기와 달리 형상(形象)도 성취(聲臭)도 없는 존재이다. 그리고 그것의 존재는 용(用)의 측면에서 미루어 알 수 있다.[39] 즉 귀와 눈으로 듣고 보는 것이 미치지 않지만, 없는 것이 아니라는 것이 기정진의 생각이다.[40] 이러한 전제 하에서 그는 오상을 태극과 연계하여 설명한다. 그에 따르면, 태극은 구체적으로 오상의

38) 기정진은 초형기의 설정을 태극도설의 변증을 통해 비판하였으며, 이기불상리의 관점에서도 그 문제점을 지적하였다. 박학래, 『기정진, 한말 성리학의 거유』, 성균관대 출판부, 2008, 120~121쪽 참조.

39) 『蘆沙先生全集』 卷16 「納涼私議」 11면: 五常之在人 亦何嘗有形象聲臭 不過因用而推之耳.

40) 같은 책, 卷16 「納涼私議」 11면: 言其非耳目見聞之所及 非謂眞無也 耳目之所不及 可會之以心.

리이고, 현실에 자재한 것이다. 그런데 오상을 기로 인하여 성이 된다고 하는 것은 태극을 기에 따라 좌우되는 것으로 보는 것과 다르지 않다는 것이 기정진의 생각이다.[41] 태극으로서 오상은 본연하고, 본연하다는 것은 일시적인 것이 아니라 본래 그러한 것을 의미한다. 만약 기로 인해 오상이 성이 된다는 것을 수용하면 결국 천명으로서 도덕적 원리를 부정하는 방향으로 이어질 수밖에 없다는 것이 호론에 대한 기정진의 진단이다.

호론에 대한 비판으로서 오상의 본연성을 강조하는 것은 결국 앞서 설명한 분의 본연성을 재차 확인하는 것이라 할 수 있다. 기정진은 분의 원인을 기를 중심으로 이해하여 인성과 물성의 다름을 주장하는 호론의 본질적인 문제점은 초형기의 설정이라기보다는 그들의 주장이 근거하는 인기질, 즉 오상론에 있다고 보고, 현상 세계의 차별성의 근거가 리에 자재한 분으로 파악함으로써 오상에 대한 자신의 입장을 구체화하였다.

■ 낙론 비판과 편전지성의 본연성 강화

기정진은 낙론에 대해서도 호론과 마찬가지로 '이분상리'를 중심으로 비판을 전개한다. 이일과 분수를 쌍관하여 세계와 도덕의

---

41) 같은 책, 卷16「納凉私議」11면: 太極之本然, 無聲臭之妙, 深探而究言之, 則不過五常之理也. 太極是五常之理, 而五常反爲因氣之性可乎? 本然云者, 對今始然之辭, 五常之德, 匪今斯今, 本來已然, 故謂之本然. 若先有無分之一, 後生因氣之分, 則乃本不然而今然者也. 猶復以五常爲本然者何也? 天命爲本然, 而五常爲氣質(遂菴曰云云 南塘曰 此與元震三層之說同), 亦一串貫來說不去處, 天之所以命人物, 五常之外無佗焉. 五常被氣質所占, 則天命乃虛殼子也, 雖加以本然之美稱, 畢竟果是何物乎?

원리를 설명할 수밖에 없음을 인정한 만큼 기정진은 일원(一原)과 이체(異體)를 쌍관하고, 이러한 바탕 위에서 인성과 물성의 같음을 주장한 낙론에 대해 상대적으로 호론에 비해 비판의 강도를 낮추어 논의를 전개한다. 하지만 낙론도 그의 이분원융 체계에서 어느 정도 벗어나 있었던 만큼 비판에서 자유롭지 못하였다.

기정진이 낙론의 성론에서 비판의 대상으로 삼았던 것은 호론과 마찬가지로 오상과 관련한 내용이었다. 현실적 다양성의 원인을 기와 연관지어 해명하는 것이 문제라고 파악한 것이다.

> 이미 분을 가지고 기로 인하여 있는 것이라고 하였으니, 그 인간과 사물이 오상(五常)을 한 가지로 타고난 것을 가지고 본연의 성을 삼고, 편전의 성은 본연이 아니라고 하여, 인간과 사물의 성이 같다는 의논이 있게 된 것도 괴이할 것이 없다.[42]

기정진은 낙론도 분을 기로 인하여 있는 것으로 이해한다고 진단하고 있다. 다만 일원의 관점에서 인간과 사물이 오상을 갖추고 있고, 이것은 본연의 성으로 하고 있다는 점에 대해서는 별다른 문제제기를 하지 않는다. 이러한 태도는 낙론이 호론과 달리 오상을 본연지성으로 파악하여 초형기를 설정하지 않았기 때문이라고 할 수 있다.[43] 하지만 기정진은 낙론이 이체의 관점을 통해

42) 같은 책, 卷16「納凉私議」 8면.

43) 기정진은 "乙邊[낙론]은 오상을 한 가지로 하여 본연이라 말하는 데, 이것은 확실히 일원에 부착한 것이어서 甲邊[호론]에서 오상을 초월하여 일원을 공허한 자리에 세우는 것과 비교되지 않는다. 그러므로 끝에 가서 층절의 분잡한 모양이 갑변처럼 심한 것에 이르지는 않았다."고 평가하였다. 『蘆沙先生全集』 卷16「納凉私議」 11면 참조.

현실 세계에서 다양성을 근거 짓는 편전의 성을 본연이 아니라고 보는 점은 문제라고 파악한다. 그래서 그는 "'성이 같다[性同]'고 하는 것을 내가 그렇지 않다고 말하는 것은 아니다."고 전제하여 낙론의 주장에 대해 수용적 입장을 취하면서, "편전(偏全)의 성을 본연의 성이 아닌 것으로 삼으면 바로 이것은 분 밖에 리가 있는 것이 되어서, 마침내 같은 것을 주로 삼아 다른 것을 폐해버리게 되니, 성이 체(體)만 있고 용(用)이 없는 불필요한 물건[長物]이 되고 만다."고 비판한다. 즉 현상에서 드러나는 다양성의 원리를 본연의 성으로 수용하지 않고, 다만 기에 따른 것으로 규정하면,[44] 현실상 세계에서 다양성의 근거인 분과 근원적 동일성의 원리인 리는 나뉘게 되고, 결국 동일성 원리만 본연으로 규정하게 되어 다양성은 기에 의한 것, 즉 리는 아무런 역할을 못하는 것으로 귀결될 수밖에 없다는 것이 기정진의 진단이다.

이러한 진단 하에 기정진은 낙론에 대해 편전의 성이 본연임을 강조하는 방향에서 그 대안적 모색을 진행한다. 즉 편전의 성을 비본연이라고 할 때 불거지는 문제점을 적시하여, 편전의 성을 본연으로 규정해야 함을 역설하는 것이다. 그는 "편전은 본연이 아니라고 하는 말로 보면, 도리어 오상을 한가지로 한다는 '同'자는 이미 스스로 병통을 띠고 있다."[45]고 전제하고, 그 이유에 대해 다음과 같이 제시한다.

---

44) 기정진은 낙론을 명시하지는 않았지만, 리를 중시하는 선배학자들도 현상 세계의 차별성은 기라고 한다고 지적하고, 현상 세계의 다양성과 차별성의 근거는 리임을 강조하였다. 각주 34) 참조.

45) 『蘆沙先生全集』 卷16 「納涼私議」 11~12면: 但以偏全非本然之說觀之, 却恐同五常之同字 已自帶病了.

> 오상이 물에 따라 편전하는 것은 바로 이 리의 본분이니, 어찌 같을 수 있겠는가? 편전이 같지 않은데도 오히려 같다고 하는 것은, 비유하건대 그릇이나 칼이 다 같이 동철(銅鐵)이 되는 점에 있어서 같은 것이고, 그릇과 칼의 구별이 없이 혼동하여 같다고 말한 것은 아니다. 편전의 성은 본연이 아니라고 하는 것은 그릇이나 칼을 떠나서 동철을 구하는 말이다.[46)]

기정진은 오상을 현실에서 편전(偏全)하지만 '같다'고 이르는 것은, 비유하면 그릇과 칼이 동철로 되어 있다는 점에서 '같다'는 의미이지 그릇과 칼을 고려하지도 않고 '무조건 같다'고 하는 의미는 아니라고 비유적으로 설명하고 있다. 오상이 편전하더라도 인과 물이 오상의 어느 한 부분이라도 가지고 있기 때문에 인과 물은 같다는 것이지 인과 물을 고려하지 않고 같다고 하는 것은 아니라는 것이다. 이런 맥락에서 편전의 성을 비본연이라고 하면 인과 물의 구분을 하지 않고 그저 같다고 하는 것에 불과하다는 것이 기정진의 생각이다. 즉 편전의 성을 본연이 아니라고 하는 것은 분[다양성]을 고려하지 않고 리[동일성]만을 주장하는 것, 즉 편전하고 있는 오상의 양태를 고려하지 않고 다만 오상이 있다고만 하는 것에 다름 아니라는 것이다.

이러한 측면에서 기정진은 "'편전은 형이하의 것'이고, '편전의 성은 형이상의 것'인데, 형이상의 것을 본연으로 삼을 수 없다고 한다면, 朱子가 말한 형이상의 도는 다만 기질 한 쪽만을 말한 것이라고 하겠는가?"라고 반문하고, "하나의 성이지만, 그 분이 일

46) 같은 책, 卷16「納凉私議」12면.

에 해가 되지 않는 것에서 오상을 한 가지로 한다고 말하는 것은 옳으며, 그 일이 분에서 벗어나지 않는다는 것에서 편전의 성이라고 하는 것도 또한 옳다."[47]고 주장하여 리와 분의 상함성에 따라 편전지성은 형이상으로써 본연임을 주장하였다.

기정진은 편전지성의 본연성을 강조하는 이유에 대해 "그것은 바로 천하에 어떠한 한 물건도 능히 그 본연의 성을 성으로 삼을 수 없게 되어, 본연의 성은 영원히 공중에 뜬 허망한 지위가 되고 말 것이니, 장차 어찌 저 성을 어디에 쓰겠는가?"[48]라고 설명하고, 분이 없는 것을 일로 삼으면 그 폐단이 여기에 이른다고 지적하였다. 다시 말해 편전지성을 비본연이라고 하는 것도 이분상리의 폐단에 다름 아니라고 보는 것이다.[49]

기정진은 편전을 선일변으로 규정하여 편전지성의 본연성을 강조한다. 편전은 선일변이고, 선일변이란 구멍에 대소가 있어도 달빛은 동일하고, 주발에 방원이 있어도 물의 성질이 동일한 것과 같음을 의미한다는 것이다, 기정진의 이러한 편전에 대한 이해는 현실적인 차별이 드러난다고 하더라도 근원적 동일성은 방해받지 않는다는 의미이다. 따라서 그는 편전과 기질은 구분됨을 아래와

---

47) 같은 책, 卷16「納涼私議」12면: 偏全, 形而下者, 偏全之性, 形而上者. 形而上者, 不得爲本然, 則夫子所言形上之道, 秪說得氣質一邊也. 故一箇性也, 自其分之不害於一, 而謂之同五常可也. 自其一之不外於分, 而謂之偏全之性亦可也.

48) 같은 책, 卷16「納涼私議」12면: 則天下無一物能性其本然之性者, 而本然之性, 永爲懸空之虛位, 卽將安用彼性矣.

49) 같은 책, 卷16「納涼私議」12~13면: 蓋以無分爲一, 其弊必至於此, 其以各正之性, 爲落分殊犯形器, 不足以爲一原, 與甲邊之議, 恐無異同, 玆又難從者也. 總而言之, 豈非理分相離之弊耶?

같이 제시한다.

> 기질은 선악을 겸하여 말한 것이다. 선악을 겸한다는 것은 진흙물이 탁하고 맑은 것이 백층이나 되고 격창(隔窓)의 달이 명암이 다반(多般)한 것과도 같은 것이다. 그러니 편전을 기질이라 하면, 어찌 편전을 낮추어 빠뜨리는 것이 아니겠는가? 기질지성을 군자는 성[본성]이 아니라고 했지만, 사람과 사물의 편전의 성도 군자가 역시 성[본성]이 아니라고 하겠는가?[50)]

선일변인 편전과 달리, 기질은 선악을 겸하여 말한 것이라고 규정한다. 즉 편전은 리로서의 분이 드러난 양상이고, 기질의 기의 참치부제한 모습이어서 일종의 병리현상을 포함한 것으로 파악한 것이라 할 수 있다. 기질과 편전은 구분될 수밖에 없고, 따라서 군자가 성으로 삼지 않는 기질지성과 달리 편전의 성은 군자가 성으로 삼을 수 있는, 즉 본연의 성이라고 보는 것이다.

위와 같이 낙론에 대한 기정진의 비판은 구체적인 현실에서 드러나는 다양성에 대한 본연성의 강조로 귀결된다고 할 수 있다. 현실 세계에 자재하는 근원적 동일성뿐만 아니라 구체적 다양성도 본연임을 강조하여 현실 세계에서의 같음과 함께 다름도 리의 영역으로 끌어들여 리 중심의 세계 구성 체계를 구축하고자 하였던 것이다.

---

50) 같은 책, 卷16「納凉私議」13면.

맺음말—기정진의 인성물성론의 의미와 한계

이분원융에 기초하여 호락 양론의 성론을 비판적으로 지양한 기정진은 "리와 분이 일체되는 곳에 착안하지 못해서 리와 기가 서로 싫어하고, 같음과 다름이 서로 빼앗아, 다름을 말하면 오상(五常)을 혼자서만 차지하려 하고, 같음을 말하면 이에 편전을 낮추어보는 데 이르고 말아, 처음에는 차이가 조금 나던 것이 나중에는 천리나 어긋나게 된 것"이라고 호락 양론을 종합적으로 비판 정리하였다. 그리고 자신의 입장이 도덕 실천의 근본적 원리가 현실적으로 실재하고 있음을 확인하는 것임을 드러내면서 이일과 분수의 균형적 이해를 강조하였다. 그리하여 그는 "挑出하면 리는 본래 하나이기 때문에 이일이 주가 되어 만수를 그 가운데에 포함하게 되고, 기에 나아가면 기가 이미 나누어진 것이므로 분수가 주가 되고 이일이 그 사이에 있게 된다. 이로부터 말이 두 가지로 달라진 것이니, 어찌 성(性)에 층절이 많아서 그렇겠는가?"[51]고 하여 이일과 분수에 대한 균형적 이해와 동일성과 다양성이 통일된 리의 현실적 실재를 거듭 확인하였다.[52]

나아가 그는 성론에 대한 논의의 연장선상에서 심에 대해서도 같음과 다름을 원융하고자 하였다. "심이 비록 기가 나누어진 것

51) 같은 책, 卷16「納涼私議」17면:挑出則理本一, 故理一爲主而萬殊涵於其中, 卽氣則氣已分, 故分殊爲主而理一存乎其間, 自是話有兩般, 何曾性有多層?

52) 그는 호론과 낙론이 各指, 單指를 통해 이일과 분수를 나누었지만, 각지와 단지에도 리는 언제나 존재한다고 지적하여 리의 실재를 거듭 확인하기도 하였다.『蘆沙先生全集』卷16「納涼私議」14면:賴各指單指一話頭, 厘得排定其層節, 各指單指, 非無此理.

[氣分事]이지만, 이에 갖추고 있는 것은 성이다. 심이 성을 갖추고 있으니, 나의 심과 성인의 심이 같다. 심이 성을 다하지 못하면[不能盡性], 나의 심과 성인의 심이 서로 다르다. 그 같음이나 그 다름은 모두 그 중한 바가 성에 있다."[53]고 하여 성을 중심으로 한 심의 동이에 대한 이해를 제시하였다. 심은 그 원리적 구성의 측면에서는 동일하지만 그것의 현실적 작용에서는 다름이 나타나며, 그 같고 다름의 중심에는 성이 자재함을 강조하여 도덕 실현의 중심에는 그것의 근거로서 성이 자재함을 다시 한 번 확인하였다.

성론 중심의 호락논변에 대한 기정진의 접근은 기본적으로 세계 구성의 원리적 구조화라는 의미를 가진다고 할 수 있다. 세계는 동일성과 다양성을 포괄하는 도덕 원리로서 리의 체계로 구조화되어 있으며, 이 때 리는 구체적인 현실 세계에 정초되어 있다는 것이 그의 생각이다. 이때 그가 주목한 것이 이일분수이다.

이일분수는 '만유일체'를 근간으로 다양성과 동일성을 포괄하는 논리 체계이다.[54] 만유가 '일체'가 되기 위해서는 우선 동일성의 조건이 필요하고, 아울러 다양성과 일체화의 작용이 필요하다. 이일분수는 바로 이일이라는 동일성과 분수라는 다양성을 근간으로 세계를 구조화하는 이론 체계이다. 따라서 기정진은 호락논쟁

---

53) 『蘆沙先生全集』 卷16 「納凉私議」 19~20면: 論心亦然. 心雖氣分事, 而乃所具則性也, 心具性, 吾之心與聖人之心同, 心不能盡性, 吾之心與聖人之心異. 其同其異, 皆所重在性也.

54) 인성물성동이론과 만유일체의 세계관과의 연관성에 대해서는 김낙진, 「만물일체론과 인물성동이론을 통해 본 明 儒學과 朝鮮 儒學의 비교」, 『유교사상연구』 제39집, 2010. 참조.

의 엇갈리는 성론이 동일성과 다양성을 온전하게 함께 담아내지 못한다고 보았기 때문에 리를 중심으로 한 이일분수에 대한 이해, 즉 이분원융의 체계가 동일성과 다양성을 포괄할 수 있다고 보아 이를 통해 호락논쟁의 대립을 지양하고자 했던 것이다.

동일성과 다양성을 포용하는 그의 논리 체계는 리를 중심으로 한 것이고, 편전을 선일변으로 규정하는 것에서 보는 바와 같이 리를 중심으로 한 세계 구성 체계라 할 수 있다. 현상 세계를 리를 중심으로 구조화하는 것이고 현실적인 악을 반영한 것은 아니다. 그래서 그는 선악이 혼재한 세계의 현실을 반영하기 보다는 원리적 측면에서 구조화된 세계를 그려낸 것이다. 이러한 그의 세계의 구조화는 "천하에 두 가지 종자가 있을 수 없는 것이니, 비록 사특함[慝]일지라도 또한 선함[淑]에 근본하여 생기는 것"[55] 이라는 생각과 결부된 것이라 할 수 있다. 현실 세계는 비록 선악이 혼재하지만, 그것의 원리적 구성은 선한 체계로만 이루어져 있다고 해야 한다는 것이다. 그래서 그는 리를 근간으로 세계를 구조화하여 동일성과 다양성을 포괄하는 리의 실재를 강조하였던 것이다.

19세기 중반부터 구체화한 기정진의 호락논변에 대한 학문적 입장은 앞서 서술한 바와 같이 호락 계승자 간의 부정적 갈등과 대립을 극복하고, 호락논변이 갖는 학문적 의의와 지향을 확인하면서, 문호 분립에 따른 학계의 분열을 주자학의 본령으로 돌아감으로써 조정하고자 하는 것이었다고 평가할 수 있다. 호락 양

55) 『蘆沙先生全集』 卷16 「納涼私議」 20면: 天下不容有兩種子, 雖慝亦根於淑而生者也.

론 가운데 특정한 입장을 지지하거나 비판하기보다는 호락 양론의 엇갈리는 주장이 근원하는 이론적 체계를 부각하고, 이에 대한 체계적인 이해를 제시함으로써 양론의 문제점을 근원으로부터 해소하고자 하였던 것이다. 특히 기정진은 인성과 물성의 동이를 둘러싸고 제기된 양론의 엇갈리는 주장을 동일성[同]과 차별성[異]을 포괄적으로 담고 있는 정주학(程朱學)의 이론체계인 이일분수(理一分殊)에 대해 리 중심의 이해를 구축한 바탕 위에서 양론의 문제점을 부각하고, 같음과 다름, 동일성과 차별성을 융합하고자 하였다. 이러한 그의 학문적 입장은 호락논쟁의 부정적 폐해를 반성하고, 그 대안을 모색하려는 기호학계 움직임과 궤를 같이한 것이었다고 할 수 있다.

아울러 그의 인성물성론은 당대 현실과 맞물려 현실대응의 논리로서 위정척사의 학문적 기반이 된다고 평가할 수 있다. 기정진이 활동하던 시대는 내우외환의 위기가 현실화되던 시기였다. 안으로는 봉건적 지배 질서가 와해되어가고, 밖으로는 서구 제국의 침략이 구체화되던 시기였다. 이러한 시대적 상황 하에서 기정진은 내수외양(內修外攘)을 근간으로 하는 현실대응책을 제시하였다. 그가 제시한 내수의 요체는 '결인심(結人心)'이었고,[56] 이 결인심은 외양의 토대로 기능하는 것이었다. 이러한 관점에서 그는 "인심이 단결되면 일여(一旅)와 필마(匹馬)로도 가히 국가를 흥창시킬 수 있지만, 인심이 흩어지면 나라 안이 다 적국(敵國)이요, 오랑캐가 된다."[57]고 하여 군민일체(君民一體)를 무엇보다 강조하였다.[58] 이러

56) 같은 책, 卷3 「丙寅疏」 7면: 內修之事, 言其節目則甚繁, 而其要諦則不過結人心三字.

한 현실대응 맥락은 인성물성동이를 중심으로 한 기정진의 이일분수에 대한 이론 체계가 학문적으로 뒷받침하고 있다고 보기에 충분하다고 할 수 있다.

하지만 유의해야 할 것은 그가 비판의 대상으로 삼은 전대의 호락 양론이 그가 이해한 바와 같은가의 여부이다. 이분원융을 기초로 한 그의 논의가 호론 및 낙론의 계승자에게 수용될 수 있는가의 여부 또한 유의해야 할 부분이다. 실제로 그의 인성물성론이 세상에 알려졌을 때 낙론의 계승자였던 간재(艮齋) 전우(田愚, 1841~1922)는 그의 학설에 대해 여러 조목으로 나누어 비판을 가하였고, 이러한 비판은 기정진 문인들의 반 비판을 초래하여 20세기 초반 기호학계는 제한적이지만 다시 한 번 호락논쟁이 재연되기도 하였다. 이것은 기정진의 인성물성론이 수용되기 어려운 내용도 포함하고 있음을 드러낸 것이라 이해할 수 있다.

---

57) 같은 책, 卷3 「丙寅疏」 7면: 人心不離, 則一旅足以興夏, 匹馬可以昌唐, 人心離散, 則舟中皆敵國, 轂下皆胡越, 豈不可畏之甚哉?

58) 당대 기호학계를 주도했던 李恒老도 기정진과 같은 맥락에서 "군왕과 백성이 서로 기다리는 것[相須]은 천하의 정해진 이치[定理]이다. 군왕은 養民으로 德을 삼고, 백성은 군왕에게 충성함으로써 業을 삼는다."고 하여 君民一體를 강조하였다. 이항로와 그의 문하에 있던 문인들도 기정진과 함께 위정척사를 주도하면서 호락논변에 대한 객관적 접근을 시도했다는 점에서 이들의 인성물성론은 위정척사론의 기초라 평가할 수 있을 것이다.

기정진의 심론(心論)과 명덕설(明德說)*

박 학 래
(군산대학교 교수)

들어가는 말

조선 성리학자들의 기본적인 관심 중 하나는 세계에 대한 이기론적 해명과 함께 인간 마음에 내재된 도덕 본성을 분석하여 현실에서 구현할 수 있는 이론적 토대를 마련하는 것이라 할 수 있다. 이러한 점에서 개인적 도덕 수양과 아울러 도덕적 이상세계의 실현을 목표로 하는 성리학자에게 그 실현의 현실적 바탕이자 주체인 심(心)은 중요한 논쟁점 중 하나였다. 사단칠정논쟁(四端七情論爭)과 이에 이어진 인심도심논쟁(人心道心論爭)이나 호락논쟁(湖洛論爭)의 주요 쟁점이었던 인성물성동이(人性物性同異)에 대한 논쟁이 미발심체선악(未發心體善惡) 여부 문제를 포함한 심에 대한 논쟁과 결부된 것은 인간에게 내재된 도덕 본성의 구현이라는 목

* 이 글은 2001년 9월에 간행된 『한국사상사학』 제16집〔한국사상사학회〕에 수록되었다.

적의식이 구체적으로 적용된 예라 할 수 있다.

이기일체관(理氣一體觀)을 바탕으로 순선한 理의 절대적 주재성을 강조하는 노사(蘆沙) 기정진(奇正鎭, 1798~1879)도 이러한 맥락에서 인간에 내재된 도적적 원리인 리[性]가 구체적인 현실에서 어떻게 구현되고 있는가라는 문제에 관심을 갖고 심(心)과 심의 본체로서 명덕(明德)에 대한 논의를 전개하였다.[1] 그는 리 중심의 이기론을 전개하면서 기의 능동적 운동성을 부정하고 리의 절대적 주재[使之]에 의한 운동 변화만을 인정하였다.[2] 리의 무위와 기의 유위를 전제로 비록 기가 현실 세계에서 운동 변화의 주체이기는 하지만, 그 운동 변화의 원리인 리가 전제되지 않으면 기의 운동 변화는 이루어질 수 없음을 강조하였다. 그래서 그는 "기가 리에 따라[順] 발하는 것은 기발(氣發)이 곧 리발(理發)이요, 리가 순(循)하여 행하는 것은 기행(氣行)이니 곧 리행(理行)이다. 리는 조작하거나 스스로 꿈틀거리면 움직이지 아니하니, 발하고 행하는 것은 분명히 기가 하는데 어째서 리발 리행이라고 하는 것

1) 기존의 기정진에 관한 연구에서 心과 明德에 대해 주목한 논문은 거의 없었다. 호락논쟁의 주요 쟁점인 인물성동이문제와 미발심체선악에 대한 기정진의 견해를 일부 분석한 논문[김형찬, 「이기론의 일원론화 연구」, 고려대학교 박사학위논문, 1996]과 그의 心性論을 李珥의 그것과 차별되지 않는 것이라 규정한 논문[이상호, 「조선성리학파의 성리설 분화에 관한 연구」, 성균관대 박사학위논문, 1993]은 있었으나, 본격적으로 기정진의 심론에 대해 연구한 성과는 학계에 발표되지 않았다. 논자의 판단으로는 이러한 결과는 그동안 학계에서 기정진의 성리설에 대해 주로 특징적인 면모를 보인 리 중심의 이기론에 대해 관심이 집중되었기 때문이라 판단되며, 아울러 그의 심에 대한 본격적인 논의가 전개된 독립된 저술이 없고 주로 제자와의 편지를 통해 이루어져 있기 때문이라고 생각한다.

2) 『蘆沙集』 卷16 「猥筆」 24~29면.

인가? 기의 발과 행은 실제로 리에게서 명령을 받은 것이니 명령하는 자는 주인이 되고 명령을 받는 자는 종이 된다."[3]고 하여 비록 리가 직접 운동 변화하는 것은 아니지만 리의 주재에 따른 기의 운동 변화는 곧 리의 운동 변화로 환치될 수 있다고 주장하였다.

그러나 여기에서 문제가 되는 것은 리의 기에 대한 주재가 현실 세계에서 완전히 관철되지 않을 수 있다는 점이다. 아무리 기에 대한 절대적인 주재를 가지고 있더라도 리는 무위한 것이므로 리가 완전히 실현되지 않을 수 있고, 또한 기가 항상 리에 순하여 발하는 것은 아니기 때문이다. 이러한 점에 대해 기정진은 "리는 다만 필연의 묘[必然之妙]만 있고, 능연의 힘[能然之力]은 있지 않다. 필연의 묘가 있기 때문에 곧게 완수될 수 있는 것이고, 능연의 힘이 없기 때문에 간혹 완수되지 못하는 것"[4]이라고 하여 리가 현실 세계를 강제하는 원리 내지 법칙이기는 하지만 능연의 힘이 없기 때문에 리가 실현되지 않을 수도 있다는 점을 시인하였다. 이것은 결국 논리적으로 리가 기에 대해 갖는 주재성이 한정적일 수밖에 없다는 것을 의미하는 것이고, 순선한 도덕 원리인 리가 현실에서 구현되지 않을 수도 있음을 드러내는 것이다.

또한 만유의 종자(種子)로 표현되는 리는 결국 현실적으로 드러나는 악도 그 속에 포함되어 있다는 비판을 받을 수 있다.[5] 기정

3) 같은 책, 卷16「猥筆」26면: 氣之順理而發者, 氣發卽理發也. 循理而行者, 氣行卽理行也, 理非有造作自蠢動, 其發其行, 明是氣爲, 而謂之理發理行何歟? 氣之發與行, 實受命於理. 命者爲主而受命爲僕.

4)『答問類編』卷1「論道體第一·總論一之一」40면: 但有必然之妙, 非有能然之力. 以其有必然也, 故可直遂, 以其非有能然也, 故或不直遂.

진은 "리의 본연은 진실로 순선무악하지만 그것이 기를 타고 유행함에 이르러서는 과불급(過不及)의 차이가 없을 수 없다. 기가 과불급이 없을 수 없는 것도 역시 이세(理勢)가 그러한 것이다. 그러므로 조금이라도 과불급이 있으면 악이 따라서 생겨나는 것"[6]이라고 하여 리의 순선과 함께 주재를 강조하였다. 그리고 악이 리의 본선을 저해하지 않는 것이고, 기의 과불급이 리의 주재를 해하는 것이 아님을 강조하였다.[7] 그러면서도 악의 발생, 즉 기의 과불급이 비록 리에 근본한 것이지만 그 끝에 가서는 리를 해칠 수 있어 구별화지 않을 수 없다고 하여 악의 문제를 기와 연관지어 해명하기도 하였다.[8]

이렇게 이기론에서 도덕 원리로서 리의 순선성과 기에 대한 주재성을 동시에 관철하려는 기정진의 의도는 현실적으로 드러나는 악의 발생에 대해 논리적인 난점을 드러낸다고 할 수 있다.[9] 이기일체관을 바탕으로 한 리 중심의 이기론 체제 하에서 리의 무위를 전제하는 한 현실 세계에 있어 기에 대한 리의 주재는 제한적일 수밖에 없기 때문이다.[10] 그래서 기정진은 리의 주재를 강

---

5) 『蘆沙集』 卷16 「答人問第三」 4면 참조.

6) 『答問類編』 卷1 「論道體第一·總論一之一」 34~35면: 理之本然, 固純善無惡, 而及其乘氣流行, 則不能無過不及之差也. 氣不能無過不及者, 亦理勢然也. 而纔有過不及, 則惡之所由生也.

7) 같은 책, 卷1 「論道體第一·總論一之一」 35면: 事有不善, 而不害於理之本善也. 氣有用事, 而不害於理爲主宰也.

8) 『蘆沙集』 卷16 「猥筆」 26면: 到過不及處, 不得已而有說氣時, 蹶者趨者氣也, 是也. 蓋過不及, 雖亦本於理而末流害於理, 則不可無區別耳.

9) 김형찬, 「이기론의 일원론화 연구」, 고려대 대학원 박사학위논문, 1996; 이상익, 「기정진 성리학의 재검토」, 『철학』 52, 한국철학회, 1997.

10) 『答問類編』 卷1 「論道體第一·總論一之一」 37면: 今以實事言之, 則所謂理

조하는 이기론과 함께 리의 현실적 담지자인 심에 대한 해명, 즉 수양론으로 논의를 이끌어 나갔다.

인간이 선[理]을 실현한다는 것은 인간에 내재한 선한 부분[性]을 확충하는 것이거나, 악(惡)은 아니지만 악할 가능성이 있는 부분을 변화시켜 그 선을 드러내는 것이라 할 수 있다. 이때 그 선한 본성을 담고 확충하는 주체는 인간에게 있어 심(心)에 해당한다. 심성론(心性論)에 있어 성은 그 자체로서 발하거나 움직일 수 없기 때문에 성을 매개하고 있는 심을 통해 선한 부분이 드러나므로 선의 구현의 실질적인 담지자는 心이 된다는 것이 일반적인 견해이다. 이러한 맥락에서 성즉리(性卽理)의 명제를 수용하고 있는 기정진은[11] 인간의 도덕적 원리를 리에서 찾고, 이 리는 인간에게 있어 심에 의해 구현되는 것으로 파악하였다. 심은 그 구성상 이기(理氣)의 합이고 순선한 리 자체는 무위(無爲)하므로 그것의 현실적 발용은 기의 측면에 해당하기 때문에 기정진은 심론(心論)을 전개하면서 이기론(理氣論)에서는 크게 부각하지 않았던 기에 대해 보다 진전된 논의를 전개하였다.

또한 순선한 리의 현실적 실현 조건으로서 심의 구조화에 관심

者, 不過陰陽之妙也.

11) 奇正鎭은 性과 理를 뚜렷하게 구별하지 않는다. 그는 "性은 곧 理이다. 하늘에 있는 것을 理라 하고, 사람에 있는 것을 性이라 하니, 이름은 다르지만 실질은 같음을 말할 뿐이다"〔『蘆沙集』 卷14 「答金國衡(戊寅十二月)」〕라고 하여 性卽理의 성리학적 명제를 계승한다. 특히 기호학파에서 性을 氣中之理라고 하여 理와 性을 구분해 보는 것과는 달리, 자연 세계 전체의 원리인 理는 동일성의 원리로서 理〔理一之理〕와 다양성의 원리인 分〔分殊之理〕이 통일되어 있다고 보기 때문에 理와 性은 다른 범주이지만 그 실제 내용에 있어서는 다르지 않다고 파악하여 性과 理를 구분하지 않는다. 그리고 性보다는 理를 주로 하여 人物性同異論에 대한 자신의 견해를 피력한다.

을 기울였다. 심에 리가 자재되어 있다는 것은 결국 인간의 도덕성이 심의 실천적인 능력을 통해 발현된다는 것이고, 이때 실천적 능력은 심의 기적(氣的) 측면에 해당한다. 따라서 리의 실현과 관련된 심의 기적인 측면은 이기론에서 리의 기에 대한 절대적 주재가 확보될 수 있는 존재론적 측면을 반영해야 한다. 기정진은 심의 이러한 면에 대해 상론(詳論)하여 기에 대한 차별적 이해를 전개하고, 현실적으로 능연지력(能然之力)을 갖추지 못한 순선한 리의 발현을 담보하는 기의 순수성을 확보하기 위해 명덕 개념을 끌어들였다.

기정진의 심과 명덕에 대한 논의는 그의 이기론에서 보였던 원리적 측면의 체계화가 현실 세계에서 어떻게 실현될 수 있는가라는 측면, 즉 수양과 밀접한 관련이 있다고 할 수 있다. 보편적 도덕 원리로서의 리를 현실에서 구현할 수 있는 이론적 토대가 바로 심에 대한 이해와 직결된 것이기 때문이다. 또한 기정진의 심에 대한 논의는 18세기 호락논쟁에서 드러난 성론(性論) 및 심론(心論)의 부정합성에 대한 문제도 해결하고자 하는 측면이 드러난다고 할 수 있다.[12]

12) 尹絲淳 교수는 「인성 물성 동이논변에 대한 사상사적 고찰」(1999년 동양철학회 하계 학술대회 발표논문)에서 理와 氣 어느 한 견지만 택한 상태에서는 심론에서는 性論차원의 주장과 일치하는 정합성을 갖춘 논거를 동이론 모두 제시하지 못했다고 평가하였다. 인물성동이론에서 성론과 심론의 부정합성에 대한 논의는 김현의 「녹문 임성주의 사상 연구」〔고려대학교 박사학위논문, 1991〕와 안영상의 「외암 인간의 인물성동론과 이성이심론」〔『인성물성론』, 한국사상사연구회 편, 한길사, 1994〕 참조.

심과 기질의 관련성

기정진은 76세 때 저술한 「형질기질설(形質氣質說)」을 통해 기질에 대한 구체적인 견해와 함께 심을 기질과 관련하여 논의를 전개하였다. 그는 같은 시기에 진행된 제자들과의 심에 대한 논의에서도 심을 기질과의 관련 속에서 논의를 진행하였다. 이것은 그가 이기론에서 상대적으로 간과했던 기에 대한 논의를 심론의 전개를 통해 일정 정도 확립하고 있음을 보여주는 것이라 할 수 있다.13)

먼저 그는 구체적인 형체를 갖춘 존재를 현상적으로 드러나는 소재인 기질을 통해 설명한다.

> 무릇 형(形)이라고 하는 것은 모두 체질변(體質邊)에 속하므로 형질(形質)이라고 말하니 형(形) 이외에 별도로 질(質)이 있는 것이 아니다. 기질이라고 말하는 것은 기와 질을 상대한 것이다. 무릇 유행하는 것은 기이고, 무릇 응정하는 것은 질이다. 기는 스스로 기이고, 질은 스스로 질이니 일시에 병거하여 글을 이루어 기질이라 말한다. 질이라고 하는 것은 즉 형질을 가리켜 말한 것이니, 형질 이외에 별도로 기질의 질이 있는 것이 아니다. 지금 이내 형질과 기질을 상하(上下)로 대거하니 형이 스스로 하나의 질이 되고, 기가 스스로 하나의 질이 되니 가하겠는가? 가하지 않겠는가?14)

---

13) 그가 理氣論에서 상대적으로 소홀히 했던 氣에 대한 논의를 心論을 통해 전개하는 것은 理라는 것은 결국 인간의 도덕능력이 가능적 원리로만 존재하는 것이고, 그 구체적인 실천능력은 心에 의해 드러나기 때문에 氣質에 대한 명확한 논의 없이는 理의 구현에 문제가 있다고 판단했기 때문이라 생각된다.

일반적으로 이기론에서 기는 유형유위한 것으로 규정된다. 이러한 이해를 받아들여 기정진은 구체적인 사물은 기와 질로 구성되어 있다고 본다. 이때 기는 유위(有爲)한 측면, 즉 운동성을 가지고 유행하는 것이고, 질은 유형(有形)한 측면, 즉 구체적인 형체를 이룬 질료적인 것으로 규정한다. 기질의 유형유위는 각각 다른 속성이므로 기는 스스로 기이고 질은 스스로 질이라고 하여 양자가 서로 구별되는 것임을 분명히 한다. 이것은 기를 질료적 측면과 운동적 측면으로 각각 분석하여 이것이 현실적으로 존재하고 있음을 명시한 것으로 이해할 수 있다.[15)]

이러한 기질에 대한 이해를 전제로 기정진은 기질과의 관련 하에서 심에 대한 논의를 전개한다.

> 인간은 다만 하나의 몸[身]과 마음[心]이 있을 뿐이다. 몸이라는 것은 기질이 모인 것[團聚]이고, 심은 그 영한 것[靈處]이다. 어찌 일찍이 이 한 몸[一身]의 기질을 버리고 별도로 현공한 기질이 있겠는가?"[16)]

---

14) 『蘆沙集』 卷16 「形質氣質說贈鄭季方」 30면: 凡有形者, 皆屬體質邊, 故曰形質. 非形之外別有質也. 氣質云者, 氣與質對, 凡流行者是氣, 凡凝定者是質. 氣自氣 質自質, 一時并擧成文而曰氣質. 質字卽指形質而言, 非形質之外別有氣質之質也. 今乃以形質氣質 上下對擧, 以爲形自有一質 氣自有一質, 可乎 不可乎.

15) 기정진의 기질에 대한 논의는 현실상에서 드러나는 기의 질료성과 운동성에 대한 논의에 한정된다. 그가 기를 본원으로까지 소급하지 않는 것은 결국 본원으로서의 기를 상정하면 리의 위상과 대등한 본원적 존재로서 기를 상정하는 것이 되고, 이것은 그가 이기론에서 본령적 존재는 리일 뿐이라는 이기관계에 문제가 발생할 수 있다고 보았기 때문인 것으로 판단된다.

16) 『答問類編』 卷3 「(論道體第一)·心性情一之三」 9면: 人只有一箇身與心. 身者 氣質之團聚也, 心則其靈處也, 何嘗舍此一身之氣質而別有懸空之氣質也.

> 이른바 심이라는 것은 어떤 것인가? 바로 한 몸의 정영(精英)이다. 몸이란 어떤 물인가? 곧 기질이 모인 것이다. 안으로 오장(五臟)으로부터 밖으로 백체(百體)에 이르기까지 질(質)이 아닌 것이 하나도 없고, 형질의 이면(裏面)에서 승강유통(陞降流通)하는 것은 기가 아닌 것이 하나도 없는 것이니, 기질이라고 말하면 일신을 다한 것이다. 몸에서 두루 기질을 제거하면 이 몸이 없는 것이고, 이 몸이 없으면 이 사람도 없는 것이다. 이 몸이 없고 이 사람이 없는 데 또한 어찌 이 마음이 있겠는가?17)

기정진은 사람을 몸과 마음의 결합으로 이해한다. 그리고 마음은 기질이 모인 신과는 달리 기질의 영한 것이라고 규정하여 구체적인 형질을 가진 몸과 차별화된 것이다. 인간은 몸과 마음의 결합에 의해 이루어지는 것이기 때문에 마음은 기와 관련될 수밖에 없다. 기정진이 의도하는 것은 심의 현실적 소재가 몸이고, 마음이 비록 구체적인 형질을 갖추지 않은 승강유통하는 기라고 하더라도 몸을 떠나 존재하는 것은 아니라는 것이다. 이러한 이해는 심을 구체적으로 일신에 자재하는 것으로 보아 그 실재성을 확보하는 것이라 할 수 있다.

나아가 심을 한 몸의 정령이라 하여 기질의 영한 것으로 규정하고 있다. 심은 기질인 몸에 있지만 몸과는 차별화된 기이고, 일신의 정령으로 몸을 주재하는 것으로 이해하고 있는 것이다. 기질과의 관련성 속에서도 심을 차별적으로 규정하는 것은 심이 단

17) 『蘆沙集』 卷16 「形質氣質說贈鄭季方」 30~31면: 夫所謂心者何物, 卽一身之精英. 身者何物, 乃氣質之團聚內, 自五臟外, 至百體, 無一而非質者, 陞降流通於形質之裏面者, 無一而非氣者, 故言氣質, 則一身盡之矣. 除却周身之氣質, 則無此身也, 無此身, 則無此人也, 無此身無此人, 則又安有此心乎.

순히 몸의 일부가 아니라 육체와 대비되는 인간의 의식 내지 의식 작용 일반을 지칭한다는 일반적인 성리학적 사고를 수용하고 있음을 드러내는 것이라 할 수 있다. 따라서 기정진은 심을 심리적 정신적 주체로 간주하고, 심을 구성하는 기를 차별적으로 규정한다.

> 혈(血)의 영(靈)을 '정(精)'이라 하고, 기의 영을 '신(神)'이라 말하는데, 이는 곧 심의 지반이다. 그 안에 온갖 이치[衆理]를 갖추고 있어 바야흐로 심이라 이른다."[18]

심은 정신작용의 주체이기 때문에 심의 지반은 혈과 기의 영(靈), 즉 정신이라는 것이다. 아울러 심의 지반이 되는 정신 안에는 온갖 이치를 갖추고 있다는 것을 잊지 않고 제시한다. 이것은 결국 심은 존재론적으로 구성상 이기의 합이라고 보는 것이라 할 수 있다. 따라서 기정진은 심을 기만으로 설명하는 데 반대하여 심의 본지(本旨)를 다음과 같이 설명한다.

> 만약 심이라고 하는 것의 본지를 해석하고자 한다면, 심은 곧 기의 영처(靈處)로서 온갖 이치를 갖추고 만사(萬事)에 응하는 체(體)와 용(用)이 있다. 어찌 하나의 기(氣)자만으로 이해될 바이겠는가? 호흡과 몸을 보양하는 혈기[榮衛]가 이 기 아님이 없으니, 모두 심이라 할 수 있겠는가?[19]

---

18) 『答問類編』 卷3 「(論道體第一)·心性情一之三」 2면: 血之靈曰精, 氣之靈曰神, 卽心之地盤也. 其中有該載衆理方謂之心.

19) 같은 책, 卷3 「(論道體第一)·心性情一之三」 4면: 若欲解釋心字本旨, 則心乃氣之靈處, 有具衆理應萬事之體用, 豈一氣字, 所可了乎? 呼吸榮衛未嘗

심이 비록 구성상 기로 되어 있지만, 이 기는 다른 기와 차별화된 기이고, 존재와 당위의 원리인 리를 갖추고 있다는 것이다. 심이 기의 정상이라는 성리학 일반론을 계승하는 기정진은 심은 리를 갖추어 만사에 응하는 체용이 있다는 것은 심이 구성상 기의 측면 이외에 리의 측면이 있음을 의미하는 것이기 때문에 기만으로 이해될 수 없다는 것이다. 만약 만사에 대응하는 체용(體用)을 기의 속성인 유위성만으로 이해하면 사람의 호흡이나 몸을 보양하는 혈기, 즉 기의 유위성이 드러나는 것도 심이라고 해야 한다는 것이다. 기정진은 기의 작위성만으로 심을 이해한다면 이것은 인간의 지각, 판단 등을 단순한 생리작용과 동일시하는 우를 범하게 된다는 것을 경계한 것이다. 따라서 기정진은 심의 작용은 리와의 관련성 하에서 드러나는 것이기 때문에 심은 기만으로 이해될 수 없는 것으로 보는 것이다. 따라서 심은 구성상 리와 기의 합이고 체용 관계를 이루고 있는 것이다.

이것은 그가 이기일체(理氣一體)를 기반으로 존재와 현상을 설명했던 방식의 일관된 논리 전개라 할 수 있으며, 나아가 주희나 기호학파에서 심의 작용면을 강조하는 뜻으로 말한 심시기(心是氣)를 부정하는 태도라 할 수 있다. 심은 존재상 기적인 측면과 결부되어 있지만, 그 작용에서는 리의 측면이 간과될 수 없음을 확인하는 것이다. 따라서 그는 "심은 비록 기가 나누어진 일[氣分事]이지만, 심에 갖추어져 있는 것은 성(性)"[20]이라고 하는 것은 심이 구체적으로 실재하고 있고, 동시에 다른 존재와는 달리 리

不是氣，則皆可謂之心乎?

20)『蘆沙集』卷16「納凉私議」19면: 心雖氣分事，而乃所具則性也.

를 갖추고 있어 차별화됨을 강조하는 것이다. 심을 단순히 기로 규정할 수 있지만[21] 심의 본지는 차별화된 기로서[22] 리를 갖추고 있다는 데 그 의의가 있는 것이다.

심과 성의 관계

기정진은 심을 일신의 주재로 규정하고 인간에게 있어 심의 중요성을 역설한다. 그는 주희(朱熹)가 제시했던 "성은 태극과 같고 심은 음양과 같다"는 명제를 들어 심의 중요성을 강조한다.

> 모름지기 두 개의 같다[猶字]는 것은 또한 다만 절반만 얻은 것을 알아야 한다. 그 실(實)은 '성은 곧 태극이고, 심은 곧 음양이다.' 태극은 움직이고 고요한 것의 묘(妙)이고, 음양은 동정의 체(體)인데 어째서 이렇게 말하는가? 이 묘[태극]가 없으면 음양이 나오지 아니하고, 이 체[음양]가 없으면 태극이 괘탑(掛搭)할 곳이 없다. 하늘에 있어 태극음양이라 말하고 사람에게 있어 심성이라고 말하니 이 물사(物事) 이외에 다른 물사가 없으므로 태극에 즉하고 음양에 즉한다고 말하는 것이 이것이다. 만약 그 가운데 하늘과 사람을 분별하여 말하면 인간에게 있어 심성은 하늘에 있어 태극음양과 같다고 말하니 그러므로 태극과 같고 음양과 같다고 말한 것이 이것이다. 이것은 하늘과 사람을 혼동하여 말한 것이 아니므로 말한 것이 반만 얻는다고 하는 것이다. 태극이 양의(兩儀)를 낳는다는 것은 혼동설(混同說)

21) 『答問類編』 卷3 「(論道體第一)·心性情一之三」 4면: 以心謂氣, 姑以論心性界至, 則有何不可.
22) 『蘆沙集』 卷13 「答崔元則(琡民)大學問目」 1면: 心卽氣之精爽也.

> 이다. 혼동설은 조화의 본원이 리에 있으므로 그 중함이 리에게로 돌아가니 '태극이 음양을 낳는다[太極生兩儀]'라고 말하는 것이다. 심통성정(心統性情)은 일신상(人身上)의 설명이다. 사람 몸[人身]으로부터 말하면 동작과 운용(運用)이 주가 되므로 그 중함이 심에게로 돌아가니 심통성정이라고 말하는 것이다.[23]

주희는 태극과 음양이 불리부잡(不離不雜)의 관계에 있듯이 심과 성의 관계에도 마찬가지라는 의미에서 위와 같이 설명하였다. 심과 성의 관계는 태극과 음양의 관계처럼 "하나이면서 둘이고, 둘이면서 하나"라고 하여 심과 성의 불리부잡의 관계를 태극과 음양의 관계에서 차용한 것이다.[24] 기정진은 주희의 설명을 받아들이면서도 이것은 인간과 하늘을 구분하여 말한 것으로 그 의미가 완전히 드러난 것이 아니다[說得一半]이라고 부연한다. 하늘과 사람, 리와 기를 뒤섞어 말하면[混同說] 그 조화의 본원이 태극에 있어 그 중함이 태극에 있듯이, 사람에게 있어서는 동작 운용이라는 현실적인 행위에 주가 되므로 그 중함은 심에 있다고 설명

23)『答問類編』 卷3 「(論道體第一)·心性情一之三」 3~4면: 朱子曰性猶太極心猶陰陽, 太極生兩儀, 而心却統性情, 何也?(羅繡圭 問) 須知兩箇猶字, 亦只說得一半. 其實則性卽太極, 心卽陰陽耳, 何以言之. 太極是動靜之妙, 陰陽是動靜之體, 無是妙則做陰陽不出, 無是體則太極亦無掛搭處矣. 在天曰太極陰陽, 在人曰心性, 此物事之外更無他物事, 故曰卽太極卽陰陽者此也. 若就其中分別天人而言之, 則在人之心性有在天之太極陰陽, 故曰猶太極猶陰陽者此也, 此非混同天人而言之, 故曰只說得一半也. 太極生兩儀是混同說. 混同說則造化本原在理, 故重於理, 而曰太極生兩儀. 心統性情是人身上說, 自人身而言, 則動作運用爲主, 故歸重於心, 而曰心統性情.

24)『朱子語類』 卷5 「性理二·性情心意等名義」 87쪽: 性猶太極也, 心猶陰陽也. 太極之在陰陽之中, 非能離陰陽也. 然至論太極, 自是太極, 陰陽自是陰陽. 惟性與心亦然. 所謂一而二, 二而一也.

한다.

이러한 설명은 현실 세계의 주체인 인간에 있어 그 중심은 행위이고, 그 행위의 주체는 심이기 때문에 그 중함은 심에 있음을 의미한다. 성이 비록 리[태극]로서 조화의 본원이지만 현실상에 있어서는 구체적으로 발용하는 것이 아니기 때문에 그 발용의 주체는 성과 불리(不離)의 관계에 있는 심에 있다는 것이다. 그래서 기정진은 일신의 주재인 심이 현실상에 있어서 중요함을 이기론 전개에서 주요한 관점으로 삼았던 혼동설을 통해 해명하고 있는 것이다. 이것은 리가 자재되어 있는 심의 위상을 강화하는 것으로, 현실 세계에서 리를 실현하는 주체로서의 심을 확인하는 것이라 할 수 있다. 그래서 기정진은 존재와 당위의 원리이자 법칙인 리가 심에 매개되어 있음을 거듭 강조한다.

> 소이연(所以然)은 그 원두를 말한 것이고, 소당연(所當然)은 그 실체를 말한 것이니, 모두 물(物)의 리이고 심에 갖추어져 있다"[25)]

세계 구성의 법칙으로서의 리와 현실 세계에서 구현되는 당위의 원리로서의 리는 모두 심에 매개되어 있고, 따라서 심의 위상은 현실 세계의 주체로서 자리하게 된다는 것이다. 하지만 기정진은 이 심의 영함을 기 때문에 그러한 것이 아님을 강조한다. 심이 비록 기질의 영처이고 기의 정상이지만 기의 영함은 리 때문에 그렇게 된다는 것이다. 이 점을 기정진은 다음과 같이 설명

25) 『答問類編』 卷3 「(論道軆第一)·心性情一之三」 5면: 所以然言其原頭, 所當然言其實體, 皆物之理而具於心.

한다.

> 리가 있는 까닭에 영(靈)하지만 영함을 곧 리라고 하는 것은 불가하다. 대개 이곳에서 조금 어긋나면 기를 리로 여기는 데로 들어간다.[26]

이이(李珥)의 경우, 심의 허령함은 특히 성이 있어서만 그런 것이 아니라 지극히 통하고 지극히 바른[至通至正] 기가 응취해서 심이 되기 때문에 허령한 것이라고 하여 허령의 중심을 기에 두었다.[27] 그러나 기정진은 리 자체를 영한 것은 아니지만 기에 리가 있음으로 영하다는 것이다. 이것은 심의 허령함에 대한 원인을 리에 두면서도 리 자체가 아닌 현실적 행위의 주체인 심을 중시하려는 태도이고, 원리적 구조화를 염두에 두면서 현실적 특성을 놓치지 않으려는 것이라 할 수 있다. 이기일체를 근간으로 리 중심의 이기론을 전개했던 논리를 그대로 적용하는 것으로 심의 특성인 영함도 그 원인을 논리적으로 리에 두는 것이다.

그러나 여기에도 문제가 되는 것은 이를 갖추고 있는 심이 과연 그 리를 온전히 발현할 수 있는 존재인가 하는 것이다. 기정진은 심을 구체적인 형질에 소재하는 점에서 기질과 관련하여 설명하였다. 그래서 심이 승강유통하는 기적인 측면에서 작용을 가진다고 규정하면서 그 소재는 일신이라는 기와 질이 응취한 곳으로 보았다. 이것은 인간 행위의 주체로서 심의 실재성을 확인하

---

26) 『答問類編』 卷3 「(論道體第一)·心性情一之三」 11면: 有理故靈, 而不可謂靈便是理. 蓋此處小差, 則入於認氣爲理.

27) 『栗谷全書』 卷31 「語錄(上)」 12면: 心之虛靈, 不特有性而然也, 至通至正之氣凝而爲心, 故虛靈也.

는 것이지만, 리의 실현에 있어서는 장애 요소가 될 수 있다. 순선한 도덕적 원리를 갖추고 있는 심이 이 리를 발현하기 위해서는 기질의 장애를 받아서는 안 되는 것이고, 구체적 형질에 존재한다는 것은 리의 발현에 장애 요소로 작용할 수 있음을 의미하는 것이라 할 수 있기 때문이다. 이러한 문제점에 주목한 기정진은 심론의 연장선상에서 '명덕(明德)' 개념을 끌어들여 이 문제에 대해 해명한다.

심의 본체로서의 명덕

기정진이 생각하는 심은 사람 몸[一身]의 주재(主宰)이고, 일종의 순수한 기인 기의 정상(精爽)이지만,[28] 그 구성상 기와 관련되어 있고, 그 구체적인 소재는 기질의 응취인 사람 몸이다. 이것은 결국 심은 육체적인 욕망과 결부된 기질과의 관련 하에 놓여있음을 의미하는 것이다. 그리고 기의 과불급에 의해 악이 발생하기 때문에 현실 세계에서 리의 주재가 완전히 관철되지 않는 기가 있다고 보는 것이 기정진의 생각이다. 이러한 논리는 결국 심을 구성하는 기와 그것의 소재인 몸이 과불급의 현상을 초래할 가능성을 가진 존재가 됨을 의미한다고 할 수 있다. 이럴 경우 심은 기의 용사(用事)에 의해 존재와 당위의 원리로서 리를 현실 세계에서 완전히 드러낼 수 없는 구조적 한계를 원천적으로 가지게 된다.

---

28) 『答問類編』 卷6 「論經第三·大學三之二」 15면: 心卽氣之精爽也.

모든 인간이 도덕적 원리를 실현할 수 있는 현실적 주체인 심은 모든 도덕적 이치를 갖추어 삶을 영위하지만, 심이 구조적으로 기질과 연관되어 있다는 것은 아무리 기에 대한 리의 주재를 강조한다고 하더라도 리가 기에 의해 왜곡될 수 있는 원천적 구조화의 문제를 지님을 의미하는 것이다. 그래서 기정진은 "심에는 기질이 있어 심을 가림이 있다. 오직 하늘의 본심을 얻으니 마땅히 '명덕'이라 칭한다."[29]고 하여 하늘로부터 부여받은 본심으로서 명덕 개념을 제시한다.

> 명덕은 심이다. 심을 말하지 아니하고 명덕이라 말한 것은 무엇 때문인가? 심을 말하면 기에 구애되고 물(物)에 가려진 심이라도 또한 심이라 이르지 않을 수 없다. 기에 범(犯)하지 않고 물에 범하지 않는 본체를 가리켜 명덕이라 말한다.[30]

심의 기질적 측면으로 인해 기와 물에 구애되고 가려질 수 있어 심에 갖추어진 리의 온전한 발현이 근원적으로 문제를 안고 있기 때문에 순수한 심의 본체로서 명덕을 제시하고 있다. 이때 명덕을 다른 존재가 아니라 심이라고 규정하여 심이 가지는 주재적 측면과 특히 현실적인 발용의 측면을 고려하고 있는 것이다.

기정진은 명덕을 심의 본체로 규정하고, 하늘로부터 얻은 것이라 하여 명덕의 위상을 리와 대등한 위치로까지 끌어올린다.[31]

---

29) 같은 책, 卷6「論經第三·大學三之二」19면: 心有氣質有蔽之心, 惟得於天之本心, 乃當明德之稱.

30) 같은 책, 卷6「論經第三·大學三之二」14면: 明德心也. 然則不言心而言明德何也. 言心則氣拘物蔽之心, 亦不可不謂之心也. 指其不犯氣不犯物之本體 故曰明德也.

리를 천명(天命)과 결부지어 규정하는 것과 마찬가지로, 명덕 또한 하늘로부터 얻은 본심이라고 하는 것은 현실 세계에서 행위하고 수양하는 주체는 몸의 주재인 심이고, 심은 작위를 하는 데 그 작위하는 주체가 비록 기의 영역에 있다고 하더라도 순일하지 않으면 안 된다는 사고가 반영될 결과라 할 수 있다. 심의 본체인 명덕은 작위하는 주체인 심의 핵심이고, 이 작위하는 주체가 구조적으로 순선해야 리의 실현이 가능하다고 본 것이다.

수양은 현실에서 벌어지는 일이고, 개체적이고 구체적인 사안이다. 그 개체적이고 구체적인 행위의 현실적 기반은 작위 능력이 없는 리가 아니라 그 리를 갖추고 있는 기와 관련된 심이어야 한다. 그리고 이 기와 관계된 신은 철저히 리의 주재를 받아들일 수 있는 조건을 갖추어야 한다. 그래서 기정진은 명덕을 하늘의 본심에서 얻은 것이라 하여 그 순수성을 확인하고 있는 것이다. 이것은 리가 가지는 현실적 제약, 즉 능연지력(能然之力)의 부재를 극복할 수 있는 조건을 하늘의 본심에서 얻어 인간 행위를 주재하는 심의 본체인 명덕을 끌어들여 명덕을 구체적이고 개별적인 측면에서는 기와 유사하지만, 하늘로부터 부여받은 것이라는 측면에서는 리와 유사한 점을 제시하여 순선한 리의 현실적 발현이 실현될 수 있는 조건을 구체화하는 것이다.[32] 구체적인 형질의 구애를 받는 심과는 달리 기와 물에 전혀 영향을 받지 않는 본체로서 명덕이 심의 본체가 되어 인간은 심에 갖추어져 있는 성으

31) 같은 책, 卷6「論經第三·大學三之二」19면: 得於天之本心, 方是明德.

32) 人物性同論者들도 明德을 이렇게 파악하여 心論을 전개하고 있다. 안영상, 「매산 홍직필의 인물성론과 명덕설」『인성물성론』, 한국사상사연구회편, 1994 참조

로서의 리를 발현할 수 있게 되는 것이다.

그렇다고 해서 명덕이 심 이외의 것일 수는 없다. 그래서 기정진은 "명덕은 마땅히 심자(心字)로 보아야 한다. 심은 곧 기의 정상(精爽)이다"라고 설명하고,[33] 나아가 심과 명덕을 다음과 같이 구분한다.

> 심이라 말하지 않고 명덕이라 말한 것은 무엇 때문인가? 심 글자는 진망(眞妄)을 갖추고 있고 명덕은 무망(无妄)한 본체를 가리키는 것이다.[34]

기의 정상인 심은 참됨과 거짓됨[眞妄]을 갖추고 있고, 명덕은 이러한 심의 본체로서 무망한 것, 즉 거짓이 없는 것임을 명시하고 있다. 심이 허령불매(虛靈不昧)하고 모든 이치[衆理]를 갖추고 만사에 응하는 것은 심의 본체로서 명덕이 있기 때문이라는 것이다. 기정진은 허령불매한 명덕과 심의 관계에 대해 체용론(體用論)을 적용하여 명덕을 심의 체로 규정하지 않고, 체단(體段)의 체로 설명한다.[35] 심의 체용은 심에 자재된 성을 체(體)로 보고, 그것이 발현된 정(情)을 용(用)으로 보고,[36] 명덕을 체단의 체를 규정하여 심의 구조상 명덕이 본체를 이룬다고 보는 것이다. 명덕은 하늘

---

33) 『答問類編』 卷6 「論經第三·大學三之二」 14면: 明德當以心字看, 心卽氣之精爽也.

34) 같은 책, 卷6 「論經第三·大學三之二」 14면: 不曰心而曰明德何也? 心字該眞妄 明德指无妄之本體也.

35) 같은 책, 卷6 「論經第三·大學三之二」 17면: 體非體用之體, 乃體段之體.

36) 같은 책, 卷3 「(論道體第一)·心性情一之三」 3면: 蓋言性情之外別無體用也.

의 본심에서 얻은 심의 구조적 한 부분이기 때문에 그것이 심의 발현, 즉 내용을 규정하는 것은 아니라는 의미를 내포하고 있는 것이다.

기정진은 주희가 『대학장구(大學章句)』의 주석에서 제시한 "하늘로부터 얻은 것으로 허령불매하여 뭇 이치를 갖추고 모든 만사(物事)에 응할 수 있는 것"이라는 설명을 계승하여 명덕을 본심이라 하고, 허령불매가 바로 명덕을 설명하는 것이라 이해한다. 마음의 본래 상태인 명덕은 형체를 가지 않으면서도[虛], 영(靈)하되 조금도 깨닫지 못함이 없다는 것이다. 그래서 "기에 나아가 말하면 뭇 이치를 갖추어 만사에 응하는 것이니 본래 청탁수박이 그 사이에 있는 것이 아니다."[37]라고 하여 명덕을 순수한 기로서 설명하는 것이다.

결국 기정진이 심과 명덕의 차별화, 명덕을 통한 심의 구조화를 통해 리의 주재가 완전히 관철될 수 있는 현실적 토대를 구축하는 것이다. 그리고 인간 행위의 올바른 실현과 수양의 가능성을 제시하고 있는 것이다.

명덕주리주기설(明德主理主氣說) 비판

'명덕을 리와 기 중 어느 것을 중심으로 이해할 것인가?'라는 쟁점은 18세기 호락논쟁을 거치면서 19세기에 접어들어 주요 쟁

---

37) 같은 책, 卷6 「論經第三·大學三之二」 13~14면: 明德是本心之異名. 章句虛靈不昧四字分明. 是就氣言, 而具衆理應萬事, 本不以淸濁粹駁而有間也.

점으로 부각하였다.[38] 이러한 맥락에서 기정진의 명덕에 대한 논의도 명덕을 기로 볼 수 있는가라는 문제와 결부될 수 있는 것이었고, 실제로 명덕을 심의 본체로 규정한다고 하더라도 명덕을 기로 볼 수 있지 않은가라는 문제가 제기되었다. 그래서 기정진은 이와 관련하여 먼저 '명덕주기설(明德主氣說)'에 대한 비판적 견해를 제시하였다.

심을 기의 정상이라고 규정하였기 때문에 심의 본체인 명덕 또한 기의 정상이라고 볼 수 있다는 문제 제기에 대해 기정진은 '명덕의 뜻은 본심이 최적'이라 전제하고 다음과 같이 설명한다.

> 심은 기의 정상이다. 그러므로 근세에 이것으로 인해 명덕은 기라는 설이 있다. 그러면 명덕을 밝힌다[明明德]는 것은 기를 밝히는 것인가? 성문(聖門)에 일찍이 기를 밝히는 학문[明氣之學]이 어찌 있겠는가?[39]

성리학의 전통적인 이해에 따라 심을 기의 정상으로 규정한 것은 인간의 신체를 이루는 육체적인 것과 차별화하여 정신적인 측면을 고려한 것이다. 그러나 기의 정신적인 측면을 고려하여 심을 구성하는 기를 차별적으로 규정한다고 하더라도 기라는 범주

38) 明德을 주기로 볼 것이냐 주기로 볼 것이냐를 두고 고산 임헌회와 중암 金平默 사이에 논쟁이 벌어졌다. 임헌회는 명덕은 心이고. 명덕을 理라고 한다면 陽明의 心卽理說이 된다고 하여 명덕을 理를 담고 있는 그릇이라고 보아 명덕주기설을 주장하였고, 김평묵은 心統性情의 논리를 바탕으로 심의 理가 바로 명덕이라 하여 명덕주리설을 주장하였다.

39) 『答問類編』 卷6 「論經第三·大學三之二」 17면: 明德之訓本心二字最的, 心是氣之精爽 故近世因有明德是氣之說 然則明明德是明氣歟. 聖門曷嘗有明氣之學也.

에서 벗어나는 것은 아니다. 따라서 심은 구조상 기를 기반으로 구성되는 것이고, 하늘의 본심으로부터 얻은 것이라는 설명을 통해 심의 순수성을 담보하는 명덕이라고 하더라도 기의 범주를 벗어난 것은 아니라고 할 수 있다. 이에 대해 기정진은 심이 기의 정상이라고 하여 명덕을 바로 기라고 하는 것은 『대학』의 삼강령(三綱領) 중 하나인 '명명덕(明明德)'을 예로 들어, 만약 명덕을 기로 규정한다면 명명덕은 곧 명기(明氣)가 되고 만다고 지적하여 명덕을 기로만 보아서는 안 된다는 입장을 분명히 하고 있다. 그러나 이러한 설명은 명덕이 기가 아님을 주장하는 것일 뿐 명덕이 어떠한 것인가를 완전히 설명하는 것은 아니다. 그래서 그는 명덕을 리와 관련하여 다음과 같이 설명한다.

> 명덕이 단지 기분(氣分)에만 속하는 것이겠는가? 기물(器物)로서 비유하면 기(氣) 자는 다만 그릇만을 가리키는 것이고, 명덕은 물이 담겨 있는 그릇을 가리키는 것이다"[40]

> 생각건대 사람의 본심을 이름하면 명덕이니, 이것에는 반드시 그 까닭이 있다. 내가 일찍이 밥그릇으로 비유하였다. 둥근 주발에 쌀밥이 가득 담긴 것이 명덕이다"[41]

명덕이란 하늘로부터 부여받은 기만을 가리키는 것이 아니라 그 속에는 리가 내재되어 있음을 강조하여 제시하고 있다. 기정

40) 같은 책, 卷6「論經第三·大學三之二」14면: 明德單屬氣分乎? 曰以器物譬之, 則氣字單指槃盂, 明德指儲水之槃盂.

41) 같은 책, 卷6「論經第三·大學三之二」18면: 惟人之本心, 乃名明德, 是必有其故矣. 愚嘗譬之食器, 一圓鉢盂滿載王食者, 是明德也.

진의 입장에서 명덕은 심의 본체이고, 이때 본체는 체용(體用)의 체가 아니라 체단(體段), 즉 구조상의 체이다. 그리고 명덕을 본심으로 규정한다. 이런 설명방식은 명덕을 심의 핵심으로 파악하는 것이고, 따라서 심이 존재론적으로 리와 기의 합이기 때문에 명덕도 같은 맥락 하에 있음을 의미하는 것이라 하겠다. 체용의 체가 아니라 체단의 체이기 때문에 심과 명덕은 체용의 관계가 아니라 체단의 관계이고, 적극적으로 이해하면 심과 구조상 같은 맥락 하에 있는 심의 고갱이라 할 수 있다. 그래서 기정진은 그릇과 그릇에 담긴 물을 예시하여, 기를 그릇에, 그릇과 거기에 담긴 물을 포함하여 명덕으로 규정하는 것이다.42)

심의 본체를 이루는 명덕이 아무리 하늘로 부여받은 순수한 기를 바탕으로 하더라도 그것은 현실 세계에서 구체적인 존재이기 때문에 리와 떨어져 존재할 수 없다고 보는 것이다. 이기론에서 이기일체를 바탕으로 본원적 존재인 리를 본령으로 본 것과 마찬가지로 명덕이 심의 본체라 하더라도 리와 아무런 관련이 없으면 한낱 기에 불과하게 되고, 이렇게 될 경우, 명덕은 그 존재 의의를 가질 수 없다는 것이 그의 입장인 셈이다. 그래서 명덕을 기만으로 규정하는 것을 비판하고 리와 결부시켜 사고하는 것이다. 그래서 명덕은 리를 담고 있음으로 해서 심의 본체가 되는 것이

42) 앞서 제시하였던 것처럼 심이 허령한 것은 리가 내재되어 있기 때문이다. 그렇지만 리 자체가 허령한 것은 아님을 분명히 하고 있다. 기정진이 생각하는 허령한 것은 리와 기라는 요소 자체가 아니라 그 요소로 구성된 구체적인 존재임을 알 수 있다. 따라서 심의 본체인 명덕을 하나의 요소로만 규정하면 허령성은 배제될 수밖에 없다. 따라서 기나 리 등 단일한 요소로만 명덕을 규정하지 않는 것이다.

고, 심이 현실적 주체라 하더라도 그 중요성은 리에 두어지게 된다. 따라서 명덕을 기만으로 볼 수 없는 것이고, 명덕은 결국 이기가 일체를 이룬 현실 세계의 구체적인 존재, 즉 인간의 행위와 수양을 주재하는 심의 본체가 되는 것이다.

명덕을 리와 관련하여 이해하지만 그렇다고 명덕을 리만으로 규정할 수 없다는 것이 기정진의 태도이다. 그래서 그는 명덕을 리로 이해하는 '명덕주리설(明德主理說)'에 대해서도 비판적 입장을 견지한다. 그가 이해하기로는 '만약 명덕을 리'라고만 하면 '심이 곧 리[心卽理]'가 되는 것이고, 이것은 양명설(陽明說)과 같아지게 됨을 의미한다는 것이다. 그래서 기정진은 명덕의 기적(氣的)인 측면을 아울러 제시하여 "기의 정상(精爽)이므로 능히 뭇 이치[衆理]를 갖추는 것이다. 〈만약 명덕을 리로 본다면〉 리로서 리를 갖추는 것은 눈으로 눈을 보는 것과 같다"[43]고 하여 명덕을 리로만 규정할 수 없음을 강조하였다. 결국 기정진은 명덕을 기나 리 어느 하나만으로 규정할 수 없음을 제시하고, 이기론에서 일관되게 강조한 이기일체를 통해 심과 명덕에 접근하고 있는 것이다. 심의 본체로서 명덕을 순수한 기로서 리를 갖추고 있음으로 해서 인간 행위와 수양의 주체로 현실에 위치시키고, 나아가 심을 인간 행위와 수양의 주체로서 현실적 주체로 규정하는 것이다. 따라서 명덕은 심의 본체이고 본심이면서 리와 기의 합이기 때문에 심과 마찬가지로 체용을 갖추는 것이 된다.

43) 『答問類編』 卷6 「論經第三·大學三之二」 16면: 氣之精爽故能具衆理, 理以理如以目視目.

명덕은 체용을 갖추어서 말한 것이고, 도심(道心)은 용(用)이 도리를 좇아서 발한 것만 가리켜서 말한 것이니, 진실로 같지 않다. 또 명덕이나 도심은 모두 이 심 위에서 말한 것이지만, 이제 '명덕은 리이고, 도심도 리이다'라고 하여 심을 곧바로 리라 이른다면 아마도 온당하지 못할 듯하다"[44]

그의 설명은 현실에 구체적으로 존재하는 명덕을 명시적으로 드러내는 것이다. 명덕은 이기일체로서 현실에 심의 본체로 존재하기 때문에 체용을 갖춘 것이고, 심과 다른 차별적 존재가 아니기 때문에 리나 기의 일면적 규정이 있을 수 없다는 것이다.

전반적으로 볼 때 기정진은 리가 가지는 소이연(所以然)으로서의 측면만을 긍정하여 명덕주기설을 주장하는 논의에 대해서는 명덕을 기로 보면 명기(明氣)의 학문이 될 수 있다는 점과 아울러 심의 본체인 명덕마저 기로만 규정하면 기에 대한 리의 주재가 완전히 관철되지 못할 가능성에 빠질 우려가 있음을 고려하여 비판하였다고 할 수 있다. 아울러 리의 능연성(能然性)을 전제하여 명덕주리설을 주장하면, 양명의 학설과 유사하게 됨은 물론, 리의 무위와 기의 유위라는 이기론의 원칙을 위배되고, 나아가 리의 주재에 따른 기의 운동 변화만을 말하는 그의 이기론 체계와도 어긋나게 된다고 보았다고 하겠다. 따라서 그는 명덕을 둘러싼

44) 『蘆沙集』 卷4 「答景道」 21면: 明德該體用而言, 道心單指用之從道理發者而言, 固不同矣. 又明德也, 道心也, 皆此心上說話, 今曰明德理也, 道心亦理也, 以心直謂理, 恐未安.【참고】이 인용문은 『蘆沙先生全集』〔보경문화사, 1983〕과 『한국문집총간』〔310, 민족문화추진회, 2003〕에 수록되지 않았고, 『蘆沙先生文集』〔아성문화사, 1976〕에 수록되었다. 초간본에 실렸던 해당 글을 삼간본을 간행하면서 삭제한 것으로 추측된다.

주리와 주기의 논쟁에서 이기일체로서의 명덕을 제시하고, 그 중심 맥락을 리에 두어 논의를 정리한 것이다.

나아가 기정진은 호락논쟁의 또다른 쟁점인 '성인의 마음과 범인의 마음은 같은가? 다른가?[聖凡心 同異]'라는 문제에도 주목하였다. 기본적으로 심은 성인이나 범인이나 모두 가지고 있다. 리 또한 공공한 것이기 때문에 인간이면 누구에게 있는 것이고, 따라서 리로서의 성도 성인이나 범인에게 차별적으로 존재할 수 없다. 이러한 태도는 성리학자라면 누구나 동의할 수 있는 태도이다. 하지만 관점이나 내용에 따라 입장은 달라질 수 있다. 그래서 기정진은 성인과 범인이 가지는 심의 동이(同異) 문제에 대해 그 구성과 작용을 각각 나누어 제시하고자 한다.

> 심이 비록 기분사(氣分事)이나, 이에 갖춘 바는 성이다. 심이 성을 갖추니, 나의 마음과 성인의 심이 동일하다. 심이 성을 다하는 것[盡性]을 못하면 나의 심과 성인의 심이 서로 다르게 된다. 그러므로 그 같음이나 그 다름은 모두 그 중한 바가 성에 있다. 무릇 그 체단(體段, 즉 구조)[45]은 동일한데 작용[즉 마음을 쓰는 것]이 상이함은 원래 기품(氣稟)의 미악(美惡)가 그 사이에 용사하기 때문이다. 그러나 성인은 항상 그 같음에 주하여 그 다름을 출척함으로 기품을 큰 일로 보지 아니한다. 그러므로 비록 우매하나 반드시 밝아진다고 말하고, 비록 유약하나 반드시 강건해질 것이라 말하는 것이다.[46]

45) 體段이란 용어는 기정진이 처음 사용한 용어가 아니다. 이미 李滉에게서 보이는 용어로 李相殷선생은 '체단은 체계의 조직 구성을 말하는 것'이라 설명하고 있다. 중심으로부터 지엽에 이르는 체계적 구조를 말하는 것으로, 체용과는 다른 의미를 지닌다. 李相殷, 「퇴계의 생애와 학문」, 『李相殷先生全集』2, 예문서원, 1998, 81~83쪽 참조

심에 성이 갖추어져 있는 체단(體段), 즉 구성상의 문제에서는 성인이나 범인이나 차이가 없다. 심에 갖추어진 성이나 하늘의 본생으로부터 얻은 명덕이나 그 구성상에 있어서 차별이 있다는 것은 근원적인 한계를 노정하는 것이기 때문에 문제가 될 수 있다고 보는 것이다. 그리고 인간이면 누구나 도달해야 하는 도덕적 완성을 기할 수 있는 근거에서 원천적 차이가 있다고 여기게 되면 결국 리로서의 성은 그 보편적 실재에 문제를 노출하는 것이 된다. 따라서 심에 갖추어진 리나 본심인 명덕은 모두 차별적으로 존재할 수는 없다고 보는 것이다.

그러나 구조적으로 원리적으로 동일하게 갖추어져 있다고 해서 성인과 범인의 차이가 드러나지 않는 것은 아니라는 게 기정진의 생각이다. 그 차이는 심의 구성에서 오는 문제가 아니라 심에 갖추어져 있는 성을 현실에 제대로 구현하는가의 여부에 달렸다는 것이다. 즉 자기에게 갖추어져 있는 도덕적 원리인 성을 현실 세계에 다 발휘하는가? 발휘하지 못하는가?에 따라 성인과 범인의 차이가 드러난다는 것이다. 자기 마음에 갖추어진 성을 다 발휘하는가의 여부에 작용하는 것은 기라고 하여 구체적으로 리의 작용은 기에 의해 이루어짐을 제시하면서도, 기정진은 무엇을 다하는가라는 그 무엇, 즉 성에 그 중함이 있다고 보아, 성인과 범인의 심에 대한 동이 여부도 성의 실현 여부에 귀착시켜 이 논

46)『蘆沙集』卷16「納涼私議」19~20면:論心亦然, 心雖氣分事, 而乃所具則性也. 心具性 吾之心與聖人心同, 心不能盡性, 吾之心與聖人之心異, 其同其異, 皆所重在性也. 夫其體段則同, 而作用則異者, 固緣氣稟之美惡用事於其間, 然聖人之於此, 常主其同者, 絀其異者, 不把氣稟作大事看. 故曰 雖愚必明, 雖柔必强.

의에서도 그 중심위치에 성를 위치지우는 것이다.

한편, 성을 갖추고 있는 심의 구성은 성인과 범인이 동일하지만, 그 성의 발현에서 차이가 난다고 한 것은 그 기본적인 원리적 구성에서는 심의 성을 완전히 실현할 수 있는 현실적 토대가 인간에게 갖추어져 있음을 의미한다. 그리고 그 실현은 현실상의 문제이기 때문에 성의 실현은 결국 심에게 주안점이 두어지게 되고, 성이 실현될 수 있는 현실적 토대, 즉 심의 기적(氣的)인 부분에서 성인과 범인이 같은 구조를 가지고 있어야 하는 문제로 연결된다. 그래서 기정진은 심에는 기와 물에 구애받는 심도 있다고 하여, 심에 기질의 영향이 있음을 시인하면서도 인간 행위와 수양의 문제와 관련하여 이것에서 완전히 벗어날 수 있는 명덕을 끌어내어 리의 발현을 위한 구조화를 꾀한 것이다. 명덕은 결국 성선의 현실적 가능성의 토대를 기초한 것이고, 수양의 출발이 되는 것이다.

명덕은 인간이면 누구나 있다고 보는 것이 기정진의 생각이다. '명덕무분수설(明德無分殊說)'로 요약되는 이러한 그의 입장은 성인과 범인 간에 본심으로서 명덕의 차이가 없다는 것으로 연결된다.[47] 허령한 명덕은 그것을 받아들이는 기질 안에 있지만, 그 기질 안에 얽매어 있는 것이 아니라 그 기질의 영향을 받지 않는 본체라는 것이다. 심이 구성상 기질과 연관되어 있지만 그 본체는 기질의 영향을 받지 않는다고 보는 것이다. 기질의 영향을 벗어난 명덕이 전제되어야 하늘로부터 부여받은 리를 온전히 갖출

---

47) 『答問類編』 卷6 「論經第三·大學三之二」 14면: 指其不犯氣不犯物之本體, 故曰明德也. 明德何嘗有分殊也.

수 있는 것이고, 이것이 현실상에서 발현될 수 있는 조건이 갖추어진다. 이러한 조건은 성인이나 범인이나 모두 같아야 수양이 가능해지는 것이다.

따라서 성인과 범인이 차이가 나는 것은 성의 발현, 즉 진성(盡性)인데 이것은 결국 기질의 차이에 따라 달라진다는 것이다. 이 기질의 차이가 원래 함께 갖추고 있는 명덕과 명덕에 갖추어져 있는 리의 실현 여부에 관건이 된다고 본다. 따라서 기정진은 성인의 심을 예시하여 수양의 현실적 적용이 가능함을 제시하고, 기질의 변화를 통해 리의 실현이 가능함을 강조하는 것이다.[48] 이러한 논거에는 그 중심이 리의 발현이 전제되어 있기 때문에 심론에서도 이기론에서 구축한 리 중심의 이기론이 관철되고 있는 것이다.

맺음말—심론과 명덕설의 의의

명덕설을 비롯하여 심에 관한 19세기 기호학계 성리학자들의 관심은 화서학파의 성재(省齋) 유중교(柳重敎, 1832~1893)와 중암(重菴) 김평묵(金平默, 1819~1891) 사이의 논쟁을 비롯하여 심즉리

48) 이런 측면에서 기정진은 이이의 입장을 비판적으로 계승하는 측면이 있다고 할 수 있다. 수양과 연결지어 心是氣를 제시하고, 교기질의 수양론을 제시했던 이이와 기질의 차이와 가변적 특성으로 인한 진성 여부에서 성인과 범인을 구분하고, 그 전제로 누구나 진성하여 성인이 될 수 있다는 구조적 체계를 구축한 기정진의 논의는 큰 차이를 드러내지 않는다고 평가할 수 있기 때문이다.

를 주장한 한주(寒洲) 이진상(李震相, 1818~1886), 이이의 심시기의 전통을 계승한 간재(艮齋) 전우(田愚, 1841~1922) 등 상대적으로 폭넓게 펼쳐졌다. 기정진도 앞서 제시한 바와 같이 심에 대한 논의를 적지 않게 제시하여 이러한 경향과 보조를 맞추었다고 할 수 있다. 특히 기정진의 심에 대한 전반적인 논의는 이기론의 연장선상에서 심론이 체계화되고 있으며, 순선(純善)한 도덕적 원리로서 리[性]의 실현이라는 측면에서 심론은 수양론과 연결지어진다고 할 수 있다.

수양한다는 것은 무위한 리보다는 활동하는 심과 명덕이 주체가 되는 것이다. 그리고 기정진에게 있어서는 이기론에서 구축한 리 중심의 체계를 현실 세계에 적용하는 것이다. 그래서 기의 자발적 운동 변화를 부정하고 본원적 존재로서의 리를 강조하였던 리 중심의 이기론 체계에서 리의 주재에서 벗어난 기의 과불급(過不及)을 심의 본체로서 명덕을 제시함으로서 수양론의 출발점을 삼은 것이다. 순수한 기이자 그 안에 자재하고 있는 리의 합일체인 명덕은 인간이 성선(性善)을 지향할 수 있는 현실적 토대가 되는 것이다. 명덕은 리의 주재가 완전히 관철될 수 있는 원리적 구성 체계, 즉 리의 주재를 벗어난 기와 물에 구애받지 않고 리의 순선을 완전히 발현할 수 있는 구조를 가지고 있기 때문에 리의 주재는 현실상에서 완전히 관철될 수 잇는 가능 구조로 자리하게 되는 것이다.

동일성과 다양성을 내포한 리가 기에 대해 주재성을 가지는 본원적 존재임을 강조하는 그의 이기론은 심과 심의 본체인 명덕을 통해 인간 본래의 선을 실현할 수 있는 법칙성으로서의 위치가 강화되는 것이다. 이 순선한 리가 비록 필연의 묘만을 가지고 능연지력은 가지지 못하지만, 순수한 기와 결합되어 현실적으로 발현될 수 있는 토대가 구축됨으로써 명덕을 통한 선의 구현은 현실에서도 가능함을 강하게 긍정하는 것이다.

한편, 기정진의 심과 명덕에 대한 논의는 이기론에서 보였던 논리적 약점인 리의 무형무위에 따른 기의 과불급현상을 어느 정도 해결하는 논거로 제시된 것이라고도 볼 수 있다. 성선이 구현될 수 있다는 성리학 일반의 의론을 계승하면서도 리의 주재에 따른 기의 운동 변화는 현실상 인간의 심, 즉 명덕에서 완전히 구현될 수 있는 토대가 마련되기 때문이다. 따라서 기정진 성리설 체계에 있어 이기론은 심론을 통해 현실적 적용성이 드러난다고 볼 수 있다.

아울러 기정진의 심과 명덕에 대한 논의는 18세기 이후 전개된 호락논쟁의 연장선상에서 제기된 심론을 자신의 입장에서 비판적으로 종합한 것으로 파악할 수 있다. 도암(陶庵) 이재(李縡, 1680~1746)와 병계(屛溪) 윤봉구(尹鳳九, 1681~1767) 사이에서 벌어진 심설 논변 이후 심과 명덕에 대한 논의는 기호학파 내에서 적지 않은 관심사 중 하나였다.[49] 리일분수에 대한 독자적 해석을 통해 인물성동이론을 종합 지양하고 했던 기정진은 심론에서도 같은 입장을 취하는 것이다.

낙론의 입장에서 인성과 물성의 동론은 인간과 사물의 본연지성(本然之性)이 같다는 것과 함께 명덕을 끌어들여 심체는 선하다는 이론을 전개하였다. 이 때 명덕은 구체적인 작위 능력이 없는

49) 한국사상사연구회 편, 『인성물성론』, 한길사, 1994 참조

리의 현실적 발현을 위해 중요한 위치로 떠오른다. 명덕은 바로 기의 본체이고, 동시에 심이기 때문에 주기적 성격을 가질 수밖에 없다. 기가 통하면 리 역시 통하고 바르다는 것은 본연지심에서 본연지성이 드러난다는 이성이심론(二性二心論)으로 발전하는 것이다. 이것은 낙론자들이 성론에 있어 주리적이었던 경향이 심론에 와서는 주기적으로 변화하는 이론적 부정합성을 야기시키는 결과를 빚는 것이고, 이것에 대해 호론자들은 육상산(陸象山)이나 왕양명(王陽明)에 가까운 이단이라는 비판을 하게 된다.[50)]

호론자들은 심은 기의 모임이고, 그 체는 본래 허하여 심은 본래 선하지만, 기 모임의 다양함으로 이야기하면 심에는 본래 선악이 있다고 하였다. 기질은 사람이 태어나면서부터 가지는 것이고, 심에 갖추어진 성은 리와 기가 연관된 것이므로 미발(未發)한 심체(心體)는 선악이 있다고 보았다. 이러한 논의에 대해 기정진은 심을 기질과의 관련 하에서 현실적으로 존재하는 것이지만, 그 심에는 순선의 원리로서의 리가 갖추어져 있는 순수한 기인 명덕이 있고, 명덕은 기와 물에 구애되지 않기 때문에 미발심체에 악이 용납될 수 없다고 비판한다.

기정진은 심론에 있어 호락논쟁에서 제기된 미발심체의 문제와 특히 낙론, 즉 동론에서 제시된 명덕 개념을 차용하여 구체적으로 현실 세계에서 발용하지 않는 리의 현실적 토대를 구축하고, 양론의 심에 대한 논의에 비판적으로 접근하고 있는 것이다. 동론의 심론에 대해 기정진은 기본적으로 순수한 기만이 리를 온전히 드러낼 수 있다는 점을 받아들이지만, 순수한 기인 심의 본

50) 같은 책 참조.

체인 명덕은 리와의 관련 하에서만 그 의의를 갖는다고 하여, 주리적인 태도를 사장시키지 않으면서 동론자들의 심론을 나름대로 비판적으로 지양하는 것이다.

기정진의 심론과 그 연장선상에서 제시된 명덕은 리의 구현을 위한 원리상의 현실적 토대가 구축되었다는 의의를 가진다. 하지만 리의 주재가 완전히 관철되는 기는 명덕에 한정될 뿐이라는 것은 결국 기질에 구애되어 리의 주재가 관철되지 않은 기가 상존하고 있음을 의미한다. 이것은 결국 현실에서는 리의 주재가 그 규제력이 약화되어 있음을 의미하는 것이다. 따라서 그의 기에 대한 리의 주재는 세계 구성의 원리상으로서 의미를 가지는 것에 한정되는 것이라 할 수 있다.

「외필(猥筆)」의 외침*

— 기사(騎士)는 죽었는가? —

이 향 준

(전남대학교 학술연구교수)

들어가면서

기정진(奇正鎭, 1798~1879)의 「외필(猥筆)」은 1878년에 나타난 '여섯 단락 1,700여자'[1])로 이루어진 짧은 저술이다. 1902년 즈음 이 글이 표방하는 철학적 주장을 둘러싸고 본격적인 논쟁이 발생했고, 그것의 여파는 최소한 1941년까지 계속되었다.[2]) 잠정적으로 '20세기 한국 성리논쟁' 가운데 하나라고 부를 수 있는 현상이 40여 년 동안 진행된 것이다. 따라서 '「외필」의 무엇이 그렇게 논쟁적이었는가?'를 묻는 것은 자연스러워 보인다. 다시 말해

* 이 글은 2021년 『유학연구』 제54집〔충남대학교 유학연구소〕에 수록되었다.

1) 田愚, 『艮齋集』 前篇 卷3 「答李性中(升煥○癸卯)」 10면 참조.

2) 南廷瑀, 『立巖文集』 卷8 「與鄭晦夫(辛巳)」 8전면~9전면 참조. 경상대학교 문천각 소장본.

「외필」의 철학적 목소리를 비판적으로 검토해 볼 필요가 있는 것이다.

이 글은 세 가지 측면에서 「외필」의 내용을 재구성해보려고 한다. 먼저 「외필」 전체를 뒤덮고 있는 리 중심적 경향을 조선 유학사에 나타난 주리·주기 이분법의 용례라는 측면에서 살펴볼 것이다. 주리·주기 이분법은 성리학에 국한할 경우 사단칠정론에서 타카하시 토오루에 이르기까지 최소한 네 가지 용례가 있었고, 「외필」의 주리적 경향은 그 가운데 세 번째 단계에 해당한다고 제안할 것이다. 그 다음 「외필」의 주장을 성리학적 사유 양식이라는 측면에서 이황 및 이이와 비교 대조해 볼 것이다. 그것은 두 가지로 대별되는 은유적 사유 양식과의 비교 대조를 뜻한다. 첫째 이이의 성리학적 사유 양식이라고 할 수 있는 '포함도식'에 기초한 개념적 은유로서 '그릇 은유'의 관점에서 「외필」을 살펴볼 것이다. 이에 따르면 「외필」은 이이의 도식을 고스란히 물려받아서 이기 관계를 사유했다는 점에서 율곡적이라고 할 수 있지만, 리와 기의 그릇과 내용물 관계를 역전시킴으로써 이이 성리학을 리 중심적으로 재구성하고 있다. 둘째 이황이 수용했던 '인승마' 은유의 관점에서 살펴볼 것이다. 「외필」에 나타난 '인승마' 은유는 리에 힘을 도입하려는 이황식의 발상을 부분적으로 수용함과 동시에, 끝까지 '무위리'와 '기발이승일도'라는 율곡학파의 원칙을 유지한다는 점에서 퇴계학과 율곡학 사이의 독창적 혼성을 이끌어내고 있다.

마지막으로 이상의 검토를 통해 나타난 외필적 사유의 시대적 의의를 되돌아 볼 것이다. 이를 통해 「외필」은 리의 담지자로서 기로 간주되었던 사족을 리의 주체로 격상시키고, 유교 진리 국가로서 조선의 멸망이 임박한 시대적 분위기 속에서 바로 그 리의 주체들에게 국가와 자신들이 믿었던 진리의 확실성을 지탱하려는 움직임에 나서야 한다고 촉구했던 글이라고 주장할 것이다.

「외필」 이해의 현황

기정진의 성리학설에 대한 연구가 존재한다.[3] 그에 의해 형성된 노사학파(蘆沙學派)에 대한 연구도 있다.[4] 「외필」을 중심으로 벌어진 성리 논쟁에 대한 연구도 있으며,[5] 「외필」을 비판하는 텍스트 및 이에 대한 반론을 다룬 연구도 있다.[6] 결여된 것은 「외필」 자체에 대한 비판적 접근을 시도한 연구다. 겨우 존재하는 것은 「외필」이 등장하게 된 지성사적 배경을 다룬 최근의 연구 정도다.[7] 연구자들은 「외필」을 이미 충분히 해명된 자명한 성격

---

3) 안진오, 「奇蘆沙 理哲學에 관한 硏究-理一分殊의 哲學體系를 中心으로-」〔동국대학교 박사학위논문, 1988〕; 박학래, 「盧沙 奇正鎭 哲學思想 硏究: 性理說을 中心으로」〔고려대학교 박사학위논문, 2001〕 참조.

4) 김봉곤, 「蘆沙學派의 形成과 活動」〔한국학중앙연구원 박사학위논문, 2007〕; 김봉곤, 「호남지역의 기정진 문인집단의 분석」, 『호남문화연구』 44집〔전남대학교 호남학연구원, 2009〕, 229~276쪽; 박학래, 「노사학파의 지역적 전개양상과 사상적 특성」, 『국학연구』 15〔한국국학진흥원, 2009〕, 157~186쪽 참조.

5) 박학래, 「蘆沙 奇正鎭의 性理說을 둘러싼 기호학계의 논쟁: 「猥筆」을 중심으로」, 『민족문화연구』 48집〔고려대 민족문화연구원, 2008〕, 407~445쪽 참조.

6) 楊祖漢, 「艮齋와 蘆沙의 猥筆論辨」, 『간재학논총』 8집〔간재학회, 2008〕, 127~167쪽; 정병련, 「石梧 權鳳熙의 「猥筆」에 대한 분석」, 『퇴계학보』 96집〔퇴계학연구원, 1997〕, 100~134쪽; 「율계 정기의 철학사상」, 『한중철학』 3집〔한중철학회, 1997〕, 47~88쪽 참조.

을 가진 글처럼 다루고 있는 것처럼 보인다.

『조선유교연원』은 기정진을 소개하면서 「외필」의 내용을 발췌 수록하고 있을 뿐 별다른 비평이 없다.[8] 현상윤은 '리학(理學)의 육대가(六大家)'[9]라는 표현을 통해 기정진의 유학사적 위상을 정립하는 데 기여했지만, "노사는 기가 리를 순(順)하여 발하는 것은 마땅히 리발(理發)이라 이름할 것이요 기발(氣發)이라고 말할 것이 아니라는 것과, 리승(理乘)이라고 하는 승자(乘字)가 약(弱)하다는 뜻을 말하여, 은연(隱然)한 가운데 율곡의 학설을 비난하고 반대하였다"는 서술과 함께 이를 증거하는 사례로서 「외필」의 구절을 인용하고 있을 뿐, 이황과의 성리학적 연관성을 언급하지 않는다.[10] 이병도는 "〈외필〉은 오로지 화담(花潭)과 율곡학파가 말한 '기자이(機自爾)·비유사지(非有使之)'에 대한 비판이었다"[11]고 단정하고 있고, 배종호는 "「외필」과 「납량사의」는 유리론과 이일분수설을 전개한 걸작이다"[12]라고 총평하면서, 주로 「납량사의」를 중심으로 기정진의 성리학을 이일분수설을 중심으로 서술하고 있다.[13]

이들의 이해 방식은 안진오의 학위논문에 반영되어 있다. 그는 기정진, 전우(田愚, 1841～1922), 정재규(鄭載圭, 1843～1911), 정기(鄭琦, 1879～1950)로 이어지는 「외필」을 둘러싼 논변을 다루었다. 그

---

7) 이향준, 「외필(猥筆)의 기원(起源)」, 『유학연구』 51집〔충남대학교 유학연구소, 2020〕, 129～155쪽 참조.

8) 장지연, 『조선유교연원』, 서울: 아세아문화사, 1973, 142～143쪽 참조.

9) 현상윤, 『조선유학사』, 서울, 현음사, 1982, 368쪽.

10) 같은 책, 357쪽.

11) 이병도, 『한국유학사』, 서울: 아세아문화사, 1989, 482쪽.

12) 배종호, 『한국유학사』, 서울: 연세대출판부, 1990, 261쪽.

13) 같은 책, 261～283쪽 참조.

에 따르면 「외필」의 기본적 의의는 다음과 같은 문제의식에 대한 해명으로 구성된다.

> '기가 스스로 움직인다'라는 것은 화담의 '기자이(機自爾)'와 율곡의 '비유사지(非有使之)'라는 말에서 유래한다. 하지만 이 '기자이'와 '비유사지'란 말은 노사 시대 주기론자들에 의해 개념이 변질되어 사용되었다.[14)]

> 노사는 화담과 율곡이 사용한 '기자이'와 '비유사지'의 의미는 노사 시대에 이르러 그 의미가 변질되어 '기의 자발성(自發性)'을 의미하는 것으로 되었기 때문에 비판을 가했다. 그는 기의 움직임은 바로 리가 시켜서 한 것이라고 보기 때문이다.[15)]

그러나 안진오는 '노사 시대 주기론자'들이 구체적으로 어떤 성리학적 경향을 가지는 이를 지칭하는 지, 과연 화담과 율곡이 「외필」의 비판 대상인지에 대한 섬세한 검토는 보여주지 않았다. 동시에 이상의 연구들에는 기정진의 성리학을 어떻게 명명할 것인가의 문제가 내재되어 있다. 이상익의 대략적인 구분에 따르면 현상윤·배종호·유명종 등은 기정진의 철학을 유리론으로, 안진오와 김형찬은 '이일원론'으로 묘사했다.[16)] 용어의 적합성을 둘러싼 논란과 상관없이 나타나는 공통성은 극단적인 리중심적 경향을 강조한다는 점이다.

---

14) 安晋吾, 「奇蘆沙의 理哲學에 관한 硏究－理一分殊의 哲學體系를 中心으로－」, 30쪽.
15) 같은 글, 34쪽.
16) 이상익, 『기호성리학연구』, 서울: 한울아카데미, 1998, 343~344쪽 참조.

최영진과 이상호는 기정진의 성리학적 정체성이 율곡학파라는 점 때문에 「외필」의 성리학적 문제의식이 율곡학의 자장에서 출발했다는 점을 지적했고, 이상익은 여기에서 한 걸음 더 나아가, '그의 이기론을 율곡 이기론의 대체적인 테두리 안에서 논의할 수도 없다'[17]고까지 제안했다. 그럼에도 불구하고 기정진의 성리학이 정확하게 어느 정도 어디까지 리 중심적이고, 그것을 무엇이라 명명해야 하며, 이황 및 이이를 두 꼭짓점으로 두고 기정진을 그들과 비교 대조했을 경우 어떤 구체적인 동질성과 차이가 나타날 수 있는가에 대해서는 아직도 어떤 이해의 엇갈림이 존재한다. 안종수의 유보적인 유리론, 박학래의 '리일원적 구조화', 이동희의 '존재의 형이상학에서의 존리적(尊理的) 발상'이라는 다양한 제안들의 존재는 이 엇갈림이 아직껏 정확하게 정리되지 않았음을 증명한다.[18]

성과들과 모호함의 혼재는 「외필」을 다룬 단독의 선행 연구가 없다는 상황과 맞물려 좀 더 섬세한 논의의 지평으로 나아가야 할 필요성을 제기한다. 현재의 상황은 과정도 알려져 있고, 대략적인 귀결도 알고 있는데, 출발지를 모르는 여행자의 여정을 추적하는 것과 유사하다. 구체적으로 「외필」의 어떤 점들이 기정진의 성리학적 경향을 규정하는 요소들로 어떻게 작용하고 있고, 그것이 다시 어떻게 논쟁적인 주장으로 이끌려 '외필논쟁'이라고 부르는 학술적 흐름을 만들어내었는지를 탐구하는 과정에서 가장

---

17) 같은 책, 344쪽.

18) 박학래, 「蘆沙學 硏究의 現況과 課題」, 『동양고전연구』 70집〔동양고전학회, 2018〕, 359~360쪽 참조.

앞 장면이 공백으로 남아있기 때문이다. 이 공백은 거시적인 사상사적 관점에서 바라보았을 때, 그 구체적 모습을 드러낸다.

주리와 주기가 나타났을 때

「외필」을 한국 성리학의 고유한 개념틀로서 주리·주기 이분법과 연관시켜 살펴보기로 하자. 주리·주기를 언급하는 순간 타카하시 토오루의 그림자를 의식하는 연구자들이 많은데, 이 개념쌍을 조선 유학사 고유의 내재적 맥락으로 환원시켜 이해해야 한다고 제안한 이는 윤사순이었다.

> 주리·주기라는 표현 자체가 퇴계로부터 본격적으로 사용되었다. 퇴계는 '이기호발'을 전제로 사단 칠정을 각각 리기로 해석, '사단 이발이기수지, 칠정 기발이이승지'라 하면서 이것이 바로 '소주'의 형식인 '주리'·'주기'의 방식으로 해석한 것임을 밝혔던 것이다.[19)]

윤사순은 주리·주기의 발명자가 타카하시가 아니라 조선 유학사에 고유한 기원을 가진다는 단순한 사실을 상기시키고 있다. 반면에 주리·주기라는 개념틀 자체가 조선 유학사를 배경으로 어떤 범주화를 통해 이해될 수 있을 것인지의 문제를 다루고 있지는 않다. 하나의 어휘에 다수의 용례가 있다는 것은 이 낱말의 의미가 용례의 변경을 통해 자신의 의미를 확장시켜 왔다는 것을

19) 윤사순, 「朝鮮末期 主理派 思想의 意義」, 『東洋文化國際學術會議論文集 ―주자학과 한국유학―』 제2회〔성균관대학교 대동문화연구원, 1980〕, 170쪽.

의미한다.

성리학적 맥락 안에서 이 낱말쌍은 삼 단계의 의미 변화를 거쳐 타카하시에 이르렀다. 즉, 타카하시를 고려해 넣을 경우 네 가지 주리·주기의 용례를 발견할 수 있다. 거꾸로 말하자면 타카하시의 용례는 선행하는 세 가지 용례와의 비교를 통해 드러나는 차별성과 동질성의 관점에서 파악할 수 있다는 뜻이기도 하다.

첫째, 주리 주기 개념틀의 탄생은 이황이 사단칠정론쟁의 전개 과정에서 사단과 칠정을 이중적 관점의 적용으로 이해할 것을 제안하면서 나타났다.

> 리가 발동하고 기가 따른다고 하는 것은 리를 주로 하여 말한 것일 뿐 리가 기에서 벗어난다고 하는 것이 아니니 사단이 바로 그것입니다. 기가 발하여 리가 탄다 함은 기를 주로 하여 말한 것일 뿐 기가 리에서 벗어난다고 하는 것이 아니니 칠정이 바로 그것입니다.[20]

이 주장의 성리학적 타당성을 논할 때면 반대와 찬성이 교차한다. 이이는 "사단을 주리라 하는 것은 되지만 칠정을 주기라 하는 것은 안 된다. 칠정은 리와 기를 포괄하여 말한 것이니 주기가 아니다"[21]고 반대했다. 이와 달리 이현일(李玄逸, 1627~1704)은 "여기에서는 칠정을 사단과 상대해서 말했기 때문에 주리와 주기의 구분이 있는 것이다"[22]고 찬성했다. 찬반과 상관없이 이이와

---

20) 李滉, 『退溪集』 卷16 「答奇明彦(論四端七情第二書)」 〈改本〉 36면.

21) 李珥, 『栗谷全書』 卷10 「答成浩原(壬申)」 8면; 李玄逸, 『葛庵集』 卷18 「栗谷李氏論四端七情書辨」 11면.

22) 『葛庵集』 卷18 「栗谷李氏論四端七情書辨」 12면.

이현일은 주리-주기라는 개념쌍이 원래 나타났던 심성론적 맥락과 그 맥락의 기초 위에서 타당성 여부를 논한다는 기본적인 원칙에서 벗어나지 않고 있다.

보다 일반화시키자면 최초의 주리·주기는 성리학의 특정 진술에 주리·주기라는 이원적 관점을 적용하는 것의 문제였다. 여기에는 수많은 변용들이 가능하다. 가장 대표적인 것이 임성주(任聖周, 1711～1788)가 '이일분수'에 주리·주기를 적용한 것이다. 이를 통해서 그는 자신 만의 '기일분수(氣一分殊)'를 이끌어낼 수 있었다.

> 요즘 사람들은 이일분수(理一分殊)를 리는 같고 기는 다르다[理同氣異]는 식으로 이해한다. 이것은 리의 일(一)이 기의 일(一)에 즉(卽)해서 드러나는 것임을 모르는 것이다. 기의 일이 아니라면 어디에서 리가 틀림없이 일이라는 것을 알겠는가? 이일분수란 주리(主理)의 측면에서 말하면 분(分)자는 리에 속한다. 그러나 주기(主氣)의 측면에서 말한다면 어찌 기일분수(氣一分殊)라고 하지 못하겠는가?[23]

한원진(韓元震, 1682～1751)의 경우는 좀 더 근본주의적이다. 그는 주희가 '주리(主理)'와 '주형(主形)'이라는 용어를 사용했음을 지적하면서, "〈주희가〉「채계통에게 답하는 편지」에서 인심, 도심을 논한 글은 언뜻 보면 인심을 기발이라 여기고 도심을 이발이라고 여긴 것 같기 때문에 나중에 이기의 호발을 논하는 자들이 특히 이 편지를 증거로 삼는다"[24]고 우려하기도 했다. 사단과 칠

23) 任聖周, 『鹿門集』 卷3 「鹿廬雜識」 3～4면.
24) 한원진, 『주자언론동이고』〔곽신환 역주〕, 서울: 소명, 2003, 334～335쪽.

정을 주리·주기라는 이중적 관점으로 이해하는 것이 확대되어 이일분수, 인심과 도심이라는 진술들에서 동일한 개념틀을 사용해서 이해할 수 있다는 주장들이 나타난 것이다. 이것은 첫 번째 용례의 주리·주기 개념틀이 한국 성리학 내부에서 낯선 것이 아니라, 오히려 익숙한 것이었다는 점을 보여준다.

두 번째 용례와 율곡학

두 번째 용례는 첫 번째 용례와 그 성격이 매우 다르다. 여기에서 주리·주기는 성리학적 담론의 특정한 진술들을 이해하는 관점이라는 자신의 기원을 넘어선 의미를 파생시키고 있다. 그것은 한 유학자의 성리학적 사유 방향 전체를 가리키는 용례로 변형되었다. 퇴계학파에 속하는 유학자들은 이이 성리학을 주기론적으로 재구성하려고 시도했다.

> 이이의 학문은 오로지 기(氣) 자를 주장하면서 기를 리로 인식합니다. 그러므로 리와 기를 일물로 여기면서 다시는 분별하지 않습니다. 심지어는 '마음이 기'라고 여기고, 사단과 칠정이 모두 기의 발현이라고 합니다. 이것은 그 병폐의 뿌리가 육가(陸家, 육구연)의 도와 기를 구분하지 않는 주장에서 나온 것입니다. 이러한 주장의 폐해는 불교에서 '작용이 성이다'고 하는 주장으로 귀결됩니다.[25]

여기에서 '주기'는 사단칠정론의 영역을 벗어난 분명한 이데올

25) 李榘, 『活齋集』 卷1 「嶺南儒生論牛溪栗谷不合從祀疏」 35면.

로기적 목적을 가지고 있다. 다시 말해 '이이=주기=육구연 및 불교=이단'이라는 논리적 고리를 주장하려는 것이다. 여기에서 '주리'는 명시되고 있지 않지만, 이 글이 이이와 성혼의 문묘종사를 반대하기 위한 상소라는 점을 상기하는 것만으로 발언되지 않은 주리가 이황의 성리학적 경향을 함축한다는 것을 손쉽게 유추할 수 있다. 심지어 정시한(丁時翰, 1625～1707)이 명백하게 율곡의 성리학을 염두에 두고서 주기라는 표현을 넘어서 '기학(氣學)'이라는 용어를 사용했을 때, 그는 이 모든 현상이 이황의 사후에 발생한 일이라고 함으로써 이런 함축을 노골적으로 표면화했다.

> 퇴계가 세상을 떠난 후 이단의 학설이 넘쳐나고 세상의 유자들은 오로지 기학만을 숭상하면서 리를 천리의 주재로 여기지 않았다. 이 때문에 〈학문의〉 올바른 길이 황폐해졌고, 세교는 무너졌으니, 이것은 참으로 우리 유학의 불행이다.[26]

다시 말해 이구(李榘, 1613～1654)의 글에서 나타나는 '이이=주기'라는 주장의 이면에는 '이황=주리=정학'의 논리가 깔려 있었던 것이다. 김용헌은 이처럼 정치와 학술이 뒤범벅이 된 당시의 양상을 이렇게 묘사했다.

> 이이의 학설을 비판했던 퇴계학파의 학자들에게 이황의 학문은 도의 학문이자 정론인 반면, 이이의 학문은 사악한 학설이고 이단의 학설이었다. 그들의 관점에서 보자면, 이이의 학문을 물리치는 것이 이황의 학문을 회복하는 것이자 절대화하는 것이었고, 나아가 도의

26) 丁時翰, 『愚潭集』 卷10 「敍述(門人趙沇)」 22면.

학문과 올바른 학설을 지켜내는 성스러운 싸움이었다.[27]

이 때문에 주리·주기의 두 번째 용례가 가지는 편파성이 즉각적으로 드러난다. 즉 사단칠정논쟁 과정에서 주리·주기 이분법을 발명한 이가 이황임에도 불구하고 어느 누구도 이를 근거로 이황의 성리학이 '주기적(主氣的)'인지의 여부를 문제 삼지 않는다. 그러나 이이의 성리학은 경우가 다르다. 이 연명 상소 이후에 이어진 일련의 학술적 공세에서 율곡학파의 구성원들은 하나의 이론적 부담을 느끼게 되었다. 그들은 율곡의 학설이 주기적이라는 비판에 맞서 반론을 제기해야 할 책임을 지게 되었기 때문이다.

일부 율곡학파의 구성원들에게 이 주장 자체는 무시 가능한 것이었다. 애초에 이구의 주장은 이이의 문묘종사를 반대하려는 목적에서 나타난 것이었다. 그러나 우여곡절을 거쳐 1694년 문묘종사는 최종적으로 관철되었다. 이것은 율곡학파의 구성원들에게 이구 등의 논리가 그 자체로 타당성이 없다는 사실을 증명하는 가장 강력한 반증 사례였다. 반면에 이 비판을 학술적으로 정당화하려는 일련의 율곡학파 계열의 학자들은 이 비판에 어떻게든 대응할 필요성을 느끼고 있었다. 1878년 늦여름 무렵 기정진의 제자였던 조성가가 들었던 질문은 바로 이 두 번째 주리·주기의 연장선상에서 이해되어야 할 필요가 있다. 적어도 이런 점에서 윤사순의 다음과 같은 진술은 이 맥락을 미처 고려하지 않은 진술로 보인다.

---

27) 김용헌, 『조선성리학, 지식권력의 탄생』(프로네시스, 2010), 256쪽.

그의 시기에 이르기까지 조선 성리학계에서 영향력을 떨쳤던 주기설의 사례는 바로 서경덕(徐敬德, 花潭, 1489~1546)과 임성주(任聖周, 鹿門, 1711~1788)의 이론이었다. 기정진도 이들의 성리설을 가장 두드러진 주기설이라고 판단했던 것 같다.[28]

이 설명과는 다르게 조성가는 어떤 이에게 이이 성리학을 비판한 누군가의 견해를 전해 들었는데, 그 내용은 간단하게 두 가지였다. 첫째, 이이의 성리학설에서 '주기론의 폐해가 시작되었다[啓主氣之弊].' 둘째 이렇게 비판할 수 있는 근거는 이이가 성혼에게 보낸 편지에서 했던 말 즉 "음양의 동정은 그 기틀[機]이 저절로 그러하지 그렇게 시키는 것이 있지 않다"는 표현이었다.[29] 조성가의 이 편지는 평생에 걸친 기정진의 성리학적 문제의식을 자극했고 결국 그것은 「외필」의 첫 구절이 다음과 같이 시작하게 되는 직접적 계기가 되었다.

"음이 움직이고 양이 고요하다"는 것을 바깥에서 언뜻 보면 스스로 움직이다가 스스로 멈추는 것 같지만, 그 실상을 깊이 탐구해 보면 한결같이 천명이 그렇게 시킨 것이다. 천명이 그런 까닭에 그렇게 하지 않을 수 없는데, 이것을 소이연(所以然)이라고 하니, 천명 밖에 따로 소이연이 있는 것이 아니다. 이제 '그 기틀이 저절로 그러하다[其機自爾]'[30]고 말할 때, '스스로 그렇다[自爾]'는 것에 강요한다는 뜻이 없음을 말하니, 이미 자기에게서 말미암는 것이지 다른데서 말미

28) 윤사순, 『한국유학사』 하, 지식산업사, 2013, 213~214쪽.
29) 趙性家, 『月皐文集』 卷6 「上蘆沙先生(戊寅)」 22면. 국립중앙도서관 소장본.
30) 『栗谷全書』 卷10 「答成浩原」 26면.

암지 않는다는 뜻을 내포한다. 또한 '시키는 것이 있지 않다[非有使之者]'[31]라고 거듭 말하였으므로 '저절로 그러하다'고 말할 때는 말이 오히려 허황되었으나, '시키는 것이 있지 않다'고 해서 그 말뜻이 명확해졌고, 정말로 음과 양이 말미암는 것이 없이 스스로 움직이고 스스로 그치는 것 같다. 그러나 이 두 구절만은 내 옅은 식견으로 이해할 수가 없다.[32]

여기에서 나타나는 기정진의 문제의식은 분명하다. '기자이'와 '비유사지'를 '정말로 음과 양이 따로 말미암는 것이 없이 스스로 움직이고 스스로 그친다'는 의미로 간주한다면 이것이야말로 정말로 주기론적 사고라는 것이다. 심지어 이러한 사고의 기원을 이이에게 소급할 수 있다고 하더라도 자신은 결코 이러한 해석을 이해할 수 없다고 단언하고 있다. 이 때문에 그는 자신의 생각을 표현하기 위해서 이이의 발언까지를 문제 삼지 않을 수 없다는 것을 분명하게 표명하고 있다. 이것이 의미하는 것은 「외필」의 출발점이 기본적으로 율곡학을 주기적으로 이해할 것인가 아니면 주리적으로 이해할 것인가의 갈림길이라는 것을 보여준다.[33]

율곡학파 내부의 갈림길

이 지점에서 조선 유학사는 주기·주기의 세 번째 용례를 보여

31) 같은 책, 「答成浩原」 26면쪽.

32) 奇正鎭, 『蘆沙集』 卷16 「猥筆」 24면.

33) 박학래, 「蘆沙 奇正鎭의 성리설을 둘러싼 기호학계의 논쟁」, 『민족문화연구』 48집[고려대학교 민족문화연구원, 2008], 439쪽 참조.

준다. 그것은 다름 아닌 율곡학파 안팎에서 이이의 성리학을 주리적으로 이해할 것인가? 아니면 주기적으로 이해할 것인가의 문제로 나타났다. 여기에 퇴계학파에서 율곡학파를 주기론이라고 비판하는 논점을 중첩시키면 같은 낱말들이 서로 다른 의미로 쓰일 수 있다는 것을 알 수 있다. 예를 들어 기정진은 "근세의 주기론[近世主氣之論]"이라고 했고, 이진상은 "근세의 주기학[近世主氣之學]"이라고 했다. 비슷한 낱말이지만 기정진은 율곡학파 안팎에서 율곡의 성리학을 주기적으로 해석하려는 경향을 가리키기 위해 이 낱말을 썼다.[34] 그래서 그는 "이이의 '기자이' 운운한 말이 유행이란 한 측면에서 말한 것일 뿐임에도 근세의 주기론이 여기에서 비롯되었다"[35]고 썼다. 이진상에게는 유사한 낱말이 기본적으로 율곡학파의 구성원들을 가리키는 것이었다. 그래서 그는 "근세의 주기학은 한남당(韓南塘, 한원진) 같은 이가 없다"[36]고 했다. 어투는 비슷해 보이지만 두 사람이 가리키는 외연은 명확하게 구별된다.

주리라는 낱말은 더욱 미묘하다. 퇴계학파의 구성원들에게 주리는 퇴계학파의 성리학적 방향성을 정당화하는 낱말이다. 율곡학파의 경우 두 가지 차이나는 이해가 있다. 일군의 율곡학파에

34) 노사학파의 구성원들에게 이런 경향을 대표하는 인물은 기정진이 「이통설」을 짓는 계기를 제공했던 權宇仁이었다. 예를 들어 이최선은 이렇게 말했다. "율곡선생은 우연히 "기틀이 저절로 그러한 것이지, 시키는 것이 있지 않다"는 말을 했는데, 이것이 돌고 돌아 權信元에 이르러 한결같이 리를 기로 간주했다. 그러므로 蘆翁이 특별히 「외필」을 지어 주자가 말한 '동정이란 태극이 타는 기틀이다'라는 말을 풀어서 주인과 종, 앞뒤의 구분을 밝힌 것이다. 이렇게 해서 앞 성현들을 따라 주리의 진전이 비로소 세상에 밝혀지게 되었다." 李最善, 『石田集』 卷2 「讀猥筆」, 67후면~68전면.

35) 『蘆沙集』 卷12 「答鄭季方(辛未九月)」 38면.

36) 李震相, 『寒洲集』 卷15 「答許退而(癸酉)」, 3면.

게 주리는 율곡학 그 자체의 방향성을 가리킨다. 즉 그들은 율곡학을 주리라고 주장하기 위해서 율곡 성리학에 어떤 수정을 가해야 할 필요성을 느끼지 못한다. 반면에 또 다른 경우는 그와 다르다. 율곡의 성리학이 주리라고 주장되기 위해서는 몇몇 측면들이 재해석되어야 한다. 예를 들자면 '기자이'와 '비유사지'라는 두 낱말의 의미를 보다 리 중심적으로 재해석해야 한다. 그리고 여기에 해당하는 구체적 사례가 바로 「외필」이다. 이것은 기정진의 「외필」이 기본적으로 퇴계학파에서 율곡 비판을 위해 동원된 주리·주기의 두 번째 용례를 반박하기 위한 세 번째 용례의 발명에 기여하고 있다는 점을 밝혀준다. 동시에 이 저술의 특징이 그저 다른 율곡학파의 후학들이 그런 것처럼 율곡의 성리학이 주리론이라고 주장하는 데 그치지 않고, 그렇게 이해되기 위해서 이이의 진술들이 재해석되어야 할 필요성이 있다는 점을 강하게 주장하는 지점까지 나아가고 있다는 점을 증명한다.

이 때문에 「외필」을 언급하는 거의 모든 이들은 공통적인 사실을 지적했다. 기정진의 제자였던 정시림(鄭時林, 1839~1912)은 「외필상질설」의 첫 질문을 "세상에는 율곡(栗谷)이 주기(主氣)를 주장했다고 하는 경우들이 있는데 믿을 만합니까?"라고 제기하고서는 곧바로 "아니다. 그렇지 않다. 율곡은 주리(主理)설이다"[37]고 못을 박았다. 한편 전우는 "나는 차라리 주기라고 배척을 당할지언정 4,000년 이래의 여러 성현을 배신해서 주리의 명칭을 거짓으로 뒤집어쓰지 않겠다"고 단언했다.[38] 그는 비판적 어휘일망정

37) 鄭時林, 『月坡集』 卷1 「猥筆相質說」, 47후면. 국립중앙도서관 소장본.
38) 『艮齋集』 前編 卷13 「猥筆後辨」 73면.

명확하게 「외필」을 주리론적이라고 파악하고 있었다. 나아가 그는 명확하게 유직(柳稷, 1602～1662)과 이구의 비판을 염두에 두고 다음과 같이 구체적으로 말하기도 했다.

> 옛날 유직은 '아무개－율곡－의 학문은 오로지 기를 리로 간주한다고 주장하면서, 심지어 마음을 기로 여긴다. 그 병폐의 뿌리는 육가(陸家, 육구연)의 도와 기를 구분하지 않는 견해에서 나온 것으로, 그 해로움은 석씨(釋氏)의 작용이 성이라는 주장으로 귀결된다'고 했다. 요즘 사람들 가운데 나를 기학(氣學)이라고 꾸짖는 이들이 많은데, 또한 유직의 비판과 비슷하다.[39]

여기에서는 이구의 목소리와 함께 율곡의 성리학을 '기학'이라고 비난했던 정시한의 목소리가 함께 담겨 있다. 전우는 명백하게 이이 성리학을 향해 '주기' 혹은 '기학'이라고 했던 비판을 잘 알고 있고, 그것이 여전히 율곡의 적전을 이었다고 자부하는 자신에게도 가해지고 있다고 서술하고 있다. 또한 '거짓된 주리론' 보다는 배척을 당할망정 정당한 '주기'론을 주장하겠다고 말하고 있다. 이 '거짓된 주리'라는 낱말이 「외필」을 비판하는 「외필후변」에서 언급된다는 사실은 그의 비판의 표적이 기정진이라는 점을 다시 한 번 확인시켜 준다. 따라서 조선 유학사에는 율곡학파 내부에 자의식적으로 '주기'적 해석과 '주리'적 해석을 구별했다는 것을 알 수 있다. 또한 이것이 율곡학파 전체를 주기론적이라고 비판했던 두 번째 주리·주기 용례의 사상사적 반향이라는 것에는 의심의 여지가 없다.

---

39) 『艮齋集』 後編 卷8 「答崔𢡺(壬戌)」 30면.

타카하시 토오루에 이르러

이미 두 번째 용례로서의 주기가 율곡 성리학의 전체적 특징 및 그 후학들의 학문적 경향을 함축하며, 그에 대한 반론과 재반박으로서 세 번째 용례가 나타났다는 점을 염두에 둔다면, 이제 마지막으로 나타난 네 번째 주리·주기의 용례는 그 다지 새로워 보이지 않게 된다. 그것이 바로 타카하시 토오루의 구분 방식이다.

> 조선 유학의 2대 학파는 주리파(主理派)와 주기파(主氣派)인데, 이 두 흐름이 나온 원천은 이황·기대승 두 사람의 사칠론이다. 이로부터 한 파는 동남쪽으로 흘러 주리(主理)를 주장하는 영남학파로 발달하였고, 한 파는 서남쪽으로 흘러 주기(主氣)를 주장하는 기호학파로 발달했다.[40)]

타카하시가 주기파의 기원을 기대승이라고 말하는 것은 "이이가 기대승 쪽에 가담함으로써 이황과 이이 2대 학파[퇴계학파, 율곡학파]를 형성"[41)]했다고 함으로써, 간단하게 이이와 그의 성리학으로 치환된다. 이러한 타카하시의 구분 방식은 조선 유학사에서 형성되어 온 주리·주기의 세 가지 용례와 비교할 때 분명한 특징을 보인다.

첫 번째 용례는 사단칠정론이라는 심성론의 차원에서 이중적 시점의 문제를 언급하고 있다. 다시 말해 이것은 사단과 칠정을 바라보는 사람의 '시점의 문제'인 것이지, 어떤 존재론적 차이를

---

40) 다카하시 도루 지음, 『조선의 유학』〔조남호 옮김〕, 서울: 소나무, 1999, 26쪽.
41) 같은 책, 같은 곳.

묘사하려는 것이 아니다. 어떤 시점을 가지든지 시점은 바꿀 수 있지만, 주리적 관점에서 본다고 해서 '리가 기를 벗어나는 것도 아니고' 주기적 관점에서 본다고 해서 '기가 리를 벗어나지 않는다'는 이황 자신의 진술이 그 증거다. 두 번째 용례는 명백하게 학술—정치적이라는 양면성을 띤다. 문묘종사의 반대라는 정치적 목적을 위해 주리 대 주기, 정학 대 이단이라는 대비적 구도를 사용하기 때문이다. 그리고 이 때의 주기는 명확하게 이이와 이이의 성리학설을 계승한 후학들의 학술적 경향 전체를 대상으로 한다. 세 번째 용례는 율곡학파 안팎에서 율곡의 성리학을 주리적으로 파악할 것인가? 아니면 주기적으로 파악할 것인가라는 '해석학적 차원'의 문제다. 기정진은 주리적 이해를 위해서 '기자이'와 '비유사지'라는 진술의 너머에 천명과 리의 사지연(使之然)이라는 추가적 진술이 필요하다고 주장했다.[42] 전우는 이러한 기정진의 견해에 반대하면서, 이 반대가 주기적이라는 비판을 가져오더라도 그것을 감수하겠다고 선언했다. 그리고 네 번째 타카하시의 용례는 주리와 주기를 조선 유학을 구성하는 두 가지 주요 학파의 구별 방식으로 사용한다. 타카하시에게 새로운 것은 주리·주기라는 개념쌍의 발명에 있는 것이 아니라 '차별적인' 사용에 있다.[43]

42) 사실 이 어휘는 이미 조성가가 기정진에게 보내는 편지에서 "理使之然"이라는 표현으로 먼저 나타났다. 기정진은 「외필」을 통해 이 용례를 받아들이면서 그것을 다른 두 가지 낱말, 즉 '不得不然之故' 및 '所以然'과 동일시했다.

43) 이 차별적 사용의 영역을 성리학적 사유 너머로까지 확장하면, 주리·주기의 실질적인 최후의 용례를 발견할 수 있다. 崔漢綺(1803~1879)는 "主理는 〈사변적으로〉 추측된 리라는 뜻이고 主氣란 기를 통해 유추한 리의 인

여기에서 한 가지 귀결이 도출된다는 것을 알 수 있다. 타카하시의 용례는 과연 그 이전의 세 가지 개념쌍의 용례 가운데 어느 것과 가장 가까운가? 타카하시는 그 원천이 이황과 기대승의 사칠론에 있다고 함으로써, 첫 번째 용례를 소환한다. 그 다음 그는 이이를 계승하는 기호학파 전체를 주기파로 단정함으로써 두 번째 용례를 소환한다. 여기에서 누락된 것은 기정진의 「외필」과 전우 사이에 보이는 이론적 긴장, 즉 율곡학파 내부의 해석학적 차이다.

조선 유학사에서 첫 번째 용례는 성리학적 진술을 대상으로 '시점의 이중 적용'에 관한 것이었고, 두 번째는 학술-정치적인 것이었다. 타카하시의 용례는 시점의 이중적 적용을 학파의 구분이라는 차원으로 옮겨가고, 동시에 학술-정치 용례에서 드러난 퇴계학파의 주장을 수용한다. 율곡학파가 주기파라면, 그 귀결은 사실상 이이가 주기론의 선하라고 해야 하기 때문이다.

그러므로 타카하시의 용례가 퇴계학파의 전형적인 시각 속에서 파악된 주리—주기의 용례와 극히 유사하다는 것이 드러난다. 즉 타카하시의 주리·주기 개념틀은 그 형성 과정이 어떠했든 결과적으로 퇴계학파의 두 번째 용례에 영향 받았다는 것이 부정할 수 없는 사실이다.[44)]

식"이라고 함으로써 여전히 리와 기라는 낱말과 주리·주기 이분법을 사용함에도 불구하고, 더 이상 성리학적 자장 속에서 해석할 수 없는 새로운 사유의 지평을 제시한다. 崔漢綺, 『氣測體義』 『推測錄』 卷2 「主理主氣」 참조.

44) 여기에는 이론의 여지가 있다는 반론이 있다. 즉 "다카하시 도오루의 한국유학 연구는 자료와 내용은 한국유학계의 영향을 받으면서 방법론과 시점은 근대일본의 유학 개념을 사용한 것이었다"는 것이다. 박균섭, 『퇴계학과

잠정적으로 「외필」에 기정진의 주리론적 사유 내용이 담겨 있다면 그것은 세 번째 주리론이라고 말할 수 있고, 그 주리론의 핵심은 율곡학이 주기론이라는 안팎의 회의적 이해에 대응하기 위한 재반박 과정에서 나온 것이다. 이 과정에서 기정진은 불가피하게 율곡학의 어떤 관점을 비판적으로 계승하지 않을 수 없었고, 이 비판적 계승은 자연스레 그를 율곡의 대척점에 있는 퇴계학의 어떤 경향을 향해 움직이도록 했다. 당연히 이 움직임의 구체적 궤적은 그렇게 단순하지 않았다.

그릇과 포함, 인과의 역전

기정진의 성리학이 주리적이라는 것은 「외필」의 첫 머리에서 '모두가 천명이 그렇게 시켜서 그러는 것[壹是天命使之然也]'이란 표현 속에서 너무 분명하게 드러난다. 리와 기의 관계가 '사지연'으로 정의되는 것은 이이에게서 발견할 수 없는 현상이기 때문이다. 그러므로 '노사의 성리학을 기존의 선유들에 대한 비판 속에서 성립한 또 하나의 독자적인 체계'[45]로 보려면 이 새로운 어휘의 의미를 숙고해야 한다. 이를 위한 방법 가운데 하나는 이황과 이이로부터의 거리를 측량하는, 즉 두 개의 꼭짓점을 이용해서 세 번째 점의 위상을 측량하는 삼각측량의 방식이다. 이를 위해

유교문화』 59집〔경북대학교 퇴계학연구소, 2016〕, 「퇴계학의 오독 : 다카하시 도루와 아베 요시오의 퇴계론 비판」, 167쪽.

45) 이상익, 『기호성리학연구』, 344쪽.

이황과 이이의 성리학적 사유 양식과 그로부터 유도되는 이기 관계에 대한 규정이 이뤄져야 하고 그 이후에 이들로부터 기정진 성리학의 이기론적 주장이 갖는 거리가 측정되어야 한다.

성리학적 사유 양식이라는 측면에서 이황과 이이는 어떻게 비교 대조될 수 있는가? 많은 종류의 대답들이 가능하겠지만 개념적 은유의 차원에서 볼 때 가장 선명한 대조를 이루는 것이 있다. 이황의 이기론은 기본적으로 주희가 제안한 '인승마' 은유를 수용하면서 이것을 주희가 마지못해 인정했던 '이약기강(理弱氣强)'의 방식으로가 아니라, '이강기약(理强氣弱)'의 방식으로 수정하려고 했다. 이것은 기본적으로 이황이 '상하도식'에 기초를 두고 리와 기의 관계를 일종의 힘의 강약 관계를 통해 사유했다는 뜻이다.

> 이황은 주희의 '인승마'를 적극적으로 수용하면서 '명령자-피명령자', '장수-병사'라는 새로운 은유를 만들어 냄으로써 '리약기강'을 대신하는 새로운 관계를 창조했다. 장수-리-명령자, 병사-기-피명령자라는 개념쌍에 힘의 강약을 부여할 경우, 누가 강하고 누가 약하게 규정될 것인지는 분명하기 때문에 이 은유는 '리약기강'에 대한 대체물일 뿐만 아니라, '리약기강'의 은유를 역전시키려는 의도를 갖고 있음을 알 수 있다.[46)]

한편, 이이의 이기론은 리무위(理無爲), 기유위(氣有爲) 및 이기불상리(理氣不相離)에 근거를 두고 주재[宰]와 소이연(所以然)으로서 리의 위상을 정의한다. 그리고 이런 관계를 정의하기 위해 이이

---

46) 이향준, 『조선의 유학자들 켄타우로스를 상상하며 리와 기를 논하다』, 예문서원, 2011, 169쪽.

는 '기는 그릇, 리는 내용물'이라는 '포함 도식'에 기초한 '그릇 은유'를 사용한다. 그러나 이 '그릇 은유'의 사용에는 한 가지 이론적 문제점이 포함되어 있다.

> 그릇 속에 담긴 내용물이 그릇을 통제한다는 이해는 우리의 일상적인 영역에서 찾아 볼 수 없다. 이런 이해를 잠재적으로 포함하는 '그릇 은유'는 원천적으로 기에 대한 리의 통제를 설명하기에 부적합한 은유이다. 이것은 율곡학파가 '그릇 은유'로서 이통기국을 받아들이는 한 지속적으로 리의 기에 대한 통제의 문제, 즉 성리학적 용어로 '리의 주재' 문제가 논란꺼리가 될 수밖에 없다는 것을 의미한다.[47]

개념적 은유의 차원에서 말하자면 이황의 이기 관계에서 지배적인 은유는 '인승마 은유'이고 이이에게 그것은 '그릇 은유'이다. 그리고 이들 은유를 내적으로 뒷받침하는 보다 원초적인 양식은 이황에게는 힘의 강약 관계이고, 이이에게는 리와 기 사이의 포함 관계이다. 그리고 '그릇 은유'에는 고질적인 하나의 문제가 얽혀 있다. 즉 율곡 성리학에서 기가 리를 담고 있는 그릇이고, 리가 기에 담긴 내용물이라고 사유되는 한 '리의 주재'라는 낱말이 언제나 논란에 시달릴 수 있다. 「외필」에 나타난 '사지연(使之然)'으로서 리의 위상은 이 문제를 배경으로 할 경우 그 방향성이 명확하다는 것을 알 수 있다. 기정진은 리의 주재로서의 위상을 율곡학파의 다른 견해들 속에서 발견할 수 없는 '사지연'으로 격상시켰다. 이것은 기정진이 율곡 성리학을 배경으로 리의 위상을

47) 같은 책, 203쪽.

높이려는 방향으로 사유했다는 것을 뜻한다. 「외필」은 어떻게 그렇게 할 수 있었는가? 기정진의 성리학이 정말로 이 지배적인 성리학적 사유들의 비판적 계승이자 종합이라면 「외필」의 '사지연'은 '힘 은유'와 '포함 도식'적 관계들로부터 어떤 수용과 변이를 통해 이해될 수 있어야 한다.

먼저 포함 도식적 관계를 살펴보자. 두 가지 표현이 「외필」의 안과 밖에서 발견된다.

> 리는 존귀해서 짝할 것이 없거늘 기가 어떻게 리와 짝할 수 있겠는가? 이치는 광활하여 짝할 것이 없으며, 기 또한 리 안의 일이요, 리가 유행할 때 손발 노릇을 한다.[48]

> 분(分)은 리(理)의 상대가 아니며, 분수(分殊) 두 글자가 곧 일(一)에 상대하는 것이다. 리가 만수(萬殊)를 포함하므로 일(一)이라고 하니, 실제로는 일물(一物)이라고 말하는 것과 같다.[49]

인용문에서 가장 의미심장한 것은 '리중사(理中事)'와 '리함만수(理涵萬殊)'라는 두 어휘에 포함된 '중(中)'과 '함(涵)'이다. 무언가의 '~가운데'와 '〈A가 B를〉 포함한다'는 낱말은 기정진의 이기 관계에 대한 사유가 기본적으로 포함 도식적 구도를 이용한다는 것을 보여준다. 반면에 "리 가운데[理中]"라는 표현은 이이의 '그릇 도식'과 비교할 때 정확하게 무언가 역전되어 있다. 리와 기 사이에 포함 도식을 적용할 경우 이이에게는 '기 가운데 리'이지 '리

48) 『蘆沙集』 卷16 「猥筆」 27면.
49) 같은 책, 卷16 「納涼私議」 5면.

가운데 기'가 아니기 때문이다. 여기에서 기정진의 성리학적 사유가 이이식의 사유를 계승함과 동시에 전도시키고 있음을 알 수 있다. 포함 도식적 관계는 그대로 유지되고 있다. 다시 말해 기정진 또한 '그릇 도식'을 이기 관계의 사유 도구로 사용한다. 그러나 그 요소들 사이의 관계는 뒤집혀 있다. 기 가운데 리가 아니라 리 가운데 기이기 때문이다.

이 역전을 이해하기 위해서는 '사지연'의 의미로 되돌아가야 한다. 기정진은 '기자이'와 '비유사지'의 표면적 서술을 곧이곧대로 받아들이는 경향을 율곡 성리학을 주기적으로 이해하는 것이라고 간주했다. 그 때문에 그는 '비유사지'의 이면에 '그렇게 시키는' 천명의 존재를 주장했다. 이렇게 할 경우 리와 기 사이에는 '그렇게 시키는' 즉 일종의 사역 관계가 형성된다. 그리고 이 사역 관계 속에서 리의 존재는 기 운동의 인과적 원인이 된다. 즉 이것은 리와 기 사이에 '인과 도식'을 적용한다는 뜻이다. 인과 도식이 그릇과 내용물의 관계를 규정하게 될 때, 그리고 내용물로부터 그릇으로의 인과 도식이 형성될 때 색다른 진술이 나타날 가능성이 생긴다. 그것은 그릇이 내용물의 형태를 결정할 뿐만 아니라, 내용물이 그릇의 형태를 결정할 수도 있다는 사유 방식이다. 흥미로운 점은 기정진의 사유 속에 담긴 이러한 사유 양식을 분명하게 표현했던 이가 「외필」의 비판자이면서 송병선(宋秉璿, 1836~1905)의 제자였던 권명희(權命熙, 1865~1923)라는 점이다. 그는 '리가 무위라는 주장을 유지하면서도 주재라고 주장'하는 율곡학파의 정통적인 이기론적 이해를 위해서도 내용물이 그릇에 영향을 끼치는 측면을 받아들여야 한다고 주장했다.

> 율옹이 "기틀이 저절로 그러한 것이지 그렇게 시키는 것이 있지 않다"고 한 것은 어째서입니까? 기가 하는 일이 있다는 뜻입니다. 그 하는 일이란 기가 스스로 하는 것입니다. 리에 하는 일이 있지 않기 때문에 기가 〈리를〉 따라서 일하는 것입니다. 이것은 그릇에 크고 작음이 있는데, 그릇이 그 자체로 크거나 작은 것이지 물이 그릇의 크고 작음을 조절하는 것이 아닌 것과 비슷합니다. 율옹이 "양이 움직이고 음이 고요한 소이가 리이다"고 한 것은 어째서입니까? 리는 함이 없지만, 주재의 신묘함을 갖고 있고, 기는 함이 있지만 주재의 존귀함이 없습니다. 이것은 물은 그릇의 〈크기를〉 조절하지 못하지만, 그릇에 크고 작음이 있는 것은 실제로는 물에서 말미암기에 〈그릇을〉 크게 하거나 작게 할 수 있는 신묘함이 있는 것과 같습니다.[50]

권명희의 주장은 리의 주재를 인정하기 위해서는 리에서 기로 이어지는 어떤 인과적 고리가 존재해야 한다는 것을 의미한다. 그리고 일단 이러한 인과 관계를 받아들이면 권명희의 주장에서 기정진으로 옮아가는 것은 '그릇의 크기가 실제로는 물에서 말미암는다'는 발상을 리의 '사지연'이라는 표현으로 옮기기만 하면 된다는 것을 알 수 있다. 그리고 이런 관계를 허용할 경우, 다시 말해 '리가 기를 그렇게 시킨다'는 점을 받아들일 경우 이 인과 도식의 원인 결과 관계는 포함 도식의 이해에 어떤 변형을 허용한다. 다시 말해 리가 기 운동의 사역 주체라면 원리적으로 기 운동은 리의 통제 '안에서' 발생하는 것이다. 포함 도식의 사용은 전과 같지만, 이제 리와 기의 포함 관계는 뒤바뀐다.

「외필」의 첫머리에서 말하고 싶어 했던 것이 바로 이것이었다.

50) 權命熙, 『三畏齋文集』 卷3 「上淵齋宋先生」 31전면~후면.

포함 도식은 율곡학파에 전형적인 것이지만, 「외필」은 인과 관계의 극단화를 통해 사역 주체로서의 리의 범위 '안에' 기 운동을 위치시키는 이론적 역전을 이루어낸 것이다. 이에 따라 이일분수(理一分殊)의 의미에도 미묘한 변형이 나타난다. 리일(理一)이 나뉘어서 차이를 빚는 것이 아니다. 분수는 그 자체로 리일 속에 '포함된' 것이고, 부분과 전체는 그 자체로 리일 하나의 내용 외에 다른 것이 아니다. 왜냐하면 전체를 벗어난 부분이라는 것은 존재하지 않기 때문이다 다시 말해 분수의 내용이 무엇이 되었든 그것을 어떤 식으로 말하든 그것은 언제나 하나로서의 범위 바깥에 있는 것이 아니다. 거꾸로 말하자면 전체로서의 리일을 말하는 순간 모든 부분은 언제나 전체와 함께 거기에 있다. 심지어 기(氣) 조차도.

퇴·율로부터의 거리: 삼각측량을 통해서

'그릇 도식'을 유지하면서 '인과 도식'의 도입을 통해 포함 관계를 역전시키는 것이 외필적 사유의 특징이라는 것은 아직 불충분한 설명이다. 왜냐하면 이것은 이이의 이기론적 사유 양식을 꼭짓점으로 기정진을 평가하고 있을 뿐 이황의 것으로부터의 거리를 재지 않았기 때문이다. 이황으로부터의 거리를 재려면 상하 도식에 기초한 인승마 은유에 내재한 '힘의 강약 관계'의 사유 내용이 언급되어야 한다. 과연 기정진은 이황으로부터 어떤 거리에 놓여 있는가?

이황식의 힘 은유는 이강기약을 강조하고, 이를 위해 리 개념 그 자체가 동적으로 이해되어야 할 것을 주장하고 있다. 이발(理發), 이동(理動), 이도(理到)는 그 전형적인 표현이다. 그런데 「외필」에서 퇴계의 이기론적 용어라고 할 수 있는 낱말이 등장한다. 그것이 바로 '이발'이다.

> 기가 리를 따라 발현하는 것이 기발(氣發)이니 곧 이발(理發)이요, 리를 좇아 운행하는 것이 기행(氣行)이니 곧 이행(理行)이다.51)

> '이발' 두 글자가 오늘날의 학자들에게 크게 금기시되고 회피되는 말이 되어버렸다. 그래서 단락이 있거나, 변화를 일으키거나 조리를 이루는 것을 보았다 하면 '기'라고 말하게 된 것이다. "누가 이 기를 주장하는가?"라고 물으면 '그 기틀이 스스로 그러할 뿐 시키는 것이 있지 않다'고 한다. 그렇다면 '리는 어디에 떨어져 있는가?'라고 '타고 있다[乘之]'고 하는 것이다. 애초에 이미 그렇게 되도록 시키는 신묘함이 없고 결국 조종하는 힘도 없으니, 의지하고 붙어서 탈 뿐 무슨 일을 할 수 있겠는가?52)

'기가 이를 따라 발현한다'라는 조건을 필요로 하지만, 기발과 이발을 동일시 할 수 있다는 기정진의 주장은 전통적인 율곡학파의 입장이 '기발이승일도설'이라는 점을 감안하면 상당히 거리감을 가지는 주장이다. 율곡학파에 속하는 성리학자가 '이발'이라는 표현 자체를 수용한다는 것이 그 거리감을 증명한다. 송병순(宋秉

---

51) 『蘆沙集』 卷16 「猥筆」 26면.
52) 같은 책, 卷16 「猥筆」 26~27면.

珣, 1839~1912)은 이러한 거리감을 간단명료하게 이렇게 표현했다. "율옹은 이발이란 말을 병폐로 여겼기에, 늘 성정을 말할 때면 '기발이승일도'라고 했을 뿐이었습니다. 이제 이발을 함께 말하는 것은 율옹이 주장한 것의 본뜻을 잃은 것 같습니다."[53] 그리고 기정진의 성리학이 율곡학파의 핵심 입장과 거리감을 가진다면, 상대적으로 거리감이 줄어드는 것은 퇴계학파와의 거리라는 것도 쉽게 짐작할 수 있다. 영남 유림으로서는 보기 드물게 「외필」에 우호적이었던 장화식(蔣華植, 1871~1947)은 분명하게 「외필」의 주장이 "퇴계와 일치하고 율곡과 거리감을 두는[合退溪而離栗谷]" 방향성을 갖고 있다고 평가했다.[54] 그러나 이 접근은 기정진과 이황의 일치를 설명해주지는 않는다. 안진오는 기정진이 이황의 이발설에 동의했다고 간주하고 있지만, 상황은 그보다 미묘하다.[55] 왜냐하면 이황은 오래 전 "기(氣)가 이(理)를 따라 발함을 이(理)의 발이라 한다면, 이것은 기를 이로 인식하는 병폐를 벗어나지 못하는 것입니다"[56]라고 함으로써, 진즉부터 기정진과 같은 방식으로 이발을 이해하는 것을 부정하고 있었기 때문이다. 이 때문에 이향준은 이렇게 비평했다.

이황의 언급은 분명한 뜻을 가진다. '이발(理發)'이라는 이론적 어휘

53) 宋秉珣, 『心石齋集』 卷6 「答田子明」 22후면. 국립중앙도서관 소장본.
54) 蔣華植, 『復菴集』 卷7 「書奇蘆沙猥筆後」 24후면.
55) "蘆沙가 '理發'이란 말을 지적한 것은 「理의 體에는 情意도 없고 造作도 없지만 理의 用에는 能發·能生하여 顯行할 수 있는 妙用이 있다」고 한 退溪의 학설에 동의한 것으로 볼 수 있다." 안진오, 「기노사의 리철학에 관한 연구」, 39~40쪽.
56) 李滉, 『退溪集』 권17 「答奇明彦」 432쪽.

> 가 전제되어 있기 때문에 '기가 이치를 따라서 발한다'고 해서 그것을 이발이라고 부를 수 없다는 뜻이다. 리를 따르든 따르지 않든 그것은 '기발'로 불려야 한다. 이황에 의하면 리를 따른다는 조건으로 기발을 이발로 표현할 수 있다고 주장하는 것이 바로 '기를 리로 인식하는' 것이다.[57]

'기를 리로 인식하는 것' 즉 인기위리(認氣爲理)는 퇴계학파가 사용했던 주리-주기의 두 번째 용례 속에서 이이의 성리학을 비난하며 상호 결합된 세 낱말 즉, 주기(主氣), 인기위리(認氣爲理), 리의 사물화(死物化)를 뜻하는 사리(死理) 가운데 하나였다.[58] 이것을 염두에 두고 보면 이황과 기정진의 거리는 어떤 한계에 의해서 선이 그어져 있음을 알 수 있다.

먼저 기정진의 학문적 출발점이 율곡학파의 자장 안에서 형성되었다는 것은 널리 알려진 사실이었다. 정재규는 "선사(先師) 노사선생에게 율곡선생은 원래 가학의 연원이 유래한 분이어서, 평생 그 도를 존중하고 믿었으며, 그 학문을 강론하고 밝혔다"[59]고 공언했다. '가학의 연원'이라는 표현은 기정진의 5대조인 기정익(奇挺翼, 1627~1690)이 송시열의 제자였다는 점을 강조하려는 것이다. 또한 김평묵(金平默, 1819~1891)은 "근세에 선정을 존중하는 이로 기·이 두 선생만한 이가 없다"[60]고 말했다. 사실 기정진 자신이 극단적일 정도로 리 중심적 사유를 보여주었기 때문에 당대

57) 이향준, 「「외필(猥筆)」의 기원(起源)」, 『유학연구』 51집〔충남대 유학연구소, 2020〕, 150쪽.

58) 같은 글, 144~149쪽 참조.

59) 鄭載圭, 『老柏軒集』 卷29 「辨誣文示諸同志」 27전면~27후면.

60) 金平默, 『重菴集』 卷8 「書蘆沙奇先生猥筆後」 628쪽.

에 그의 성리학적 정체성을 남인(南人)으로 간주하려는 시각마저 존재했었다. 그러나 송병선은 「외필」 자체의 내용에 대해 비판적이었음에도 기정진이 남인 계열에 속하지 않는가 하는 의문에 대해 실소를 금치 못한다고 표현했다.

> 기장(奇丈)의 「외필」은 실제로 온당치 않네. 사론이 일제히 들고 있어났다는 소식을 듣고, 찬탄을 멈출 수 없었네. 그러나 율옹은 해나 달과 같으니 해칠 수가 없다네. 「외필」 같은 글이 아무리 많더라도 어떻게 율옹에게 (무엇을) 더하거나 덜 수 있겠는가?…오인(午人, 남인)들이 운운한 것은 정말이지 한 번 웃고 말 일이요, 노(蘆)가 그 당인이라는 말은 더욱 실소를 금치 못할 일이라네.[61]

기정진이 율곡학의 자장 안에 있는 것이 사실이라면, 그의 성리학적 사유는 필연적으로 율곡 이기론의 고유성을 공유해야 한다. 전반적으로 「외필」은 '리존무대(理存無對)'의 관점과 율곡학파 성리학의 대전제라고 할 수 있는 '리는 무위이고 기는 유위이다[理無爲, 氣有爲]'는 기초에서 '기발이승일도설' 등에 대한 수정주의적 해석을 제안하는 것이라고 해석할 수 있다. '기자이(氣自爾)'를 '리의 소이연'을 넘어서, '리의 사지연'이라는 측면에서 해석하고, '순리(順理)'라는 조건을 달기는 하지만 기발을 퇴계학파의 어휘라고 할 수 있는 '이발(理發)'과 동일시 할 수 있다는 주장 등이 이런 것이다.

그러므로 이황과 기정진의 거리감은 두 낱말의 대비로 묘사할

---

61) 金魯洙 編,『扶闢錄』「答崔東敏」 11면. 서울대학교 규장각 소장본.

수 있다. 하나는 '이발'이고 다른 하나는 '사지연'의 측면에서 기발과 이발을 동일시하는 것이다. '이발'을 자동사의 문법 구조로 파악한다면, 사역 동사의 문법 구조를 표방하는 '사지연'과 절대 같은 의미를 가질 수 없다. 이것은 기정진이 사역 구문의 구조적 특징 즉 그 자신은 움직이지 않으면서 어떤 것을 움직이도록 만드는 것으로 리를 상상했다는 것을 뜻한다. 이것을 거꾸로 바라보면 안진오처럼 기정진이 이황의 이발설에 동의했다고 말하기 위한 조건을 발견할 수 있다. 즉 이발을 자동사가 아니라 사역 구문의 관점에서 해석할 때 기정진과 이황의 이기론적 입장은 어떤 일치에 도달한다. 즉 그들은 모두 "다른 것을 운동하게 만들면서 자기 자신은 운동하지 않는 아리스토텔레스 식의 '부동(不動)의 동자(動者)'라는 개념에 근접해 간다."[62]

이런 해석은 이중적 의미를 갖는다. 기정진의 측면에서 보자면 자신의 학술적 기원인 율곡학파의 리무위라는 원칙을 훼손하지 않는다.[63] 그럼에도 「외필」에 이르면 그의 리는 사역의 주체로서 기를 '운동시킬 수 있는 어떤 힘'을 갖게 된다. 율곡학파의 대원칙을 벗어나지 않으면서 리의 우월성을 제고하려는 자신의 주장을 최대한 밀고나가는 것이다. 하지만, 이것이 이황의 이발설이 의도하는 것인가에 대해서는 의문의 여지가 남는다. '이발'을 사역 구문으로 이해할 수 있겠지만, 그럴 경우 유사한 어휘인 '이동

62) 이향준, 『조선의 유학자들 켄타우로스를 상상하며 리와 기를 논하다』, 305쪽.

63) 말하자면 기정진은 리의 무위성을 '능연의 힘〔能然之力〕'의 부정으로 이해한다. "理者種子也, 但有必然之妙, 非有能然之力." 『蘆沙集』 卷16 「答人問第三」 4면.

(理動)'과 '이도(理到)' 마저도 동일한 방식으로 풀이해야 한다는 부담을 지게 되기 때문이다.

이렇게 볼 경우 가장 근접한 추론은 두 가지다. 첫째 기정진은 율곡학파의 이기론적 원칙을 유지하면서 리 개념에 일종의 힘을 부여하려는 경향으로 이끌렸다는 점에서 이황에게로 근접해갔다는 점은 사실로 보인다. 둘째 얼마나 이황에게로 가까이 갔는가에 대해서는 이론의 여지가 있다. 이발과 사지연을 사역 구문으로 해석해서 두 사람의 이기론적 입장을 동일시 할 수는 있다. 그러나 여기에는 이황의 여타 이기론적 주장과의 정합성이라는 추가적인 난점이 존재한다. 따라서 현재의 시점에서는 기정진이 리 개념에 압도적 힘을 부여하려고 했던 것은 사실이지만, 무위리의 원칙을 넘어 유위리로서 리 자체의 활동성을 부여하기 직전에 멈췄다고 보는 것이 타당해 보인다. '그릇 도식'과 '인과 도식'의 사용을 통해 리와 기의 포함 관계를 역전시켰다는 점에서 율곡 성리학에 대한 수정주의적 해석을 제시하고, 「힘 은유」의 도입을 통해 기발과 이발을 동일시하는 데까지 나아갔지만, 과연 그가 이발(理發)을 문자 그대로의 의미에서 받아들였는가에 대해서는 회의적 결론을 내릴 수밖에 없다. 그렇다면 이러한 중층적 내용을 담고 있는 「외필」의 외침이란 도대체 무엇인가?

기사(騎士)는 죽었는가

기정진은 이황이 받아들였던 '인승마' 은유를 다시 소환했다.

이렇게 해서 리를 기사(騎士)라고 의인화해보자. 이규준(李圭晙, 1855~1923)은 이이의 이기론을 '인승마' 은유의 관점에서 보자면 '리는 죽었고 기는 살아 있는[理死氣活]', 다시 말해 마치 '말이 시체를 싣고 있는 것[馬載尸]'과 비슷하다고 비평했다. 「외필」이 '인승마' 은유를 환기시키면서 '기생하는 혹'이네 '달라붙은 파리'라고 비평한 것도 바로 이 때문이라고 지적했다.[64] 이것은 같은 것을 기정진에게 물었을 경우 대답이 달라진다는 뜻이다.

기정진의 기사는 죽었는가? 최소한 그의 기사는 죽지 않았다. 즉 사물(死物)이 아니다. 죽은 어떤 것이 사역의 주체일 수 있다는 생각은 어색하기 때문이다. 따라서 그의 기수(騎手)는 최소한 살아 있다. 사역의 주체는 그 자신은 움직이지 않을망정 기를 움직이는 방식으로 자신의 의지를 실현한다.

이 살아있는 기사는 구체적으로 누구인가? 「외필」을 따라 기가 리 가운데의 일이라고 전제한다면, 이것은 기존에 기로 이해되었던 현상들이 리의 차원에서, 리의 질서를 기준으로 이해되어야 한다는 것을 말한다. 국가의 원기(元氣)로 이해되었던 사대부 집단 전체로 적용한다면, 국가의 원기(元氣)로서 사족(士族)은 리 그 자체로 변모한다. 그리고 이 리가 최소한 사역의 주체로서 일종의 활물(活物)이어야 한다는 것이 기정진의 주장이었다. 즉, 「외필」은 조선의 사족들에게 그들 자신이 조선이라는 역사적 구성물의 위에 타 있는 기사라는 사실을 환기시킨다. 그들은 살아있어야 하고, 살아있는 기사로서 조선의 현실을 위해 무엇인가를 해야 한다는 뜻이다. 그렇다면 「외필」은 결국 국가와 도가 쇠퇴하는

---

64) 李圭晙, 『石谷心書』 卷3 「猥筆論」 4쪽 참조. 국립중앙도서관 소장본.

19세기의 현실 속에서 사족들이 자신들의 도를, 자신들의 국가를 위해 무언가를 해야 한다는 내적 논리를 성리학의 용어로 표현한 것이다. 그들은 조선이라는 역사의 말머리를 리의 방향으로 돌리도록 했어야 했다. 그러나 역사가 가르쳐주는 것처럼 그 기사들은 「외필」의 호소에 부응해서 조선을 유지하지 못했다.

그러므로 상황은 이런 식이다. 막연한 불안감과 정의되지 않는 분위기의 팽배 속에서 '무언가 잘못되고 있다'는 생각이 불연속적으로 나타난다. 이윽고 그것은 일시적인 우려를 넘어서 어떤 구조적인 문제일 것이라는 인식으로 이어지고, 이윽고 하나의 충족이유율을 떠올리게 만든다. 어쨌든 모든 현상에는 이유가 있는 법이기 때문이다. 마침내 하나의 외침이 나타난다. 우리는 오래전부터 잘못된 길로 들어섰다고, 지금이라도 상황을 더 악화시키지 않으려면 당장 무언가를 해야 하고, 그러기 위해서는 근원적인 측면에서 무언가 바뀌어야 한다고. 대부분의 자각이 그런 것처럼 그것은 언제나 뒤늦게 찾아온다.

「외필」의 외침도 그런 것이었다. 살이 베이는 날카로운 감각의 정체는 언제나 뒤늦은 비명에 의해 상처로 정의된다. 그리고 치유할 수 없는 상처의 크기는 임박한 영원한 상실을 예감하는 외침에 의해 그 비극적 성격을 드러낸다. 조선이 사라지기 32년 전 「외필」에 담겼던 사상은 바로 그 비극을 예감한 오래된 성리학적 사유의 외침이었다.

노사 기정진의 '즉기관리(卽氣觀理)'에 기초한 리 중시적 사유*

이 천 승

(성균관대학교 교수)

머리말

이 논문은 19세기 호남 유학의 한 흐름을 대표했던 노사(蘆沙) 기정진(奇正鎭, 1798~1879)의 성리학설에서 그가 강조한 리(理)의 의미를 재검토하려는 목적에서 작성된 것이다. 한중일 동아시아 유학의 전개양상이라는 거시적 맥락에서 볼 때, 조선의 성리학은 주자학을 중심축에 놓고 면면히 이어진 학파의 뚜렷한 흐름을 확인할 수 있다는 특장이 있다. 그것은 도학(道學)을 중심으로 도통(道統)의 흐름을 계승하려는 의지의 소산이기도 했다. 그 과정에서 주자학을 정점으로 하는 성리학은 시대적 변화 속에서도 항상 모든 변화를 포괄하는 중심축으로 자리하였다. 19세기부터 20세

* 이 글은 2017년 『유교사상문화연구』 제69집〔한국유교학회〕에 수록되었다.

기 초반에 이르는 시기에 율곡학파에서 나타난 다양한 학파분화 양상도 예외가 아니었다. 그러한 사상적 전개 양상을 염두에 두고 이 논문에서는 당시 호남 유림계를 대표하던 기정진의 사상에 주목하고자 한다.

현재 『노사집(蘆沙集)』의 완역이 진행되고 있는 상황[1])에서, 기정진과 관련된 기존 연구는 그의 성리학설과 당대 위정척사운동의 대표자로서 구분된다. 기정진의 성리설은 그의 '리' 중시적 특성으로 인해 철학계의 많은 주목을 받아왔다.[2]) 특히 박학래의 논문에서는 기정진의 성리설을 중심으로 당시 기호학계의 학파 분화에 따른 학계의 대립적 구도[3])를 잘 보여주고 있다. 아울러 김봉곤의 연구[4])에서는 당대 위정척사운동의 한 중추였던 기정진의 사유와 노사학파에 대한 일련의 흐름을 보여주면서 기정진 철학의 형성과 사회적 의미를 보완해주고 있다. 이러한 연구성과는 서세동점(西勢東漸)이 본격화되던 19세기의 절박한 상황에서 수기치인(修己治人)의 유학적 사명을 지닌 지식인으로서 기정진의 삶

1) 문집에 기초한 노사의 학문과 사상의 전체적 얼개는 안동교, 박명희의 해제(『蘆沙集』: '理一分殊'를 독창적으로 해석한 성리학자의 문집, 한국고전종합DB, 2015)에 상세히 수록되어 있다.
2) 박사학위 논문만을 예시하면 안진오의 「기노사의 理 철학에 관한 연구」(동국대 박사학위논문, 1988)와 박학래의 「노사 기정진 철학사상 연구–성리설을 중심으로」(고려대 박사학위논문, 2000)가 있다.
3) 박학래, 「노사 기정진의 성리설을 둘러싼 기호학계의 논쟁」(고려대 『민족문화연구』 48, 2008.) 참조. 이 논문은 20세기 전후 기호학계의 학파 분화에 따른 학계의 구도를 노사학파와 화서학파 그리고 연재학파와 간재학파의 확연한 대립구도에서 해명하고 있다.
4) 김봉곤, 「노사학파의 형성과 활동」, 한국학중앙연구원, 박사학위논문, 2007.

과 사유를 확인하는데 많은 도움을 주고 있다.

기정진은 성리학에 특장이 있었고, 리를 특별히 강조했던 '리' 중시의 학문체계로 귀결된다. 그의 「납량사의(納涼私議)」, 「외필(猥筆)」 그리고 「이통설(理通說)」, 「우기(偶記)」 등 성리설과 관련된 일련의 저서들은 성리학자로서 노사학의 정체성을 뚜렷하게 보여주고 있다. 그 중 理에 대한 기정진의 특별한 강조는 연구자들의 많은 주목을 받았고, 이러한 경향은 '리일원론(理一元論)'이나 '유리론(唯理論)'이란 평가로까지 이어졌다. 리와 기의 두 범주로 구성된 주자학적 사유는 관점이나 강조점에 따라 다양한 해석이 존재한다. 그러나 리와 기가 맞물린 현실을 직시하면서 리를 지향하는 확고한 가치체계는 성리학자의 일반적인 공통점이다. 성리학자로서 리만, 혹은 기만[5]을 주장했다는 판단은 적어도 주자학적 사유에서의 변형 혹은 이탈을 의미할 것이다. 이런 점에서 기정진의 이기론에 대해 유리론 혹은 리일원론이라는 평가는 재고할 필요가 있다.[6] 이러한 경향은 기존의 연구에서 주로 사용했던

5) 예를 들어 표면상으로 기정진과 정반대의 사유를 보여주고 있는 鹿門 任聖周의 철학을 氣論, 主氣論, 唯氣論 등으로 규정하는 것은 오해의 소지가 있다. 임성주는 理一의 보편적 원칙을 실현하기 위해서 리의 실현자로서 기의 湛一이 개개의 사물 속에 보편적으로 존재해야 한다는 의미에서 애초에 근본부터 기의 순수함을 유지해야 한다고 보았기 때문이다.(손흥철, 「율곡 이통기국론의 내포와 외연」, 『율곡사상연구』 29집, 2014)

6) 박학래는 「외필」을 중심으로 노사 기정진의 성리설을 둘러싼 기호학계의 논변을 검토하면서 당시 기호학계 어느 학자도 노사의 학문을 리일원론 내지 유리론으로 평가하지 않았다는 점에 주목한다. 다만 노사의 비판자들은 機自爾나 非有使之와 같은 율곡의 명제에 대한 비판, 使之者로서 리의 주재 문제 등 기호학계의 일반적인 리기설과 차별되는 주장에 대해 비판의 대상으로 삼아 논의를 전개하였기 때문이다.(박학래, 「노사 기정진 성리설을 둘러싼 기호학계의 논쟁: 猥筆을 중심으로」, 『민족문화연구』 48, 2008)

리의 '주재(主宰)'란 표현이 주는 오해의 측면에서 비롯된다고 생각된다. 유학에서는 하느님과 같은 종교적 측면의 절대자를 인정하지 않다는 점을 고려하면, 리의 주재란 현실적 토대인 기를 초월하여 존재하며, 동시에 현실을 좌지우지하는 능력자로서 설정된 것이 아니기 때문이다. 기정진의 표현을 빌리면, "리란 종자로서 만물생성의 필연적인 오묘함은 있지만 능동적인 힘은 없다."[7]

그렇다고 기정진의 철학에서 리가 분명히 강조되고 있던 점은 간과할 수 없다. "기 또한 리 가운데의 일이니 이는 리가 유행할 때의 손발에 불과하다"[8]고 언급하기 때문이다. 문제는 그가 왜 그토록 리를 주목했느냐이다. 만약 리에 대한 강조가 제대로 해명되지 못한다면 기호학맥의 전통적 흐름에서 기정진 성리설의 사상사적 위치를 분명하게 자리매김 하지 못할 것이다. 리기의 조화, 또는 기의 능동적 활동성에 주목했던 율곡학의 기본전제부터 어긋나기 때문이다. 그렇다면 리를 중시하는 기정진의 학문체계는 율곡적 사유를 벗어난 것인가? 아니면 율곡학의 문제의식을 이어가면서 이이(李珥)의 지향점을 보다 강조한 것으로 보아야 하는가? 우리는 기정진의 사유체계가 율곡학의 변곡인가, 보완인가를 밝히려면 율곡식 사유에 대한 기정진의 관점에서부터 살펴볼 필요가 있다.

필자는 이 논문에서 기정진이 강조했던 리 중시적 사유가 실은 기의 역할을 재강조하기 위해 나온 주장이라는 측면에서 접근해

---

7) 蘆沙集』卷16「答人問第三」4면:理者, 種子也. 但有必然之妙, 非有能然之力.

8) 같은 책, 卷16「猥筆」27면:氣亦理中事, 乃此理流行之手脚.

보고자 한다. 그가 강조한 리 중시란 다름 아닌 기 속에 내재된 리의 실재적 의미를 명료히 인식하기 위해서였을 것이고, 이러한 생각은 현실적으로 위정척사의 기치 아래 모두가 하나로 뭉쳐질 수 있는 공통기반의 필요성으로 이어졌을 것이라는 판단 때문이다. 이 논문에서는 이러한 가정에 기초하여 기정진의 리 중시가 지니는 의미를 검토함으로써 율곡학의 방향성을 재확인하는 계기가 되기를 기대해 본다.

공동체적 삶을 지향한 성리학자

순창과 장성 일대를 중심으로 활동했던 기정진은 혼인을 통한 혈연관계의 확대, 그리고 지연과 학연의 결합은 그가 점차 학계의 관심을 모으는 배경이 되었다. 그러나 보다 중요한 것은 이러한 외피가 아니라 그 자신의 학문적 성취에서 찾을 수 있다. 당시 이이를 정점으로 하는 기호유림들은 19세기 중반 이후 본격화하는 문호 분립과 학파 분립 속에서도 조선 유학의 근본이념과 학문적 입장을 재천명하면서 유교질서의 재정립을 모색하였다. 유교 이념의 정통성을 담보한 '정학(正學)'의 수립[9]이야말로 시대적 난제를 극복하는 근본적인 처방이라고 이해했던 것이다. 이러한 문제의식으로 전대의 여러 논쟁은 물론, 그것의 근거가 되는 이기론 및 심성론 등에 대한 근본적인 성찰을 진행하였다. 리기

9) 노관범, 「19세기 후반 호서산림의 위상과 '정학' 운동」, 『한국사론』 38, 1997.

관계의 올바른 정립이 시대 문제 해결의 근본 처방이라는 도학적 진단이었고, 그러한 방향은 기정진의 경우도 예외가 아니었다.

기정진은 46세 때 그의 평생 역작인 「납량사의」 초고를 저술하였다.[10] 우리는 그의 저술 동기를 가늠하게 하는 다음의 내용에서 기정진을 포함한 당시 성리학자들이 이기론에 관심을 둔 이유를 살펴볼 수 있다.

> 아내가 남편의 지위를 빼앗고, 신하가 임금의 지위를 빼앗고, 오랑캐가 중화의 지위를 빼앗는 세 가지는 천하의 큰 변란이다. 만약 리가 기의 지위를 빼앗는다면 세 변란은 이어서 닥칠 일이다.[11]

유학자의 시선에서 가정윤리는 사회윤리와 떠나 있는 것이 아니고, 인간의 질서는 우주 자연의 질서와 다름 아니다. 굳이 한국인이 좋아하는 가화만사성이란 표어를 제시할 필요도 없다. 가정에서 제대로 된 사람이 사회에서도 사람다운 노릇을 할 수 있음은 오래된 믿음이었다. 그러한 신념은 효를 강조하는 유가 문화로 정착되면서 단절이 아닌 연속의 문화를 형성하게 되었다. 이는 가정윤리로부터 사회윤리로, 나아가 국제 관계에 있어서도 대동의 이상을 지향하는 공동체적 삶의 지향이었고, 그러한 사유는

---

10) 박학래, 「기정진의 '납량사의'를 둘러싼 기호학계의 논쟁」, 『유교사상문화연구』, 39, 2010. 「납량사의」의 저술 배경에는 19세기 이후 더욱 치열해진 호락 계승자 간의 부정적인 갈등과 대립을 불식하고, 호락논변이 지니는 학문적 의의와 지향을 확인하면서, 동시에 문호 분립에 따른 기호학계의 분열을 학문 본령의 수립을 통해 조정하고자 하는 의식이 자리하고 있었다.

11) 『蘆沙集』 附錄 卷2 「年譜」 〈헌종 9년(46세)〉: 妻奪夫位, 一大變也; 臣奪君位, 一大變也; 夷奪華位, 一大變也. 若氣奪理位, 則三變次第事.

만물과 내가 하나되는 천인합일의 이상으로 이어진다. 이렇듯 유학은 타자와의 분열을 넘어 하나의 질서로 관통하는 연속적 사유구조 체계였다. 유학자의 시선에서 기정진이 제시한 세 가지 변란, 즉 부인이 남편의 자리를 빼앗거나 신하가 군주의 자리를 빼앗고, 오랑캐가 중화의 자리를 빼앗는 등의 구체적 사례는 가정, 사회, 나아가 국제관계의 무질서에 대한 우려의 표명이다. 그리고 상호 연결된 이 모든 질서체계가 흔들리는 처방책을 그는 리기(理氣)의 올바른 관계 정립에서 찾고 있다.

기가 리의 지위를 빼앗는 가치전도 현상에 대한 우려의 목소리는 성리학자라면 일반적으로 공감하는 내용이다. 삶의 가치이자 지향점으로 간주된 리는 우리의 감각세계로 접할 수 없는 무형의 상태이다. 그러나 구체적으로 감지할 수 없다고 해서 만물이 생성하고 운동하는 궁극적 근거이자 보편자로서 리가 지닌 의미가 상실되는 것은 아니다. 시대에 따라 그 시대에서 요구하고 지향하는 가치기준은 달라질 수 있다. 기정진 당시의 부부관계, 군신관계, 국제관계가 오늘날과 가치체계와 일치되지는 않는다. 당시의 가치체계에서 주는 한계는 개인의 권리와 자유를 존중하는 사회체제에서 보완의 필요성이 있다. 그렇다고 인간다움, 정의로움, 배려와 존중, 선의 추구 등 오랫동안 지향해왔던 보편적 가치규범 그 자체는 결코 무의미하지 않을 것이다.

문제는 어떻게 유학에서 지향해온 연속적 가치관이 가능 하느냐이다. 오늘날 우리는 가정윤리가 사회윤리로 확장된다는 신념에 자신할 수 있을까? 수기와 치인이 소중한 가치임에는 대부분 동의하지만 정작 수기와 치인은 어떻게 연결될 수 있을까? 양자는 정말로 연결될 수 있는 논리란 말인가? 생각 외로 수기와 치인의 간격은 멀다. 가화(家和)가 만사성(萬事成)으로 이어지지 않을 수 있는 현실이다. 오늘날 점차 단절되어 살아가는 개인이 겪는 삶은 더욱 그렇다. 각개전투 하듯이 앞으로 나아갈 뿐 함께 나갈 공동체의 전망은 여전히 불투명하다. 반면에 집단적으로 쏟아내는 막연한 공동체의 환상은 진정한 공감대 형성에 장애요인이 되기도 한다. 집단의 목소리는 크지만 진실과는 거리가 먼 경우도 종종 있기 때문이다. 무엇이 문제이고 그 해결 방향은 어찌해야 하는가?

성리학자의 시각에서 기정진은 모든 변화의 근본 원리를 리의 지위 약화에서 비롯되는 것으로 이해한다. 리의 지위 강화를 통해 사상사적인 근본 토대를 확립하고 이어 정치, 사회, 대외관계 등을 바로잡을 것을 역설하였다. 기정진은 중앙정계에 천거되면서 비록 정치일선에서 활약하지는 않았지만 당쟁의 폐단을 비판하고, 문란해진 삼정에 대한 개혁책은 세도정치에 대한 비판으로 이어졌다. 한편 그는 '병인소(丙寅疏)'를 통해 사대부의 특권과 이욕을 비판하고 토지소유를 제한하며 신분에 관계없이 군적에 포함시켜야 함을 주장했다. 대동(大同)을 향한 사회개혁론이었던 것이다. 즉 사회적으로 사대부를 비롯한 모든 신민들이 각자의 역할에 충실하고, 군왕을 구심점으로 하나되는 대동세계를 구축하려는 논리였다. 이와 같은 기정진의 사회개혁론은 후일 서양세력의 침략에 맞서 인심을 결집하여 위정척사로 나아가는 중심점이 되었다.[12] 그 사유의 중심에는 항상 리를 중시하는 가치체계가

---

12) 김봉곤, 「노사 기정진 사상의 형성과 위정척사운동」, 『조선시대사학보』

자리하고 있었다. 그렇다면 우리는 리를 전면에 내세우며 공동체를 관통하는 보편적 가치질서를 재확인하려는 기정진의 논리가 함축하고 있는 의미를 보다 면밀히 살펴볼 필요가 있을 것이다.

리의 실재성과 동질성

기정진 성리설의 핵심은 기존의 많은 연구에서 관심을 두었던 「납량사의」와 「외필」에서 명료하게 확인될 수 있다. 그러나 그와 관련된 저간의 흐름은 평소 기정진이 권신원(權信元)에게 보낸 6통의 서신왕래[13]에서 논의의 맥락을 찾을 수 있다. 기정진에 따르면 20여년의 긴 세월동안 권신원과 리기에 관한 논변을 주고받았으나 항상 서로 합일점을 찾지 못했다. 서로의 해소되지 않은 갈증은 리기를 분리시켜 이해해서는 안된다는 주자학의 기본 전제를 인식하지 못해서 발생한 것이 아니었다. 어떤 말을 꺼내든 이미 분명해진 서로의 관점은 상대의 주장을 포용할 여지를 남겨두지 않았던 것이다. 기정진은 권신원의 성리설과 관련된 언급은 모든 사유가 기에 중점을 둔 것으로 판단한다. 반면에 권신원의 관점에서 볼 때 기정진의 성리설은 모든 것을 리에 근본을 두고

30, 조선시대사학회, 2004.

13) 『蘆沙集』 卷4 「答權信元」 참조. 기정진과 성리설에 관해 논변했던 權信元(權宇仁)인에 대한 이력은 확인할 수 없다. 이 논문에서는 권4에 수록된 「答權信元」 중 2번째, 4번째, 6번째 서신을 주요 분석 자료로 삼았다. 기존 연구에서 대부분 주목했던 「납량사의」나 「외필」은 논리적인 완전성을 보여주지만, 지인과 주고받은 오랜 서신왕래 과정에서 기정진의 문제의식이 비교적 명료히 표출되어 있다는 판단 때문이다.

사유하는 선입견에 사로잡혀 있었다. 우리는 여기서 기냐, 리냐의 관점 차이가 그들의 모든 사유의 저변을 흐르는 중심이었으며, 초기부터 기정진 성리설의 핵심이 '리'를 중시하는 경향이 있었음을 확인할 수 있다.

대체적으로 기정진이 제기한 논의의 흐름은 두 방향으로 진행된다. 하나는 기 속에 본래부터 내재된 리의 실재성을 확인하는 일이었다. 또 다른 하나는 보편적인 리가 개체의 차별을 넘어 기의 다양성 속에 어떻게 투영되어 있는지 리의 동질성을 규명하는 과정이었다. 리가 실재하고 그 리가 차별없이 모든 개체 내에 내재되어 있다는 것이 기정진의 확신에 찬 신념이었기 때문이다.

■ 리의 실재성

먼저 리가 존재일반에 현실적으로 실재하고 있다는 기정진의 주장은 '성즉리(性卽理)'를 확신하는 성리학자로서 그리 특별한 주장이 될 수 없다. 리에 대한 뚜렷한 인식과 가치지향은 '도학(道學)'이라는 형식으로 표상되는 조선의 전 시대를 관통하는 사유의 중추였기 때문이다. 개체 내에 실재하고 있는 리를 중시해야만 하는 이유를 기정진의 표현을 빌려 간략히 살펴보기로 하겠다.

> 리란 어떤 것이겠습니까? 바로 음양오행과 만사만물이 어쩔 수 없이 그렇게 될 수 밖에 없는 이유입니다. 오늘날 아이들이 흔히 말하는 '묘한 이치'라는 것이 그것입니다. 음양오행은 이것이 아니고서는 생겨날 수 없고, 만물은 이것이 아니면 생겨날 수 없습니다. 여기서 이것이 아니면 생겨날 수 없다고 말했는데 이것을 생겨나게 하는 것은 누구이겠습니까? 그 실상이 어찌 분명하고 명백하지 않습니까?[14]

기정진은 우주만물은 그렇게 될 수밖에 없는 필연적 이유를 지니고, 그 근거가 리에 있음을 분명히 한다. 그가 말한 '이것'이 아니면 생겨날 수 없다는 언급에서 보이듯이 리는 생명의 근원이기도 하다. 생명체는 어느 한 순간의 변화만이 그 모습이 아니라 생의 전 과정에 걸쳐 유기적 연관성을 지닌다. 여기서 그 생명체의 변화나 어느 특정한 하나의 현상을 지칭하는 것은 리와는 상대적인 의미에서 기로 볼 수 있다. 기는 태어남과 소멸의 전체 과정에도 관계되지만 발생내지 수렴의 어떤 특정한 현상을 지칭할 때도 사용된다. 발생이라 말할 때는 발생 그 자체를 떼어내 말할 뿐 수렴까지도 포함되지 않는다. 그러나 태어남이 곧 죽음을 내포하는 것은 큰 흐름에서 볼 때 자연스런 현상이다. 기정진이 말하고 싶은 리는 바로 그러한 일관된 전체 과정을 리로 지칭하는 것이다. 시대는 다르지만 인간은 생로병사에서 벗어날 수 없듯이 우리는 자연의 유기적 생명체에 내재된 리로부터 자유로울 수 없다. 그 리는 생명체의 생장소멸을 관통하는 원리로서 기의 특정한 변화에도 불구하고 항상 일정한 원리를 지니고 있다.

기정진은 그 전체의 오묘한 흐름을 보아야 리, 특히 이이가 제시했던 '리통(理通)'의 의미를 제대로 이해할 수 있다고 보았다. 역동하는 변화 그 자체도 중요하지만 변화 그 자체에 국한되기보다는 긴 호흡에서 그 내재된 원리 자체에 집중하려는 것이다. 연속적 사유는 그 이면의 변화 자체를 수용한다. 일정하게 노정

14) 『蘆沙集』 卷4 「擬與權信元」 23면: 理者何物也, 卽二氣五行萬事庶物不得不然之故也. 今日樵童方言, 所謂妙理者是也. 二氣五行, 非此不生, 品彙庶物, 非此不生. 旣曰非此不生, 則生此者誰也. 其情狀豈不昭然明白乎.

된 방향성의 제시이기에 그대로 따르면 되는 안정감마저 있다. 기정진은 우리 속에 내재된 그 연속적 가치를 리가 먼저 구비되어 있다는 리의 '선구(先具)'로 표현한다.

> 이른바 리가 먼저 갖추어져 있다는 말은 먼저 허공에 메달린 리가 있음을 말하는 것이 아니다. 만상으로부터 말한다면 만상이 아직 있기 이전에 이미 만상의 리가 있음이요, 음양오행으로부터 말한다면 아직 음양오행이 있기 이전에 이미 음양오행의 리가 있는 것이요, 천지로부터 말한다면 아직 천지가 있기 이전에 이미 천지의 리가 있다는 말이다. 미루고 또 미루어도 결국은 먼저 이 리가 있어야 이에 이러한 기가 있는 것이다. 그러므로 리가 먼저 갖추어져 있다고 말하는 것이다.15)

기정진은 리기론을 언급하는 과정에서 선후의 경중을 중시한다. 먼저 그렇게 되는 이치가 갖추어져 있음으로 인해서 현상적인 결과로 이어질 수 있다는 것이다. 그에게 있어 리는 공허한 울림이 아니었다. 분명히 실재하고 있는 그 무엇을 지칭하는 개념이다. 바로 그것이 있기에 현상계에서의 다양한 변화양상을 규정할 수 있다. 그 리는 본체이며 바꿀 수 없는 중심축으로 자리한다.

기정진은 현상계 이면에 리가 본래 이미 자리하고 있음을 분명히 인식한다면 어떻게 표현하더라도 문제될 것이 없다고 말하기

---

15) 같은 책, 卷4 「答權信元」 〈別紙〉 31면: 所謂理先具者, 非謂先有懸空之理也. 自萬象而言, 則未有萬象, 已有萬象之理, 自二五而言, 則未有二五, 已有二五之理, 自天地而言, 則未有天地, 已有天地之理, 推之又推, 畢竟先有此理, 乃有此氣, 故謂之理先具也.

도 한다. 관점에 따른 다양한 표현들, 예를 들면 현상계의 변화작용 속에서는 리기의 선후를 논할 수 없다거나, 개체의 측면에서 볼 때 기가 먼저이고 리가 나중이라거나, 본원의 측면에서 말한다면 보편적 일자로서 리를 말하는 경우 등등. 이미 리라는 것이 무엇인지를 명확히 인지하고 있기에 다채로운 표현 그 자체에 사로잡힐 필요가 없다는 판단이다. 문제는 리의 실재에 대한 보다 명징한 인식 여부이다.

기정진이 현상 이면에 리가 먼저 갖추어져 있다는 리의 선구(先具)를 극력히 주장하는 것은 당시 기와는 다른 리의 의미가 명료하지 않다는 판단 때문이다. 그는 율곡학계에서 일반적으로 주장하고 있는 리기의 떠날 수 없다는 리기부잡(理氣不離)에 대한 재검토에서 이 점을 명확히 한다. 먼저 권신원과의 논변에서 '리' 자를 도출하여 이름하고 있는 이유에 대해 되묻는다.

> 형께서 매번 말씀하신 리기 두 가지는 원래 서로 떠날 수 없다는 말은 사물에서 보는 관점으로 이 설은 진실로 적당하여 다시 평가할 것이 없습니다. 이는 형만이 아는 것이 아니라 저 역시 알고 있는 내용입니다. 다만 그 말이 하나의 리(理)자를 도출하여 이름한 것인지, 아니면 리와 기를 섞여 말한 것인지 알지 못하겠습니다. 옛 사람들이 리와 기를 섞으면서도 오히려 리라고 말하지는 않았을 것입니다. 리를 리라 이름할 수 있는 것은 조리(條理)와 문리(文理)와 맥락(脈絡)을 찾을 수 있기 때문입니까? 아니면 흐릿하고 불분명하여 머리도 없고 다리고 없기 때문입니까? 만약 흐릿하고 명료하지 못한 것을 리라 말한다면 옛 사람들의 이름하는 법이 이와 같지는 않았을 것입니다. 그러므로 저는 서로 떠나지 않는 가운데 역시 서로 뒤섞이지 않는 것을 지칭함이 있다고 생각합니다.16)

리기를 합침[不離]과 나뉨[不雜]의 관계로 보는 것은 성리학의 일반론이다. 실존하는 존재를 벗어나 리를 추구하는 것은 허상을 쫓는 것에 불과하다. 그러나 기정진은 리기가 떠날 수 없다는 언급 속에 자칫 리의 의미가 퇴색되고 있음을 지적한다. 실존하는 현실에는 분명히 조리가 있고, 문리가 있으며, 맥락이 살아 숨쉬고 있음을 놓치지 말아야 한다는 것이다. 기정진은 그 이유로 '리기불리(理氣不離)'라는 서술 속에 이미 기와 더불어 '리'라는 언급이 구체적으로 들어 있음을 강조한다. 따라서 리기가 서로 떠날 수 없다는 언급 자체 속에서도 우리가 견지해야 될 분명한 지향점, 즉 리를 직시해야 한다는 주장이다. 이러한 기정진의 주장에는 리기가 섞이지 않는다는 부잡(不雜)의 표현을 굳이 하지 않더라도, 합쳐져 있다는 불리(不離) 자체만을 가지고도 리의 의미를 분명히 적시하려는 예리함이 보인다. 이러한 관점은 일반적으로 설명하고 있는 존재와 가치, 즉 리기는 존재론적으로 떠날 수 없다는 점과 가치론적으로 볼 때 구분해서 보아야 한다는 논리적 관점과는 다른 양상을 보인다. 따라서 기정진은 '기에 즉해서 리를 보아야 한다'는 '즉기관리(卽氣觀理)'의 태도를 견지한다.[17] 이러한 사유는 현상계 이면에 보편적으로 실재하는 리에 대한 철저한 인식의 촉구라 할 수 있다.

---

16) 같은 책, 卷4「答權信元」15면:仰問兄每言理氣二者元不相離, 此就事物上觀之, 其說固的當, 無可更評, 非徒兄知之, 吾亦知之. 但未知, 一箇理字是挑出而名之者耶. 雜理與氣而名之者耶. 雜理與氣而猶謂之理, 則古人名物之法, 恐不如此. 理之得名爲理, 以其有條理文理脈絡可尋耶. 抑以儱侗昆侖, 無頭無脚耶. 若以儱侗昆侖者名之爲理, 則古人用字之法, 恐不如此. 故愚則以爲不相離之中, 亦有不相雜之可指也.

17) 같은 책, 같은 곳, 19면:盛敎曰 合氣言理云云. 愚欲改之曰 卽氣觀理.

■ 리의 보편성

기정진은 권신원과의 사유의 차이가 분명히 드러나는 한 지점을 소개하면서 바로 이 부분이 상대가 리를 논한 핵심이고 자신이 가장 불만족스럽게 여기는 부분이라 말한다. 즉 논란의 핵심은 바로 태극의 이치가 어떻게 존재일반과 관련되고 있는지에 관한 상충된 주장이었다. 기정진의 관점에서 태극의 이치는 원만하게 통하여 구애됨이 없다는 점에 있어서 동의하지만 권신원이 생각하는 함의와는 다르다는 것이다. 권신원의 경우는 태극의 이치는 원만하게 통한다는 점에서 존재일반에 내재된 리는 피차의 구분이 없다고 생각했다. 반면에 기정진은 존재일반의 차이, 즉 분수에 따라 각각의 리가 지닌 의미가 다르다고 보면서 다음과 같이 언급한다.

> 제 생각에 태극의 이치는 원만하여 두루 통하는 듯하지만 실제로는 방정하고 엄밀합니다. 이와 같은 것은 반드시 이와 같고 저와 같지 않으며, 저와 같은 것은 반드시 저와 같고 이와 같지 않습니다. 그러므로 유행하여 사물에서 드러난 것이 분명하게 각각 일정한 분수가 있어서 더할 수 없고 뺄 수도 없으며 지나칠 수도 없고 모자랄 수도 없습니다. 배우는 것은 이것을 밝히는 일이며 도라는 것은 이것을 행하는 것입니다.[18]

18) 같은 책, 같은 곳, 17~18면: 愚見以爲太極之理, 似圓通而實方嚴, 如此者, 必如此而不爲彼, 如彼者, 必如彼而不爲此. 故流行宣著於事物之間者, 截然各有一定之分, 加不得, 減不得, 過不可, 不及不可, 學者明此也, 道者行此也.

언뜻 보면 서로의 주장이 뒤바뀐 듯이 보인다. 존재일반에 내재된 리의 보편성을 주장하는 것이 일반적인 기정진의 주장이기 때문이다. 하지만 기정진은 각 개체에 내재된 리의 차이를 결코 간과하지 않는다. 오히려 그 차이를 통해 보편을 직시하려 한다. 기정진은 존재일반을 관통하는 리의 보편성에 강한 확신을 갖고 있었다. 리의 속성은 구애됨이 없이 원만하기 때문이다. 그러나 동시에 존재 그 자체에서 본 리의 실재는 방정하면서도 엄밀한 차이를 드러낸다고 말한다. 개와 소가 차이나고 복숭아와 오얏꽃이 다르듯이 개체의 특성에 맞는 리의 차이 자체를 간과하지 않고 있는 것이다. 이는 개체의 특수성을 인정하면서도 개체의 다름을 관통하는 리의 보편성을 보여주는 사유이다. 리는 보편적이면서도 구체적이다는 것, 즉 개체의 특성을 고려한 리의 차이, 그리고 그것을 관통하는 보편적 원리로서 리가 가능하다는 사유의 가능성은 호락논의를 비판하는 「납량사의」 등에서 적극적으로 논의되는 부분이다.

여기서는 기정진의 사유가 존재일반에 내재된 리의 차이에서 그와 연관된 보편적 리의 실재성을 구체적으로 확인할 수 있다는 정도에서 그치기로 하겠다. 그러나 태극의 이치를 설명하면서 제기된 기정진의 주장, 즉 하나이자 근본으로서 리에는 현상계의 수많은 차이점까지도 함유되어 있다는 '일본함만수(一本涵萬殊)'라는 명제는 주목할 가치가 있다. 기정진은 만약 보편적 존재근거로서 태극이 어떤 존재에는 어떠한 모습으로 존재하고 또 다른 존재에게 어떻게 존재한다고 말하는 것은 마치 하나의 태극을 조각조각 나누는 것이라 생각하였다. 저마다의 본질적 차이는 인정하지만, 그 차이의 인정 속에 태극이라는 본래의 합일점을 찾기 어렵다는 말이다. 기정진은 이를 형기를 태극으로 간주하는 병통이라 단정한다. 리의 본질적 가치는 개체의 차이에도 불구하고 분할될 수 없는 그 자체의 원만함으로 관통되어 있다는 것이다.

앞서 리는 개체적 차이에 따라 구체적으로 구분하여 설명할 수 있다는 리의 특수성에 대해 언급했다. 그런데 다시 개체의 차이를 넘어서 하나의 보편성을 잃지 않는다는 리의 보편성을 말한다. 그렇다면 리의 특수성과 리의 보편성은 어떻게 설명가능한가? 일반적으로 성리학자들은 기의 국한 혹은 기로 인한 제한으로 말미암아 리의 굴절은 피할 수 없다는 논리를 전개한다. 본래는 선한 심성을 지녔으나 현실적 상황의 제약 때문에 악하게 되었다는 말이다. 그러나 기정진의 경우 기에 대한 언급이 전면에 드러나지 않고 리의 특수성과 보편성을 동시에 설명하고 있다. 이를 규명하기 위해 기정진은 개체의 리로서 '분(分)'과 구분내지 분한(分限)을 뜻하는 '분수(分殊)'의 용어 사용에 세심한 관심을 기울인다. 그에 따르면 '수(殊)'라는 용어는 반드시 개체 사이의 단절을 의미하지는 않는다.

역할의 차이, 예를 들어 사회조직에는 회장도 있고 부원도 있듯이 저마다에 걸맞는 역할의 차이가 맞물리면서 조직체가 구성된다. 역할에 따른 직분의 차이는 조직의 운명 앞에 하나됨을 지향한다. 제대로 된 조직체라면 원칙과 규범에 따라 하나의 모습을 지닌다. 기정진의 표현을 빌린다면 손을 뒤집거나 펴거나 하나의 손동작에 불과하며, 안거나 눕거나 하나의 몸동작에 지나지 않는다. 그 하나는 바로 일자로서의 리이며, 역할에 따른 분수의 구분에도 그 일자의 본연의 모습은 변치 않는다. 그러므로 기정진은 "분수(分殊)가 곧 리일(理一)"이라 말한다. 즉 리는 분열되지 않는 자기 본연의 모습을 변함없이 유지하면서, 동시에 각 개체의 특성을 유지할 수 있다는 것이다.

이상에서 기정진의 사유를 관통하는 일관된 논의는 리의 의미가 퇴색된다는 문제의식에서 출발함을 알 수 있다. 기정진은 리와 기가 분리되어 존재하지 않는 현실에서 리의 의미를 적극적으로 규명하고자 했다. 기와 직면하는 그 순간에 리를 주시해야 한다는 주장, 그리고 만유의 근원으로서 리는 현실의 차이성 속에서 변함없이 리가 지닌 보편적 특성을 유지한다는 주장이 그것이다. 즉 리의 실재성과 리의 보편성을 통해 존재 일반에 내재된 리의 의미를 분명히 했던 것이다. 기정진은 상대의 논리가 '기'에 집착해서 비롯된 것임을 자주 언급한다. 기로 말미암아 리의 실질에 대해 망각하거나, 리의 보편적 실재성을 제대로 인식하지 못한다는 것이다. 그렇다고 기정진이 현실의 실질적 운동자로서 기를 간과하지는 않았을 것이다. 우리는 여기서 기정진이 강조한 리의 의미와 그 실현자로서 기의 역할은 어떠한 것인지에 대해 살펴볼 필요가 있을 것이다.

리를 통한 기의 역할 강조

성리학에서는 리의 현실적 투영 혹은 방해의 요인은 기에서 찾는 것이 일반적이다. 마음먹기에 따라 현실은 달라진다. 그 마음의 범주에 해당하는 기는 선의 구현을 방해하는 부정적 의미로 볼 수도 있고, 혹은 선의 추구나 악으로 흐르는 경향을 지닌 중립자로 볼 수도 있다. 크게 보아 전자가 퇴계식(退溪式) 사유라면 후자는 율곡식(栗谷式) 사유에 해당된다. 기정진은 율곡학의 후예들이 운동변화의 주동자로서 기를 강조하면서 상대적으로 리의 의미가 상실되고 있음을 지적한다. 즉 기에 얽매여 천명으로서 리가 제대로 현실에 투영되지 않는다고 판단한 것이다. 이는 기정진의 「이통설」, 「납량사의」, 「외필」 등 주요 저작들에서 일관되게 흐르는 기본 정신이다. 그 중 이 장에서 주로 살펴볼 「외필」은 율곡학설에 대한 기정진의 비판적 요지가 가장 분명히 드러난 대표작이다.

기정진은 리로 일관된 자신의 사유를 명료히 전개하기 위해 율곡학의 원점으로 주의를 환기시킨다. 당시 호락의 분열과 갈등으로 야기되는 부정적인 당시의 학계 풍토는 호락논쟁 이전의 학문으로 거슬러 조선 성리학의 요체를 확인하는 작업으로 거슬러 올라간다.[19] 그러나 학계의 통일과 통합의 기초는 또 다른 성리 논쟁의 재연으로 이어졌다. 기정진의 「외필」을 둘러싼 기호학계 내부의 파장도 예외가 아니었다. 기존 연구에서 대부분 주목했던 「외필」의 주요 쟁점은 기의 변화와 관련된 이이의 언급에서 비롯된다. 즉 기 스스로의 독자적인 변화를 의미하는 '기자이(機自爾)'와 그 변화 이면에 별도의 주재자를 찾을 수 없다는 '비유사지(非

19) 노관범, 「근대 이행기 기호 도학계열 유림의 동향과 현실대응」, 이러한 문제의식에서 송병선은 『근사속록』이나 『동유연원록』의 편찬을 통해 분립되었던 학통 의식을 정리하기도 하였다.

有使之)'에 대한 구절에서 비롯된다. 요컨대 기의 자기 원인적 운동변화를 부정하고 리의 실질적 의미를 부각시키려는 것이다.

이기심성을 둘러싼 조선 성리학계의 논의들은 전반적으로 리의 가치와 의미를 중시하는 방향으로 전개되었다. 존재와 가치의 궁극적 근거나 필연적인 법칙을 뜻하는 리를 명료히 인식하고 그 현실적 구현에 노력하는 것이 성리학자로서의 모범이었다. 기정진도 예외는 아니었음은 주지의 사실이다. 그러나 그에게 있어서 리의 강조는 여타의 성리학자들에 비해서 특별한 의미로 강조되고 있다. 기 스스로에 의한 능동성을 철저히 배제시키고 오로지 리에 따라 현실의 모든 변화가 그렇게 될 수 밖에 없음을 주장하고 있기 때문이다. "음양동정은 언뜻 표면적으로 보면 스스로 움직이고 멈추는 듯하다. 그러나 만약 깊이 그 실질을 따져보면 한결같이 천명이 시켜서 그러한 것이다. 천명이 그렇게 하기 때문에 어쩔 수 없이 그러한 것이다. 이것을 소이연(所以然)이라고 말한다. 천명을 벗어나 별도로 소이연이 있는 것이 아니다."[20] 기정진이 언급한 이 구절은 천명과 음양의 대립적 상황을 설정하기 보다는, 천명 그 자체에 근거를 두고 만사의 변화를 설명하려는 것이다. 천명 이외에 별도의 원인자를 설정하지 않는 것은 오직 천명 그 자체로 현상계를 이해하려는 논리다. 예외없이 만사의 본령으로서 천명이 관통하는 세상을 그려보는 것이다.

평소 리의 실재성과 보편성을 강조한 기정진의 견해에 비추어

20) 『蘆沙集』 卷16 「猥筆」 24면: 陽動陰靜, 驟看皮面, 果似自行自止, 若深原其實, 則壹是天命使之然也. 天命然也, 故不得不然. 此之謂所以然, 非天命之外, 別有所以然也.

볼 때 기의 독자적인 운동변화를 암시하는 듯한 이이의 언급에 기정진은 동의할 수 없었다. 기정진의 견해에 의하면, 음양이 동정하는 현상계의 변화와 질서의 원인자로 천명이 있고, 그 천명으로 인해서 어쩔수 없이 그렇게 될 수 밖에 없는 현실을 직시하라는 것이다. 만사의 본령으로서 천명을 직시하라! 그 언급 자체는 성리학적 사유로서 볼 때 결코 낯선 것이 아니다. "리의 약함과 기의 강함"은 시대를 관통하여 성리학자들의 공통된 우려이기 때문이다.

그러나 이러한 기정진의 이해는 기본적으로 이이의 논지를 오해하고 있다고 볼 수도 있다. 기자이나 비유사지라는 이이의 표현은 현실에서 작용하는 것은 오로지 기이고, 기의 운동변화의 근거는 리임을 전제하여 제시된 것이다. 기는 작용성을 지니므로 현상세계에서 운동 변화하는 주체는 기일뿐[機自爾]이고, 반면에 리는 기 운동 변화의 주재이지만 실제로 작위하지 않는다[非有使之]라는 의미이다. 따라서 이이의 본지는 리의 주재를 부정하거나 기의 독자적인 운동변화만을 인정한 것이 아니라, 현상세계에서 운동 변화하는 것은 기일 뿐임을 강조한 것이다.[21)]

그러나 율곡학의 기본이라 할 수 있는 이러한 사실을 모를리 없을 기정진이다.[22)] 그렇다면 그가 기의 독자성을 인정하는 것이

---

21) 박학래 위의 논문. 간재 전우를 비롯한 기정진의 비판자들 역시 이이의 논리는 리기가 떠날 수 없다는 리기불상리를 전제한 기 운동의 주재로서 리를 명시한 것이므로 기정진이 이 구절을 비판 대상으로 삼은 것 자체에 문제가 있음을 지적하고 있다.

22) 기정진은 이이에게는 주기의 의도가 없음을 분명히 한다. (『蘆沙集』 卷9 「答趙直敎(戊寅九月)」 21면: 聞諸人或指摘栗谷 '陰靜陽動機自爾也, 非有使之者' 兩句, 謂栗翁已啓主氣之弊, 竊恐不然. 此只是形容其機之自然, 非

리와 아무런 관련이 없게 되고, 리의 의미를 무력화시킨다고 비판의 강도를 높였던 이유는 무엇일까? 리의 의미를 강조하는 것은 상대적으로 기에 대한 통제력 강화를 염두에 둔 것이라 볼 수 있다. 자기 통제가 어려운 상태의 자율이란 방종으로 흐를 가능성이 농후하다. 예를 들어 당시 왕정체계에서 지방 수령은 행정뿐 아니라, 사법·치안·조세 등 모든 것을 관장해 거의 무제한적 권력을 행사하도록 되어 있었다. 지방의 고을은 비록 규모는 조그마해도 소왕국이고, 그 안에서 수령은 임금처럼 군림했던 셈이다. 원천적으로 권력의 분점과 균형이 결여된 제도 아래에서 그 제도를 뜯어고치지 않는 선에서 문제점을 최소화하기 위해선 담당 주체의 도덕성을 강조하는 것이 당연한 방향이라고 하겠다.[23] 중심에 접근할수록 도덕적 책무를 강조하는 것도 마찬가지이다. 힘은 정당하게 사용되어야 하고 그 정당성의 방향을 리에 기준하려는 것이다. 기정진이 당시 사대부의 특권과 이욕을 비판하고 습속을 바꿀 것을 주장하는 것도 이러한 의식과 다른 것이 아니었다.

그렇다면 기정진에게 있어 기는 어떤 의미를 지니는 것일까? 기정진이 기의 독자적 운동성을 부정하면서 그 필연적 원인자로서 천명의 시킴[使]을 유독 강조하는 것은 기의 자기결정권의 약

謂於理無所關由也. 若原其所以然, 則其自爾處, 卽是理使之然也. 是故不旋踵而復解之曰, '其所以陰靜陽動者理也' 觀於此一句可知. 若以非有使之, 謂氣自主張, 則此言又何謂也? 且栗翁平日之論, 曷嘗有主氣之意乎?

23) 임형택, 『문명의식과 실학』, 돌베개, 2009, p.150. 다산 정약용 역시 『목민심서』에서 수령된 자의 청렴성이나 근면성 등 품성이나 도덕적 태도를 부단히 강조하는 것도 수기치인이라는 유교적 사고 논리의 특성 이외에 현실적 문제 해소를 위한 방법의 일환으로 이해될 수 있다.

화내지 기의 존재의미가 부정되는 듯한 언급으로 비춰지기도 한다. 그러나 기의 존재 자체가 부인되는 것은 아니다. 기의 활동성이 있기에 리가 존재의미를 지니기 때문이다. 물론 조건이 있다. 기의 활동이 리에 맞춰 행해지느냐 여부이다. 기가 리에 순응할 때 비로소 이기가 하나의 현실로 맞물려진다.

> 기가 리를 따라 발현되는 것은 기의 발현이면서 즉 리의 발현이다. 리를 따라 행하는 것은 기가 행하는 것이지만 즉 리가 행하는 것이다. 리가 조작이 있어 스스로 움직이는 것이 아니요, 그 발현이나 실행은 분명이 기가 하는 것이지만 리의 발현이나 리의 실행이라 말하는 것은 왜 그런가? 기의 발현과 실행은 실제로 리에서 명령을 받은 것이니, 명령을 내리는 자는 주인이고 명령을 받는 자는 종이다. 종이 그 수고를 맡고 주인이 그 공을 차지하는 것은 천지의 자연스러움이다.[24)]

기정진은 '리발(理發)'이라는 율곡학내에서의 일종의 금기어를 과감히 사용하면서까지 리의 의미를 부각시키려는 것이다.[25)] 기의 강성 속에 묻혀버리는 리의 의미를 확보하기 위해서이다. 물론 리가 실제로 능동적으로 작용하는 것은 아니지만, 결과적으로 기를 움직이는 것은 리의 힘이라고 간주한다. 어떤 일의 성과가

---

24) 『蘆沙集』 卷16 「猥筆」 26면: 氣之順理而發者, 氣發卽理發也; 循理而行者, 氣行卽理行也. 理非有造作自蠢動, 其發其行, 明是氣爲, 而謂之理發理行, 何歟? 氣之發與行, 實受命於理, 命者爲主, 而受命爲僕, 僕任其勞, 而主居其功. 天之經 地之義.

25) 같은 책, 같은 곳, 26면: 我東方近世說理說氣, 何其滯也! 其言太槩以混淪一塊, 無適莫 沒主張者爲理. 故理發二字, 爲今日學士家 一大禁避語.

그 대표자의 이름으로 나가듯이, 실제로는 기가 했던 역할이지만 리의 발현내지 실행이라고 말해도 무방하다는 것이다.

그렇다면 기의 역할은 무엇인가? 기정진에게 있어 기는 주인의 명령에 복종하는 노비로 표현되고 있다. 명령을 내리는 자와 명령받는 자의 상하의 수직적 위계질서에서 본 것이다. 그렇다고 이러한 관계를 종교적 의미의 초월자나 피조물의 관계로 이해해서는 안될 것이다. 성리학에서 리는 만물의 존재 근거로 법칙성을 갖추고 있다. 서양 중세의 신과 비교해 볼 때, 리가 사물에 내재하는 개념인 반면에 신은 만물의 창조주이다. 그것이 둘 사이에 있는 가장 근본적인 차이이다. 예를 들어 16세기 중국에 천주교를 전파한 마테오 리치는 『천주실의(天主實義)』에서 신은 자신의 능력으로 만물을 창조하는 독립적인 존재이지만, 리는 만물의 존재 법칙에 불과하므로 사물을 떠나 따로 존재할 수 없다고 말한다. 그는 성리학에서 주장하는 리를 의존적인 존재에 불과하다고 본 것이다.[26)]

리가 기와 분리되어 자립적으로 존재하지 않는다는 특성은 확실히 신의 개념에서는 찾아볼 수 없다. 리기의 관계에서 리는 기보다 가치적 측면에서 우위를 점할 뿐이다. 시간적인 선후가 결코 아니다. 기정진이 표현한 시키는 자[使之者]로서 리의 우월적 위치는 기가 그렇게 되도록 하는 선도적 역할을 한다. 현실은 천명이 시켜서 그렇게 될 수밖에 없다는 것이다. 여기서 실재적으로 능동적 역할을 담당하는 것은 여전히 기의 몫이다. "리는 근원으로

26) 미조구치 유조 지음, 최진석 옮김, 『개념과 시대로 읽는 중국사상 명강의』, 소나무, 2004, 55쪽.

서 필연적인 오묘함을 지니고 있지만, 능동적인 힘은 없다."[27]

필자는 기정진의 리 중심의 철학체계에서 혼선을 일으키는 개념이 '주재(主宰)'라는 말에서 비롯된다고 생각된다. 주재란 현실을 초월한 절대자로서 힘을 갖는 것이 아니다. 오히려 진리실현의 주체인 기의 적극적 도덕실천 의지를 촉발시키는 것으로 이해할 수 있다. 리의 소명(召命)을 받아 기는 자신에게 주어진 사명(使命)을 다해갈 뿐이다. 같은 일을 하더라도 소명의식에서 비롯된 사명감은 그 정도가 다르다. 표준으로 리가 제시한 방향을 분명히 인식하고 자신이 처한 현실에서 그 방향에 따라 성실히 최선을 다해 생활해 나가려는 삶이다. "기는 리 가운데의 일이고, 이 리가 유행하는 손발이다."[28]는 기정진의 적극적 의지가 이를 잘 대변해 준다.

맺음말

철저한 자기 검속과 타자에 대한 배려의 따뜻한 마음[律己宜帶秋風, 處世宜帶春風]은 오늘날도 여전히 유효한 가치임을 부정할 수 없을 것이다. 한국인의 사유 저변에 흐르는 유학자의 삶과 그들이 지향하는 수기치인의 이상향도 이와 다르지 않다. 나로부터 시작하는 도덕적 삶의 여정이 나와 관계된 타자로 확산되어 모두

27) 『蘆沙集』 卷16 「答人問第三」 4면: 理者, 種子也. 但有必然之妙, 非有能然之力.

28) 같은 책, 卷16 「畏筆」 27면: 氣亦理中事, 乃此理流行之手脚.

가 하나로 소통하는 이상적 공동체를 염원했기 때문이다. 이는 기정진의 삶과 사상의 저변에서 확인되는 유학자의 삶이기도 하다.

기정진은 욕망과 이기심에 물든 개체의 한계를 넘어 공동체적 삶의 지향점에 자신의 모든 가치를 투영시키고자 했다. 성리학적 시각에서 나와 타자를 소통시키는 핵심 키워드는 리였다. 기정진은 종래 이기론의 범주에서 사용했던 리의 의미를 한껏 고양시켰다. 리는 만물의 본령이자, 모든 개체에 내재된 변치 않는 실재라는 강한 인식에서 비롯된 것이다. 다만 우리의 인식이 그 전체성을 포착해내지 못하고 당면한 현실의 부분에만 치우친다는 진단이다. 가을을 만끽하되 그 가을이 사계절의 한 흐름에 있음을 놓치기 쉽다. 생로병사의 인간사를 알면서도 그 자연스러움을 자연스럽게 받아들이기는 어려운 현실이다. 기정진은 리로 관통하는 이통(理通)의 세계에 대한 인식을 거듭 촉구한다. 기의 흐름에 내맡긴다는 것은 상대적으로 불안하다. 잘 될 수도 있고 그렇지 않을 수도 있는 불확실한 결과를 마냥 지켜볼 수 없다. 기보다는 리를 직시하자는 기정진의 우려는 19세를 전후한 서세동점의 극변 시대에 지식인이 보여준 우환의식의 한 표출이었다.

이 글에서는 기정진이 한결같이 강조하는 리의 의미가 기를 배제한 상태가 아니었음에 주목하였다. 이기의 분리는 용납될 수 없으나, 리는 기 속에서 자기의 존재의미를 확고히 지닌다. 보편적 궁극자로서 리는 기의 차이를 넘어선다. 비록 현실적인 힘은 기에 달려 있지만, 그 기는 리가 제시하는 길을 따랐을 때만 의미가 있다. 기정진의 리 중시적 사유에서 필자가 주목한 점은 리 중시가 역으로 기의 제대로 된 역할을 촉구하는 동시에, 흐트러

짐 없는 공동체 건설을 위한 적극적인 의지의 표현이라는 점이다. 이는 당시에 사회통합의 주체로서 지식인들의 사명감을 고취시키고, 위정척사의 가치를 확인하는 정신적 토대였다. 따라서 기의 제대로 된 역할을 강조하기 위해서 리가 전면에 부각된 것이다. 그렇다고 기정진의 사유에서 리는 종교적 의미의 신처럼 초월이나 절대자의 모습으로 현실에 군림하는 것은 아니다. 리는 기가 추구해야 될 변함없는 보편적 지향점이었다. 그러나 그 지향점은 저 멀리 있는 것이 아니다. 바로 내 의식 속에 살아 숨쉬고 나의 노력에 따라 현실화된다. 그러한 인식은 기정진에게 있어 이기가 분리되지 않고 리로 충만된 세계상으로 표출된다.

기정진처럼 리에 대한 보다 철저한 인식이 기의 자발이나 자율성을 인정하지 않는 공허한 주장으로 비춰질 수도 있다. 기정진에 대한 율곡학 내부에서의 비판적 시각들이 그렇다. 기정진의 비판자들은 율곡학의 지향점을 공유하면서도 기정진의 리 강조적 사유가 현실의 역동성에 장애가 될 수 있음을 지적한다. 리나 기를 둘러싼 그들의 이론적 공방전은 당시 성리학적 사유의 한 전형을 보여주고 있다. 그러나 우리는 기정진의 논리를 통해 율곡학의 지향점이 기를 통한 리의 현실적 구현에 방점이 있다는 점을 놓칠 수 없다. 그리고 전체와의 소통은 각자에게 주어진 바로 그 자리에서 바람직한 가치를 적극적으로 지향하는 과정에서 의미를 찾을 수 있다.

노사 기정진 성리학의 재검토*

이 상 익

(부산교육대학교 교수)

서론

일찍이 현상윤이 노사(蘆沙) 기정진(奇正鎭, 1798～1879)의 성리학을 유리론(唯理論: 理一元論)으로 규정하고, 그를 퇴계(退溪) 이황(李滉)·율곡(栗谷) 이이(李珥) 등과 더불어 조선성리학의 육대가(六大家)로 상찬한 이래, 기정진은 한국유학사에서 확고한 위상을 차지하게 되었다.1) 현상윤과 배종호·유명종 등은 녹문(鹿門) 임성주(任聖周, 1711～1788)의 성리학을 유기론(唯氣論: 氣一元論)으로 해석하고, 기정진의 성리학을 그에 필적하는 유리론으로 해석하였으며, 이들의 사상이 주리론(主理論)과 주기론(主氣論)으로 발전해온 조선 성리학의 대단원(大團圓)을 장식하는 것이라 평가하였다.2)

---

* 이 글은 본래 1997년 가을 『철학』 제52집〔한국철학회〕에 게재된 것이나, 이 책의 편집 과정에서 약간의 수정·보완이 있었음을 밝힌다.

1) 玄相允, 『朝鮮儒學史』, 玄音社, 1982, 368～375쪽 참조.

안진오의 박사학위논문 「기노사(奇蘆沙)의 이철학(理哲學)에 관한 연구」도 기본적으로 기정진이 이일원론자라는 인식에서 출발한다.[3] 안진오는 한 걸음 더 나아가, 기정진이 이황의 이발설(理發說)에 동의한 것으로 보기도 한다.[4] 김형찬의 박사학위논문 「이기론(理氣論)의 일원론화(一元論化) 연구」도 임성주의 성리학을 기일원론으로, 기정진의 성리학을 이일원론으로 해명하고 있다.[5]

그러나 최영진·이상호 등은 기정진을 유리론자로 규정하는 것을 반대하였다. 최영진은 기정진의 성리학은 "존재론에 있어서는 이이의 이론을 지지했고 가치론에 있어서는 퇴계의 입장을 따라 양설의 종합을 시도한 것으로 보인다"[6]고 보았으며, 이상호도 기정진의 성리학은 대체로 이이의 견해를 지지하는 형태로 이루어져 있다고 평가하였다.[7]

---

2) 玄相允, 『朝鮮儒學史』, 66, 368~375쪽; 裵宗鎬, 「奇蘆沙와 任鹿門의 哲學比較」, 『韓國儒學의 哲學的 展開』 下, 연세대출판부, 1985, 152~257쪽; 劉明鍾, 『朝鮮後期 性理學』, 이문출판사, 1985, 517~529쪽 참조.

3) 安晉吾, 「奇蘆沙의 理哲學에 관한 研究」, 동국대 박사학위논문, 1988, 2쪽 참조.

4) 安晉吾, 「奇蘆沙의 理哲學에 관한 研究」, 39~40쪽 참조.

5) 金炯瓚, 「理氣論의 一元論化 연구-鹿門 任聖周와 蘆沙 奇正鎭을 중심으로」, 고려대 박사학위논문, 1996 참조. 김형찬은 一元論과 二元論이라는 개념이 지닌 위험성을 경계하고 있으며, 임성주과 기정진의 성리학을 '氣一元論'과 '理一元論'으로 단정하기 어려운 점을 고려하여, '氣一元論'·'理一元論'보다 완화된 표현으로 '氣一元論化'·'理一元論化'라는 개념을 사용하고 있다.

6) 崔英辰, 「蘆沙 奇正鎭의 理一分殊說에 관한 고찰」, 『朝鮮朝 儒學思想의 探究』, 여강출판사, 1988, 276~281, 296쪽 참조.

7) 李相昊, 「朝鮮性理學派의 性理說 分化에 관한 研究」, 성균관대 박사학위논문, 1993, 132~151쪽 참조. 이상호는 理의 主宰 문제와 理一分殊에 대한 해석에 있어서 李珥와 奇正鎭이 서로 차이가 있음을 지적하면서도, 奇

본고에서는 기정진의 성리학을 유리론으로 규정하는 것에 반대하며, 그렇다고 하여 그의 이기론을 이이 이기론의 대체적인 테두리 안에서 논의할 수도 없다고 본다. 최영진이 지적한 바와 같이 기정진의 이기론은 이기일체관(理氣一體觀)을 근간으로 한다.[8] 그러나 기정진의 이기일체관 내지 이기일원론은 이이의 이기일체관 내지 이기일원론과 그 근본적 체계가 다른 것이다. 따라서 본고에서는 기정진의 성리학을 기존의 선유(先儒)들에 대한 비판 속에서 성립한 또 하나의 독자적인 체계로 보고자 한다.

사실 성리학에서의 '리·기'라는 개념은 다중적인 맥락에서 쓰이는 개념이다. 그것은 각각 '소이연(所以然)과 소연(所然: 其然, 實然)'을 의미하기도 하고, '본(本: 道)과 구(具: 器)'를 의미하기도 하며, '천리(天理)와 인욕(人欲)'을 의미하기도 한다. 본고에서는 '소이연과 소연'을 '원리와 현상'으로 해석하고자 하며, '본[道]과 구[器]'를 '형상(形相)과 질료(質料)'로, '천리와 인욕'을 '도덕적 본성과 육체적 욕망'으로 해석하고자 한다. '소이연과 소연' 또는 '본과 구'는 각각 '형이상자와 형이하자'라 할 수 있으며, 양자는 반드시 서로 결합하여 하나의 존재(存在: 事物)를 이룬다. 이런 점에서 리·기는 일체인 것이다. 그러나 천리와 인욕은 서로 결합하여 하나의 사물을 이루는 것이 아니라, 오히려 인간의 내면에서 서로 대립 갈등하는 것이다. 그러므로 항상 '존천리 알인욕(存天理遏人欲)'을 주창하는 것이다. 주자(朱子)를 비롯하여 대부분의 성리

正鎭의 성리학은 대체로 이이 성리학의 테두리 속에서 논의될 수 있다고 보는 것이다.

8) 崔英辰, 「蘆沙 奇正鎭의 理一分殊說에 관한 고찰」, 『朝鮮朝 儒學思想의 探究』, 276쪽 참조.

학자들의 리기론에는 이 세 가지의 구도[발상법]가 혼재하는바, 다만 학자들에 따라 그 중의 어느 하나가 우세한 구도를 점하는 것이다. 이황의 이기호발론(理氣互發論)은 '리·기'를 '천리와 인욕'으로 보는 관점이 우세한 것이요, 이이의 기발리승일도론(氣發理乘一途論)은 '리·기'를 '본과 구'로 보는 관점이 우세한 것이며, 기정진의 성리학은 '리·기'를 '소이연과 소연'으로 보는 관점이 단연코 우세한 것이다.

리·기를 '소이연과 소연'으로 보든 또는 '본과 구'로 보든, 그것은 모두 이기일원론으로 연결된다. 양자는 항상 서로 결합하여 하나의 사물을 이루기 때문이다. 그런데 '소이연[원리]과 소연[현상]'은 필연적 관계로서, 현상은 원리를 벗어날 수 없기 때문에, 그 주도권[主宰性]은 소이연[理]에 있는 것이다. 반면에 '본과 구'는 우연적 관계로서, 성리학적 논리에 있어서 그 현실적 주도권은 본[氣]에 있게 된다. 이 점은 이이의 성리학에 그대로 반영되어 있다. 이이에 의하면, 리는 본래 선하지만 기의 청(淸)·탁(濁)에 따라 그것이 제대로 구현되기도 하고 구현되지 못하기도 한다. 다시 말하면 인간의 본성은 선한데 기질의 맑고 흐림에 따라 그것이 제대로 드러나기도 하고 드러나지 못하기도 한다는 것이다. 리(理: 性)란 기의 작용(作用: 運動)을 매개로 하여 드러나는바, 따라서 현실적인 주도권은 기에 있다는 논리가 되는 것이다.

기정진은 바로 이 점을 비판하고 나서는 것이다. 기정진은 이이의 기발리승론(氣發理乘論)이나 기자이설(機自爾說)을 철저히 비판하고, 모든 기의 운동변화는 리의 주재에 의한 것임을 역변(力辯)하였다. 이일분수(理一分殊)에 대한 해석도 마찬가지이다. 이이

등 기존의 성리학자들은 이일분수를 사실 '이일(理一)과 기분수(氣分殊)'로 해석한 것이었는바, 기정진은 이일분수를 철저히 '이일(理一)과 이분수(理分殊)'로 해석하고 리는 만유(萬有)의 종자(種子)라고 선언하였다. 이것 역시 리의 주재성을 강조한 것이다. 그런데 기정진의 이러한 이기론은, 이이의 이기론이 '본과 구', 즉 '형상과 질료'라는 구도에 충실한 것과는 달리, '소이연과 소연', 즉 '원리와 현상'이라는 관점에 충실한 것이었다. 기정진의 의도는 한마디로 리의 순선과 리의 주재성을 양립시키려는 것인바, 그러나 그의 체계는 악(惡)에 대한 설명에 있어서 난관(難關)에 봉착하고 만다.

이제 본고에서는 이러한 점들을 차례로 해명하고자 한다. 우선 기정진의 근본입장이 무엇인지를 조명하고, 그러한 관점에서 그가 기존의 성리학을 어떻게 비판하였는가를 고찰하고자 한다. 기정진의 성리학은 이이 및 호락논쟁(湖洛論爭)에 대한 비판에 많은 비중을 두고 있다. 그러나 그의 비판은 대부분 자신의 문제의식을 치열하게 한 것일 수는 있어도, 이이와 호락론(湖洛論)에 대한 적절한 비판은 될 수 없다고 본다. 왜냐하면 이이의 성리학이 '본과 구'라는 구도에 입각한 것이요, 기정진의 성리학은 '소이연과 소연'이라는 구도에 입각한 것으로서, 이미 그 기본적인 체계와 관점을 달리하기 때문이다. 따라서 본고에서는 마지막으로 기정진의 체계와 이이의 체계의 차이를 해명하고, 이러한 관점에서 기정진 성리학의 특성과 한계를 논하고자 한다.

노사(蘆沙)의 근본입장

기정진은 리와 기를 기본적으로 소이연과 소연[其然]으로 규정한다. 즉 현상의 세계에서 동정(動靜)하는 것은 기이고, 그렇게 동정(動靜)하게 시키는 것은 리라는 것이다.[9] 우리가 현상의 세계만을 관찰한다면 선천지(先天地)나 후천지(後天地) 또는 크고 작은 것들이 모두 기로서, 별도로 리라고 칭할 것이 없지만, 그러나 그것은 기연(其然: 所然)에 불과한 것이요, 그러한 현상에는 반드시 그러한 바의 까닭[所以然]으로서의 리가 있다는 것이다.[10] 기정진은 리를 '소이연지고(所以然之故)'라 하기도 하고 '부득불연지고(不得不然之故)'라 하기도 한다.[11] 일체의 것들은 리가 아니면 생겨날 수 없다. 다시 말해 일체의 것들은 모두 리가 그렇게 시킨 것[使之]이요, 리가 그렇게 주재한 것이다.

이렇게 본다면 기정진의 성리학을 유리론으로 해석할 수 있을 것 같기도 하다. 그러나 기정진의 리는 작위가 없는 존재요 따라서 스스로 조작하거나 운동할 수 없는 존재이다.[12] 기정진에 의하면 운동하는 것은 기요 운동하도록 시키는 것은 리이다. 따라서 리가 만물을 생겨나게 한다고 할 때의 '생(生)'의 의미도 생성론적

---

9) 『蘆沙集』 卷15 「答景道」 23면: 動靜 氣也 使之動靜者 太極也

10) 같은 책, 같은 곳, 20면: 今姑除却一理字 但看一氣字 先天地後天地 若大若小 都是氣也 何處有一塊物 別稱理耶 須知此不過其然 必有所以然 是之謂理

11) 같은 책, 卷4 「擬與權信元」 23면: 理者 何物也 卽二氣五行萬事庶物不得不然之故也 … 二氣五行 非此不生 品彙庶物 非此不生

12) 같은 책, 卷16 「猥筆」 26면: 理非有造作自蠢動; 같은 책, 卷9 「答閔克中」 26면: 盖理無爲 氣有爲

(生成論的) 또는 생물학적(生物學的) 의미의 '생'이 아님은 물론이다. 리가 기의 생생변화의 '소이연지고'이므로 리가 기를 생한다고 말하는 것일 뿐이다.

기정진이 말하고자 하는 것은 유리론이 아니라 이기일체라는 것이다. 다시 말해, 기정진의 근본입장은 리·기는 본래 분리할 수 없는 일체라는 것이다. 그럼에도 불구하고 리와 기로 구분한 것은 입교(立敎)를 위한 고심의 산물이라는 것이다. 기정진의 이러한 입장은 다음의 인용문에 분명하게 드러난다.

> 형이상의 도(道)와 형이하의 기(器)는 성인이 모두 하나의 '형(形)' 자에 나아가 말씀하신 것이다. 이 '형' 자가 바로 노형(老兄: 權信元)의 이른바 리·기가 일체로서 문합(脗合)하여 원래 서로 분리되지 않는다는 경계이다. 천지의 사이에 가득한 것은 모두 이것이 아님이 없는바, 힘써서 발명하는 것을 기다리지 않고서도 조화가 본래 스스로 이와 같은 것이다. 성인은 무엇 때문에 없는 일을 만들어 내어, 분개(分開)할 수 없는 것을 분개하여 말씀하여, '형' 자의 위에 반드시 '이상(而上)' 자를 붙여서 도(道)라 하고 '이하(而下)' 자를 붙여서 기(器)라 하셨는가? 이것이 바로 성인이 세상에 가르침을 드리우기 위해 고심극력(苦心極力)한 곳이다.[13]

기정진에 의하면 형이상자와 형이하자, 즉 리와 기는 본래 분

---

13) 같은 책, 卷4 「答權信元」〈別紙〉 16면: 上道下器 聖人皆就一形字言之 惟形字是老兄所謂理氣一體脗合 元不相離底境界也 盈於天地之間者 無非是物 不待出氣力發明 而造化本自如此 聖人何故無事中生事 不可分開處分開說 形字上面 必着而上字而謂之道 而下字而謂之器 此正聖人垂世立敎之苦心極力處

개할 수 없는 것인데, 성인이 입교를 위해 부득이 분개하게 되었다는 것이다. 리와 기는 본래 분개할 수 없는 일체이지만, 부득이 분개하여 말하자면, 리는 명령자(命令者: 主宰者, 主)이고 기는 청명자(聽命者: 從僕)라는 것이다. 기정진은 다음과 같이 말한다.

> 요컨대 리·기가 일체임을 알아야 하니, 기의 고르지 못함[不齊]도 또한 리(理)가 그렇게 시킨 것이다. 천하에 어찌 리 바깥의 기가 있겠는가?[14)]

만물의 조화에 있어서 리·기는 문연일체(脗然一體)로서 원래 서로 떨어질 수 없다[元不相離]. 그런데 이 불상리(不相離)한 가운데에 나아가 만일 어찌하여 반드시 이와 같은 가를 묻는다면, 그 까닭은 리에 있는 것이요 기에 있는 것이 아니다. 그렇다면 주(主)·복(僕)의 형세와 선(先)·후(後)의 구분이 이로부터 이미 판연(判然)한 것이다.[15)]

위의 첫째 인용문은 리·기가 일체이므로 리 바깥에 독립한 기가 없다고 한 것이다. 기정진은 "기와 떨어져서 독립한 리가 없다"는 것도 분명히 말하였다.[16)] 기정진에 의하면 리·기는 일체이지만, 리는 소이연이요 기는 소연이기 때문에, 주인과 종복의 형

---

14) 같은 책, 卷15「答景道」21면: 要知理氣一體 氣之不齊 亦理之使然 天下寧有理外之氣也

15) 같은 책, 卷4「擬與權信元」23면: 理氣之在萬化 脗然一體 元不相離 而就此不相離之中 若問其曷爲而必若此 則其故在於理而不在於氣也 然則主僕之勢 先後之分 卽此而已判然矣

16) 같은 책, 卷16「納凉私議」6면: 天下無離氣獨立之理

세와 앞과 뒤의 구분이 없을 수 없다는 것이다. 그리하여 기정진은 리주기종(理主氣從)과 리선기후(理先氣後)를 말하는 것이다. 이제 이것들을 더 구체적으로 살펴보기로 하자.

기정진은 소이연으로서의 리의 역할을 '주재'요 '사지(使之)'로 해석한다. 일체의 것들은 리가 그렇게 주재한 것이요, 따라서 리는 명령을 내리는 주인이고 기는 명령을 받드는 종복이라는 것이다. 기정진은 다음과 같이 말한다.

> 기가 리를 따라 발한 것은 기발(氣發)이 곧 리발(理發)이며, 리를 따라 행한 것은 기행(氣行)이 곧 이행(理行)이다. 리는 조작함이 없어 스스로 운동할 수 없는바, 그 발함과 행함이 분명히 기의 작위인데도, 리발·이행이라고 하는 것은 무슨 까닭인가? 기의 발함과 행함은 사실 리로부터 명령을 받은 것이다. 명령을 내리는 자는 주인이 되고 명령을 받는 자는 종복이 되니, 종복은 노고를 맡고 주인은 공을 차지하는 것이 천지의 경의(經義)이다.[17]

현상계의 운동변화는 분명 기의 소위(所爲)이지만, 그것은 모두 리의 명령에 의한 것이므로, 리의 소위(所爲)라고도 말할 수 있다는 것이다. 이러한 맥락에서 기정진은 '이발(理發)'을 인정하고, '태극유동정(太極有動靜)'을 인정한다.[18] 그러나 그것은 리가 직접

---

17) 같은 책, 卷16「猥筆」26면: 氣之順理而發者 氣發卽理發 循理而行者 氣行卽理行也 理非有造作自蠢動 其發其行 明是氣爲 而謂之理發理行 何歟 氣之發與行 實受命於理 命者爲主而受命爲僕 僕任其勞而主居其功 天之經地之義

18) 같은 책, 卷15「答景道」23면: 動靜 氣也 使之動靜者 太極也 知者雖曰太極有動靜 可矣 不知者 雖曰太極無動靜 何益矣

능동적으로 발하고 태극이 직접 능동적으로 동정한다는 것은 아니다. 기정진은 리가 스스로 운동할 수 없다는 것을 분명히 밝혔다. 다만 기의 운동변화는 리의 주재에 의한 것으므로, 기발·기행을 이발·이행이라 할 수 있다는 것이다.

기정진은 이주기종(理主氣從)이라는 맥락에서 "리의 존귀함은 상대가 없으니, 기가 어찌 리와 짝이 될 수 있겠는가? 리의 광활함은 상대가 없으니, 기는 리 안의 일이요[氣亦理中事], 리가 유행하는 데 있어서의 손과 발이다"[19]라 하였다. 이 말은 리의 주재성을 강조하는 맥락에서, 리와 기의 가치론적인 우열을 말한 것이지, 존재론적으로 기는 리로 환원된다는 것, 즉 유리론을 의미하는 것은 아니다.[20] 주인인 리는 존귀하고 종복인 기는 비천하

---

19) 같은 책, 卷16「猥筆」27면:理之尊無對 氣何可與之對偶 其闊無對 氣亦理中事 乃此理流行之手脚 其於理本無對敵 非偶非敵而對擧之 何哉

20) 배종호는 기정진의 "氣는 理 안의 일이요 理가 流行하는 데 있어서의 手脚"이라는 말을 논거로 하여 기정진을 唯理論者로 규정하였다〔裵宗鎬, 「奇蘆沙와 任鹿門의 哲學 比較」, 『韓國儒學의 哲學的 展開』 下, 209~210쪽 참조〕. 더 나아가 유명종은 "'氣亦理中事'·'此理流行之手脚' 등은 氣를 理의 屬性으로 취급한 것이다"라고 확언하였다〔劉明鍾, 『朝鮮後期 性理學』, 521쪽 참조〕. 그러나 기정진의 이 말은 存在論的으로 氣를 理로 환원할 수 있다는 말이 아니다. 기정진은 形而上者와 形而下者의 區分을 분명히 하였다. 다만 形而下者는 形而上者의 命令을 받으므로, "氣는 理 안의 일이요 理가 流行하는 데 있어서의 手脚"이라고 말한 것일 뿐이다. 기정진은 "貴人이 외출할 때 수레와 말을 모는 從僕이 없는 것이 아니지만, 그것을 보는 사람들은 다만 貴人이 외출한다고만 말하고 그 수레와 從僕이 외출한다고는 말하지 않는다. 이것으로 말미암아 말하자면, 太極이 動靜한다는 것은 본래 平坦한 말이다. 그런데 朱子의 後世를 위한 念慮가 周密하였으니, 學者들이 太極이 動靜한다는 말을 보고 形而上·形而下의 區分에 어두워져 太極이 氣機를 기다리지 않고 스스로 動靜한다고 誤解할까 걱정되어, 『太極圖說』 註解에서 '所乘之機' 四字를 붙여 놓은 것이다〔『蘆沙集』 卷16「猥筆」25면:貴人之出 非無車馬騶從 而見之者 但以爲貴人出 未嘗言其車馬騶從出也 由此言之 太

므로 기는 리의 상대가 될 수 없는 것이요, 기는 항상 리의 명령을 받으므로 '기는 리 안의 일'인 것이며, 리는 기를 손발처럼 부려서 유행하는 것이므로 기는 '리가 유행하는 데 있어서의 손과 발'인 것이다.

기정진은 리가 일체 만유의 주재자요 소이연이라는 맥락에서 리를 '만유의 종자'라고 말하기도 한다.[21] 만유는 모두 리의 주재에 의한 것이므로, 만유의 종자가 모두 리 속에 갖추어져 있다는 말이다. 만유는 분수(分殊)인바, 리 속에 분수가 이미 갖추어져 있다는 말이다. 이것을 기정진은 '이분상함(理分相涵)' 또는 '이분원융(理分圓融)'이라 하고, 기존의 이이와 호락론에서의 리일분수론을 '이분격단(理分隔斷)'이라고 비판하였다. 사실 기정진의 이러한 논리는 기존의 이일분수론과는 차이가 있는 것인바, 이이는 리는 본래 하나이지만 기의 다양성으로 인해 리도 다양성을 지니게 된

極動靜 本是平坦語 而朱子爲後世慮 周矣 却怕學者見太極動靜之說 昧形而上下之分 誤以爲太極不待氣機而自動自靜也 故於註解中着所乘之機四字]"라고 말한 바 있다. 기정진에 의하면, 太極은 氣를 손발로 부려서 動靜하는 것인바, 氣는 從이고 太極은 主이기 때문에 "太極이 動靜한다"고 말할 수 있다는 것이다. 그런데 "太極이 動靜한다"는 말을 "太極이 所乘之機로서의 氣를 기다리지 않고 自動自靜한다"고 보는 것은 "形而上·形而下의 구분에 어두운 것"이라는 것이다. 따라서 "氣는 理 안의 일이요 理가 流行하는데 있어서의 手脚"이라는 말을 唯理論[氣는 理 안의 일이요 理가 流行하는 데 있어서의 手脚이므로, 존재론적으로 氣는 理로 환원할 수 있다는 것]으로 해석하는 것도 역시 形而上·形而下의 구분을 모르는 것이라 할 수 있겠다.

21) 『蘆沙集』 卷16 「答人問第二」 3~4면: 若從源頭論 一理之初 萬有已足 如種着土 不得不生 故萬有之氣 由此而生 若就流行看 有一物方有一理 有萬象方有萬理 有若乘氣變化而旋旋生出 善觀者 知其爲流行邊說話 不執言迷旨 則可矣 若迷厥旨 以爲理本無準則 東西南北 惟氣之從 是理不爲氣之主 反聽命焉 不亦左乎 天下未有無種而生者 理乎理乎 其萬有之種子歟

다고 보았던 것이다. 그리하여 리가 본래 만 가지로 다른 것[萬殊]인지, 아니면 기의 다양성으로 인해 만 가지로 다르게 되는 것인지 하는 문제가 중요한 논란의 대상이 되었는바, 이것은 다음 절에서 고찰하기로 하자.

리가 만유의 종자라고 할 때, 그 만유에는 당연히 악도 포함됨은 물론이다. 리가 악의 종자이기도 하다면, 리의 순선은 일견 확보될 수 없는 것이다. 그럼에도 불구하고 기정진은 리가 악을 포함한 일체 만유의 주재자라는 것과 리의 순선을 동시에 관철시키려고 한다.[22] 이러한 그의 노력이 성공적인 것인가에 대해서도 다음 절에서 논의하기로 하자.

이제 기정진의 이선기후론을 살펴보기로 하자. 리·기를 일체로 인식하는 기정진은 리·기가 원래 선후가 없다고 말하면서도 또한 이선기후를 역설한다. 기정진은 다음과 같이 말한다.

> 리와 기는 있으면 함께 있어서 원래 선후를 말할 수 없다. 그러나 성현이 화육유행(化育流行)을 말씀하신 것을 살펴보면, 리를 원두로 삼지 않은 것이 없다.[23]

> 리·기는 선후가 없다는 말은 다만 유행의 측면에서 말한 것일 뿐이다. 만일 이미 그러한 유행으로부터 그 소종래(所從來)를 깊이 따져 추구해 본다면, 리가 먼저 있고 기가 뒤에 있음[理先氣後]을 어찌 속일 수 있겠는가?[24]

---

22) 같은 책, 卷9「答閔克中」36면: 由是推之 則事有不善 而不害於理之本善也 氣有用事 而不害於理爲主宰也

23) 같은 책, 卷4 擬與權信元」21면: 理氣二者 有則俱有 元無先後之可言 從上聖賢之言化育流行 莫不以理爲源頭

위의 인용문은 이기선후의 문제에 대한 전통적인 설명과 어긋나지 않는다. 주지하는 바와 같이, 주자는 사실적으로 보면[在物上看, 流行의 측면] 리와 기는 동시적으로 존재하지만, 원리적으로 보면[在理上看] 리가 소이연이므로 기보다 리가 먼저 존재한다고 하지 않을 수 없다고 하였다. 기정진은 이러한 일반론을 벗어나지 않으면서도 리의 선재(先在)를 역설한다. 기정진은 다음과 같이 말한다.

> 주자는 말하기를 "태극은 상수(象數)가 아직 드러나지 않았으나 그 理는 이미 갖추어진 것을 말한다"라고 하였으며, 또 말하기를 "만일 원리적으로 말하면[在理上看] 비록 사물이 있지 아니하여도 이미 사물의 리는 있다"고 하였고, 또 말하기를 "이 사물이 있기 전에 먼저 이 리가 있다"고 하였으며, 또 말하기를 "반드시 그 소종래를 미루어 보고자 한다면 모름지기 먼저 이 리가 있다고 말해야 한다"고 하였고, 또 말하기를 "형이상과 형이하라는 관점에서 말한다면 어찌 선후가 없겠는가"라고 하였다. 무릇 이와 같은 말들은 이루 다 열거할 수 없으니, 어찌 일찍이 리·기가 원래 서로 떨어지지 않는다[元不相離]고 하여 리가 먼저 갖추어져 있다는 뜻을 폐기할 수 있겠는가? … 리가 추뉴근저(樞紐根柢)가 되는 것은 과연 그것이 기와 더불어 함께 유행하는 것에 의지하는 것이겠는가? 리가 다만 기와 서로 떨어질 수 없다는 까닭에 마침내 먼저 갖추어져 있는 묘함이 없어지는 것이겠는가?[25]

---

24) 같은 책, 같은 곳, 23면: 理氣無先後之說 只是流行一邊耳 若因其流行之已然者 而深原其所從來 則理先而氣後 焉可誣也

25) 같은 책, 같은 곳, 24~25면: 朱子曰 太極者 象數未形而其理已具之稱 又曰 若在理上看 則雖未有物而已有物之理 又曰 未有此物 先有此理 又曰 必欲

사실적으로 보면 리·기가 동시적으로 존재하는 것[元不相離]이라 하더라도, 리가 기의 소이연이요 추뉴근저임을 인정하는 한, 리가 기보다 논리적으로 우선한다는 것을 부정할 수 없다. 이 점은 사실 이이를 포함하여 모든 성리학자들이 공통적으로 인정하는 바이다. 위의 인용문은 리가 소이연이라는 관점에서 리의 선재를 역설한 것이다. 그런데 기정진의 이선재설(理先在說)은 단순히 논리적인 차원만을 의미하는 것으로 보이지 않는다. 그는 다음과 같이 말한다.

> 이른바 리가 먼저 갖추어져 있다는 것은 허공에 매달린[懸空] 리가 먼저 갖추어져 있다는 말이 아니다. 만상(萬象)으로부터 말하면 만상이 있기 이전에 이미 만상의 리가 있으며, 음양오행으로부터 말하면 음양오행이 있기 이전에 이미 음양오행의 리가 있으며, 천지로부터 말하면 천지가 있기 이전에 이미 천지의 리가 있다. 추론하고 또 추론해 보면 필경 먼저 이 리가 있고 나서 이 기가 있는 것이다. 그러므로 리가 먼저 갖추어져 있다고 하는 것이다. 그러므로 만상의 리가 음양오행 위에 먼저 갖추어져 있고, 사상(四象)의 리가 음양의 위에 먼저 갖추어져 있으며, 양의 리가 음정(陰靜)의 위에 먼저 갖추어져 있고, 음의 리가 양동(陽動)의 위에 먼저 갖추어져 있으며, 차천지(此天地)의 리가 선천지(先天地)의 위에 먼저 갖추어져 있으니, 이것이 과연 허공에 매달려 있는 것[懸空]이겠는가?[26]

推其所從來 則須說先有此理 又曰 氣有不存 性却常在 又曰 自形而上下言 豈無先後 凡若此類 不可悉擧 何嘗以理氣之元不相離 而廢先具之義乎 … 理之爲樞紐根柢 果賴其與氣同行耶 理之於氣 但以不相離之故 而遂無先具之妙耶

26) 같은 책, 卷4「答權信元」〈別紙〉31면:所謂理先具者 非謂先具懸空之理也 自萬象而言 則未有萬象 已有萬象之理 自二五而言 則未有二五 已有二五

위의 인용문을 이해하는 데에 있어서 관건이 되는 것은 '현공(懸空)'의 의미이다. '현공'이란 일상적인 의미로는 '허구적인'·'사실에 근거하지 않은' 또는 '현실과 격리된' 등의 뜻이며, 이것을 철학적으로 해석한다면 '추상적인'·'논리적인' 등의 의미로 이해할 수 있겠다. 따라서 리의 선구(先具)가 '현공'적인 선구가 아니라는 주장은, 리는 다만 논리적[원리적 또는 허구적]으로 선재하는 것이 아니라 사실[또는 진실]적으로 선재한다는 의미라 하겠다. 그런데 이렇게 해석하고 나면 이것은 "리와 기는 있으면 함께 있어서 원래 선후를 말할 수 없다"라고 한 기정진 자신의 주장과 모순된다. 따라서 이 문제에 대해서는 좀 더 숙고가 필요하다고 하겠다.

'현공'에 대한 해석 및 그에 따른 사상적 모순 여부를 떠나서, 본고에서 지적하고자 하는 것은 기정진이 이기불상리(理氣不相離: 理氣一體)를 강조하면서도 동시에 이선기후를 부단히 역설하고 있다는 점 자체이다. 재물상간(在物上看)·재리상간(在理上看) 여하를 떠나서, 기는 소연이요 리는 소이연임을 강조하면 할수록 리선기후는 더욱 명백해지는 것이다. 다시 말해서 리는 소이연이라는 관점은 리선기후설과 밀접한 연관성을 지니고 있다는 점이다. 즉 기정진의 관점에서는 리가 있고 난 다음에 기가 있는 것이요, 기는 리의 명령(命令: 主宰·使之·所以然·種子)에 의해 생겨나는 것으로 인식된다.[27] 이러한 관점에서 본다면, 리는 본래 하나[一]일 뿐이요

之理 自天地而言 則未有天地 已有天地之理 推之又推 畢竟先有此理 乃有此氣 故謂之理先具也 然而萬象之理先具在二五上面 四象之理先具在兩儀上面 陽儀之理先具在陰靜上面 陰儀之理先具在陽動上面 此天地之理先具在先天地上面 是果懸空乎

기로 인해 구분[分]이 생겨나게 된다는 이이의 관점은 명백히 이분격단(理分隔斷)에 빠지고 마는 것이다. 이 점에 대해서도 다음 절에서 논의하기로 하자.

율곡(栗谷) 및 호락론(湖洛論)에 대한 비판

기정진의 이론체계는 이이와 호락론에 대한 사상적 대결의 산물이기도 하다. 그의 이이와 호락론에 대한 비판의 초점은 '기자이설(機自爾說)'과 '인기이유분(因氣而有分)'인바, 양자는 모두 리의 주재문제와 근원적으로 연결된 것이다. 이제 이러한 것들을 차례로 살펴봄으로써, 기정진의 철학적 문제의식의 본질을 규명해 보기로 하자.

■ 기자이(機自爾)에 대한 비판

이이도 "무형무위(無形無爲)하면서 유형유위(有形有爲)한 것의 주(主)가 되는 것은 리이다"[28]라고 하여, 리는 기의 주재자라고 말한다. 그러나 '무위(無爲)'하다고 전제된 리의 주재란 결코 '주장(主張)'이나 '사지(使之)'를 뜻하는 것은 아니다. 이이는 "그러한 것[其然]은 기이고 그 소이연은 리이다. 나는 누가 그것을 주장하는지를 알지 못한다. 저절로 그러해서 그럴 따름이라고 말할 수밖

27) 같은 책, 卷16「答人問第二」3면:若從源頭論 一理之初 萬有已足 如種着土 不得不生 故萬有之氣 由此而生

28)『栗谷全書』卷10「答成浩原」25면:無形無爲而爲有形有爲之主者 理也

에 없다"[29]고 한다. 즉 이이는 리는 기의 주재자요 소이연이라고 말하면서도, 기의 운동변화는 "자연이연이(自然而然爾)"라고 말하는 것이다. 그러면 이이가 말하는 '주재'란 무슨 뜻인가? 이이는 다음과 같이 말한다.

> 리는 기의 주재자이고 기는 리가 탈 바이다. 리가 아니면 기는 근저(根柢)할 바가 없고, 기가 아니면 리는 의착(依着)할 바가 없다.[30]

> 기발이리승(氣發而理乘)이란 무슨 말인가? 음정양동(陰靜陽動)이란 기틀이 저절로 그러한 것[機自爾]이요 그렇게 시키는 존재[使之者]가 있는 것은 아니다. 양이 동하면 리는 동을 타는바, 리가 동하는 것이 아니다. 음이 정하면 리는 정을 타는바, 리가 정하는 것이 아니다. … 음정양동은 그 기틀이 저절로 그러한 것이요, 그 음정양동의 소이는 리이다.[31]

위의 인용문들을 종합해 볼 때, 이이에 있어서의 주재란 근저(根柢)의 뜻이고, 승(乘)이란 의착(依着)의 뜻이다. 따라서 이이에 있어서의 이승(理乘)이란 글자 그대로 '기를 타고 발현되는 것'을

---

29) 같은 책, 卷14「易數策」49면: 其然者 氣也 其所以然者 理也 愚未知孰主張是 不過日自然而然耳【참고】여기서 보이는 것처럼, 이이도 理를 所以然이요 氣를 所然〔其然〕이라 하기도 한다. 그러나 이이 性理學에 있어서의 理·氣는 대부분 '本과 具'라는 관점에서 논의된다.

30) 같은 책, 卷10「答成浩原(壬申)」2면: 理者 氣之主宰也 氣者 理之所乘也 非理則氣無所根柢 非氣則理無所依着

31) 같은 책, 卷10「答成浩原」26면: 氣發而理乘者 何謂也 陰靜陽動 機自爾也 非有使之者也 陽之動則理乘於動 非理動也 陰之靜則理乘於靜 非理靜也 … 陰靜陽動 其機自爾也 而其所以陰靜陽動者 理也

의미한다. 즉 기는 스스로[自然而然: 機自爾] 동정[發]하는바, 그 동정을 통해서 구현되는 내용은 리라는 것이다. 따라서 이이에 있어서의 리의 주재성[命令]은 매우 약화된 것이며, 오히려 기의 현실적 주도권이 강화된 셈이다.[32] 그러나 기정진은 기자이(機自爾)를 비판하고, 이승을 리의 명령으로 해석한다. 기정진은 다음과 같이 말한다.

> 양이 움직이고 음이 고요한 것을 갑자기 그 표면만 보면 과연 스스로 행하고 스스로 멈추는 것 같으나, 만일 그 실제를 깊이 탐구하면 한결같이 모두 천명이 그렇게 시킨 것[天命使之然]이다. 천명이 그러하기 때문에 부득불 그러한 것[不得不然]이니, 이것을 소이연이라 한다. 천명의 바깥에 별도로 소이연이 있는 것이 아니다. 이제 기자이(機自爾)라고 말하니, 자이(自爾)란 비록 노력을 기다리지 않는다는 말이지만, 이미 자기로부터 말미암고 다른 것으로부터 말미암지 않는다는 뜻을 포함하고 있다. 또 거듭 말하기를 '비유사지자(非有使之者)'라 하니, '자이'라고 말할 때는 그 뜻이 비교적 가벼웠으나, 비유사지(非有使之)라는 말에 이르러서는 그 뜻이 확고한 것이다. … 비유사지라는 한 구절 속에서 천명은 이미 끊긴 것이다. 천명이 끊기고서도 음양이 의구하다는 것은 진실로 듣지 못하였다. 천명은 만사의 본령이다. 이제 자행자지(自行自止)하여 천명에 말미암지 않는 것이 있다면, 천명의 바깥에 또 하나의 본령이 있는 것이다. 두 개의 본령이 각자 추뉴가 되는 것은, 조화에 있을 수 없는 일이다. 또한 리는 약하고 기는 강하니, 기가 리의 지위를 빼앗을까 두렵다.[33]

32) 사실 이이에 있어서의 理의 主宰문제는 모호한 점이 있으나, 다만 분명한 것은, 이이가 理의 主宰를 使之〔命令〕로 해석하지 않는다는 것이다. 이에 대한 자세한 논의는 拙稿, 「畿湖性理學에 있어서 理의 主宰問題」 참조.

기정진은 우선 현상계의 운동변화를 표면적으로만 보면 기가 자행자지하는 것 같으나, 실은 리가 그렇게 시킨 것[使之]이라고 설명하였다. 기정진에 의하면, '기자이' 및 그보다 더욱 강력한 표현인 '비유사지'라는 주장은 리 외에 또 하나의 본령을 인정하는 것이며, 두 개의 본령이 서로 강약의 승부를 다투어, 그 결과는 마침내 기가 리의 지위를 빼앗는 것에 이른다고 우려한 것이다.

기정진은 또 이이가 리를 소이연이라 하면서도 '기자이'를 주장한 것은 모순적인 태도라고 규정하는바, 즉 '기자이'를 주장하면 소이연은 퇴축(退縮)되지 않을 수 없다는 것이다.[34] 기정진은 더 나아가 이이가 "일동일정자(一動一靜者) 기야(氣也) 동지정지자(動之靜之者) 리야(理也)"[35]라고 한 것에 대해서, '동지정지(動之靜之)'가 '사지(使之)'가 아니고 무엇이냐고 반문한다.[36] 사실 리의 주재 문제에 있어서 이이의 학설은 모호함이 없지 않다. 따라서 기정진의 이러한 비판과 반론은 일견 충분한 이유가 있는 것이라 하겠다. 하지만 더욱 근원적으로는, 이이에게는 '리·기'를 '본과

---

33) 『蘆沙集』 卷16 「猥筆」 24~25면: 陽動陰靜 驟看皮面 果似自行自止 若深原其實 則壹是天命使之然也 天命然也 故不得不然 此之謂所以然 非天命之外 別有所以然也 今曰其機自爾 自爾雖不竢勉强之謂 而已含由己不他由之意 又申言之曰非有使之者 說自爾時 語猶虛 到非有使之 語意牢確 … 非有使之一句內 天命旣息矣 天命息而陰陽因舊 實所未聞 天命爲萬事本領 今有自行自止 不關由天命者 則天命之外 又一本領也 兩箇本領 各自樞紐 則造化必無此事 又理弱氣强 吾懼夫氣奪理位也

34) 같은 책, 같은 곳, 25면: 自爾二字 與所以然三字 恰是對敵 自爾爲主張 則所以然不得不退縮 今欲兩存而竝用 其貌樣 頗似魏延楊儀同在丞相府 安能免畢竟乖張乎

35) 『栗谷全書』 卷14 「易數策」 48면.

36) 『蘆沙集』 卷16 「猥筆」 25면: 動者靜者 氣也 動之靜之者 理也 動之靜之 非使之然而何

구'로 규정하는 사고방식이 지배적인 반면에, 기정진에게는 '리·기'를 '소이연과 소연'으로 규정하는 사고방식이 지배적이라는 사상적 입장의 차이로 인한 이견(異見)이 있는 것이다. 또한 리의 주재성을 철저히 관철시키고자 하는 기정진의 논리도 결함이 없는 것이 아니다. 이에 대해서는 다음 절에서 상론하기로 하자.

■ 인기이유분(因氣而有分)에 대한 비판

이이는 리는 본래 하나[理一]요 기를 타고 유행함에 분수가 생겨난다[因氣而有分]고 보았으며, 호락양론도 기본적으로 이이의 이러한 주장을 전제로 하고 있었다. 기정진은 이러한 주장은 리를 영축(盈縮)과 선후(先後)가 있는 것으로 오해하는 것이며, 이일(理一)과 분수(分殊)를 서로 단절시키는 것[理分相離, 理分隔斷]이라고 비판한다. 기정진의 이러한 비판은 '인기이유분(因氣而有分)'의 논리가 일차적으로는 성(性)과 명(命)을 갈라놓는 결과를 초래한다고 보았기 때문이지만, 더 근원적으로는 '인기이유분'의 논리는 리의 주재성을 부정함으로써 오히려 리가 기의 명령을 받는 결과를 초래한다고 보았기 때문이다.[37] 따라서 기정진의 '인기이유분'에 대한 비판은 '기자이'에 대한 비판을 통해서 리의 주재성을 옹호하려 했던 것과 본질적으로 맥락을 같이하는 것이다. 이제 이러한 점들을 좀 더 구체적으로 살펴보기로 하자.

기정진은 "리는 본래 하나인데 참치부제(參差不齊)한 기를 타고 변화함에 비로소 만리(萬理)가 생긴다"는 주장에 대해 다음과 같

---

37) 같은 책, 卷16「納凉私議」15면: 近世諸先生 坼開理分 大抵皆你一我殊之論 其蔽也 氣無聽命於理 理反取裁於氣 天命之謂性 徒虛語耳

이 비판한다.

> 리는 선후와 영축이 없다. 일리(一理)라 하여 적은 것이 아니요, 만리(萬理)라 하여 많은 것이 아니니, 이것을 영축이 없다고 하는 것이다. 이 사눌이 있다고 하여 생기는 것이 아니요, 이 사물이 없다고 하여 없어지는 것이 아니니, 이것을 선후가 없다고 하는 것이다. 이것을 깨달으면 이른바 '하나[一]'라는 것을 이해할 수 있을 것이다.[38]

기정진에 의하면 리는 선후가 없기 때문에 언제나 항상 존재하는 것이다. 그런데 만일 리는 본래 하나요 기를 타고 변화함에 비로소 만 가지 리가 '생(生)'한다고 하면, 이것은 없었던 것이 '생'한 것이요 따라서 선후가 있게 되는 것이다. 또한 리는 영축이 없기 때문에, '하나'였던 것이 '만 가지'가 되거나 '만 가지'이었던 것이 '하나'가 되는 것이 아니다. 그런데 '하나'였던 리가 기를 타고 변화함에 '만 가지'로 된다고 하면, 이것은 '하나'가 '만 가지'로 늘어난 것이요 따라서 영축이 있게 되는 것이다. 이와 같이 리에 선후와 영축이 있다고 한다면, 리는 기와 더불어 생멸변화하는 것으로 전락하는 것이다. 따라서 '인기이유분'의 논리는 용납할 수 없다는 것이다.[39]

---

38) 같은 책, 卷16「答人問第一」3면:理也者 無先後 無盈縮 一理未爲寡 萬理未爲多 是之謂無盈縮 不以有是物而存 不以無是物而亡 是之謂無先後 有見乎此 則所謂一者 可領會矣

39) 기정진의 이러한 비판은 일견 매우 예리해 보인다. 그러나 이것이 栗谷說의 정곡을 찌른 것은 못 된다. 왜냐하면 이이가 氣로 인해 理의 分殊가 生한다고 했을 때의 生의 客體는 理가 아니라 分이기 때문이다. 盈縮의 경우도 마찬가지로서, 理가 盈縮한다는 것이 아니라 分殊多寡가 盈縮한다는 것이다. 이이는 乘氣流行 속에서도 理의 本然은 변함이 없다[自若]는 것을 누

기정진은 '인기이유분'을 용납할 수 없다는 맥락에서 호락양론을 똑같이 비판한다. 기정진은 다음과 같이 말한다.

> 여러 학자들이 인성(人性)과 물성(物性)을 논한 것은 그 결론은 비록 다르지만, 그윽이 생각해 보건대 그들은 모두 동일한 폐단에 빠졌다. 무엇을 동일한 폐단이라 하는가? 그 폐단은 이일(理一)과 분수(分殊)가 서로 괴리되는 데 있다. 무엇을 이일과 분수가 서로 괴리되었다고 하는가? 여러 학자들의 학설을 자세히 살펴보면, 한결같이 모두 리는 분(分)이 없는 것이요 '분'은 기로 인해 있게 된다고 하여, 이일을 형기(形氣)를 떠난 곳에 한정시키고 분수를 형기에 타재(墮在)된 이후로 국한시킨다. 이에 이자리(理自理) 분자분(分自分)이 되어 성(性)과 명(命)이 옆으로 갈라지게 되었다. 성과 명이 갈라진 채로 성을 논함으로써 천하가 분열된 것이다. 내가 아는 바로는, '분'은 이일 가운데의 세조리(細條理)로서, 리와 '분' 사이에는 층절(層節)이 있을 수 없다. '분'은 리의 짝이 아니다. 분수가 바로 일(一: 하나)의 짝이다. 리는 만수(萬殊)를 함축하고 있기 때문에 '하나'라고 하는바, 사실은 일물(一物)이라는 말과 같다. '수(殊)'는 진수(眞殊)가 아니기 때문에 분수(分殊)라 하는바, 다른 것은 다만 분한(分限)이라는 말이다. 이일과 분수라는 말은 서로를 전제로 해서만 의미를 이루니, 하나라도 제거할 수 없는 것이다. 그러므로 이일을 말할 때에 '분'이 이미 함축되어 있음을 알 수 있으며, 분수를 말할 때에 하나가 자재(自在)함을 알 수 있다. 리를 따라 내려가 그 무엇을 덧붙여서 비로소 '분'을 이루고 '분'으로부터 거슬러 올라가 일보를 뛰어넘어 비로소 이일을 이룬다는 말이 아니다.[40]

누이 강조하였다.

40) 『蘆沙集』 卷16 「納涼私議」 4~5면: 諸家言人物之性 其歸雖殊 竊意其所蔽一也 曷言蔽之一 蔽在理分相離 曷言理分相離 詳諸家之意 一是皆以理爲

‘인기이유분(因氣而有分)’의 논리는 이분상리(理分相離)를 초래하는바, ‘이분상리’는 천명과 인성을 갈라놓는 결과를 초래하며, 따라서 천명지위성(天命之謂性)이라는 말은 빈말이 되고 만다는 것이다. 위의 인용문은 일견 매우 지당해 보인다. 그러나 위의 인용문은 기정진의 ‘분’의 개념과 기존[李珥, 湖洛兩論]의 ‘분’의 개념에 차이가 있음을 시사하고 있다. 따라서 그러한 차이를 분석해 보아야만 기정진의 이러한 비판이 적실한가의 여부를 판명할 수 있을 것이다. 기정진은 기존의 이일분수론을 ‘이분상리’에 빠졌다고 비판하지만, 이이나 호락양론이 결코 ‘이분상리’를 추구했던 것은 아니다. 따라서 이 문제는 더욱 정밀하게 해명되어야 할 것이다. 다음 절에서 이 문제를 해명하기로 하자.

기정진이 호론양론을 ‘이분상리’라고 비판하는 구체적 내용은 다음과 같다.[41] 첫째, 호론[人物性異論]의 경우는 ‘분’이 없는 것을 ‘하나[一]’로 여겼기 때문에, 본연지성(本然之性: 韓元震의 因氣質之性, 즉 中層性을 말함) 위에 또 하나의 본연지성(本然之性: 韓元震의 超形氣之性, 즉 上層性을 말함)을 세웠다는 것이다. 이것은 ‘이외유분(理外有分)’의 폐단에 빠진 것이요, 결국 성즉리라는 말이 빈말이 되고 만다는 것이다.[42] 둘째, 낙론[人物性同論]의 경우는 ‘분’을 기로 인해 생긴

無分之物 分爲因氣而有 限理一於離形氣之地 局分殊於墮形氣之後 於是理自理 分自分 而性命橫決矣 性命橫決而論性 始爲天下裂矣 以膚淺所聞分也者 理一中細條理 理分不容有層節 分非理之對 分殊二字乃對一者也理涵萬殊 故曰一 猶言其實一物也 殊非眞殊 故曰分殊 言所殊者 特其分限耳 一句兩語 相須爲義 除一箇不得 故說理一時 可知分之已涵 說分殊時已見一之自在 初非沿理而下 添一料而方成分 溯分而上 超一步而方稱理之謂也

41) 같은 책, 같은 곳, 6~9면 참조.

것으로 여겼기 때문에, 인(人)·물(物)이 오상(五常)을 함께 하는 것을 본연지성이라고 하였으면서도 편전지성(偏全之性)을 본연지성이 아니라고 하게 되었다는 것이다. 이것은 '분외유리(分外有理)'의 폐단에 빠진 것이요, 결국 본연지성은 유체무용(有體無用)의 물건이 되고 만다는 것이다.[43] 기정진은 다음과 같이 말한다.

> 선각(先覺: 程·朱를 말함)이 성(性)을 논한 것에는, 이동(理同)을 말한 경우도 있고, 이부동(理不同)을 말한 경우도 있다. 그러나 그것은 서로 모순되는 것이 아니요, 주안점이 달랐던 것이다. 주안점이 달랐다는 것은 무슨 말인가? 공공하게 그 오묘함을 논할 때는 도출하여 말하고, 적확하게 그 체(體)를 지칭하고자 할 때는 기에 즉(卽)하여 밝혔던 것이다. 도출하여 말하면, 리는 본래 하나이기 때문에 이일(理一)이 주(主)가 되지만 만수(萬殊)가 그 가운데 함축된 것이다. 기에 즉하여 말하면, 기는 이미 분수이기 때문에 분수가 주가 되지만 이일이 그 사이에 존재하는 것이다. 따라서 말에는 두 갈래가 있게 된 것이지만 어찌 일찍이 성에 여러 층이 있겠는가? 제가(諸家: 湖洛의 여러 학자들)가 선각들이 성을 논한 것에 대하여 상밀하게 강구하지 않은 것은 아니지만, 다만 이분일체처(理分一體處)에 대하여 깊이 착안하지 못했기 때문에, 리·기가 서로 질투하고 동(同)·이(異)가 서로 배척하는 결과를 초래하였다.[44]

---

42) 한원진은 中層性을 人·物의 고유한 本然之性이요, 上層性은 理만을 지칭하는 것이라 하였는바, 즉 性〔中層性〕 위에 理〔上層性〕를 별도로 세움으로써 性卽理라는 말이 무의미하게 되었다는 것이다.

43) 이간은 本然之性은 理一이요 偏全之性은 分殊인바, 分殊는 氣로 인한 것이므로〔因氣而有分〕 本然之性이 아니라고 본 것이다. 이에 대해 기정진은 理一은 體이고 分殊는 用인바, 偏全之性을 本然이 아니라고 한다면, 本然之性은 體만 있고 用은 없는 꼴이 된다고 비판하는 것이다.

44) 『蘆沙集』 卷16 「納凉私議」 17～18면: 先覺論性 有言理同者 有言理不同

위의 인용문을 보면, 기정진도 관점에 따라 동론(同論)과 이론(異論)이 모두 성립할 수 있음을 인정하였다. 다만 호락양론은 이분일체(理分一體: 理分相涵)를 간과하였기 때문에, 서로 동일한 폐단에 빠졌으면서도 서로 배척하는 것이라고 보는 것이다. 기정진은 다음과 같이 말하기도 한다.

> 리로 말하면 만물이 일원(一原)이므로 진실로 인물귀천(人物貴賤)의 차이가 없는바, 이것이 이른바 도출하여 그 오묘함을 말한다는 것으로서, 이일이 주(主)가 된 것이다. 기로 말하면 정통(正通)한 기를 얻은 것은 인(人)이 되고 편색(偏塞)한 기를 얻은 것은 물(物)이 되는바, 이것이 이른바 기에 즉하여 그 실(實)을 지칭한다는 것으로서, 분수가 주(主)가 된 것이다.[45]

위의 인용문도 이일을 위주로 할 것인가 분수를 위주로 할 것인가 하는 관점에 따라 동론과 이론이 모두 성립할 수 있음을 분명히 인정한 것이다. 따라서 기정진의 호락양론에 대한 비판은 동론이 옳은가 이론이 옳은가 하는 것에 대한 비판이 아니라, 호락양론이 모두 '이분상리(理分相離)'의 폐단에 빠졌다는 비판이다. 기정진은 다음과 같이 말한다.

者 非相戾也 所主而言之者 不同 曷爲有此所主之不同 共公以論其妙 則挑出而言之 眞的以指其體 則卽氣而明之 挑出則理本一 故理一爲主 而萬殊涵於其中 卽氣則氣已分 故分殊爲主 而理一存乎其間 自是話有兩般 何曾性有多層 諸家於先覺論性處 非不講貫詳密 而特緣理分一體處 未甚着眼 以致理氣相妬 同異相攘

45) 같은 책, 같은 곳, 19면: 以理言之 則萬物一原 固無人物貴賤之殊 此一節所謂挑出以言其妙 理一爲主者也 以氣言之 則得其正且通者爲人 得其偏且塞者爲物 此一節所謂卽氣以指其實 分殊爲主者也

> 나의 주장을 따르면 리와 분(分)이 원융(圓融)하여 이른바 체용일원(體用一原) 현미무간(顯微無間)과 부합한다. 같음[同] 가운데 다름[異]이 있고, 다름 가운데 같음이 있으니, 같음과 다름을 논할 필요가 없는 것이다. 구론(舊論: 湖洛兩論)을 따르면 리와 분이 격단(隔斷)되어, 체(體)와 용(用)이 이본(二本)으로 되고 현(顯)과 미(微)가 유간(有間)하게 된다. 같음은 스스로 같음일 뿐이고, 다름은 스스로 다름일 뿐이라서 끝내 회통할 기약이 없는 것이다.[46]

기정진에 의하면 같음 가운데 다름이 있고 다름 가운데 같음 있기 때문에, 이분원융(理分圓融)을 인식하면 같음·다름을 따질 필요가 없다는 것이다. 기정진은 호락양론이 모두 '이분격단(理分隔斷)'에 빠졌다고 비판하지만, 그것은 기정진의 관점일 뿐이다. 호락양론이 '이분격단'을 추구한 것도 아니고, 사실 자신들의 관점에서 볼 때는 '이분격단'에 빠진 것도 아니었다. 그럼에도 불구하고 기정진의 눈에는 '이분격단'으로 비친 것은 앞에서 이미 지적하였듯이 서로 '분'의 개념을 달리 설정하기 때문이었다.[47] 이제 절을 바꾸어 이러한 문제들을 근본적으로 살펴보기로 하자.

---

46) 같은 책, 같은 곳, 14면: 如吾之說 則理分圓融 所謂體用一原顯微無間者 同中有異 異中有同 同異不須論也 如舊論之意 則理分隔斷 乃是體用二本 顯微有間 同者自同 異者自異 終無會通之期矣

47) 기정진의 理分圓融論이 지당하다 하더라도, 그것은 人物性同異論爭을 원점으로 돌려 놓은 것이지, 論爭을 해결한 것은 아니다. 호론과 낙론은 모두 관점에 따라 同·異가 모두 성립할 수 있음을 인정하였다. 人物性同異論爭의 핵심은 人·物의 '固有한 本性'을 어느 차원에서 어떻게 정의하느냐에 있었던 것이다.

노사 성리학의 근본문제

■ 리의 주재문제

이이의 기발리승론(氣發理乘論)의 대강은, 리는 순선하지만 리가 타고 있는 기의 청탁(淸濁)에 따라 선과 악이 나뉜다는 것이다. 즉 이이에 의하면 리는 소발자(所發者: 발현되는 내용)요, 기는 능발자(能發者: 발현하는 주체)이다. 그런데 기에는 청탁이 있는바, 청기(淸氣)는 리를 온전히 발현시키고, 탁기(濁氣)는 리를 온전히 발현시키지 못한다는 것이다. 또한 이이의 이일분수론은, 본연지리(本然之理)는 본래 '하나'이지만, 기의 참치부제(參差不齊)로 인해 리도 다양성을 노정하게 된다는 것이다. 따라서 이이 성리학에 있어서의 현실적인 주도권은 기에 있는 것이며, 이러한 사상을 계승하고 있는 낙론 계통의 미호(渼湖) 김원행(金元行, 1702~1772)이나 담헌(湛軒) 홍대용(洪大容, 1731~1783)의 경우에는 리의 주재성을 명시적으로 부정하기에 이른다.[48] 이렇게 볼 때, 리의 주재 문제에 대한 이이의 설명이 해석상의 모호함이 있다 하더라도, 이이의 주된 입장은 리의 주재성을 강조하는 것이 아니라 오히려 '기의 현실적 주도권[能然之力]'을 승인하는 것이라 하겠다.

기정진은 바로 이 점을 이기 관계의 전도로 규정하고, 심각한 우려를 표명하는 것이다. 리를 만유의 종자라고 선언한 기정진의 입장은 리의 위상을 일체의 소이연이요 주재자[命令者]로 확립하려는 것이었다. 그러나 리의 순선과 주재성을 동시에 관철시키려

48) 이에 대해서는 拙稿, 「洛學에서 北學으로의 思想的 發展」 참조.

는 기정진의 주장은 다시 형이상학의 고전적인 딜레마에 빠지고 말게 된다. 이제 이 점을 살펴보기로 하자.

리가 세상 만사의 종자요 주재자라는 주장은 마침내 "인사에 있어서의 불선도 또한 리에 근원하여 생기는 것인가?"라는 의문을 제기한다. 이에 대하여 기정진은 다음과 같이 설명한다.

> 불선이란 선이 곧게 완수되지 못한 것이니, 불선이 또한 어찌 별도의 근원이 있겠는가?[49] … 리는 종자로서, 다만 필연지묘(必然之妙)만 있고 능연지력(能然之力)은 없다. '필연지묘'가 있기 때문에 곧게 완수될 수 있는 것이요, '능연지력'이 없기 때문에 간혹 곧게 완수되지 못하는 것이다.[50]

기정진은 리가 만유의 종자라고 전제한 이상, 불선도 역시 리에 근원한다는 점을 부정할 수 없는 것이다. 그런데 기정진은 리는 또한 필연적 주재자라 하였는바, 이것은 어떻게 순선한 리의 필연적 주재에 의하여 불선이 생기하는가 하는 문제를 야기한다. 이에 대하여 기정진은 "리에는 '능연지력'이 없기 때문에 간혹 곧

---

49) "不善이란 善이 곧게 완수되지 못한 것이니, 不善이 또한 어찌 별도의 근원이 있겠는가?"라는 말 자체는 이이의 주장과 일치하는 것이다. 이이는 理는 본래 善한 것으로 氣의 淸·濁에 따라 善한 理가 곧게 완수되기도 하고 그렇지 못하기도 한다고 보고, 善·惡이 별도의 근원에서 생하는 것은 아니라고 보았다.

50) 『蘆沙集』 卷16 「答人問第三」 4면: 敢問人事之不善 亦根於理而生乎 曰善乎其問之也 不善者 善之不直遂者也 不善亦安有別根乎 … 理者 種子也 但有必然之妙 非有能然之力 以其有必然也 故可直遂 以其非有能然也 故或不直遂 莫非理也 其本然則有在矣 惟聖人 主於必然 以致其能然 而後本然者得矣

게 완수되지 못하는 것"이라고 설명하였는바, "간혹 곧게 완수되지 못하는 것"이라는 말은 결과적으로 리의 필연적 주재성을 손상시키고 마는 것이다. 또한 '능연지력'이 없는 리의 주재란 그 자체 제한적인 의미를 지닐 수밖에 없는 것이요, 결과적으로 리의 주재 자체를 의심하게 하는 것이다. 그럼에도 불구하고 기정진은 다음과 같이 주장한다.

> 리는 작위가 없고 기는 작위가 있기 때문에 기가 주장하는 것 같음이 있다. 그러나 이 리가 있고 난 다음에 이 기가 있는 것이요, 리가 없는 기는 없는 것이다. 따라서 일에 불선한 것이 있음은 비록 기의 소위(所爲)라 하더라도, 이 리가 없으면 이 기가 없는 것이니, 어찌 기가 홀로 주장한 것이라 할 수 있겠는가? 진흙의 흐림은 물의 본성은 아니지만 물이 아니면 진흙이 이루어질 수 없으며, 좀이 먹는 것은 나무의 본성이 아니지만 나무가 아니면 좀이 생기지 않는다. 마찬가지로 일의 악함은 리의 본연이 아니지만, 리가 아니면 악은 말미암아 생길 바가 없는 것이다. 그렇다면 리는 진실로 선악(善惡)을 겸하는 것인가? 리의 본연은 진실로 순선무악하지만 기를 타고 유행함에 미쳐서는 과불급(過不及)의 차이가 없을 수 없다. 기에 과불급이 없을 수 없는 것은 또한 리의 형세가 그런 것이요, 과불급이 있음으로써 악이 말미암아 생겨나는 것이다. … 이것으로 미루어 보면, 일에 불선함이 있는 것이 리의 본선을 해치지 않으며, 기에 작용함이 있는 것이 리가 주재함을 해치지 않는다.[51]

---

51) 같은 책, 卷9「答閔克中」36면: 盖理無爲氣有爲 故有似乎氣爲主張 然有是理而後有是氣 而氣無無理之氣 則事有不善者 雖曰氣之所爲 而無是理則無此氣也 安得爲氣獨主張乎 泥之濁 非水之本也 而非水則不成泥也 蠹之食非木之性也 而非木則不生蠹也 事之惡 非理之本然 而非理則惡無所由生也 然則理固兼善惡乎 曰理之本然 固純善無惡 而及其乘氣流行 則不能無過不

위의 구구한 변명을 통해서 결국 기정진이 주장하려고 한 것은 "일에 불선함이 있는 것이 리의 본선을 해치지 않으며, 기에 작용함이 있는 것이 리가 주재함을 해치지 않는다"는 것이었다. 그러나 위의 인용문은 숱한 문제를 내포하고 있다. 우선 기정진은 리가 아니면 악은 말미암아 생기지 않는다고 하였는바, 악은 분명히 연원적으로 리에 닿아 있기 때문에, 결과적으로 리의 순선을 해치게 된다는 점이다. 기정진은 이러한 난관을 피하기 위하여 '본연의 리'와 '기를 타고 유행하는 리'를 구분하고, 본연의 리는 순선하지만 기의 과불급으로 인해 기를 타고 유행하는 리에 과·불급의 차이[惡]가 있게 된다고 하였다.52) 이 말은 결국 기가 리의 명령에 따르지 않고 오히려 리에 영향을 끼치게 된다는 뜻이 되어, 이제는 리의 주재성이 손상되는 것이다. 그리하여 기정

及之差也 氣不能無過不及者 亦理勢然也 而纔有過不及 則惡之所由生也 … 由是推之 則事有不善 而不害於理之本善也 氣有用事而不害於理爲主宰也

52) "理의 本然은 진실로 純善無惡하지만 氣를 타고 流行함에 미쳐서는 過不及의 差가 없을 수 없다"는 주장은 '理乘'을 피동적인 '隨寓輒乘'이 아닌 능동적인 '元來所乘'으로 보아야 한다는 기정진 자신의 持論〔『蘆沙集』 卷16 「猥筆」 26~27면 참조〕과 어긋나는 말이다. 이러한 주장은 이이의 논리와 일치하는 것으로, 결국 氣의 現實的 主導權을 인정하는 내용이다. 氣의 主導權을 인정할 수 없다는 것이 기정진의 이이에 대한 비판의 본질이었던바, 기정진 자신도 이러한 주장을 개진한 것은 아이러니라 하겠다. 또한 더 근원적으로, '本然之理'니 '乘氣流行의 理'니 하는 개념들은 '所以然·所然'의 체계에 부합하는 개념이 아니라 '本〔形相〕과 具〔質料〕'의 체계에 부합하는 개념이다. 所以然과 所然은 필연적 관계로서, 그 주도권〔주재성〕이 所以然에 있는 것이다. 반면에 '乘氣流行의 理'라는 개념은 氣에 의해 영향을 받은 理라는 말이다. 따라서 所以然·所然의 구도에서는 '本然'이니 '流行'이니 하는 개념적 구분이 성립할 수 없는 것이다. 이이는 理는 본래 純善하지만〔本然之理의 純善〕, 氣를 타고 流行함에 있어서 氣의 參差不齊로 인해 理도 역시 參差不齊하게 된다〔乘氣流行之理의 有善惡〕고 하였다.

진은 다시 "기에 과불급이 없을 수 없는 것은 또한 리의 형세가 그런 것"이라고 덧붙였다. 그렇다면 리는 스스로 과·불급이 생기도록 주재한 것이 되고 말아, 이제는 다시 리의 순선이 손상되게 된다. 이렇게 볼 때, 위의 인용문은 글자 그대로 좌충우돌의 연속이 아닐 수 없다. 그럼에도 불구하고 기정진은 "일에 불선함이 있는 것이 리의 본선을 해치지 않으며, 기에 작용함이 있는 것이 리가 주재함을 해치지 않는다"고 결론을 지었는바, 이것은 결코 납득할 수 없는 결론이라 하겠다.

리의 본선과 필연적 주재성을 관철시키려고 하는 기정진은 결국 악의 허물을 기로 돌리고자 한다. 기정진은 다음과 같이 말한다.

> 선악이 비록 같지 않으나, 어찌 소이연이 없이 그러한 것이 있겠는가? 이것이 이른바 선악이 모두 천리요, 악도 또한 성이라고 하지 않을 수 없다는 것이다. 비록 그러하나 그 가운데에 나아가 깊이 탐구하여 말하면, 선은 그 '본연'이요 악은 그 '부득불연이연자(不得不然而然者)'이다. 합하여 말하면 두 개의 연(然: 本然·不得不然而然)이 어느 것인들 천리가 아니겠는가? 그러나 나누어 말하면 본연은 선에 있고 악에 있지 아니하다. 성인이 재성보상(財成輔相)하여 악을 막고 선을 높이는 것은 또한 그 본연을 주로 하고 '부득불연이연자'를 물리친 것일 뿐이다. 악의 허물을 기에 돌리는 것은 악도 또한 천리로부터 나온 것이라는 것을 모르는 것은 아니나, 그 어의가 본연이 아니라고 한 것은 기에 유방찬극(流放竄殛)의 형벌을 가하려는 것이 아니다. 조화는 본래 스스로 이와 같은 것이니 어떠한 억울함이 있겠는가? … 물이 이마를 지나 산에 있는 것도 역시 리 바깥의 일이 아니니, 기가 리의 명령을 받는 것은 분명하나, 이것을 본연이라고 할 수는 없는 것이다. 그러므로 기가 그 허물을 감당하는 것이다.[53]

기정진은 선악이 모두 천리의 주재에 의한 것이라고 말하면서도, 악의 허물을 기로 돌리고서, 기에게 억울해 하지 말라고 타이르는 것이다. 앞에서 이미 살펴본 바 있듯이, 기정진은 "기의 발(發)과 행(行)은 사실 리로부터 명령을 받은 것이다. 명령을 내리는 자는 주인이 되고 명령을 받는 자는 종복이 되니, 종복은 노고를 맡고 주인은 공을 차지하는 것이 천지의 경의이다"라고 하였다. 그렇다면 똑같이 기가 리의 명령을 받아 수행한 것에 대해서, 결과가 선일 경우 그 공을 리가 차지하고, 결과가 악일 경우 그 죄를 기가 받는다면, 이것은 매우 불공평한 처우라고 하지 않을 수 없다. 기가 어찌 억울하지 않을 수 있겠는가?

위의 인용문에서는 선은 천리의 '본연'이요 악은 천리의 '부득불연이연'이라 하였다. 그런데 앞의 제2절에서 이미 살펴보았듯이, 기정진의 어법에 있어서 '부득불연'이란 '필연' 또는 '소이연'과 같은 내용이다. 악을 천리의 '부득불연'이요 '필연'이라 한다면, 이것은 악을 존재론적으로 정당화시켜 주는 것이 아닌가? 그러면서도 또 성인은 '본연'을 주로 하고 '부득불연'을 물리친다고 하는

53) 『蘆沙集』 卷4 「答景道」 19~20면: 善惡雖不同 豈有無所以然而然者耶 此之謂善惡皆天理 惡亦不可不謂之性 雖然就其中 深探而究言之 則善者其本然也 惡者其不得不然而然者也 合而言之 則兩箇然孰非天理 而分言之 則本然者在善而不在惡也 聖人財成輔相 遏惡揚善 亦曰主其本然者 而絀其不得不然而然者而已 惡之歸咎於氣 非不知惡亦自天理來 而其語意 如曰非其本然 非欲以流放竄殛之典 加於氣 造化本自如是 何呼寃之有 … 水之過顙在山 亦非理外之事 則氣之聽命於理 信矣 而謂是本然則不可 故氣執其咎
【참고】 이 글의 일부는 『蘆沙先生全集』〔보경문화사, 1983〕과 『한국문집총간』〔310, 민족문화추진회, 2003〕에 수록된 『蘆沙集』 권15 「答景道」에는 없다. 이에 본 출처는 아성문화사 1976년 발행 『蘆沙先生文集』을 저본으로 하였음을 밝힌다.

것은, 이제는 악을 당위적 차원에서 배척하는 꼴이 된다. 이렇게 볼 때, 위의 인용문은 기에 대한 처우가 불공평하며, 논리적으로 일관성이 없다고 하지 않을 수 없겠다.

■ 이일분수(理一分殊)의 문제

이일분수에 대해, 이이는 리는 본래 하나이지만 기를 타고 유행함에 분수로 된다고 하였다. 이에 대해 기정진은 '인기이유분(因氣而有分)'의 논리는 '이분상리(理分相離)'에 빠진다고 비판하고, 이일 속에 분수가 있고 분수 속에 이일이 있다는 이분상함(理分相涵)의 논리를 개진하였다. 일견 이들의 주장은 명백히 대조되는 것 같지만, 그러나 각각의 맥락을 따져 보면 사실 크게 다른 것은 아니다.

체용일원(體用一源) 현미무간(顯微無間)을 대원칙으로 하는 성리학에 있어서, '이분상함'의 논리가 지당함은 재론의 여지가 없다. 이이나 호락양론이 이러한 원칙을 망각하고 '이분상리'를 추구하였을 리도 없다. 사실 그들도 그러한 원칙을 투철하게 인식하고 있었던 것이요, 항상 '이분상함'을 강조하였던 것이다. 이제 그 실례를 들어 보기로 하자.

이이는 "본연은 이일이고 유행은 분수이다"[54]·"일본(一本)의 리는 리의 체(體)이고 만수(萬殊)의 리는 리의 용이다"[55]라고 전제하고, "본체 가운데 유행이 갖추어져 있고, 유행 가운데 본체가

54) 『栗谷全書』 卷9 「答成浩原」 39면: 夫本然者 理之一也 流行者 分之殊也
55) 같은 책, 卷12 「答安應休(天瑞)」 20면: 一本之理 理之體也 萬殊之理 理之用也

보존되어 있다”[56]고 하였다. 그리고는 마침내 “유행의 리를 버리고 별도로 본연의 리를 구한다면 진실로 불가하다”[57]고 확언하였다. 이것으로 볼 때 이이야말로 가장 철저한 ‘이분상함론자(理分相涵論者)’라 하겠다. 성삼층설(性三層說)을 주장한 한원진은 성에 실제로 세 층이 있는 것이 아니라 다만 관점에 따라 셋으로 구분할 수 있는 것이라 하고, 성은 사실 하나일 뿐이라고 명언하였다.[58] 따라서 한원진의 삼층설이 결코 ‘이외유분(理外有分)’의 폐단에 빠진 것이라고 단언할 수 없는 것이다. 또한 이간은 “이른바 이통(理通)이란 기국(氣局)을 떠나서 존재하는 것이 아니다. 기국에 즉하여 그 본체가 기국과 협잡하지 않은 것을 지칭하여 말하는 것이다”[59]라고 하였다. 이렇게 볼 때, 이간이 본연(本然: 理通)과 편전(偏全: 氣局)을 격단시킨 것이 아니며, 따라서 결코 ‘분외유리(分外有理)’의 폐단에 빠진 것이라고 단언할 수 없는 것이다.

위의 논의에 의하면, 이이와 호락양론에 있어서는 ‘인기이유분’과 ‘이분상함’이 양립하고 있는 것이라 하겠다. 다시 말하면 그들의 논리에 있어서는 ‘인기이유분’이 결코 ‘이분격단(理分隔斷)’을 의미하는 것이 아니다. 그럼에도 불구하고, 기정진은 ‘인기이유분’을 ‘이분격단’으로 규정하게 된 원인이 무엇인가? 이제 마지막으로 이 문제가 해명되어야 할 것이다.

---

56) 같은 책, 卷10 「答成浩原」 40면: 本體之中 流行具焉 流行之中 本體存焉
57) 같은 책, 卷9 「答成浩原」 39면: 捨流行之理而別求本然之理 固不可
58) 『南塘集』 卷7 「上師門(戊子八月)」 2~3면: 性非有是三層而件件不同也 人之所從而見者 有是三層耳 … 其實一性而已也
59) 『巍巖遺稿』 卷12 「理通氣局辨(癸巳)」 11면: 所謂理通者 非有以離乎氣局也 卽氣局而指其本體不雜乎氣局而爲言耳

기정진이 이이의 '인기이유분'을 '이분격단'으로 규정하게 된 원인은 다음과 같은 두 가지에서 찾을 수 있다. 첫째는 이이와 기정진이 서로 '분(分)'의 개념을 다르게 설정하고 있다는 점이며, 둘째는 이이와 기정진이 서로 이기선후 문제에 대해 인식을 달리하고 있다는 점이다.

우선 '분'의 개념 설정에 있어서의 차이를 살펴보기로 하자. 성리학에서는 리를 설명할 때 "충막무짐(沖漠無朕) 만상삼연이구(萬象森然已具)"[60] 또는 "혼연전체지중(渾然全體之中) 찬연유조(粲然有條)"[61]라는 표현을 즐겨 하였다. 결론적으로 말해, 기정진은 '충막무짐'과 '혼연전체'를 '이일'로, '만상삼연'과 '찬연한 조목'을 '분수'로 해석하고, '이구(已具)'와 '… 지중(之中) … 유(有)'를 '함(涵)'으로 해석하여, 이일 가운데 분수가 함축되어 있다고 보는 것이다. 반면에 이이는 "충막무짐 만상삼연이구" 및 "혼연전체지중 찬연유조" 전체를 '이일'로 해석하고, 이 이일이 기와 결합되어 만상의 리로 구체화된 리를 '분수'로 해석하는 것이다. 그런데 리는 형이상자로서 물리적인 변화에 의해 영향을 받지 않으므로[自若] 만상의 리로 구체화된 리 속에 이일이 존재하는 것[理通]이라 하여, 유행 속에 본연이 있다고 말하는 것이다. 다시 말해 이이는 '승기(乘氣)' 이후에 '기에 국한되어[局於氣]'하여 '각위일리(各爲一理)'한 것을 분수로 보는바,[62] 따라서 이이가 말하는 분수란 '현실

---

60) 『二程全書』 卷15 「伊川語錄·入關」 13면: 沖漠無朕 萬象森然已具 未應不是先 已應不是後

61) 『朱子大全』 卷58 「答陳器之」 28면: 渾然全體之中 而粲然有條

62) 『栗谷全書』 卷12 「答安應休(天瑞)」 20면: 理何以有萬殊乎 氣之不齊 故乘氣流行 乃有萬殊也

태'를 의미하는 것이다. 반면에 기정진은 '승기(乘氣)' 이전에 '충막무짐'한 가운데에 있는 '만상의 종자'를 분수라 하는바, 따라서 기정진이 말하는 분수란 '가능태' 또는 '잠재태'를 의미하는 것이다.[63] 이제 그 실례를 들어 보자. 기정진은 다음과 같이 말한다.

> 하나[一]는 만 가지[萬]의 총화(總和)이며, 만 가지는 하나의 실제이다. 만 가지를 바깥으로 하고 하나를 말하거나, 하나를 바깥으로 하고 만 가지를 말하는 것은 모두 리를 알지 못하는 것이다. 하나라도 빠뜨림이 없는 것을 일컬어서 만리삼연(萬理森然)이라 하고, 처음부터 꿰매어 합친 것이 아님을 일컬어서 일리혼연(一理渾然)이라 하는바, 사실은 두 가지가 아닌 것이다.[64]

기정진은 혼연전체를 이일로, 만상삼연을 분수[萬]로 해석하고, '이분상함'을 주장하는 것임을 위의 인용문을 통해서 분명히 알

63) 기정진도 理는 必然之妙만 있고 能然之力은 없다고 인정한 한 分의 現實化에는 氣를 끌어들이지 않을 수 없었다(『蘆沙集』 卷16 「納凉私議」 7면: 今有一塊銅鐵 是一太極 可以爲盤盂 可以爲刀劍 是分殊之涵於一 所謂粲然者 非東邊可爲盤盂 西邊可爲刀劍 則渾然 及其入盤盂爐而爲盤盂 入刀劍鑪而爲刀劍 各得其本分之一爐 是氣化各得其一分 是各一其性之分殊). 따라서 이이의 分은 乘氣 이후의 現實態를 의미한다는 개념적 차이를 제외하고는, 기정진과 이이의 생각이 본질적으로 크게 다른 것도 아니다. 그리하여 기정진은 이이의 乘氣變化之說을 流行의 관점에 입각한 것이라는 단서하에 긍정하였다(『蘆沙集』 卷16 「答人問第二」 3~4면: 然則乘氣變化之說 可廢乎 日否 若從源頭論 一理之初萬有已足 如種着土 不得不生 故萬有之氣 由此而生 若就流行看 有一物方有一理 有萬象方有萬理 有若乘氣變化而旋旋生出 善觀者 知其爲流行邊說話 不執言迷旨 則可矣 若迷厥旨 以爲理本無準則 東西南北 惟氣之從 是理不爲氣之主 反聽命焉 不亦左乎).

64) 『蘆沙集』 卷4 「擬與權信元」 25면: 一者 萬之總也 萬者 一之實也 外萬而言一 外一而言萬 皆不知理者也 言其無所空闕 則謂之萬理森然 言其初無縫合 則謂之一理渾然 其實非有兩事也

수 있다. 기정진은 또 다음과 같이 말한다.

> 여러 학자들의 학설을 자세히 살펴보면, 한결같이 모두 리는 분(分)이 없는 것이요 분은 기로 인해 있게 된다고 하여, 이일을 형기를 떠난 곳에 한정시키고 분수를 형기에 타재(墮在)된 이후로 국한시킨다. … 내가 아는 바로는, 분은 이일 가운데의 세조리(細條理)로서, 리와 분 사이에는 층절(層節)이 있을 수 없다.[65)]

기정진은 이일 가운데의 세조리가 '분'이라 하였는바, 이것은 충막무짐 또는 혼연전체를 '이일'로 해석하고, 그 가운데 있는 만상삼연 또는 찬연유조를 '분'으로 해석한 것이 아닌가? 또한 기정진이 이이의 '분'은 '인기이유(因氣而有)'라고 비판한 것 자체가 자신의 '분' 개념과 이이의 '분' 개념이 다른 것을 인정한 것이 아닌가? 이와는 반대로, '분'은 '인기이유'라고 한 이이는 승기(乘氣) 이전을 이일로 규정하고 승기 이후를 분수로 규정하는 것이다. 그러므로 이이는 '본연의 리'를 이일이라 하고 '유행의 리'를 분수라고 한 것이 아닌가? 이이에게 있어서는 "충막무짐 만상삼연이구" 및 "혼연전체지중 찬연유조"는 리의 본연을 묘사한 말일 뿐인 것이다. 이이는 다음과 같이 말한다.

> 기를 탄 리로 말하면, 고목사회(枯木死灰)에 있는 리는 진실로 기에 국한되어 각각 하나의 리가 된다. 그러나 리의 본체로 말하면, 비록 고목사회에 있어도 그 본체의 혼연함은 진실로 변함이 없다[自若].[66)]

---

65) 같은 책, 卷16「納凉私議」4~5: 詳諸家之意 一是皆以理爲無分之物 分爲因氣而有 限理一於離形氣之地 局分殊於墮形氣之後 … 以膚淺所聞 分也者 理一中細條理 理分不容有層節

이이에 의하면 본연의 리는 승기(乘氣: 기를 탐)에 의해 분수의 리로 구체화된다. 그러나 리는 형이상자로서 본래 물리적인 변화가 없는 것이므로, 분수의 리 속에 본체의 혼연함이 자재(自在)한다는 것이다. 이렇게 본다면 이이의 '인기이유분론(因氣而有分論)'은 기정진이 비판하듯이 리·분을 격단하고 성·명을 갈라 놓는 것이 아니다.

이제 리·기의 선후에 대한 견해의 차이로부터 야기된 문제를 살펴 보자. 앞에서 이미 살펴보았듯이, 기정진은 '이기불상리(理氣不相離)'를 강조하면서도 동시에 리의 선재를 역설하였다. 반면에 이이는 '이기불상리(理氣不相離)'·'이기무선후(理氣無先後)'·'이기본자혼합(理氣本自混合)'[67]을 누누이 역설하였다. 이선기후를 주장하는 기정진의 관점에서 본다면, '먼저 존재하는' 이일이 '뒤에 존재하는' 기에 의해 '분'으로 된다면, '이분유선후(理分有先後)', 즉 이분격단(理分隔斷)이 되고 마는 것이다. 즉 기정진은 소이연으로서의 리가 먼저 존재하는 것이라는 자신의 관점에서 이이의 '인기이유분(因氣而有分)'을 이분격단이라고 비판한 것이다. 그러나 '이기본자혼합'을 주장하는 이이의 관점에서 본다면 리와 기는 동시적으로 존재하는 것이므로, 이일이 타고 있는 기에 국한되어 분수가 된다는 것[因氣而有分]이 '이분유선후'를 의미하는 것은 아니다. 따라서 기정진이 이이의 '인기이유분'을 '이분격단'이라고 규정한 것은 적실하지 못한 비판이라 하겠다.

---

66) 『栗谷全書』 卷10 「答成浩原」 33면: 以理之乘氣而言 則理之在枯木死灰者 固局於氣而各爲一理 以理之本體言 則雖在枯木死灰 而其本體之渾然者 固自若也

67) 같은 책, 卷10 「答成浩原」 39면: 理氣本自混合 皆本有也

사실 기정진이 '이기불상리'를 강조하면서도 동시에 리의 선재를 역설한 것은 납득하기 어려운 점이 있다. 일반적으로 이해하듯이, '이기불상리' 또는 '무선후'는 사실적 관점에 입각한 것이요, '이선기후'란 논리적 관점에 입각한 것이라고 인정한다면 문제는 간단해진다. 또한 이렇게 본다면 이이의 '인기이유분'도 논리적 차원에서는 '이분격단'이되 사실적 차원에서는 '이분상함'인 것이다. 논리적 차원에서의 '이분격단'이란 전혀 문제될 것이 없다. 그것은 리와 분이란 개념이 존재하는 한 필연적으로 회피할 수 없는 구분[隔斷]이기 때문이다. 리와 분을 개념적으로 구분하는 것은 기정진의 경우도 마찬가지이다. 이러한 논리적 구분을 무시한다면 대상세계를 개념적으로 설명하고자 하는 모든 학문이 성립할 수 없는 것이다.[68] 그러나 앞에서 이미 지적하였듯이, 기정진에게 있어서의 리의 선재란 단순히 논리적 차원만을 의미하는 것이 아니라는 점에 문제가 있다. 기정진은 논리적으로뿐만 아니라 '비현공(非懸空)'적으로도 리가 선재한다고 인식했기 때문에, '인기이유분'을 '이분격단'이라고 줄기차게 비판한 것으로 보인다.

결론

기정진의 성리학은 소이연지묘(*所以然之妙*: *必然之妙*)로서의 리와 능연지력(*能然之力*)으로서의 기가 일체를 이룬다는 이기일체관에 입각한 것이요, 그러면서도 소이연으로서의 리의 주재성과 선

68) 이러한 관점에서 한원진의 性三層說의 의의도 복권되어야 할 것이다.

재성을 강조한 것이었다. 따라서 기정진의 성리학은 철저한 존리론(尊理論)이라 할 수 있다. 그러나 이것을 유리론으로 해석하는 것은, 기정진의 말 그대로 형이상자와 형이하자의 구분에 어두운 것이 되고 만다.

기정진의 일관된 의도는 리의 순선과 주재성을 옹호하는 것이었다. 이러한 맥락에서 그는 이이의 '기자이(機自爾)'와 '인기이유분(因氣而有分)'을 철저히 비판하였다. 이이의 논리는 첫째, 주재자로서의 리의 위상을 격하시키고 오히려 기의 주도권을 인정하는 것이며, 둘째, 이일과 분수를 격단시키는 것이라는 비판이다. 첫째의 비판은 나름대로 의미 있는 비판이라고 할 수 있으나, 둘째의 비판은 적절하지 못한 것이었다.

이이의 성리학과 기정진의 성리학은 근원적으로 그 체계를 달리하는 것이었다. 이이 성리학에 있어서의 리와 기는 대부분 '본(本)과 구(具)'라는 관점에서 논의되고 있는 반면에, 기정진의 성리학에 있어서의 리와 기는 대부분 '소이연과 소연'이라는 관점에서 논의되는 것이었다. 이이의 '본과 구', 즉 형상과 질료라는 관점에서는 능연지력을 지닌 존재로서의 기의 역할이 중시되고 리의 주재성은 약화된다. 이러한 맥락에서 기의 유행을 타고 리가 구현된다는 기발리승론(氣發理乘論)이 성립한 것이다. 또한 이러한 구도는 리와 기의 본자혼합(本自混合)·원불상리(元不相離)를 강조한다. 따라서 기정진이 비판하는 것과는 달리, 이이의 체계에 있어서는 '인기이유분'이 '이분격단'을 의미하는 것은 아니다. 기정진의 소이연과 소연, 즉 원리와 현상이라는 관점에서는 필연적 존재로서의 리의 주재성이 강조되고 필연적 원리에 의해 지배되는 기는 종복으로 격하된다. 또 소이연으로서의 리의 선재가 강조되어, '인기이유분'을 '이분격단'으로 비판하게 되는 것이다. 그러나 '분(分)'에 대한 개념설정의 차이와 이기선후(理氣先後) 문제에 대한 인식의 차이를 고려한다면 기정진의 비판은 적절하지 못한 것이었다. 즉 이이는 '분'을 승기(乘氣) 이후의 현실태로 설정하였고, 리·기의 동시공재(同時共在)를 강조한 반면에, 기정진은 '분'을 '승기' 이전의 잠재태로 설정하였고, 리의 선재성을 강조한 것이었다. 기정진의 한원진과 이간에 대한 비판도 이러한 맥락에서 다시 비판될 수 있다. 즉 한원진의 성삼층설도 어디까지나 논리적인 차원의 구분이었던 것이므로 '이분격단'으로 단정할 수 없으며, 이간의 편전(偏全)은 본연이 아니라는 주장도 유체무용(有體無用)에 떨어지는 것은 아니기 때문이다.

이렇게 본다면, 기정진의 성리학은 이이의 성리학 체계와 구별되는 또 하나의 체계인 것이요, 그것은 리·기에 대한 세 가지 관점 가운데 '소이연과 소연'이라는 관점을 중심으로 한 체계인 것이다. 기정진은 자신의 관점에서 '본과 구'라는 관점을 중심으로 성립한 이이의 성리학을 비판하였기 때문에, 그 비판이 부적절한 경우가 많게 된 것이다. 또한 기정진의 호락양론에 대한 비판은 원론적인 차원에서 문제를 원점으로 돌려놓았을 뿐 그들의 논쟁을 이론적으로 해결한 것은 아니었다. 즉 호락논쟁의 근본문제는 인(人)·물(物)의 고유한 본성을 어느 차원에서 어떻게 정의할 것이냐 하는 문제와, 미발시(未發時) 심체(心體)와 기질(氣質)의 관계를 어떻게 정의할 것이냐 하는 것이었다. 이에 대해 기정진은 '동중유이, 이중유동(同中有異 異中有同)'·'심체순선, 기질유선악(心體純善

氣質有善惡)'이라는 정도의 견해를 제시하였는바, 호락 양론이 이것을 몰라서 논쟁을 거듭한 것은 아니었다. 따라서 기정진의 성리학이 이이 성리학을 초극(超克)하는 것이라든가 또는 호락 양론을 종합지양(綜合止揚)하는 것이라고는 볼 수 없겠다.

사실 리의 순선과 주재성을 동시에 관철시키려고 하는 기정진의 문제의식은 매우 절실한 것이다. 그것은 그야말로 완전한 정의(正義)가 실현되는 이상세계의 설계도이기 때문이다. 그러나 현실에 있어서의 악의 실재를 부인할 수 없는 한, 그의 그러한 노력은 수포로 돌아갈 수밖에 없다. 이이는 오히려 기의 현실적 주도권을 인정하고 기질변화(氣質變化)를 통해서 문제의 해결[正義의 실현]에 접근하고자 하는 방법을 취했다. 그러나 기정진은 리의 순선과 주재성 가운데 어느 하나도 포기하려 하지 않았다. 주재성이 없는 존재의 순선이란 무기력하고, 순선하지 않은 존재의 주재성이란 무의미하고 위험하기 때문이었다.

이렇게 볼 때, 기질변화를 통해 문제를 해결하고자 하는 이이의 경우는 이론적인 모순은 없지만 그 현실적 실현가능성이 희박하다고 하겠으며[이이의 그러한 계도(啓導)에도 불구하고 악 여전히 횡행하고 있기에], 리의 순선과 주재성을 동시에 관철시키려고 하는 기정진의 노력은 현실의 악을 납득할 수 있게 설명할 수 없다는 이론적인 난관에 봉착하는 것이라 하겠다. 이것이 모든 철학자들의 영원한 딜레마가 아닌가?

【부록 논문】

기정진 학파의 학통과 사상적 특성

고창지역 노사학파와 유물유적 고찰

기정진 학파의 학통과 사상적 특성*

고 영 진

(광주대학교 교수)

머리말

18세기에 들어와 조선사상계에는 호락논쟁(湖洛論爭)과 경·향 분기(京鄕分岐)라는 두 가지 큰 변화가 있었다. 호락논쟁은 조선사상계가 다시 심성론에 관심을 가지기 시작하면서 인간과 사물의 본성이 같은가[人物性同異], 발하지 않는 마음의 본체가 선한가[未發心體有善惡], 성인과 범인의 마음이 같은가[聖凡心同不同]를 둘러싼 논쟁으로 17세기 말 퇴계(退溪) 이황(李滉, 1501~1570)·율곡(栗谷) 이이(李珥, 1536~1584) 학파 양쪽에서 간헐적으로 전개되었던 인물성동이론쟁(人物性同異論爭)을 계승했다고 할 수 있다.[1)]

---

* 이 글은 2001년 12월 발행 『대동문화연구』 제39집〔성균관대학고 대동문화연구원〕에 수록되었다.

1) 湖洛論爭을 철학계에서는 人物性同異論爭이라 하여 같은 개념으로 사용하고 있지만 엄밀히 보면 차이가 있다. 인물성동이논쟁은 다루는 주제가 人性物性과 未發心體의 문제에 국한되기 때문에 聖凡心同異의 문제까지

이 논쟁은 18세기 초 이이학파 노론 안에서 수암(遂菴) 권상하(權尙夏, 1641～1721)의 문인이었던 외암(巍巖) 이간(李柬, 1677～1727)과 남당(南塘) 한원진(韓元震, 1682～1751) 사이에 벌어진 논쟁이 직접적인 계기가 되었다. 여기서 한원진은 인물성이론을 주장하고 이간은 인물성동론을 주장하였는데 스승인 권상하가 인물성이론을 지지함으로써 충청지역 학인들간의 이 논쟁은 일단락되었다. 그러나 논쟁의 소식을 들은 삼연(三淵) 김창흡(金昌翕, 1653～1722), 여호(黎湖) 박필주(朴弼周, 1680～1748), 도암(陶菴) 이재(李縡, 1680～1746) 등 서울·경기지역 학인들이 이간의 주장에 동조함으로써 논쟁은 지역적인 대립으로 확산되었으며 이후 200년 가까이 지속되었다.

인성과 물성의 문제로 시작된 호락논쟁은 뒤에 성인과 범인의 마음이 같은가 하는 문제로 귀결되었다. 이는 이 논쟁이 단순히 송나라 주희(朱熹, 1130～1200)의 심성론과 이이의 이통기국론(理通氣局論)에 담겨있는 논리적 모순을 해결하기 위한 철학사상 내적인 이유 때문에 일어난 것만은 아니라는 사실을 의미한다. 오히려 국제정세의 변화, 상품화폐경제의 발달과 도시의 성장, 농민층의 성장과 신분제의 동요, 새로운 정치세력과 사상경향의 대두 등 조선 후기 사회변동에 대한 당시 지배층의 사상적 대응의 성격이 적지 않았던 것이다.[2]

포괄하는 호락논쟁보다는 그 범위가 작다고 할 수 있다. 또한 호락논쟁은 기본적으로 이이학파 내부의 논쟁이기 때문에 이황학파에서 벌어진 인물성동이논쟁까지 포괄하지 못하는 문제점을 지니고 있다.(李埛丘, 1996「金昌翕의 學風과 湖洛論爭」『韓國史論』36 1996; 趙成山,「18세기 湖洛論爭과 老論 思想界의 分化」『韓國思想史學』8, 1997.)

한편 18세기 이래 서울이 상업도시로 크게 성장하여 정치·행정 중심지 뿐만 아니라 상공업의 중심지로 부상하였으며 이 서울과 서울 근교를 지역적 기반으로 하는 경화벌열(京華閥閱)이 형성되었다. 당색은 주로 노론이었으며 여기에 근기남인과 소론이 일부 참여했는데 이들이 중앙 관직을 독점하였다. 반면 향촌사회는 급격한 사회변동으로 인해 사족들의 힘이 약화된 반면 수령의 힘이 강해져 사족지배체제에서 수령을 중심으로 하는 수령(守令)―이(吏)·향(鄕) 체제로 변화해 갔다. 이러한 경·향분기 현상은 학계에도 그대로 반영되어 서울지역의 학자들이 중앙학계를 주도하게 되고 그동안 조선사상계를 주도해왔던 산림과 향촌 재지학자들의 영향력은 점차 쇠퇴하였다.

이전에 학파를 기준으로 형성되었던 조선사상계가 이처럼 서울과 지방이라는 지역을 기준으로 새로 재편되면서 정치력·경제력 그리고 정보력에서 현저히 열세였던 지방학계는 서울학계가 주자 중심의 성리학적 세계관을 극복하려는 방향으로 나아간 데 반하여 호락논쟁에서 제기되었던 이론적인 문제들을 해결하는 방향으로 나아갔다.

따라서 지방의 재지학자들이 주로 관심을 쏟았던 것은 호락논쟁에 잇닿아 있는 심성론이었으며 이는 명덕주리주기논쟁(明德主理主氣論爭)으로 전개되기도 하였다. 이 논쟁은 인간의 내면에 있는 밝은 덕인 명덕이 리를 주로 한 것인가 아니면 기를 주로 한 것인가 하는 문제 등을 둘러싸고 벌어졌지만 결국은 호락논쟁처럼 성인과 범인의 마음을 같이 볼 수 있는가 하는 문제로 귀결되

---

2) 고영진, 『조선시대 사상사를 어떻게 볼 것인가』 풀빛, 1999, 97~99쪽.

는 것이었다.

논쟁 과정에서 낙론계 산림은 노주(老洲) 오희상(吳熙常, 1763～1833), 매산(梅山) 홍직필(洪直弼, 1776～1852), 봉서(鳳捿) 유신환(俞莘煥, 1801～1859), 고산(鼓山) 임헌회(任憲晦, 1811～1876) 등 명덕주기론(明德主氣論)을 주장하는 계열과 화서(華西) 이항로(李恒老, 1792～1868), 중암(重庵) 김평묵(金平默, 1819～1891), 성재(省齋) 유중교(柳重教, 1832～1893) 등 명덕주리론(明德主理論)을 주장하는 계열로 분화되었다.[3] 한편 호론계 산림은 순조 초 노론 벽파의 몰락과 함께 강재(剛齋) 송치규(宋穉圭, 1759～1838)·연재(淵齋) 송병선(宋秉璿, 1836～1905) 등 우암(尤庵) 송시열(宋時烈, 1607～1689)의 후손들에 의해 계승되었다.

명덕주기론 계통은 성리학의 심성론 연구에 힘썼던 홍직필, 임헌회, 간재(艮齋) 전우(田愚, 1841～1922) 계열과 성리학의 정치적 실천 기능을 강조하여 한 장석(韓章錫, 1832～1894), 운양(雲養) 김윤식(金允植, 1835～1922) 등 한말의 관료지식층을 배출해내는 오희상·유신환 계열로 나누어졌다.[4] 명덕주리론 계통은 리를 더욱 강조하는 방향으로 나가면서 화이론(華夷論)과 함께 위정척사운동(衛正斥邪運動)의 이론적 기반을 제공하였다.[5]

---

3) 이항로의 문인인 김평묵과 유중교 사이에서도 스승의 心說을 둘러싸고 논쟁이 벌어져 양자의 입장에 동조하는 문인들 사이에 6년 동안 지속되기도 하였다. (吳錫源, 「華西學派의 心說論爭에 대한 고찰」 『朝鮮朝 儒學思想의 探究』 여강출판사, 1988)

4) 유봉학, 『燕巖一派 北學思想研究』 일지사, 1995; 『조선 후기 학계와 지식인』 신구문화사, 1998. 참조.

5) 물론 이이와 송시열의 학설을 계승하며 기를 상대적으로 강조한 호론계 송병선학파 등도 위정척사운동을 전개했던 사실에서 알 수 있듯이 위정척사운

그러면 향촌의 재지학자로 이일분수(理一分殊)에 입각하여 이일원론(理一元論)을 주장하였으며 동시에 강력하게 위정척사운동을 전개했던 기정진(奇正鎭)과 그의 학파는 이러한 조선사상계의 흐름 속에서 어떻게 이해하고 위치 지울 수 있을 것인가. 이제 그 학맥의 형성과정과 사상적 특성, 위정척사운동과 사회경제개혁책 등을 살펴봄으로써 그 실마리를 밝혀보고자 한다.

학맥의 형성

노사(蘆沙) 기정진(奇正鎭, 1798~1879)은 전북 순창군 복흥면 조동에서 기재우(奇在祐)의 아들로 태어났으며 1815년(순조 15) 장성으로 이사하여 그 곳에서 계속 살았다. 행주기씨가 장성에 정착하게 된 것은 기정진의 13대조인 기건(奇虔)이 세종 때 천거되어 사헌부 지평, 이조참의, 전라·평안도 관찰사, 판중추부사 등을 역임하다가 계유정난으로 세조가 왕위에 오르자 관직을 버리고 이곳으로 낙향하면서부터였다.

10대조 기원(奇遠)의 동생인 기준(奇遵, 1492~1521)이 조광조(趙光祖, 1482~1519)의 문인으로 기묘사화 때 사사(賜死)되었으며 기원의 조카인 고봉(高峯) 기대승(奇大升, 1527~1572)은 이황과 사단칠정논쟁을 벌인 대학자였다. 8대조인 기효간(奇孝諫, 1530~1593)

동의 사상적 기반이 리를 중시했던 계열로부터만 나온 것은 아니었다. 그러나 위정척사론자들 가운데 리를 중시하는 입장이 주류였다는 사실 또한 부인하기 어렵다.(崔英成, 『韓國儒學思想史』(V) 아세아문화사, 1997, 23~29쪽)

은 하서(河西) 김인후(金麟厚, 1510~1560)와 일재(一齋) 이항(李恒, 1499~1576) 문하에서 수학하고 숙부인 기대승에게도 학문을 배웠으며 일생동안 관직에 나아가지 않고 학문 연구와 제자 양성에 힘쓰다가 임진왜란 때 장성남문창의(長城南門倡義)에 참여하여 주도적으로 활약하였다. 그 동생인 기효근(奇孝謹)도 무관으로 임진왜란에 참가하여 일본군과 싸우다가 순절하였다. 5대조인 기정하(奇挺夏)의 동생인 송암(松巖) 기정익(奇挺翼, 1627~1690)은 송시열에게 수학하였으며 송시열의 천거로 제릉참봉과 효릉참봉에 임명되었으나 나아가지 않고 학문 연구에 전념하였다. 이후 기정진대까지는 관직이나 학문에 뚜렷한 자취를 남긴 인물은 없었다.

이러한 가계를 볼 때 기정진의 학문은 크게 보면 서인 노론 이이학파와 관련지어 볼 수 있으나 중간에 공백이 있어 그렇게 단정짓기에는 무리가 있다. 더욱이 기정진 자신과 관련된 기록에서도 뚜렷한 사승관계를 찾아볼 수가 없어 그의 학문을 특정 학맥과 연결시키는 데는 문제가 없지 않다. 그럼에도 불구하고 그가 조선시대 성리학의 6대가의 한 사람 또는 근세 유학 3대가의 한 사람으로 평가받을 정도로[6] 높은 학문적 업적을 쌓은 것은 자신의 재능과 노력에 기인하는 바가 컸다.

그는 이미 4세 때 말을 배우면서 문자를 알았으며 이때 공부를 청하였으나 부친이 병이 많아 허약하다는 이유로 허락하지 않았다. 한번은 서당에 놀러 갔는데 한 학생이 '유공공(流共工)'의 뜻을

6) 玄相允, 『朝鮮儒學史』, 민중서관, 1949(1982년 현암사에서 재간행), 368쪽. 현상윤은 조선시대 성리학의 6대가로 서경덕·이황·이이·이진상·임성주·기정진을 지칭하고 근세 유학의 3대가는 기정진·이진상·이항로를 가리키고 있다.

묻자 선생이 "물리침이 심한 뜻으로 내 팽개쳐 먼 곳으로 귀양보내는" 것과 같은 뜻이라고 대답하자, 기정진이 옆에 있다가 "마치 물이 흘러 다시 돌아오지 못한다"는 뜻이라고 말하니 선생이 크게 놀랐다고 한다.7)

어쨌든 5세 때 스승에게 나아가 『효경』과 『격몽요결』을 배우는 것으로 학문을 시작하였다. 이 때 스승은 서당선생이었던 것으로 여겨진다. 6세 때 천연두를 앓아 왼쪽 눈을 잃었지만 학문에 대한 열정은 식지 않았다. 그리하여 7세 때 『소학』과 경서를 읽고 8세 때 『통감강목(通鑑綱目)』을 6개월만에 마쳤으며 격물치지(格物致知)에 관한 물음에 대답하기도 하였다. 9세 때는 『춘추(春秋)』 사전(四傳)을 역시 6개월 만에 읽고 10세 때 『대학연의(大學衍義)』를 마쳤다.

11세 때 순창군수가 소문을 듣고 쌀과 고기를 보내면서 한번 만나보기를 청하는 등 많은 사람들이 그를 만나보기를 원했으나 모두 거절하고 오히려 이때부터 조용한 방에서 또는 산방(山房)을 찾아 침식을 잊고 두문불출하며 성리학 연구에 전념하였다. 13세 때는 백암사[지금의 백양사]에서 독서하는데 경서를 책상 위에 쌓아놓고 단정히 앉아 소리 내지 않고 읊거나 또는 마당을 배회하거나 또는 눈을 감고 종일토록 말없이 앉아 있어 승려들이 괴이하게 여겨 노승에게 보고하자 노승이 가서 질문해보고 유가에서 큰 일을 할 사람이라고 칭찬하였다.

기정진의 백암사 생활에서 우리는 그의 학문하는 방법을 엿볼 수 있다. 거의 불가의 참선과 비슷한 깊은 사색과 수행을 통해

---

7) 『蘆沙集』 附錄 卷1 「年譜」; 卷2 「行狀」 참조.

성리학 이론을 이해해갔던 것이다. 그는 스스로 12~3세 때 새로운 것을 깨달은 바가 많아 종일토록 공부해도 피곤하지 않았으며 또한 15~6세 때는 문장에 힘을 쏟았는데 20세 이후 단념했다고 밝히고 있다. 이를 보면 그의 학문은 이미 10대 중·후반에 상당한 수준에 도달했음을 짐작할 수 있다.

18세 때 부친상과 모친상을 동시에 당한 기정진은 장성 하남으로 이사하였다. 이후 문수사(文殊寺) 남암(南庵)과 관불암(觀佛庵) 등에 머물면서 계속 학문 연구에 힘썼으며 월출산과 두류산에 오르기도 하였다. 또한 29세인 1825년에는 처음으로 서울에 가 8대조인 기효간의 묘소에 성묘하고 대산(臺山) 김매순(金邁淳, 1776~1840)에게 글을 써 보내니 김매순은 사람에게 말하기를 기정진을 체용(體用)을 모두 구비한 사람이라고 높이 평가하였다. 당숙인 기재선(奇在善)도 조카를 중국 송나라 학자 이천(伊川) 정이(程頤, 1033~1107)와 같은 재주를 가진 사람으로 평하였다. 기정진은 오는 길에 충청도 오촌에 들러 송치규를 만나 문장지학(文章之學)과 성명지학(性命之學)에 대해 논의하기도 하였다.

34세 때 부친의 유지대로 과거에 응시하여 사마시에 장원으로 뽑혔다. 이때 주시관(主試官)이 홍석주였는데 그는 기정진의 글이 이학(理學)으로부터 나온 것으로 이전 사람이 미쳐 말한 적이 없는 학설이므로 장원으로 뽑았음을 밝히고 있다. 이미 이 시기에 기존의 학설과 다른 견해를 가졌음을 알 수 있다. 35세 때 강릉참봉에 임명되었으나 나아가지 않았다. 그러나 관직에 마음이 없는 것은 아니었기에 성균관에 머물렀다.

그러나 이듬해 증광시에 응시하여 떨어지자 과거를 단념하고 낙향하였다. 이후 현릉참봉, 사옹원 주부에 임명되었으나 나아가지 않았으며 45세인 1842년(헌종 8) 전설사 별제에 임명되자 미안한 생각에 일단 취임하였으나 6일만에 사퇴하고 귀향하였다. 이후 관직에 대한 뜻을 완전히 버리고 초야에 묻혀 학문 연구에 전념하였다. 이때부터 사방의 선비들이 예물을 가지고 와 가르침을 청하였는데 스승인 체 하지 않고 예물도 받지 않았으나 가르치기를 게을리 하지 않고 각각 사람마다 어질고 어리석은 재주에 따라 모두 유익함이 있게 하였다.

이 시기를 전후하여 제자 수가 크게 늘어나 하나의 학파를 형성하기 시작했음을 알 수 있다. 실제로 기정진의 대표적 문인 가운데 한 사람인 석전(石田) 이최선(李最善, 1825~1883)은 15세인 1839년 그의 문하에서 들어가 수학하였다. 그밖에 월고(月皐) 조성가(趙性家, 1824~1904)는 28세인 1851년에 기정진의 문하에 들어갔으며 대곡(大谷) 김석구(金錫龜, 1835~1885)는 18세인 1852년에, 노백헌(老柏軒) 정재규(鄭載圭, 1843~1911)는 22세인 1864년에, 일신재(日新齋) 정의림(鄭義林, 1845~1910)은 24세인 1868년에, 후석(後石) 오준선(吳駿善, 1851~1931)은 18세인 1868년에 그 문하에 들어갔다. 이를 보면 기정진의 문인들은 대체로 1830년대 후반에서 1860년대에 그의 문하에 들어간 것으로 여겨진다.

『노사선생연원록(蘆沙先生淵源錄)』「선생문인편(先生門人編)」을 보면 모두 594명의 이름과 자(字), 호(號), 출생연도, 본관, 대표적인 조상, 거주지 등이 기록되어 있는데 지역별로 보면 광주(96명), 장성(79명), 능주(38명), 담양(37명), 곡성(32명), 무안(32명), 창평(27명), 고창(24명), 나주(17명), 순창(16명) 순으로, 기정진의 거주지인 장성과 그를 둘러싼 전라좌도 지역에 주로 집중되어 있으며 경상도는 산청(6명), 삼가(4명), 초계(3명), 진주(3명), 함양(3명), 하동(2명) 등 경상우도 지역을 중심으로 퍼져 있다.[8] 이들의 재전제자(再傳弟子)와 삼전제자(三傳弟子)까지 합하면 문인 수는 4,000여 명에 달하여 전국적으로 다른 학파와 비교해도 뒤지지 않는다고 할 수 있다. 이를 바탕으로 기정진은 철종대부터 산림으로 지목받기도 하였다.[9]

대표적인 문인으로는 장성 진원면에 있는 고산서원에 기정진과 함께 배향된 정재규, 조성가, 신호(薪湖) 김녹휴(金祿休, 1827～1899), 동오(東塢) 조의곤(曺毅坤, 1832～1893), 이최선, 송사(松沙) 기우만(奇宇萬, 1846～1916), 김석구, 정의림 등이 있으며 이밖에 성재(省齋) 기삼연(奇參衍, 1851～1908), 오준선, 현와(弦窩) 고광선(高光善, 1855～1934), 녹천(鹿川) 고광순(高光洵, 1845～1907), 남파(南坡) 이희석(李僖錫, 1841～1904), 월파(月坡) 정시림(鄭時林, 1839～1912), 계남(溪南) 최숙민(崔琡民, 1837～1905) 등을 들 수 있다. 이들 가운데 정재규와 정의림·김석구를 기정진의 3대 제자라 일컫는데 이들은 모두 기정진의 학설을 충실히 계승하였다.

기정진은 46세인 1843년 「납량사의(納涼私議)」를 시작으로 자신의 독창적인 학설을 저술로 내놓기 시작하여 48세 때 「정자설

8) 이 외 지역의 문인 수는 다음과 같다. 함평(15명), 흥양(15명), 무장(14명), 남평(12명), 순천(12명), 영암(10명), 강진(9명), 영광(9명), 장흥(9명), 남원(9명), 화순(6명), 정읍(6명), 임실(5명), 고부(4명), 보성(4명), 전주(3명), 낙안(3명), 옥과(3명), 해남(2명), 동복(2명), 흥덕(2명), 부안(2명), 태인(2명), 제주(2명), 김제(2명), 운봉(1명), 고흥(1명), 제천(1명), 단성(1명), 여천(1명), 창원(1명), 돌산(1명), 진안(1명), 청풍(1명), 무산(1명), 결성(1명).

9) 禹仁秀, 『朝鮮後期 山林勢力硏究』 일조각, 1999, 178～216쪽.

(定字說)」과 「우기(偶記)」를, 56세 때 「이통설(理通說)」을, 81세 때 「외필(猥筆)」 등을 저술하였으나 그 내용이 세상에 잘 알려지지 않았다. 따라서 그가 죽은 뒤 문인들은 곧바로 스승의 저술들을 정리하여 문집으로 간행하였다. 1882년 처음으로 『노사집(蘆沙集)』을 간행하였으며 이어 1890년 문인과의 문답 내용을 정리하여 『답문유편(答問類編)』을 편찬한 뒤 1898년과 1902년 두 번에 걸쳐 문집과 함께 간행하였다. 1960년에는 『연원록』을 간행하고 1968년에는 『고산서원지(高山書院誌)』를 간행하였다.

문집 간행으로 기정진의 학설이 세상에 알려지자 이이의 학설을 그대로 계승한 쪽에서는 기정진의 학설이 이이의 학설과 어긋난다 하여 송병선은 문집의 해판(解版)을 요구하고 전우는 「외필변(猥筆辨)」과 「납량사의의목(納凉私議疑目)」을 지어 기정진의 학설을 정면에서 비판하였다. 이에 대해 정재규와 율계(栗溪) 정기(鄭琦, 1878～1950), 도봉(道峰) 공학원(孔學源, 1869～1939) 등 기정진의 문인들은 전우의 비판을 다시 비판하면서 스승의 학설을 옹호하였다.

또한 성리학설 뿐만 아니라 사회경제정책에서도 스승의 개혁책을 계승하여 이최선, 백석(柏石) 기양연(奇陽衍, 1827～1895), 덕암(德巖) 나도규(羅燾圭, 1826～1885) 등이 삼정책(三政策)을 제시하였으며 한편으로는 스승의 위정척사사상을 계승하여 위정척사운동을 전개하고 나아가 기우만과 기삼연, 고광순 등은 의병항쟁을 적극적으로 전개하기도 하였다. 그리고 이런 다양한 활동들을 통해 학파가 형성되고 학맥을 만들어 갔던 것이다.[10)]

---

10) 洪英基, 「蘆沙學派의 형성과 衛正斥邪運動」 『한국근현대사연구』 10,

사상적 특성

■ 리 절대화 경향

기정진은 10대 초반부터 본격적으로 성리학 연구를 시작하여 이미 10대 중·후반에 상당한 수준에 도달하였으며 그 이후에도 뚜렷한 스승이 없이 조용한 방이나 산사에서 깊은 사색과 명상을 통해 자신의 사상체계를 세워 나갔다. 다음의 글은 당시 그가 어떻게 학문에 정진했는가를 잘 보여주고 있다.

> 내가 듣건대 스승은 멀리 있는 것이 아니다. 하늘이 한 사람을 낳을 때에 각각 하나의 엄한 스승을 보내어 마음속에 앉아 있게 한다. 사람들의 병통은 의심하지도 않고 구하지도 않는 것이니 의심하여 구한다면 얻지 못하는 사람이 없을 것이다. 이것이 진짜 나의 스승이다.[11]

그리고 이런 과정을 통해 성립된 자신의 학설을 40대에 들어와 비로소 저술로 내놓기 시작하였다. 46세 때 지은 「납량사의」는 당시까지 지속되었던 호락논쟁을 비판하면서 리일분수에 관한 자신을 견해를 정리한 것이며 48세 때 지은 「우기」는 사단칠정 문제를 다룬 것이며 「정자설」은 「태극도설」에 있는 정자(定字)에 대한 해설을 한 것이다. 이어 56세 때 이이의 이통기국설에 대한 자신의 견해를 담은 「이통설」을 저술하였으며 77세 때는 「납량

1999; 鄭炳連, 「湖南知性의 人脈과 學脈」, 『茶山學報』 16, 1998.

11) 『蘆沙集』卷16 「吾師說贈崔卿五(宗衡)」 41면: 吾師乎 吾師乎 以吾所聞 師在不遠 天生一箇人時 各送一箇嚴師坐在方寸間 人病不疑而不求耳 疑而求之無不獲者 此眞吾師 此師兼君道 故亦曰 天君爲一身之主

사의」의 몇 구절을 수정하고 81세 때 그의 이기론의 핵심을 이루는 「외필」을 저술하였다.

따라서 저술의 연대순을 따라 그의 사상 형성과정을 살펴보면 기정진의 사상 체계는 호락논쟁에 대한 비판을 통해 이일분수에 대한 자신의 생각을 정리하고 이어 심성론에 대한 논의가 좀 더 구체화된 뒤 생애 후반에 이를 뒷받침하는 이기론적 토대가 완성되는 과정을 밟았던 것으로 생각된다.[12)]

기정진은 호락논쟁에서 호론과 낙론 모두 '리(理)'와 '분(分)'을 서로 나누고 '리'를 '분'이 없는 존재[無分之物]라 하고 '분'을 '기(氣)'로 인하여 존재하는 것[因氣而有]이라 하여, 리일(理一)을 형기(形氣)로부터 분리된 곳에 한정시켜 놓고 분수(分殊)는 형기에 떨어진 다음으로 국한시켜 그로 인해 성(性)과 명(命)을 확연히 갈라지게 했다며 비판하였다.[13)] 이는 그가 쓴 다음의 시에서 잘 드러난다.

각각의 그 본성은 이미 초연한데
어찌 따로 상전(上巓)이 또 있으랴.
다만 '리'와 '분'이 서로 드나들지 않아
힘써 구한 것이 천외천(天外天)이로다.

---

12) 朴圭棨, 「蘆沙 奇正鎭의 理一分殊 硏究」 연세대 석사학위논문, 1993; 李起洵, 「奇蘆沙의 思想과 文學」 고려대 석사학위논문, 1991

13) 『蘆沙集』卷16 「納凉私議」 4~5면: 諸家言人物之性 其歸雖殊 竊意其所蔽一也 曷言蔽之一 蔽在理分相離 曷言理分相離 詳諸家之意 一是皆以理爲無分之物 分爲因氣而有 限理一於離形氣之地 局分殊於墮形氣之後 於是理自理分自分 而性命橫決矣

각각의 본연은 하나의 본연이니
기질(氣質)로써 편전(偏全)을 가리지 말라.
만약 '리' 속에 본래 '분'이 없다면
만화생성(萬化生成)이 모두 별천(別天)이 된다.[14]

앞부분은 인간과 사물의 본성을 기질지성(氣質之性)의 관점에서 보아 인물성이론(人物性異論)을 주장한 호론을 비판한 것이고 뒷부분은 편전지성(偏全之性)을 본연이 아니라 하여 인물성동론(人物性同論)을 주장한 낙론을 비판한 것이다.

이러한 호락논쟁에 대한 비판을 통해 기정진은 자신의 학설인 리일분수설을 확립하였다. 그는 리를 일(一)과 분수(分殊)의 통일체이고 원융(圓融)하여 둘로 갈라놓을 수 없는 관계[理分圓融而無間]로 보았다. 즉 '분'은 리일(理一) 중의 세조리(細條理)이며 양자 사이에는 층절(層節)이 없기 때문에 리의 일(一)이 분수 중에 있고 리의 분수가 리일 중에 함유되어 있지 리의 일(一)이 기로 인하여 분수의 리가 되는 것이 아니라는 것이다.[15]

그리고 리는 일(一)이면서 만수(萬殊)를 함유하고 있는 것이기 때문에 만수를 가지고 말하면 만물에 '분'이 있지만 리일을 가지고 말하면 만물이 일물이요 일물이 만물로서 만수가 태극 밖에 있는 것이 아니라며, 태극의 리가 만수의 리를 총괄하여 만수의

14) 같은 책, 卷1「草納凉私議題二絕」18～19면: 各一其性已超然 何曾別有更上巓 只緣理分不相入 費力尋求天外天 各本然是一本然 莫將氣質掩偏全 若言此理元無分 萬化生成摠別天

15) 같은 책, 卷16「納凉私議」5면: 以膚淺所聞 分也者理一中細條理 理分不容有層節 分非理之對 分殊二字乃對一者也 理涵萬殊 故曰一 猶言其實一物也 殊非眞殊 故曰分殊 言所殊者特其分限耳

물을 전개한다는 일본만수(一本萬殊)를 주장하였다.[16]

저술이 쌓여가면서 기정진에게 리의 존재와 역할은 더욱 강조되었다. 그는 기가 리와 상대가 될 수 있는 개념이 아니라 리 안의 일[理中事]이며 리가 움직일 때의 손과 발[理流行之手脚]일 뿐이라며 이의 존귀함이 상대가 없다[理之尊無對]고까지 하였다.[17] 또한 리의 주재성(主宰性)을 강조하고 기의 능동성을 부정함으로써 서경덕의 기자이(機自爾)나 이이의 비유사지(非有使之)와 기발이리승지(氣發而理乘之) 주장을 비판하였다.[18] 리를 절대시하는 리체리용(理體理用)의 입장이라 할 수 있다.

그는 리가 만물의 종자(種子)로 그렇게 하는 까닭[所以然之理]이므로 선악(善惡)이 비록 같지 않더라도 그러하게 함은 리요, 그것은 천리(天理)이니 선악도 모두 천리라고 보았다.[19] 리의 본연은 순선무악(純善無惡)하지만 그것이 기를 타고 유행할 때 과불급(過不及)에 의해서 악이 되는데 이는 이세(理勢)가 그러해서 그런 것

---

16) 같은 책, 卷9「答閔克中」35면: 一本萬殊者 蓋理雖一而一便有萬殊 以萬殊而言 則在天地爲天地之理 在人物爲人物之理 (…) 雖有萬與一之分言而以理言 則萬物一物也 一物萬物也 然所謂萬殊者 非在太極之外 則亦不可以辭害義也

17) 같은 책, 卷16「猥筆」27면: 理之尊無對 氣何可與之對偶 其闊無對 氣亦理中事 乃此理流行之手脚 其於理本無對敵 非偶非敵而對擧之何哉

18) 같은 책, 卷16「猥筆」24면: 今日 其機自爾 自爾雖不竢勉强之謂而已 含由己不他由之意 又申言之曰 非有使之者 說自爾時 語猶虛到 非有使之語意牢確 眞若陰陽無所關由 而自行自止者 秖此兩句 淺見已不可曉

19)『答問類編』 卷1 「論道體第一」〈外筆附(奇弘衍)〉 36면: 須知此不過其然必有所以然 是之爲理 然則善惡雖不同 豈有無所以然而然者耶 此之謂善惡皆天理 惡亦不可不謂之性 雖然 就其中沈探而究言之 則善者 其本然也 惡之歸咎於氣 非不知惡亦自天理來 而其語意如曰非其本然 非欲以流放竄殛之典加於氣 造化本自如是 何呼寃之有

이지 리 밖에 따로 선악의 근원이 있는 것은 아니라는 것이다.[20)]

리를 절대화한 이론을 담은 기정진의 저술이 그의 사후 본격적으로 세상에 공개되자 이이학파에서는 전우와 송병선을 중심으로 기정진의 학설이 이이를 모독했다며 강하게 비판하였다. 특히 전우는 「외필변(猥筆辨)」과 「납량사의의목(納凉私義疑目)」을 저술하여 기정진의 학설을 학문적으로 반박하였다. 즉 이이의 학설을 계승하여 기의 자발적인 운동성을 주장하며 리의 적극적인 주재성을 부정하고, 이기이원론의 입장에서 기정진의 리일분수설을 비판하였다.[21)]

이에 대해 정재규는 「외필변변(猥筆辨辨)」과 「납량사의기의변(納凉私議記疑辨)」을 지어 스승의 설을 옹호하였다.[22)] 실질적인 작용은 기가 하는 것이지만 리 자체에 묘용(妙用)이 갖추어져 있으므로 작용의 절제(節制)는 리에 내재되어 있다며 기에 대한 리의 적극적인 주재성을 강조하였으며,[23)] 인물성동이론에서도 리일분수의 관점에서 스승의 학설인 동중유이(同中有異)와 이중유동(異中有同)의 리분원융(理分圓融)을 주장하였다.

---

20) 『答問類編』 卷1 「論道體第一」 〈外筆附(閔誼行)〉 34면:理之本然 固純善無惡 而及其乘氣流行 則不能無過不及之差也 氣不能無過不及者 亦理勢然而纔有過不及 則惡之所由生也 (…) 由是推之 則事有不善 而不害於理之本善也 氣有用事 而不害於理爲主宰也

21) 安晋吾, 「奇蘆沙의 理哲學에 관한 연구」, 동국대 박사학위논문, 1988, 59~101쪽.

22) 趙南旭, 「老柏軒 鄭載圭의 학파적 位相과 思想」 『蘆沙學派의 唯理哲學과 倫理的 實踐性向』, 한국동양철학회 동계학술대회, 1998.

23) 『老柏軒集』卷29 「猥筆辨辨」 1면:理固無造作 然氣依傍這理行 則造作之準則 已具於理也 作用固是氣 然理自有妙用 則作用之節制 自在於理也

> 분수로부터 말하면 사람은 온전하고 사물은 편벽되어 사람과 사물이 다르지 않을 수 없으며 리일로부터 말하면 온전함도 오상(五常)이요 편벽됨도 오상이라 편벽됨과 온전함이 처음부터 같지 않은 것은 아니니 이것이 바로 주자가 말한 같음 속에서 그 다름을 알고 다름 속에서 그 같음을 본다고 한 것이다. 이와 같이 한 연후에 '리'와 '분'이 일체가 되고 성(性)과 명(命)이 서로 일관되는 것이다.[24]

이를 본 전우는 다시 「외필후변(猥筆後辨)」, 「외필기의(猥筆記疑)」, 「납량사의목육조추록(納涼私議疑目六條追錄)」을 지어 재비판을 하였으며 이에 대해 정재규의 제자인 정기와 기우만의 제자인 공학원도 각각 「외필후변변(猥筆後辨辨)」과 「변외필변(辨猥筆辨)」을 저술하여 전우의 주장에 대해 재반박을 하였다.[25]

주고받은 문답이 직접적인 계기가 되어 기정진이 「외필」과 「납량사의」를 저술하는데 크게 기여했다고 평가받는 김석구는 「자경편(自警篇)」과 「사문문답(師門問答)」 등을 저술하여 만사만물은 다 리의 주재에 의한 것이며 본연지성과 기질지성은 엄격히 구분할 수 없는 것이라 하며, 인물성동이 논쟁에서 호론과 낙론의 병폐는 모두 이 본연지성과 기질지성으로 구분하여 어느 한 쪽에 편중하는 데 있다고 보았다.[26] 또한 본연지성과 기질지성은 리일

---

24) 같은 책, 卷28 「納涼私議記疑辨」 6면: 自分殊而言 則人全而物偏 人物不得不異 自理一而言 則全亦五常 偏亦五常 偏全未始不同 正朱子所謂同中識其異 異中見其同者也 如此然後 理分一體性命相貫矣

25) 정병련, 「栗溪 鄭琦의 학통과 학술적 특성」 『蘆沙學派의 唯理哲學과 倫理的 實踐性向』 한국동양철학회 동계학술대회, 1998; 琴章泰·高光稙, 「道峯孔學源」 『儒學近百年』 박영사, 1984.

26) 劉明鐘, 「大谷 金錫龜의 학문방법과 理氣心性說」 『蘆沙學派의 唯理哲學과 倫理的 實踐性向』 한국동양철학회 동계학술대회, 1998.

과 분수의 관계이므로 선악은 모두 리에 근원하고, 리는 다만 그렇게 하게 하는 묘리(妙理)이지 능동적으로 운동하는 힘이 없다며 스승의 리일분수론을 그대로 계승하고 있다.[27)]

또한 이최선은 「독외필(讀猥筆)」에서 이이와 기정진의 학설이 다른 듯 하면서도 같다고 하면서 기정진의 "리에는 능연(能然)의 힘은 없지만 필연(必然)의 묘(妙)가 있다"는 말이야말로 깨뜨릴 수 없는 진리라고 주장하였다.[28)] 기우만도 기 중심의 학설을 비판하고 이동설(理動說)과 이체용설(理體用說) 등을 주장하였다.[29)] 전체적으로 기정진의 문인들은 스승의 학설을 충실하게 받아들이고 있다고 볼 수 있다.

성리학에서 리를 강조하는 경향은 주로 이황학파에서 보이지만 조선 후기로 가면 이이학파와 이황학파를 가리지 않고 광범위하게 나타났으며 그 강도도 비교할 수 없을 정도로 높아졌다. 대표적인 학파로 기정진 학파를 비롯하여 이항로 학파와 이진상 학파를 들 수 있는데, 이항로 학파는 리기를 주객관계로 보는 이주기객(理主氣客)과 심을 리 중심으로 해석한 심주리(心主理), 명덕(明德)이 리를 주로 한다는 명덕주리론(明德主理論)을 주장하였으며 이진상 학파는 심이 곧 리라는 심즉리설(心卽理說)과 기의 운동성을 부정한 이발일도설(理發一途說)을 주장하였다.[30)]

---

27) 『大谷遺稿』卷5 「知舊問答」; 安晋吾, 「蘆沙學派의 儒學思想」, 『朴吉眞博士 古稀紀念 韓國近代宗教思想史』 원광대학교 출판부, 1994.

28) 『石田集』 卷2 「讀外筆」 68면:蘆翁所謂理無能然之力 而有必然之妙十二字 明白的確顚撲不破 實發前人之所未發 而大有功於聖門也歟

29) 『松沙集』 卷7 「答李泰亨」 26면:理無動 氣何以有動 理無用 氣何以有用 理無欠闕 動靜體用 皆理爲之主 而氣聽命焉而已

30) 윤사순, 「朝鮮末期 主理派의 現實 實踐觀」 『한국유학사상론』 열음사, 1986.

이렇듯 이전의 성리학설과 다른, 리를 절대화하는 학설이 나오게 된 데에는 이들이 모두 관직의 길을 포기하고 향촌에서 학문에만 전념했던 재지학자들로 기존의 학파나 학설에 크게 구애받지 않는 처지에 있었다는 점과 당시까지 전개되고 있던 호락논쟁에 대해 어떤 방법으로든지 대응을 해야 했던 사정, 그리고 봉건적 질서의 해체와 서구제국주의의 침략이라는 대내외적 위기상황 등이 복합적으로 작용했던 것으로 보인다.

이들은 절대 선의 세계로의 회복을 이루지 않고서는 어떤 힘으로도 그 시대를 바로 잡을 수 없다는 신념에서 가변적인 기보다는 불변적인 리에 절대적인 가치와 권위를 부여하고 그것을 실체화하려고 했다. 그러나 그 절대 선의 세계는 자신들이 기반하고 있는 봉건적인 성리학적 질서와 체제였다. 따라서 이들이 누구보다도 강력한 위정척사론자가 되었음은 당연한 일이었다.

■ 위정척사론

이전에 조선 사상계에서 리를 강조했던 경우는 이황과 근기남인실학파였다. 이황의 사상은 16세기 전반 훈척과의 투쟁 과정에서 구체제에 대한 비판의식을 바탕으로 형성되었다. 따라서 그의 사상의 기본적 특성이라고 할 수 있는 이귀기천(理貴氣賤), 리의 자발성, 이원적 사고에 의한 도덕성과 수신의 강조는 훈척을 공격하는 데 중요한 사상적 기반이 되었다. 그는 선과 악, 그리고 선과 악의 근거였던 리와 기를 엄격히 구별함으로써 인간의 도덕적 행위의 근거를 객관적으로 증명해내고 당시 사람들의 도덕적 각성과 실천을 강력히 촉구했던 것이다.

근기남인 실학파들도 대체로 기를 강조하기보다는 리를 강조하고 나아가 리를 재해석하려는 경향이 강하였다. 미수(眉叟) 허목(許穆, 1595~1682)과 반계(磻溪) 유형원(柳馨遠, 1622~1673)에서 나타나는 실리(實理)의 강조가 그것이다. 기라는 현상적 측면이 아니라 리라는 본질적인 측면에 대한 검토가 토지개혁론 등 근본적인 개혁론으로 표출될 수 있었던 것이다.[31)]

따라서 리를 중시하는 것은 시대와 상황에 따라 아주 보수적이 되어 버리거나 아니면 근본적인 변화를 추구하거나 하는 서로 상반되는 두 경향으로 나타남을 알 수 있다. 그런데 19세기 기정진 학파를 비롯한 상당수의 위정척사론자들이 리를 절대화한 것은 봉건적 질서의 해체와 서구제국주의의 침략이라는 상황과 맞물려 이 두 경향을 다 가지고 있었다.

> 천하의 큰 변고가 셋 있으니 부인이 남편의 자리를 빼앗는 것[妻奪夫位]과 신하가 임금의 자리를 빼앗는 것[臣奪君位], 그리고 오랑캐가 중화의 자리를 빼앗는 것[夷奪華位]이다. 만약 기가 리의 자리를 빼앗는다면[氣奪理] 저 세 가지 변고는 다음의 일일 것이다.[32)]

이 글을 보면 기정진이 왜 그렇게 리를 절대화 하려고 노력했는지를 알 수 있다. 바로 가정의 질서를 바로 잡고 국가가 농민항쟁으로 인해 쓰러지지 않고 조선을 제국주의의 침략으로부터 막기 위해서였던 것이다. 리의 절대화가 자연스레 위정척사론과

---

31) 고영진, 『조선시대 사상사를 어떻게 볼 것인가』, 풀빛, 1999, 75~113쪽.
32) 『蘆沙集』附錄 卷2 「神道碑銘(并序) 45면: 嘗曰 天下大變有三 妻奪夫位 臣奪君位 夷奪華位 若氣奪理位 則彼三變者即次第事耳

연결되는 것을 볼 수 있다.

이미 11세 때 춘추대일통(春秋大一統) 사상의 내용을 담은 「춘추정기(春秋亭記)」를 쓰기도 했던[33] 기정진은 병인양요가 일어난 직후인 1866년 7월 병인소(丙寅疏)를 올렸는데 이는 위정척사운동의 기치를 처음으로 내건 상소였다. 모두 6개조로 되어 있는데 그 내용은 다음과 같다.

첫째는 묘산불가부정(廟算不可不定)으로, 국가가 외침에 대비하여 반드시 미리 바꿀 수 없는 계책을 세우면 만인의 일정하지 않은 정신을 하나로 묶는 데 성공할 수 있다는 것이다. 둘째는 선수사령(先修辭令)으로, 사령의 강굴(强屈)이 싸움에서 승패의 관건이므로 미리 그것을 선수(先修)하였다가 연해의 관원들이 가지고 있도록 하자는 것이다. 셋째는 심지형(審地形)으로, 유사시에 대비하여 우리의 지세를 이용하여 공격할 수 있도록 지형을 잘 관찰하는 것이다.

넷째는 연병(鍊兵)으로, 외침에 대비하여 군적(軍籍)을 효율적 관리하고 국방력을 강화하기 위해 군대를 훈련시켜야 한다는 것이다. 다섯째는 구언(求言)으로, 천하에 쓰지 못할 사람이 없듯이 이용하지 못할 방책이 없으므로 구언을 이용하여 널리 수집하고 한글로 쓰여진 것도 받아들여야 한다는 것이다. 여섯째는 몰몰내수이위외양지본(沒沒內修以爲外攘之本)으로, 내정개혁을 과감히 수행하고 외양의 토대를 이뤄 내는 것이 급선무인데 이를 위해서는 결인심(結人心), 즉 사람들의 마음을 결집하는 것이 중요하다는 것이다.[34]

33) 같은 책, 附錄 卷1 「年譜」 〈(純祖)八年戊辰(先生十一歲)〉 5면: 記春秋亭

그는 또한 이 상소에서 양물금단론(洋物禁斷論)을 주장하며 외국과의 교역을 강력히 반대하였으며 상호 교류의 문제점을 다음과 같이 들며 통교금절론(通交禁絕論)을 주장하였다. 즉 서양이 우리와 통교하려는 것은 우리나라를 속국으로 만들고 우리 산천을 보고(寶庫)로 만들고 우리 문화를 종속시키고 젊은 부녀자를 겁탈하고 백성들을 금수로 만들기 때문에 안 된다는 것이다.[35]

이 해 10월 동지돈녕부사에 임명되었으나 사직소를 올려 당시의 폐단을 강하게 비판하고 독서와 택인(擇人)이 급선무임을 강조하고 사대부가 염치가 없는 풍토를 언급하며 삼무사(三無私)로 삼갈 것을 주장하였다.[36] 병인양요로 강화도가 함락되었다는 소식을 듣자 기정진은 의병을 일으키려 하였으나 소모사가 파견된다는 소식을 듣고 그만두었으나 문인인 이최선이 의병을 일으켜 서울로 떠나자 격려하는 시를 써주기도 하였다.

스승의 위정척사론을 계승하여 문인들 역시 위정척사론을 주장하거나 직접 의병을 일으켜 일제에 저항하였는데 기우만, 기삼연, 고광순, 정재규, 정의림, 이승학(李承鶴, 1857～1928), 박원영(朴源永, 1848～1896), 김익중(金翼中, 1851～1907), 오준선, 노응현(盧應鉉, 1852～?), 기재(奇宰, 1854～1921), 기동준(奇東準, 1860～1918) 등이 대표적인 인물이었다.

34) 같은 책, 卷3「丙寅疏」2면～8면: 其一廟算不可不先定 (…) 其二先修辭令 (…) 其三審地形 (…) 其四鍊兵 (…) 其五求言 (…) 其六沒沒內修以爲外攘之本

35) 宋寅昌,「蘆沙 奇正鎭의 哲學과 現實認識」『大田大學論文集』2, 1983.

36)『蘆沙集』附錄 卷1「年譜」〈(高宗)三年丙寅(先生六十九歲)〉25면: 十月 陞嘉善階 拜同知敦寧府事 上疎辭 因極論時弊 以無疆休無疆恤屢致意 以讀書擇人爲急務 末又陳士大夫無廉白之風 以三無私惓惓焉

기우만은 기정진의 손자로 이학상(李鶴相)·기재 등과 함께 1896년 정월 호남지역 최초로 의병을 일으켜 호남의병장에 추대되어 전기의병을 선도하였다. 을사조약 직후에는 상소를 올려 매국오적(賣國五賊)을 주륙(誅戮)하고 군민이 단결하여 생사를 걸고 일전(一戰)할 것을 요구하였으며 1906년 정재규와 곡성에서 다시 거병하려 했으나 실패하였다. 1909년에는 『호남의사열전(湖南義士列傳)』이라는 한말 의병의 전기를 저술하였다.[37)]

기우만과 9촌간인 기삼연은 기우만의 거병에 참여하였으며 1902년 다시 거병하려다 체포되기도 하였다. 1907년에는 김용구(金容球, 1861~1918)·김익중(金翼中, 1851~1907)·김준(金準, ?~1907) 등과 호남창의회맹소(湖南倡義會盟所)를 결성하여 호남지역 후기의병을 주도하였다가 1908년 체포되어 순국하였다.[38)] 또한 기재의 아들 기산도(奇山度, 1869~1926)는 오적암살단을 결성하여 매국노로 알려진 군부대신 이근택을 습격하여 중상을 입힌 후 체포되었으며 혹독한 고문을 받고 불구의 몸으로 풀려난 뒤 의병운동에 참여하고 중국으로 건너가려다 실패하고 객사하고 말았다.[39)]

기산도의 장인인 고광순은 장성의 기우만과 함께 의병을 일으켰으며 1906년 말에 고제량(高濟亮, 1849~1907), 신덕균(申德均, 1878~1908), 윤영기(尹泳淇, 1880~?) 등과 다시 거병하였다. 태극기에 머지 않아 국권을 회복한다는 '불원복(不遠復)' 세 글자를 써 의병들의 용기를 북돋우고 지리산에 들어가 장기 항전을 모색하

37) 李相寔, 「韓末의 民族運動－長城地方의 義兵活動을 중심으로－」 『人文科學』 2, 목포대, 1985.

38) 奇浩元, 『省齋奇參衍先生傳』 한국문화사, 1990, 126~251쪽.

39) 洪英基, 「蘆沙學派의 형성과 衛正斥邪運動」 『한국근현대사연구』 10, 1999.

다가 1907년 피아골 연곡사에서 일본군의 습격을 받아 싸우다가 순국하였다.[40]

이최선은 병인양요 때 의병을 일으켜 서울까지 진출하였는데 기정진이 시(詩)를 지어 격려해주기까지 하였고 그의 아들인 이승학은 기우만 등과 함께 전기의병으로 활약하였다. 기우만의 문인인 손자 이광수(李光秀, 1873～1953)도 나인영(羅寅永, 1863～1916)이 주도한 을사오적을 처단하기 위한 비밀결사에 참여하여 의열투쟁에 나서다 체포되어 진도에 유배되기도 하였으며 양한묵 등과 함께 3·1운동에도 참여하였다.[41]

오준선은 직접 의병활동은 하지 않았으나 모의에 참여해 의병부대를 후원하였으며 기삼연, 고광순, 김준, 전수용(全垂鏞, 1879～1910) 등 한말 의병에 대한 전기를 저술하였다. 또한 그의 문인 가운데 이기손(李起巽, 1877～1937), 오상렬(吳相烈, 1879～1907), 오성술(吳成述, 1844～1910), 전해산(全海山: 全垂鏞) 등이 의병장으로 활약하였다.[42]

이처럼 기정진 문인들은 의병전쟁이 일어나 끝날 때까지 호남의병을 주도하였으며 일제의 식민화를 지연시키는 데 크게 기여하였다. 그리고 이들이 줄기차게 저항할 수 있었던 사상적 바탕

---

40) 『鹿川遺稿』 卷下 「行狀」; 趙東杰, 「鹿川 高光洵義兵將의 戰迹地 紀行」, 『韓國近代史의 試鍊과 反省』, 지식산업사, 1989.

41) 『玉山集』 卷7 附錄 「玉山先生李公墓碣銘(并序)」 84면: 乙巳僞約成 遂與羅寅永 吳基鎬 金寅植 李沂 閔衡植 尹柱瓚 諸志士 瀝血飮泣 誓不與賣國賊 共戴一天 募砲士幾十人 潛配五賊門前 (…) 己未春 擧全彊唱獨立萬歲之聲 達于四境 公已與梁漢默策大衆 而漢默就獄死 公獨脫焉 盖天也

42) 『後石遺稿』 卷24 「義兵將奇參衍傳」·「義兵將高鹿泉傳」·「義士金準全垂鏞合傳」; 琴章泰·高光稙, 「後石 吳駿善」 『儒學近百年』 박영사, 1984.

은 기정진의 리 절대화와 위정척사론에 있었지만 임진왜란과 병자호란 당시 호남의병의 전통을 계승한다는 의식에도 있었다. 의병전쟁에 참여한 문인들 대부분이 왜란과 호란에 참여한 의병장의 후손이기 때문이다.[43)]

그러나 이들의 의식에는 한계가 있었는데 이는 기우만이 거병하면서 올린 다음의 상소에서 잘 나타난다.

> 무릇 나라치고 망하지 않는 나라가 없사오니 머리를 깎고 보존하는 것보다 차라리 머리를 깎지 않고 망하는 것이 나으며 사람 치고 죽지 않은 사람이 없으니 머리를 깎고 사는 것보다 차라리 머리를 보존하고 죽는 것이 낫습니다. 나라가 망하는 것은 굴욕이지만 머리를 깎는 굴욕은 나라가 망하는 것보다 더하고, 사람이 죽는다는 것은 싫어할 일이지만 머리를 깎는 싫어함이 죽는 것보다 더하기 때문에 차라리 나라가 망하고 사람이 죽을지언정 머리를 깎고 살 수는 없는 것입니다. (…) 단발령을 환수하여 옛 제도를 회복하시고 원수를 갚고 적을 토벌하는 대의를 팔도에 포고하시면 애원(哀冤) 망극한 우리 백성이 누가 전하를 위하여 한 번 몸을 바치려 않겠습니까.[44)]

국가의 멸망보다는 기존의 성리학적 질서와 체제를 더 중시하였던 것이다. 이런 근왕적 인식은 이항로나 이진상 학파의 경우

43) 洪英基,「韓末 湖南義兵의 蜂起와 그 活動」『湖南精神과 國家發展』다산학 학술세미나 자료집, 1997.

44)『松沙集』卷2「乙未疏」1면~3면:況國未有不亡 與其毁髮而存 寧保髮而亡 人未有不死 與其毁髮而生 寧保髮而死 國亡爲所辱 而所辱有甚於亡 人死爲所惡 而所惡有甚於死 所以國寧乎亡 人寧乎死 而不顧乎存且生也 (…) 引咎改命 遄復舊章 以復讎討賊之義 布告臣民 則凡此哀寃罔極 孰不爲殿下一死

도 마찬가지였다. 따라서 이들의 위정척사사상은 기존의 화이론이 조선 후기 성리학에서의 리 절대화 경향과 결합하여 나타난 화이론의 근대적 변용이라고 할 수 있다. 이전의 척화론과 북벌론, 존주론의 연장선상에 있음은 물론이다.

그러므로 위정척사사상을 민족주의[45] 또는 보수적인 역사적 유물로[46] 보는 것은 단순한 평가라고 할 수 있다. 위정척사사상은 기본적으로는 중화 중심의 세계주의에 기반하고 있다. 단지 그것이 외적을 침입을 당하여 민족적인 모습을 띄게 되는 것일 뿐이다. 어쩌면 민족적인 외피를 둘러쓴 중화 중심의 세계주의가 그의 사상에 대한 정확한 표현일 지 모른다. 한국에서 저항적 민족주의라는 말은 다시 근본적으로 검토해볼 필요가 있다.

■ 사회경제개혁책

앞서 리를 강조하는 경향은 근본적인 변화를 추구하는 방향으로 나타나기도 한다고 하였다. 위정척사운동도 무장투쟁의 형식을 띤다는 면에서는 이런 측면이 없지 않다고 할 수 있다. 이는 사회경제정책에서도 마찬가지이다. 기정진은 1862년 농민항쟁이 일어나자 이를 심각하게 인식하고 국가에서 해결 방법의 하나로 삼정(三政)의 개혁에 대해 구언(求言)을 하자 「임술의책(壬戌擬策)」을 지어 과감한 개혁책을 제시하였다.[47]

---

45) 李澤徽, 「朝鮮後期 斥邪論議의 展開와 그 意義」 『朝鮮朝政治思想研究』 韓國政治外交史學會論叢, 제4집, 평민사, 1987.

46) 李離和, 「斥邪衛正論의 批判的 檢討－華西 李恒老의 所論을 中心으로－」, 『韓國史研究』 18, 1977.

47) 기정진은 求言疏의 말미에 작성자의 성명을 기록해서 올리라는 정부의 방

먼저 그는 사민(四民) 가운데 농민이 가장 양민(良民)이며 국가의 근본이 바르게 되는 것도 농민에 있으므로 농민의 동요가 이와 같으면 국가의 근본이 뒤집힌다는 점을 강조하였다.[48] 이어 사대부와 관료·향리들의 부패와 이익 추구 경향을 신랄히 비판하고 이로 인한 삼정 문란의 폐해를 일일이 지적하면서 다산(茶山) 정약용(丁若鏞, 1762~1836)의 『목민심서』에서 제시한 바에 의거하여 제반 개혁을 추진할 것을 주장하였다.

즉 전정(田政)의 문란은 양전(量田)을 행하지 않은 것보다는 수령이 사람을 잘못 기용하는 데 기인하므로 관리들을 제대로 뽑을 것을 주장하고, 군정(軍政)은 그대로 실시하면 호적이 공정하지 못하고 환곡은 이전대로 실시하면 민폐가 그치지 않으니 군포(軍布)는 폐지하고 환곡은 평상(常平)으로 대치하고 민전(民田)을 제한할 것을 주장하였다.

또한 정치를 하면서 유용(有用)한 것을 무용(無用)한 곳에 사용해 버리면 가난하게 되고 무용한 것을 유용한 곳에 사용하면 풍족하게 되니 국가의 안위(安危)와 백성의 고락(苦樂)은 오직 이 두 가지 방법에 있는데 조선의 경우 십중팔구가 무용한 데 사용된다면서, 그 예로 명가(名家)와 대상(大商), 토호들의 사치와 향리들의 착복, 서원 유생들의 주색잡기, 경향 각지에서 행해지는 연회 행사 등을 들며 강력히 비판하였다.

아울러 과거를 노비·도적까지 서울에 가서 응시할 수 있으므

침에 반발하여 「壬戌擬策」을 아들 奇晩衍에게 불살라 버리라고 하였으나 기만연이 부친의 지시를 듣지 않고 숨겨 두었다가 뒤에 문집에 실었다.

48) 『蘆沙集』 卷3 「壬戌擬策」 18면: 伏惟念四民分業 農民最良民 惟邦本正在農民 今農民動搖 若此國家根本蹶矣

로 일인당 비용이 최소 천전(千錢)이니 십만 명이 응시하면 그 비용을 헤아릴 수 없으니 향거(鄕擧)와 이선(里選)을 거친 다음 시험에 의하여 선발할 것을 주장하였다.[49]

기정진의 사회경제개혁책은 문인들에게도 이어져 이최선·기양연·나도규 등이 삼정책을 제시하기도 하였다. 이최선은 1862년 국가의 구언(求言)이 있자 「삼정책」을 올렸는데, 여기서 그는 삼정의 폐보다 더 절실한 것이 습속(習俗)의 중병이라 보고 그 대표적인 두 가지 예로 기강이 무너지고 염치가 없어진 것을 들었다.[50] 이 기강과 염치가 제대로 서지 않으면 삼정의 개혁도 제대로 이루지지 않는다는 것이다.

삼정의 구체적인 개혁방안으로는 먼저 득인(得人)을 들었다. 근본을 다스리지 못하고 말단을 추구하는 자는 근본적으로 해결하기가 어렵다는 이유에서이다. 이어 이치를 밝히고[明理] 성학에 힘쓰고[勉聖學] 언로를 개방하고[開言路] 인재의 선발을 엄격히 하고[嚴科程] 현명한 인재를 얻을 것[得賢人]을 제시하였다. 이는 성리학의 본말론(本末論)을 경세론에 적용시킨 선본후말론(先本後末論)이라 할 수 있다.[51]

---

49) 『蘆沙集』 卷3 「壬戌擬策」; 金相坤, 「蘆沙 奇正鎭 研究」 원광대 석사학위논문, 1994. 26~30쪽.

50) 『石田集』 卷2 「三政策(壬戌)」 36~37면: 臣竊伏惟 今日三政之弊 雖切於耳目 而臣愚以爲習俗之膏肓 尤有甚於三政者 有二條焉 一則紀綱之頹弛也 二則廉耻之頓喪也

51) 『石田集』 卷2 「三政策(壬戌)」 51면: 得人之本在於嚴科程 而嚴科程之本在於開言路 苟開言路 則耳人之耳目人之目 何患取士之不得其人乎 開言路如何 在於勉聖學 勉聖學 則日接賢士大夫講習乎治亂得失 而明理於心矣 何患言路之不開乎 明理而勉聖學 勉聖學而開言路 開言路而嚴科程 嚴科程而得賢人焉 則朱夫子所謂得一戶部尙書 錢穀不患不理

그는 삼정의 폐해가 자신의 고향이며 거주하고 있는 담양보다 더 심한 곳이 없다며 그곳의 수령과 향리의 부패상을 신랄히 비판하였다. 그래서인지 그의 상소는 담양부사에 의해 시의에 적절치 않다 하여 올려지지 않았다.[52] 스승인 기정진의 삼정책이 양민(養民)을 강조한 데 반하여 그의 삼정책이 득인(得人)을 중시한 것도 이런 연유에서 기인된 점이 없지 않다고 생각된다.

기정진의 7촌 조카인 기양연도 삼정책을 올렸다. 그는 삼정의 폐해의 기원이 남에게 있는 것이 아니라 우리 자신에게 있음을 지적하며 특히 이익을 좋아하는 습속을 원인으로 들었다.[53] 이어 삼정이 국가의 가장 큰 정사임을 강조하며 옛부터 제왕들이 중하게 여기지 않은 적이 없음을 상기시킨 다음 삼정의 근본적인 개혁책으로 성심(聖心)을 바르게 하여 다스림의 근본을 세울 것, 기강을 진작하고 조정을 숙정(肅正)할 것, 외관(外官)을 뽑을 때 탐욕스러운 장리(贓吏)를 금할 것, 관리의 녹봉을 억제하여 훔치는 것을 금할 것 등 네 가지를 들었다.

아울러 삼정의 세부적인 개혁책으로 전정(田政)은 양법(量法)을 의논할 것, 명전(名田)을 한정할 것, 방결(防結)을 금할 것 등을 들고 군정은 호포(戶布)를 행할 것, 군액(軍額)을 보충할 것을 들었으며 환곡은 상평을 세우고 사창을 논의할 것 등을 들고 삼정을 개혁하는 데 이 11가지 가운데 하나라도 빠지면 안 된다고 주장하였다.[54]

---

52) 俞成翰, 「石田 李最善 硏究」, 조선대 석사학위논문, 2001.

53) 『柏石軒遺集』 卷1 「三政策」 34면: 臣聞 事必有所以然之故 弊必有所由起之原 今之三政 可謂百瘼蝟興衆疵蜂干 而究其所由起之原 則乃好利之習啓之也

나도규 역시 책문(策文)에서 삼정의 대책을 묻는 임금 질문에 대해 삼정의 폐해를 병(病)에, 그 대책을 약(藥)에 비유하면서 병이 없을 때 약을 먹는 것이 가장 좋은 방법이지만 병이 나더라도 약을 잘 복용하면 오래된 병도 나을 수가 있다며 삼정개혁책으로 지인임현(知人任賢), 즉 사람을 잘 식별하여 현명한 자를 임용할 것을 제시하였다. 사람을 잘 식별하여 현명한 자를 뽑으면 삼정의 폐단을 고치라고 하지 않더라도 스스로 고치려고 하고 그 폐해를 고치는 일에 힘쓰라고 하자 않아도 스스로 힘쓰려고 하기 때문이라는 것이다.[55)]

그는 임금이 지역에 구애받지 않고 현명한 인재들을 뽑아 관직을 주면 모든 관리들이 화합하고 잘 다스려져 광산(光山)의 삼정이 그 균등함과 공평함을 얻을 뿐만 아니라 호남의 삼정이 균등함과 공평함을 얻고 호남의 삼정이 균등함과 공평함을 얻을 뿐만 아니라 팔도의 삼정이 균등함과 공평함을 얻어 백성들이 편안하게 사는 시대가 올 것이라고 보았다.[56)]

---

54) 같은 책, 「三政策」 41면: 夫三政之矯捄 從本言 則其目有四 一日正聖心以立治本 二日振紀綱以肅朝廷 三日選外官以禁貪贓 四日制吏祿以禁偷竊 從事言 則矯田賦之目有三 一日議量法 二日限名田 三日禁防結 矯軍籍之目有二 一日行戶布 二日充軍額 蠲還穀之目有二 一日立常平 二日議社倉 凡此十一條 皆切於救弊 而缺一不可者也

55) 『德巖漫錄』 卷7 「三政策」 231면~237면: 臣謹按 吳許國公曰 未病而服藥者上 當病而服藥者次 能服於未病之日 則志炁舒泰 外來之病有不得闖焉 旣服於當病之日 則證崇退聽 內疚之病 必將瘳焉 (…) 知人而任賢 則爲弊也不待捄而自捄 捄弊也不須勉而自勉 欲求安民之策 則不知人而能之乎

56) 같은 책, 「三政策」 238면: 伏願殿下立賢無方 各授其職 則百工相和五官咸乂 非惟光山之田軍還得其均得其平 湖南之田軍還得其均得其平 不惟湖南之田軍還得其正得其安 八省之田軍還得其正得其安 庶幾覩垂拱平章之治 必將做變雍蹈舞之時矣 豈不休哉 豈不美哉

이상에서 보듯 기정진과 그 문인들의 삼정책은 약간의 차이는 없지 않았으나 전체적으로 당시 개혁책 중에서는 전면적인 개혁론에 속하는 편이라고 할 수 있다.[57] 물론 그렇다 하더라도 양반 중심의 개혁론을 벗어나는 것은 아니었다.

맺음말

지금까지 기정진과 그 학파의 학맥 형성과정과 사상적 특성을 살펴보았다. 기정진은 서인 노론 이이학파의 가계에 속했지만 중간에 공백이 있어 그렇게 단정지어 말하기에는 무리가 있다. 그 자신 또한 특별한 사승관계를 찾아 볼 수 없어 그의 학문을 특정 학맥과 연결시켜 보는 것은 무리가 있다.

그가 자기 나름대로의 독창적인 이론을 확립하고 높은 학문적 업적을 쌓은 것은 향촌 재지학자라는 위치, 그리고 자신의 재능과 노력에 기인하는 바가 컸다. 비록 노론 학자들과 약간의 교류를 했지만 그 영향력은 미미하며 스스로의 깊은 사색과 수행을 통해 이이학파의 학문을 극복해 보려고 노력했던 것이다.

그리고 40대에 이르러 관직을 포기하고 초야에 묻혀 이후 평생동안 학문 연구와 제자 양성에 힘써 600명에 가까운 제자를 키워냈으며 재전제자와 삼전제자까지 합치면 4000여 명에 이르고 지역적으로는 호남 전 지역과 경상우도까지 포괄하는 하나의 거대한 학파를 형성하기에 이르렀다. 그의 문인들은 학문적으로, 또

57) 金容燮, 『韓國近代農業史硏究』, 일조각, 1978년, 280~282쪽.

는 사회경제정책의 제시나 의병활동을 통해 스승의 사상과 행동을 그대로 실천해가 학파로서의 정체성을 갖추었다.

기정진의 사상은 당시 조선사상계의 변화에 조응하는 것이기도 했다. 이는 그의 사상의 출발이 당시 조선사상계의 큰 논쟁거리였던 호락논쟁을 비판적으로 극복하였으며 이어 조선사회의 해체와 서구제국주의의 침략이라는 위기 속에서 리의 절대화를 추구함으로써 나름대로의 해결책을 제시하려고 했던 데서 잘 드러난다. 그리하여 그의 사상에서의 리의 절대화 경향은 그가 강력한 위정척사론자가 되는 사상적 기반이 되었으며 이를 바탕으로 기정진은 위정척사론과 전면적인 사회경제정책을 제시할 수 있었던 것이다. 이는 그의 문인들에게서도 마찬가지이다.

그럼에도 불구하고 기정진학파의 사상은 당시의 역사적 상황에서 성리학에서의 리의 강조가 가져오는 두 가지 측면을 다 가지고 있었다. 그들은 근본적인 변화를 추구하며 위정척사운동을 전개하고 과감한 사회경제개혁책을 제시했지만 그 변화의 궁극점은 자신들이 기반하고 있던 조선 사회, 즉 봉건적인 성리학적 질서와 체제였다. 말하자면 그들의 사상에서 리의 절대화가 도달하려고 했던 것은 중화 중심의 세계주의였으며 그 위에 민족적인 외피가 씌어졌던 것이다.

고창지역 노사학파와 유물유적 고찰*

— 노사 기정진의 직전·재전문인 조사와 유물유적을 중심으로 —

이 형 성

(전남대학교 학술연구교수)

들어가는 말

유학은 사실적 세계보다는 도덕적 가치를 실현한 인격자 성인(聖人)을 지향하는 학문이다. 성인을 지향하는 자세는 항상 배움과 실천에 의한 본성의 발현이다. 그 발현은 절도(節度)에 맞는 시중(時中)의 마음자세이다. 즉 자신의 직분에서 중용(中庸)을 통해 서로의 조화를 이루는 것이다. 이러한 유학은 노불사상에 밀려 현실적 예치(禮治)에 치중하였다. 중국 송나라 새로운 유학이 발흥하여 성즉리(性卽理)라는 대명제를 통해 형이상학적 우주론으로부터 인간의 본성과 일상생활의 제문제를 검토하였다. 이 새로운 사유체계의 학문이 바로 성리학(性理學)이다.

---

* 이 글은 2020년 6월 『동양고전연구』 제79집〔동양고전학회〕에 수록된 것을 수정하고 기정진의 유물유적 자료를 보완하였음을 밝힌다.

고려에 전래된 성리학은 조선시대에 심화 발전되었다. 사승을 통해 계승되던 성리학은 그 범주에 대한 견해가 다른 경우 서로 논쟁을 벌이기도 하였다. 특히 학자들은 학리적 논쟁을 하면서도 국난이 있을 때마다 이를 극복하기 위해 부단히 노력하였다. 이러한 경향은 근대까지 이어졌다. 19세기 중 후반 외세에 대한 대응은 유학자들이 한 목소리로 위정척사(衛正斥邪)를 전개하였지만, 성리학에 대한 견해는 차이가 있었다. 당시 대표적 학단을 보면, 영남 안동의 정재(定齋) 유치명(柳致明, 1777～1861)을 중심으로 한 정재학파(定齋學派), 경기도 양평의 화서(華西) 이항로(李恒老, 1792～1868)를 중심으로 한 화서학파(華西學派), 전라도 장성의 노사(蘆沙) 기정진(奇正鎭, 1798～1878)을 중심으로 한 노사학파(蘆沙學派), 영남 성주의 한주(寒洲) 이진상(李震相, 1818～1886)을 중심으로 한 한주학파(寒洲學派), 충청도 회덕의 연재(淵齋) 송병선(宋秉璿, 1836～1905)을 중심으로 한 연재학파(淵齋學派), 전라도 계화도의 간재(艮齋) 전우(田愚, 1841～1922)을 중심으로 한 간재학파(艮齋學派) 등이다. 이들 학파는 직전문인을 통해 재전과 삼전으로 계승되어 유교의 정신을 발휘하기에 이르렀다. 1910년 일제의 강제 병탄(倂呑) 조약 이후, 향교나 서원 그리고 서당에서 그저 유학의 삼강오륜의 정신을 진작시키며 그 명맥을 유지하였고, 누정에서 산수를 벗삼아 열린 시회(詩會) 등은 서로의 동질감을 발휘하여 단합을 도모하고 암암리 일제에 항거하기도 하였다. 19세기로부터 근현대까지 활동한 각 학파에 대한 연구는 이루어지고 있지만,[1] 한

1) 2009년도 한국국학진흥원에서 19세기 활약한 각 학파의 지역적 전개양상과 사상적 특성에 대한 학술대회가 있은 이후(『국학연구』 제15집), 몇 편의

지역의 문인과 그 유물유적[2]을 포함한 체계적 조사 연구는 전무한 실정이다. 한말 이후 학파의 계승과 위상 정립에 있어서 체계적 조사와 연구가 절실하다 하겠다.

본 글은 전라도(호남)에서 큰 학단을 이룬 노사학파가 중심이다. 전체 조사와 연구는 감당하기 어렵기 때문에 일차적으로 기정진의 고창지역 문인과 유물유적[3] 조사를 통해 그의 사상적 일면을 고찰할 것이다. 고창지역은 고창·무장·흥덕을 가리킨다. 이 세 고을이 통합된 이후, 향촌사회의 지식인들은 주로 삼향(三鄕)이라 일컬었다. 이 세 지역에 대한 노사학 계승성 고찰은 타지역 노사학파의 인물과 그 유물유적에 대한 체계적 조사의 기초가 될 뿐만 아니라, 노사학파 직전과 재전, 그리고 후학을 전관적(全觀的)으로 탐구하는 데 적지 않은 보탬이 될 것이다. 나아가 19세기 말 이후 호남지역의 유교사상의 발현 양상도 살펴볼 수 있을 것이다.

기정진의 고창지역 내왕과 치병연학(治病硏學) 유적

고창은 고려 공민왕 때 학당사(學堂祠)를 세워 유교적 학문을 가르친 이후, 오준(吳浚, 1444~1494)의 효성에 하늘이 감동하여 생긴 효감천(孝感泉) 전설은 유교적 효행사상을 널리 알리는 계기가

개별적 연구는 있었다. 노사학파 연구는 박학래와 김봉곤의 논문이 있다. 참고문헌 참조.

2) 노사학파의 누정에 대한 것은 권수용의 논문이 있다. 참고문헌 참조.

3) 고창지역 기정진의 문인과 유물유적 조사는 참고문헌 참조.

되었다. 경사(經史)에 능통한 유희춘(柳希春, 1513～1577)이 1543년 현감으로 제수된 이후 호학하는 선비들이 적지 않았으니, 변성온(卞成溫, 1540～1614)과 변성진(卞成振, 1549～1623)[4], 오희길(吳希吉, 1556～1625)[5] 등이 그 대표적이다. 임진과 병자 양란 이후, 백성들의 실생활의 문제를 해결하고 이용후생적 삶을 도모하려는 학문을 전개하였는데, 서학과 고증학 등에 자극받은 이재(頤齋) 황윤석(黃胤錫, 1729～1791)은 『주역』의 변통론과 전통적 '수(數)'의 원리를 바탕으로 서구의 과학 사상을 치밀하게 분석하여 수용하여 실학사상을 전개하기도 하였다. 19세기에 이르면 정치적으로 삼정(三政)이 문란하여 민란이 자주 일어나고 병인양요와 신미양요에 의한 침략적 개항이 이루어져 내우외환을 겪기에 이른다. 전통의 주자학적 사유를 부정하는 서학과 동학사상이 등장하기에 이르렀다. 주지하다시피, 고창지역의 유학자들은 향교와 서원, 그리고 각 사우를 중심으로 전통을 계승하였다. 넓은 의미에서 보면 조선의 유학에서 벗어나지 않는 경향이었다.[6]

19세기 중후기 고창의 학인들은 당시 여러 학파에 나아가 학문을 닦았는데, 고창에서 가까운 장성의 기정진에게 수학한 학인들이 많았다. 주지하다시피, 기정진은 조선을 대표하는 호남의 거유였다. 82세의 긴 생애 동안 벼슬에 나가지 않고 학문에 전념하여 성리학에서의 리를 중시하는 철학체계를 완성하였다. 특히 그는 근대 내우외환의 격동기에 우리의 바른 것을 지키고 서

---

4) 河西 金麟厚(1510～1560)와 退溪 李滉(1501～1570)에게 학문을 수학하였다.
5) 奇孝諫(1530～1593)과 鄭汝立(1546～1589)의 문하에서 학문을 닦았다.
6) 『고창의 유교』(고창군), 이회문화사, 1996년 참조.

양의 사특한 것을 물리친다는 '위정척사(衛正斥邪)' 운동을 전개하기까지 하였다. 이러한 학리적 체계와 현실적 대응에 큰 자취를 남겼다.

기정진은 네 살 때 『효경(孝經)』과 『격몽요결(擊蒙要訣)』을 읽은 후 6년 가까이 『소학』과 『대학연의(大學演義)』 그리고 역사서 『춘추』와 『자치통감강목(資治通鑑綱目)』 등을 읽었다. 양친을 잃은 뒤 선대의 고향인 장성 황룡으로 이주하여 연학에 힘썼다. 그의 학문 탐구는 고창지역과 인연이 깊다. 『연보』에 따르면, 기정진은 23세 때 장성과 고창의 경계를 이루고 있는 영취산(靈鷲山)[7] 북쪽에 자리한 문수사(文殊寺) 남암(南庵)에서 독서하였다.[8] 남암은 문수사 아래쪽에 있는 작은 암자이나 위쪽에도 작은 암자가 있으니 내원(內院)이다. 두 암자는 지금 사라지고 없다. 남암 앞쪽에는 고창의 인천강(仁川江)이 시작하는 물줄기가 끊임없이 흘러간다. 물이 흐르는 이곳은 초목이 매우 무성하다. 그 가운데 수령이 1~4백년이 되는 단풍나무(애기단풍)들이 군락을 이루고 있는데 다른 나무들과 어울려 단풍나무의 아름다움이 그지없다. 때문에 이곳은 무더운 여름 독서하고 사색하는데 좋을 뿐만 아니라 피서하기에도 매우 적당하여 지금도 많은 피서객이나 행락객이 찾아든다.

기정진은 38세인 1835년 가을 영취산 자락을 넘어 고창의 선운사(禪雲寺)를 지나 영광의 불갑사(佛甲寺) 등을 유람하며 호남정맥의 곁줄기 산과 드넓은 서해바다의 풍취를 만끽하며 호연의 기

---

7) 영취산은 축령산으로도 불린다. 고창 사람들은 영취산 북쪽에 자리한 문수사가 있기에 문수산이라고 부른다.

8) 『蘆沙全集』 附錄 卷1 『年譜』 「二十年庚辰(先生二十三歲)」: 讀書于文殊寺之南庵. (寺在靈鷲山北.)

상을 품었다. 선운사를 지나며 부처님의 자비가 가득한 대가람을 한시로 표현하고 있다.

海港伽藍裏　바닷가의 가람 중에서
禪雲巨誰敵　선운사를 어찌 대적할까
善男八百人　선남자 팔백 명이
日三炊飯喫　날마다 새 끼 밥 지어 먹는다네

예로부터 선운사는 서해지역에서 큰 사찰이다. 날마다 새 끼를 먹는다는 '선남자 팔백 명'은 삼정의 문란으로 갈 곳이 없는 백성들을 가리킨다. 이는 당시 세도정치로 사회가 암흑기였음을 암시하는 것이다. 시에 의하면, 그곳에 머물던 사람들은 관리를 원망하지 못하고 자신의 처지만 원망한다는 것을 표현하고 있어 절간도 즐거운 곳이 아니고 그들의 두려움은 내년에 굶주리는 것이라고 역설하고 있다.[9] 영광군 소재 불갑사는 그 지역에서 가장 높은 산으로 주봉은 연꽃이 열매 맺은 듯한 연실봉(蓮實峯)이다. 원래는 아득한 산의 형상이 어머니와 같아서 '산들의 어머니'라는 뜻으로 모악산이라고 불렀다. 시에의 하면, 기정진이 불갑사에 늦게 도착한 탓인지 스님은 공경하지 않지만, 힘든 여정을 마치고 쉴 수 있는 곳에 온 기정진의 마음은 편안하다고 하여 서로 대조

9)『蘆沙文集』卷1 詩「題禪雲寺」:海港伽藍裏, 禪雲巨誰敵. 善男八百人, 日三炊飯喫. 霜風客來晚, 氣像慘目擊. 兩三殘僧在, 對客說遺跡. 寮榭尙未歆, 一一腰纏棘. 問之何因爾, 禍胎溪牋白. 不敢怨官吏, 但怨靡所適. 我聞西敎張, 古云避征役. 暫謝湯火苦, 歸依慈悲域. 但無雀毆叢, 安用羚壞石. 世變更一轉, 秖園非樂國. 山鹿命如懸, 雞豚族應赤. 渴澤魚可取, 所懼明年瘠. 風謠誰其採, 請看禪雲壁. 참조.

시키고 있다. 노곤(勞困)하여 깊은 잠을 청하겠지만, 불갑사 밤의 전경을 보고 싶은 시인의 마음은 들떠 산자락을 오른다.

出門步履輕　문을 나섬에 발길 가벼워
直向峯上坐　곧바로 산봉우리에 앉았네
俯瞰耽羅海　탐라 바다 굽어 바라보니
南極明如火　남극성 밝음이 불과 같고
河漢影低仰　은하수 그림자 오르락내리락하고
霱雲搖婀娜　상서로운 구름 아리땁게 떠가네
撫掌稱快意　손뼉 치며 통쾌하다 하였지만
測度人誰果　그 마음속을 누가 헤아리겠는가?

기정진은 불갑사와 연실봉의 전설을 들은 듯, 연실봉에 엉켜있는 자주빛 안개 한 송이를 은둔한 이로 비유하면서 늦게 찾음을 한스럽다고 하고, 자신도 그 소문을 숨기지 않겠다고 피력하였다.[10] 그는 또 8년이 지난 46세 때에 오랜 병으로 산에 들어가 약을 먹고 여름에는 문수사로 가서 피서하였다. 남암에서 조석으로 씀바귀와 냉이 나물을 먹으며 호전되기를 기약하였다. 오랜 병이 쉬이 다스려지지 않으니 낙담도 적지 않았을 것이다. 당시 시 여덟 수를 지었는데[11] 첫 번째 시가 이를 언표하고 있다.

---

10) 『蘆沙文集』 卷1 詩 「佛甲山」: 所思不可見, 乃在大海左. 僧言昔年日, 粥晏未下鎖. 有客來何方, 入室盤礴裸. 庵僧初不敬, 顧眄意自妥. 夜半蹶然起, 陟巓時日可. 出門步履輕, 直向峯上坐. 俯瞰耽羅海, 南極明如火. 河漢影低仰, 霱雲搖婀娜. 撫掌稱快意, 測度人誰果. 是時虎豹羣, 風下犬羊瑣. 至今蓮實頂, 紫煙凝一朶. 沈淪無乃是, 尋眞嗟晚我. 偏告山中子, 異聞吾不裹. 참조.

11) 『蘆沙全集』 卷1 詩 「癸卯歲, 以久病入山服藥, 夏就文殊納凉. 旣而火流,

浮世長如客　덧없는 세상 오랜 나그네와 같아
流年半是秋　흐르는 세월 절반이나 가을이라네
醫身計太拙　몸 치료하는 계책 너무나도 졸렬하여
來去鴈爲謀　오고 가는 기러기들과 상의해보네!

병을 치료하기 위해 명의를 찾는 삶이 나그네 같고, 몸이 호전되지 않아 항상 시원한 곳을 찾아다니니 네 계절의 절반이 가을과 같음을 비유하였다. 의료 기술이 졸렬하여 언제 죽을지 모르기에 수명이 150년에서 200년이 되는 기러기에게 묘안을 찾으려는 애절한 심정을 엿볼 수 있는 시이다. 몸을 치료하면서도 연학의 끈을 놓지 않고 사색하였으니, 그가 지은 「납량사의(納凉私議)」 초고는 바로 이곳에서 이루어졌다.[12] 시의 제목에서 언급한 바와 같이 그는 이전 성리학을 반추하며 터득한 논리를 산 아래 지인들과 함께 논하겠다고 피력하였다. 주지하다시피, 「납량사의」는 리일분수(理一分殊)에 의한 성리철학이지만, 그 논지는 기(氣)에 의한 분수(分殊)가 리(理: 리일) 가운데 미세한 조리이므로 리와 대비되지 않는다는 것이다. 즉 '리(理)'와 '분(分)'의 관계는 구분되지 않는 상호 매개되는 것이고 혼연이라는 것이다.[13] 그는 자신이

將還向山南. 晨夕荼薺, 倏爾陳迹. 有薄述以紀, 與山下知我共之. 凡八首.」: ① 浮世長如客, 流年半是秋. 醫身計太拙, 來去鴈爲謀. ② 南山有高閣, 愛此北山深. 朱夏聞霜雪, 蒼蒼太古林. ③ 石泉侵曉汲, 萊菔不羡魚. 多謝西庵老, 無勞問起居! ④ 上山白雲出, 下山幽澗鳴. 抱痾日無事, 頗得古人情. ⑤ 負墻列紅白, 次第前秋花. 伊我獨何事, 蒼顔不復酡? ⑥ 月沒海光動, 鴉投峯色昏. 老僧淸不寐, 念念彌陀尊. ⑦ 慵意近禪虛, 支離一病叟. 山南讀易人, 象數來新剖. ⑧ 送客寺門外, 草深山路迷. 宿雲尙含雨, 爲我愼前溪! 참조.

12) 『蘆沙全集』 附錄 卷1 『年譜』 「九年癸卯(先生四十六歲)」: 夏, 避暑南庵, 納凉私議成. (凉議見文集十六卷.)

터득한 내용을 시로 읊었다.

各一其性已超然　각각 그 본성을 하여도 이미 초연하니
何曾別有更上巓　어찌 일찍이 따로 다시 꼭대기가 있겠는가?
只緣理分不相入　단지 리(理)와 분(分) 서로 받아들이지 않아
費力尋求天外天　애써 하늘 찾는다면 하늘 밖의 하늘이라네

各本然是一本然　각각의 본연 바로 하나의 본연이니
莫將氣質掩偏全　기질 가지고 치우침과 온전함 가리지 말지어다
若言此理元無分　만약 이러한 리에는 원래 분이 없다 한다면
萬化生成摠別天　만화의 생성 모두 별도의 하늘이라네.[14)]

병환 중에도 학계에서 논쟁이 되었던 성리학을 사색한 기정진은 만물이 각각 지닌 본성도 이미 도출하면 초월적 존재이니 따로 그 이상의 존재가 없다는 것이다. 즉 '리일'과 '분수'는 원융적 차원이기에 '리일'의 세계에 '분수'가 존재함을 역설하는 것이다. 각각의 본연도 '리일'의 본연이니 기질을 가지고 치우침과 온전함을 논하지 말라는 것이다. 모든 변화나 생성하는 속에는 '리일'이 존재한다는 것이다.[15)] 기질의 치우침과 온전함을 가지고 논쟁한 인물성동이론(人物性同異論)을 '리일'와 '분수'의 원융 체계라는 구조적 일원화를 통해 그 합일점을 보면서[16)] 논쟁을 불식시키려 노

---

13) 박학래, 『奇正鎭 哲學思想 硏究』(고려대학교 민족문화연구원, 2004년) 58쪽 참조.
14) 『蘆沙全集』 卷1 詩 「草納凉私議. 題二絕」.
15) 이상익, 『기호성리학연구』(한울아카데미, 1998년), 368쪽 참조.
16) 박학래, 『기정진-한말 성리학의 거유』(성균관대학교출판부, 2008년), 143쪽.

력하였다.

기정진은 성리학 체계를 구축한 이후 장성을 중심으로 강학을 전개하여 호남 지역에서 굳건한 자리를 잡았다. 특히 그의 학문은 이념에만 머물지 않고 현실에도 적극적으로 개입해 근대 격동기에 우리의 바름을 지키고 외세의 사특함을 배척한다는 '위정척사(衛正斥邪) 운동'을 태동시켰다. 위정척사의 길을 지향한 그의 절의정신은 후학들에게 큰 귀감이 되었다. 이에 60세 때 무장현감에 제수되었으나 나아가지 않았고[17] 후학 양성에 힘썼다. 6년이 지난 66세 때 문수사 남암으로 피서하였을 적에는[18] 성리학의 육대가로 일컬어질 정도로 그의 성리학이 독특하고 현실에 대한 의리관이 남달랐기에 고창지역의 많은 학인들은 그에게 나아가 학문을 닦으려 하였을 것이다. 『송사유림연원록』을 살펴보면 이를 반증한다.[19] 벼슬보다 학문에 전념하던 기정진은 82세의 삶으로 마치자, 그의 고창지역 문인들은 스승의 학문을 계승하여 후학을 양성하였다. 타지역 출신 기정진의 문인들도 고창을 내왕하며 스승의 학문을 전파하였는데, 송사(松沙) 기우만(奇宇萬, 1846～1916)이 가장 큰 형세를 이루었다. 장성 출신 성재(省齋) 기삼연(奇參衍, 1851～1908)은 기정진의 재종질로 호민정신(護民精神)을 향한 의병활동을 전개하였는데,[20] 1907년 문수사로 진군할 적에 접근해 오는 일본군을 맞아 격살하여 큰 전공을 올렸다. 이와 같이

17) 『蘆沙全集』 附錄 卷1 『年譜』 「八年丁巳(先生六十歲)」: 三月, 除茂長縣監, 不赴.

18) 위의 책, 「十四年癸亥(先生六十六歲)」: 夏, 避暑南庵.

19) 문인 조사에 대한 것은 다음 장에서 다룰 것이다.

20) 윤사순, 『한국유학통사(하)』(지식산업사, 2012년), 274～294쪽 참조.

노사학파의 고창지역 활약은 적지 않았으나, 기우만의 문인이 가장 많았다. 때문에 향교를 출입하는 고창지역의 유림들은 그들의 문인을 “노송문인(蘆松門人)”이라 일컫고 있다.

고창지역 기정진 문인 조사와 개별 현황

기정진은 40세를 전후로 강학하기 시작하여 1879년 삶을 마감하기까지 호남의 여러 지역의 후학들을 훈도하였다. 앞서 살펴본 바와 같이 고창과의 인연은 23세부터 시작하였으니, 일찍이 고창지역 학인들에게 알려져 배움을 청하는 고창지역의 학인들이 적지 않았을 것이다. 기정진에게 초기에 나아가 수학한 문인들은 『노사선생연원록(蘆沙先生淵源錄)』 권3 「선생문인편(先生門人編)」에 수록되었다. 「선생문인편」은 고창지역의 문인들을 지역별로 분류하여 기록하고 있는데, 고창은 23명, 무장은 14명, 흥덕은 2명으로 총 39명이다.[21)]

뒷날 무장향교와 정익환(鄭益煥, 1920~2000) 공동으로 편찬한 『송사유림연원록(松沙儒林淵源錄)』[22)]에는 기정진의 문인을 총 83인을 기록하고 있다. 다만 거주하고 있는 지명을 기록하지 않은 점을 보면 전체적으로 무장(茂長: 송사)에 거주한 학인들일 것이다. 『노

21) 柳浩錫(1912~1984)은 1963년 『모양지』를 편찬하면서 고창과 흥덕의 기정진 문인 9명을 「學行」(2인), 「聞望」(1인), 「儒行」(6인) 등으로 구분하여 기록하였다. 『노사선생연원록』에 수록된 중복 인물은 7명이다.

22) “松沙”는 茂長으로 통합되기 이전 ‘茂松’과 ‘長沙’의 뒷 글자를 합한 이름이다. 무장은 앞 글자를 합한 것이다.

사선생연원록』「선생문인편」에서 언급한 정사원(鄭士源), 김기풍(金箕豊), 김이권(金以權), 정학원(鄭學源) 4인을 제외하면 79명인데, 여기에 기정진을 연원한 3인의 후학을 합치면 82명에 이른다.[23] 『노사선생연원록』과 『송사유림연원록』 그리고 『모양지』에 수록된 인물 중복을 피하고 합하면, 고창지역 기정진의 직전 문인은 121명에 이른다.[24] 그 문인들을 살펴보면 아래와 같다.

① 정면규(鄭冕奎: 1804~1868) : 본관은 진주(晉州), 자는 가헌(可軒), 호는 무남(茂南) 또는 노포(老圃). 무장면(현 성송면 삼태) 출신.

② 강인회(姜寅會: 1807~1880) : 본관은 진주(晉州), 자는 태화(太和), 호는 춘파(春坡). 무장면(현 성송면 암치) 출신.

③ 안중섭(安重燮: 1812~1883) : 본관은 죽산(竹山), 자는 순화(舜華), 호는 연상(蓮上). 고창군(현 고수면 연동) 출신.

④ 유성열(庾聖烈: 1812~?) : 본관은 무송(茂松), 자는 덕현(德玄), 호는 송남(松南). 무장 출신.

⑤ 이우춘(李遇春: 1818~?) : 본관은 연안(延安), 자는 능백(能白), 호는 수산(水山). 고창 출신.

⑥ 김진파(金鎭欛: 1820~?) : 본관은 김해(金海), 자는 여실(如實), 호는 농재(農齋). 무장 출신.

⑦ 변문화(卞文華: 1823~?) : 본관은 초계(草溪), 자는 국언(國彦), 호는 월암(月巖). 고창 출신.

---

23) 『송사유림연원록』「李炳容門人」(66후면) 및 『모양지』(2인) 참조. 여기서 이병용은 기정진을 연원으로 하고 있다.

24) 서론 각주 1번에서 제시한 자료를 통해 고창지역 기정진의 문인을 조사한 바에 의하면, 문인 총 121명에 이른다. 조사된 121명을 내용에서 언급하는 것은 방대하기에 부록으로 첨부하였음을 밝힌다. 이름 다음 괄호 속의 원 표시 안의 숫자는 121명을 인식하기 쉬도록 수로 나열한 숫자이다.

⑧ 나종휴(羅鍾休: 1824~?) : 본관은 금성(錦城), 자는 군점(君範). 무장 출신.

⑨ 박영로(朴永魯: 1825~?) : 본관은 밀양(密陽), 자는 수경(壽卿), 호는 초루(草樓) 또는 초루(楚樓). 고창 출신. 『모양지』 「유행(儒行)」에 수록.

⑩ 정하원(鄭河源: 1827~1902) : 본관은 진주(晉州), 자는 희정(希淸), 호는 소두(小蠹). 무장 출신.

⑪ 정사원(鄭士源: 1827~?) : 본관은 진주(晉州), 자는 도심(道心), 호는 경암(敬菴). 무장 출신.

⑫ 김영태(金英泰: 1829~?) : 본관은 금녕(金寧), 자는 화경(華卿), 호는 만매(晩梅). 고창 출신.

⑬ 박종구(朴鍾九: 1829~?) : 본관은 태인(泰仁), 자는 시용(始庸), 호는 농아(聾啞). 고창 출신.

⑭ 강준영(姜俊永: 1831~?) : 본관은 진주(晉州), 자는 대현(大賢), 호는 암은(巖隱). 무장 출신. 1885년 식년시 합격.

⑮ 조의곤(曺毅坤: 1832~1893) : 본관은 창녕(昌寧), 자는 사홍(士弘), 호는 동오(東塢). 고창(현 고창읍 월산) 출신.

⑯ 김문익(金文益: 1832~?) : 본관은 청도(靑道), 자는 덕여(德汝), 호는 쌍오(雙梧). 무장 출신.

⑰ 김창환(金琩煥: 1833~?) : 본관은 부평(富平), 자는 사옥(士玉), 호는 후송(後松). 고창 출신. 『모양지』 「유행(儒行)」에 수록.

⑱ 김기풍(金箕豊: 1835~1907) : 본관은 광산(光山), 자는 경삼(敬三), 호는 죽강(竹岡). 고창 출신. 『모양지』 「문망(聞望)」에 수록.

⑲ 정종택(鄭鍾澤: 1836~?) : 본관은 진주(晉州), 자는 태일(兌一), 호는 송담(松潭). 무장 출신. 정시해(鄭時海)는 그의 아들.

⑳ 정한동(鄭漢東: 1840~?) : 본관은 하동(河東), 자는 원서(元瑞). 고창 출신.

㉑ 조재곤(曺載坤: 1843~?)∶본관은 창녕(昌寧), 자는 자후(子厚), 호는 온재(溫齋). 고창 출신. 『모양지』 「학행(學行)」에 수록.

㉒ 김이권(金以權: 1843~?)∶본관은 청도(青道), 자는 국형(國衡), 호는 정계(鼎溪). 무장 출신.

㉓ 나영순(羅英淳: 1843~?)∶본관은 금성(錦城), 자는 찬숙(贊淑). 고창 출신.

㉔ 박양휴(朴陽休: 1844~?)∶본관은 밀양(密陽) 자는 의춘(宜春), 호는 송재(松齋). 고창 출신.

㉕ 정학원(鄭學源: 1848~1933)∶본관은 진주(晉州), 자는 달수(達秀), 호는 죽사(竹史). 무장 출신.

㉖ 변숙규(卞淑圭: 1849~1921)∶본관은 초계(草溪), 자는 사홍(士洪), 호는 방호(方壺). 고창 출신.

㉗ 유창기(柳昶基: 1849~?)∶본관은 고흥(高興), 자는 형집(亨集), 호는 청파(青坡) 고창 출신.

㉘ 박정림(朴正林: 1850~?)∶본관은 밀양(密陽), 자는 윤삼(允三), 호는 학정(鶴亭). 고창(고수면 평지) 출신.

㉙ 정휴명(鄭休明: 1850~1916)∶본관은 진주(晉州), 자는 취송(翠松), 호는 유촌(有村). 무장 출신.

㉚ 윤병의(尹秉懿: 1852~?)∶본관은 남원(南原), 자는 덕항(德恒), 호는 용강(龍岡). 흥덕 출신.

㉛ 신한균(申漢均: 1852~1907)∶본관은 평산(平山), 자는 의여(儀汝), 호는 오정(梧汀). 고창(아산면 오정동) 출신. 『모양지』 「유행(儒行)」에 수록.

㉜ 조석휴(曺錫休: 1852~1922)∶본관은 창녕(昌寧), 자는 이경(而敬), 호는 무당(無憂堂). 고창 출신.

㉝ 정영원(鄭榮源: 1853~1940)∶본관은 진주(晉州), 자는 대서(大舒), 호는 대호(台湖). 고창(성송면 하고리) 출신.

㉞ 정만원(鄭晩源: 1854~?)∶본관은 진주(晉州), 자는 자희(子喜), 호는 송하(松河). 무장 출신.

㉟ 나원기(羅元基: 1854~?)∶본관은 금성(錦城), 자는 경유(京有), 호는 강신재(講信齋). 흥덕 출신.

㊱ 강영중(姜泳重: 1856~?)∶본관은 진주(晉州), 자는 경문(景文), 호는 위하(渭下). 고창 출신. 『모양지』 「학행(學行)」에 수록.

㊲ 조두형(趙斗衡: 1858~?)∶본관은 직산(稷山), 자는 권백(權伯), 호는 동고(東杲). 고창 출신. 『모양지』 「유행(儒行)」에 수록.

㊳ 안석우(安錫禹: 1860~?)∶본관은 죽산(竹山), 자는 우현(虞賢), 호는 몽암(夢巖). 고창 출신.

㊴ 이희종(李希鍾: 1863~?)∶본관은 경주(慶州), 자는 성국(聲國), 호는 춘헌(春軒). 고창 출신.

㊵ 김두홍(金斗泓: 1828~?)∶본관은 청도(青道), 자는 응칠(應七), 호는 송하(松下).

㊶ 정성규(鄭成奎: 1804~?)∶본관은 진주(晉州), 자는 영숙(英淑), 호는 송은(松隱).

㊷ 박성하(朴聖河: 1802~?)∶본관은 무안(務安), 자는 윤서(潤瑞).

㊸ 김의수(金宜壽: 1803~?)∶본관은 청도(青道), 자는 중화(仲和), 호는 직당(直堂).

㊹ 임노태(林魯泰: 1806~?)∶본관은 평택(平澤), 자는 종원(宗元), 호는 금사(錦沙).

㊺ 임기복(林基卜: 1828~?)∶본관은 평택(平澤), 자는 현호(賢虎), 호는 은노(隱老).

㊻ 이회기(李會琦: 1829~?)∶본관은 전주(全州), 자는 정수(正守), 호는 호은(湖隱).

㊼ 정종근(鄭鍾瑾: 1829~?)∶본관은 진주(晉州), 자는 경순(景恂).

㊽ 최영규(崔永奎: 1809~?)∶본관은 전주(全州), 자는 춘경(春景), 호는

매와(梅窩).

㊾ 이근룡(李根龍: 1812~?): 본관은 전의(全義), 자는 군화(君化), 호는 송하(松下).

㊿ 김창구(金昌龜: 1818~?): 본관은 해풍(海豊), 자는 우서(禹瑞).

51 강영수(康榮壽: 1818~?): 본관은 신천(信川), 호는 계헌(戒軒).

52 이병규(李秉奎: 1819~?): 본관은 경주(慶州), 자는 춘명(春明), 호는 연사(蓮沙).

53 이경섭(李敬燮: 1818~?): 본관은 전주(全州), 자는 광삼(光三), 호는 만강(晩岡).

54 김윤숙(金允淑: 1818~?): 본관은 금녕(金寧), 자는 성삼(聖三).

55 최태원(崔泰源: 1818~?): 본관은 전주(全州), 자는 희서(希瑞), 호는 석계(石溪).

56 김덕조(金德祚: 1819~?): 본관은 광산(光山), 자는 자명(子明), 호는 만오(晩悟).

57 유치응(庾致應: 1820~?): 본관은 무송(茂松), 자는 덕범(德範), 호는 백헌(栢軒).

58 박도하(朴圖河: 1822~?): 본관은 무안(務安), 자는 재서(載瑞).

59 박번채(朴繁采: 1823~?): 본관은 무안(務安), 자는 덕여(德汝).

60 박종수(朴鍾秀: 1823~?): 본관은 밀양(密陽), 자는 민효(敏孝), 호는 월성(月城).

61 정효원(鄭孝源: 1842~?): 본관은 진주(晉州), 자는 행지(行之), 호는 은암(隱岩).

62 임기일(林基一: 1824~?): 본관은 평택(平澤), 자는 치화(致化), 호는 운소(雲霄).

63 정종익(鄭鍾翊: 1826~?): 본관은 진주(晉州), 자는 진여(振汝), 호는 석은(石隱).

64 김상오(金相五: 1827~?): 본관은 청도(靑道), 자는 양수(良守), 호는

근암(勤菴).

⑥5 최득수(崔得秀: 1830~?): 본관은 전주(全州), 자는 찬국(贊國), 호는 봉강(鳳岡).

⑥6 오경헌(吳璟憲: 1830~?): 본관은 함양(咸陽), 자는 경옥(璟玉), 호는 겸재(謙齋).

⑥7 오규헌(吳奎憲: 1830~?): 본관은 함양(咸陽), 자는 윤문(允文), 호는 입헌(立軒).

⑥8 박영석(朴英錫: 1832~?): 본관은 함양(咸陽), 자는 여화(汝華), 호는 소와(小窩).

⑥9 정종룡(鄭鍾龍: 1819~?): 본관은 진주(晉州), 자는 운여(雲汝), 호는 송계(松溪).

⑦0 최운수(崔運洙: 1802~?): 본관은 전주(全州), 자는 찬성(贊成), 호는 매은(梅隱).

⑦1 박규진(朴奎鎭: 1832~?): 본관은 밀양(密陽), 자는 응오(應五), 호는 존효당(存孝堂).

⑦2 이필래(李弼來: 1832~?): 본관은 광주(廣州), 자는 道元, 호는 요아(蓼我).

⑦3 김수익(金秀翊: 1832~?): 본관은 청도(青道), 자는 덕여(德汝), 호는 쌍오정(雙梧亭).

⑦4 김필용(金必龍: 1833~?): 본관은 영광(靈光), 자는 행서(行瑞), 호는 호담(浩潭).

⑦5 손문행(孫文行: 1834~?): 본관은 밀양(密陽), 호는 송파(松坡).

⑦6 오창헌(吳昌憲: 1836~?): 본관은 함양(咸陽), 자는 치강(致岡), 호는 성재(省齋).

⑦7 정재원(鄭在源: 1836~?): 본관은 진주(晉州), 자는 취지(就之).

⑦8 주돈회(周敦會: 1837~?): 본관은 상주(尙州), 자는 연화(聯化), 호는 곡은(谷隱).

⑦9 김병렬(金柄烈: 1838~?): 본관은 광산(光山), 자는 여량(汝良), 호는

양재(良齋).

⑳ 최연석(崔演錫: 1818~?): 본관은 수원(水原), 자는 화명(和明), 호는 금재(錦齋).

㉑ 이용좌(李容佐: 1819~?): 본관은 광주(廣州), 자는 사홍(士弘), 호는 후천(後泉).

㉒ 이인모(李仁模: 1840~?): 본관은 함평(咸平), 자는 치선(致善), 호는 평산(平山).

㉓ 박하상(朴下上: 1844~?): 본관은 순천(順天), 자는 경화(敬化), 호는 송파(松坡).

㉔ 최환윤(崔煥尹: 1844~?): 본관은 전주(全州), 자는 치도(致道), 호는 학당(鶴堂).

㉕ 강종구(康鍾衢: 1845~?): 본관은 신천(信川), 호는 남산(南山).

㉖ 정종회(鄭鍾會: 1845~?): 본관은 진주(晉州), 자는 태현(泰賢), 호는 옥천(玉川).

㉗ 윤학규(尹學圭: 1845~?): 본관은 파평(坡平), 자는 사호(士浩), 호는 국헌(菊軒).

㉘ 임기창(林基暢: 1846~?): 본관은 평택(平澤), 자는 찬문(贊文), 호는 죽강(竹岡).

㉙ 오학헌(吳學憲: 1846~?): 본관은 함양(咸陽), 자는 정규(正奎), 호는 금곡(琴谷).

㉛ 오도헌(吳燾憲: 1847~?): 본관은 함양(咸陽), 자는 달수(達洙), 호는 죽사(竹史).

㉜ 김이복(金以○: 1848~?): 본관은 청도(青道), 자는 문영(文永), 호는 두곡(斗谷).

㉝ 성영원(成永元: 1848~?): 본관은 창녕(昌寧), 자는 태익(泰益), 호는 후탄(後灘).

㉞ 정봉원(鄭鳳源: 1848~?): 본관은 진주(晉州), 자는 사홍(士洪), 호는

호은(湖隱).

⑮ 임기섭(林基燮: 1849~?) : 본관은 평택(平澤), 자는 부문(夫文), 호는 농암(聾庵).

⑯ 김기옥(金箕玉: 1849~?) : 본관은 광산(光山), 자는 덕언(德彦), 호는 운강(雲岡).

⑰ 김선호(金善鎬: 1849~?) : 본관은 상산(商山), 자는 오겸(五兼), 호는 상무(尙武).

⑱ 박학동(朴學東: 1850~?) : 본관은 순천(順天), 자는 종학(鍾學), 호는 송암(松菴).

⑲ 임기주(林基周: 1857~?) : 본관은 평택(平澤), 자는 호문(浩文), 호는 금암(錦菴).

⑽ 박두채(朴斗采: 1859~?) : 본관은 무안(務安), 자는 성칠(星七).

⑾ 김처길(金處吉: ?~?) : 본관은 김해(金海), 자는 정대(正大), 호는 월계(月溪).

⑿ 김현규(金顯奎: ?~?) : 본관은 김해(金海), 자는 내옥(乃玉), 호는 명암재(明暗齋).

⒀ 오성환(吳成煥: 1847~?) : 본관은 해주(海州), 자는 경백(敬伯), 호는 독성재(獨成齋).

⒁ 강종규(康鍾奎: 1851~?) : 본관은 신천(信川), 자는 진삼(振三), 호는 야은(野隱).

⒂ 김기남(金箕南: 1851~?) : 본관은 광산(光山), 자는 응삼(應三), 호는 남파(南坡).

⒃ 유구현(庾九鉉: 1852~1922) : 본관은 무송(茂松), 자는 우보(禹甫), 호는 낙사(洛史). 고창 낙양 출신.

⒄ 최삼수(崔三秀: 1852~?) : 본관은 전주(全州), 자는 찬회(贊晦), 호는 국헌(菊軒).

⒅ 정근혁(鄭根赫: 1852~?) : 본관은 진주(晉州), 자는 경홍(敬洪), 호는

묵재(默齋).

⑲ 정은원(鄭殷源: 1855~?) : 본관은 진주(晉州), 자는 은재(殷再), 호는 춘계(春溪).

⑩ 김상윤(金相潤: 1855~?) : 본관은 의성(義城), 자는 덕심(德心), 호는 애죽당(愛竹堂).

⑪ 김상묵(金相默: 1856~?) : 본관은 안동(安東), 자는 경희(敬希), 호는 상암(上岩).

⑫ 김연묵(金演默: 1857~?) : 본관은 안동(安東), 자는 경진(敬震), 호는 기죽(淇竹).

⑬ 김태호(金台鎬: 1857~?) : 본관은 상산(商山), 자는 상삼(象三), 호는 덕재(德齋).

⑭ 박용순(朴龍淳: 1857~?) : 본관은 함양(咸陽), 자는 찬숙(贊淑), 호는 운은(雲隱).

⑮ 홍종수(洪鍾洙: 1858~?) : 본관은 남양(南陽), 자는 공숙(公淑), 호는 향헌(香軒).

⑯ 박인석(朴仁錫: 1860~1919) : 본관은 함양(咸陽), 자는 의여(義汝), 호는 서호(西湖).

⑰ 강종만(康鍾萬: 1860~?) : 본관은 신천(信川), 호는 용우(龍愚).

⑱ 임양호(林養鎬: 1863~?) : 본관은 평택(平澤), 자는 영경(英景), 호는 산은(山隱).

⑲ 이병용(李炳容: ?~?) : 본관 및 자호는 미상이나, 『송사유림연원록』에 기정진 연원으로 기록.

⑳ 문장환(文章煥: ?~?) : 본관은 남평(南平), 자는 호진(浩振), 호는 남재(南齋). 『모양지』 「유행(儒行)」에 수록.

㉑ 김용수(金容洙: ?~?) : 본관은 김해(金海), 자는 대규(大圭), 호는 송계(松溪). 『모양지』 「유행(儒行)」에 수록.

위의 직전문인 가운데 28명은 후학을 양성하거나 저서와 유물유적 등이 있다.25) 그 28명을 살펴보면 아래와 같다.

성 명	생 몰	재전문인	저 서(편서)	유물유적
鄭冕奎(①)	1804~1868		『老圃遺稿』	老圃堂
姜寅會(②)	1807~1880		『春坡遺稿』	
安重爕(③)	1812~1883	19명	『蓮上集』 『文成公實記』(編書)	
鄭河源(⑩)	1812~1883	66명	『小蠹集』	六松亭
鄭士源(⑪)	1827~?			松溪亭
曺毅坤(⑮)	1832~1893	27명	『東塢遺稿』	東塢亭, 原韻(懸額)
金昌煥(⑰)	1833~?	6명		
金箕豊(⑱)	1835~1907	5명	『竹岡遺稿』	永翠亭 永翠亭實記(懸額)
金以權(㉒)	1843~?	10명		
朴陽休(㉔)	1844~?			雙槐亭
鄭學源(㉕)	1848~1933	34명		
卞淑圭(㉖)	1849~1921		『壺仁伯季實記』(編書)	
柳昶基(㉗)	1849~?	8명		
朴正林(㉘)	1850~?	2명		鶴亭
鄭休明(㉙)	1850~1916	14명	『有村遺稿』	聽琴亭 聽琴亭記(懸額)
申漢均(㉛)	1852~1907			梧汀精舍 箕山書阮(懸額)
曺錫休(㉜)	1852~1922		『無憂堂遺稿』	
鄭滎源(㉝)	1853~1940		『台湖遺稿』	台湖亭, 鄭滎源施恩碑
羅元基(㉟)	1854~?	2명		
李秉奎(52)	1819~?	4명		
金德祚(56)	1819~?	3명		

25) 직전문인의 유물유적은 추후 답사를 통해 연구를 진행할 것이다.

성 명	생 몰	재전 문인	저 서(편서)	유물유적
李容佐(⑧1)	1819~?	2명		
吳成煥(⑩3)	1847~?	7명		
姜鍾奎(⑩4)	1851~?		『信川康氏世譜』(編書)	野隱亭
金箕南(⑩5)	1851~?	2명		蛾洋亭, 永翠亭 永翠亭韻(懸額)
庾九鉉(⑩6)	1852~1922	18명	『洛史遺稿』	
朴仁錫(⑪6)	1860~1919		『西湖亭題詠錄』(資料)	西湖亭
李炳容(⑪9)	?~?	2명		

위의 표에서 언급한 기정진 문인의 개별 형황을 분류하여 살펴보자. 첫째, 문인·저서·유물유적과 관련 있는 인물을 보면 4인이 있다. [1] 정하원(⑩)은 본관은 진주(晉州), 자는 희정(希清), 호는 소두(小蠹). 무장 출신으로, 계당(溪堂) 정회찬(鄭晦燦, 1759~1831)의 증손이다. 정하원은 선조 육송(六松) 정민주(鄭敏周, 1582~1668)가 후학을 양성하며 학문에 전념하던 성송면 괴치리 괴치마을의 육송정(六松亭)을 중수하여 시문을 지으며 학인들과 교류하였다.[26] 문인은 66명이 있다.[27] 저서로 『소두집(小蠹集)』(10권 4책)이

26) 누정에는 스승 기정진의 기문[제목: 六松鄭公碑陰記]을 비롯하여 두 편의 기문과 한시가 있으니 鄭益煥(1920~2000)의 기문[제목: 六松亭記]과 한시[제목: 六松亭原韻], 邊時淵(1922~2006)의 기문[제목: 六松亭記]과 한시[제목: 次六松亭韻], 朴年在의 한시[제목: 次六松亭韻], 李學庸(1916~2008)의 한시[제목: 謹次六松亭韻], 愼思範(1925~2010)의 한시[제목: 謹次六松亭韻], 金在重의 한시[제목: 謹次六松亭韻], 申達夏의 한시[제목: 謹次六松亭韻], 朴東㶘(1924~?)의 한시[제목: 謹次六松亭韻], 10대손 鄭泰均의 한시[제목: 謹次六松亭韻], 현손 鄭孝鎭의 한시[제목: 謹次六松亭韻], 10손 鄭在旭의 한시[제목: 伏次六松亭韻], 육대손 鄭基三(1938~현)의 한시[제목: 伏次六松亭韻], 8대손 鄭均龜의 한시[제목: 謹次六松亭韻] 등이 있다.

27) 정하원의 문인 조사는 『송사유림연원록』(18전면~20전면, 58인), 『송사유림

있는데,[28] 기우만의 서문을 붙여 간행되었다. [2] 조의곤(⑮)은 본관은 창녕(昌寧), 자는 사홍(士弘), 호는 동오(東塢). 고창(현 고창읍 월산) 출신으로, 조현위(曺炫瑋)의 아들이다. 향리에 동오정(東塢亭)을 세워 후학을 양성하였다. 정자에는 조의곤이 직접 지은 한시[제목: 原韻]가 있다.[29] 문인은 27명이 있다.[30] 저서로 『동오유고(東塢遺稿)』가 있는데, 기우만의 서문과 문인 조석일(曺錫一)의 발문을 붙여 간행되었다. [3] 김기풍(⑱)은 본관은 광산(光山), 자는 경삼(敬三), 호는 죽강(竹岡). 일찍이 고수출신 안중섭(安重燮)에게 학문을 닦았다. 선조 김설(金渫)이 1600년경에 세운 영취정(永翠亭)을 1897년 대산면 성남리 성남마을에 복원하고 기문[제목: 永翠亭實記]를 지었다.[31] 그의 고창 출신으로 문인은 5명이 있다.[32] 저

연원록』「錦坡李哲魯門人」(81후면), 『고창의 유교』(254쪽)에 의거하였다.

28) 한국고문연구회 편 『溪堂集·小矗集·有村遺稿』, 高敞郡: 晉州鄭氏六孫門中, 1998년 참조.

29) 조의곤의 한시 외로, 함께 수학한 동문들의 한시 편액이 있으니, 奇麒鎭(1830~?)의 한시[제목: 謹次], 奇弘衍(1828~1898)의 한시[無題], 鄭載圭(1843~1911)의 한시[제목: 敬次], 李僖錫(1804~1889)의 한시[無題], 吳駿善(1851~1931)의 한시[제목: 謹次東塢亭原韻], 趙性家(1824~1904)의 한시[제목: 東塢亭次韻] 등이다. 타학파 출신으로는 金秀益의 한시[제목: 敬次東塢亭韻]와 韓晋錫의 한시[제목: 謹次]도 있다.

30) 조의곤의 문인 조사는 『노사선생연원록』 권5 「제가문인편」 〈曺東塢毅坤門人〉(905쪽 하면~906쪽 상면, 25인), 『松沙儒林淵源錄』(31후면, 2인), 『모양지』에 의거하였다.

31) 누정에는 노사학파 재전문인이자 10대 종손인 金在憲(1869~1949)의 상량문[제목: 永翠亭上樑文], 驪興人 閔丙承(1866~1946)의 중수기[제목: 永翠亭重修記]가 있다. 기정진과 기우만에게 수학한 9대손 金箕南(1881~?)의 한시[제목: 永翠亭韻], 기우만에게 수학한 10대손 金在範(1880~?)의 한시[제목: 無題], 노사학파 재전문인 朴炳起(1881~?)의 한시[제목: 永翠亭], 삼전문인 魏啓道(1926~1990)의 한시[제목: 次韻]가 있다.

32) 김기풍의 문인 조사는 『송사유림연원록』(32면, 5인)에 의거하였다.

서로 『죽강유고(竹岡遺稿)』(2책, 필사본)이 있다. 『모양지』 「문망(聞望)」에도 수록되었다.[33] [4] 정휴명(㉙)은 본관은 진주(晉州), 자는 취송(翠松), 호는 유촌(有村). 무장 출신으로, 그는 아산면 주진리 동촌마을의 청금정(聽琴亭)에 대한 기문[제목: 聽琴亭記]을 지었다. 문인은 14명이 있다.[34] 저서로 『유촌유고(有村遺稿)』가 있다.[35]

둘째, 저서 및 유물유적과 관련 있는 인물을 보면 4인이 있다. [1] 정면규(①)는 본관은 진주(晉州), 자는 가헌(可軒), 호는 무남(茂南) 또는 노포(老圃). 무장면(현 성송면 삼태) 출신으로, 정황(鄭璜)의 후손이다. 성송면 삼태마을에 노포당(老圃堂)을 세워 시문을 지으며 학인들과 서로 교류하였다.[36] 저서로 『노포유고(老圃遺稿)』(4권 1책)가 있는데, 기우만(奇宇萬)의 서문과 손자 정영원(鄭榮源)의 발문을 붙여 1916년 간행되었다. [2] 정영원(㉝)는 본관은 진주(晉州), 자는 대서(大舒), 호는 대호(台湖). 고창(성송면 하고리) 출신. 학행으로 유릉참봉(裕陵參奉)을 지냈다. 말년에는 향리에 태호정(台湖亭)을 세워 시문을 짓고 후학을 양성하였다.[37] 저서로 『태호유고(台湖遺稿)』가 있다. 성송면 하고리에는 정영원시은비(鄭榮源施恩碑)가 있다. [3] 강종규(⑩④)는 본관은 신천(信川), 자는 진삼(振三),

33) 『牟陽誌』 卷2 「聞望」 101쪽 참조.
34) 정휴명의 문인 조사는 『송사유림연원록』 「有村鄭休明門人」(69전면~69후면, 14인)에 의거하였다.
35) 한국고문연구휘 편 『溪堂集·小蠹集·有村遺稿』, 高敞郡: 晉州鄭氏六孫門中, 1998년 참조.
36) 누정에는 동문수학한 吳繼洙(1843~1915)의 한시[제목: 老圃堂詩]와 기우만의 한시[제목: 老圃堂原韻], 노사학파 재전문인 姜天秀(1863~1951)의 한시[제목: 老圃堂韻]가 있다.
37) 누정에는 강천수의 상량문[제목: 台湖亭上樑文]과 吳駿善(1851~1931)의 한시[제목: 台湖亭]가 있다.

호는 야은(野隱). 강종규는 학문에 매진하기 위해 누정을 지을 것을 미리 생각하고 한시를 지었으나 그 뜻을 이루지 못하고 세상을 떠났다. 아들 강세영(姜世榮)은 풍수지탄(風樹之嘆)을 느껴 고창군 아산면 남산리 용장마을에 야은정(野隱亭)을 세워 헌정하였다.[38] 편서로 『신천강씨세보(信川康氏世譜)』가 있는데, 후손 강종규와 기우만의 발문을 붙여 1910년에 발행되었다. [4] 박인석(⑯)은 본관은 함양(咸陽), 자는 의여(義汝), 호는 서호(西湖). 그는 아산면 남산리 남산마을에 서호정(西湖亭)을 세우고 시문을 지으며 소요하였다.[39] 경향의 여러 선비들이 내왕하여 시문을 지에 현액하였는데, 훗날 『서호정제영록(西湖亭題詠錄)』이 간행되었다.

셋째, 문인 및 저서와 관련 있는 인물을 보면 2인이 있다. [1] 안중섭(③) 본관은 죽산(竹山), 자는 순화(舜華), 호는 연상(蓮上). 고창군(현 고수면 연동) 출신으로, 문인은 19명이 있다.[40] 저서로 『연상집(蓮上集)』(6권 2책)과 『문성공실기(文成公實記)』(편서)가 있다. 『연상집』은 기우만의 서문과 문인 정규삼(鄭奎三)·유준철(柳浚喆)의 발문을 붙여 1905년에 간행되었다. [2] 유구현(⑯)은 본관은 무송

38) 누정에는 강천수의 기문[제목: 野隱亭記]이 있었으나, 현재 한시와 기문 편이 사라지고 없다. 1958년에 발간한 『무장읍지』에는 康鍾奎(1851~?)의 칠언율시가 전하고 있다.

39) 누정에는 張勉(1899~1966)과 金正會(1903~1970)가 쓴 편액 글씨가 있고, 吳秉壽(1883~1961)의 기문[제목: 西湖亭記], 吳均鎬(1908~1976)의 상량문[제목: 西湖亭上樑文], 李鍾烈의 한시[제목: 謹次西湖亭韻], 족손 朴麒容(1910~1993)의 한시[제목: 敬次西湖亭韻] 등이 있다.

40) 안중섭의 문인 조사는 『노사선생연원록』 권4 「제가문인편」 〈安蓮上重燮門人〉(904쪽)에 수록된 1명, 『송사유림연원록』(10전면)에 수록된 11명에 의거하였다. 『모양지』에는 6명이 있다. 『고창의 유교』(245쪽)에 수록된 柳昶基(1849~?) 1인에 의거하였다.

(茂松), 자는 우보(禹甫), 호는 낙사(洛史). 고창 낙양 출신으로 종숙인 수졸재(守拙齋) 유희정(庾喜幀)에게 배우다가 기정진에게 나아갔다. 문인은 18명이 있다.[41] 저서로 『낙사유고(洛史遺稿)』(4권 2책)가 있는데, 강천수(姜天秀)의 서문과 손자 유문봉(庾文鳳)의 후서, 그리고 아들 유동명(庾東明)·손자 유문봉의 발문과 손자 유학봉(庾學鳳)의 후발문을 붙여 1939년에 간행되었다.

넷째, 문인과 유물유적과 관련 있는 인물을 보면 2인이 있다. [1] 박정림(㉘)은 본관은 밀양(密陽), 자는 윤삼(允三), 호는 학정(鶴亭). 고창(고수면 평지) 출신. 아들 박헌주(朴憲柱)는 부친의 유유자적한 삶을 위해 학정(鶴亭)을 세웠다.[42] 문인은 2명이 있다.[43] [2] 김기남(⑩⑤)은 본관은 광산(光山), 자는 응삼(應三), 호는 남파(南坡). 정읍에 아양정(蛾洋亭)을 마련하고 시문을 지으며 학문에 전념하였으나 지금은 사라지고 없다. 대산면 성남리 성남마을의 영취정(永翠亭)에 대한 한시[제목: 永翠亭韻]를 지었다. 문인은 2명이 있다.[44]

---

41) 유구현의 문인 조사는 『송사유림연원록』(51전면~후면, 17인)에 의거하였다. 다음으로 『송사유림연원록』(80후면)에서 庾東植(1880~1952)을 유구현에 연원을 두고 있기에 추가하였다.

42) 누정은 저수지 확장공사로 인하여 현재 저수지 위쪽 선산 자리 근처에 있다. 누정에는 기우만의 기문[제목: 鶴亭記]를 비롯하여 鄭泓采(1901~1982)의 한시[제목: 謹次鶴亭原韻], 曺錫日(1886~1969)의 한시[제목: 謹次鶴亭韻], 金勳錫(1884~1954)의 한시[제목: 謹次鶴亭原韻], 金相晙의 한시[제목: 謹次鶴亭原韻], 제자인 李瓊煥의 한시[제목: 謹次]와 李璘寧의 한시[제목: 謹次鶴亭原韻] 등이 있다.

43) 『고창의 정자문화』, 고창문화원, 2010년 277~288쪽 참조.

44) 김기남의 문인 조사는 『송사유림연원록』「南坡金箕南門人」(56전면, 2인)에 의거하였다.

다섯째, 저서와 관련 있는 인물을 보면 3인이 있다. [1] 강인회(②)는 본관은 진주(晉州), 자는 태화(太和), 호는 춘파(春坡). 무장면(현 성송면 암치) 출신. 저서로 『춘파유고(春坡遺稿)』가 있는데, 최윤환(崔允煥)의 서문과 현손 강고원(姜福遠)의 발문을 붙여 1974년에 간행되었다. [2] 변숙규(㉖)는 본관은 초계(草溪), 자는 사홍(士洪), 호는 방호(方壺). 고창 출신. 선조 호암(壺巖) 변성온(卞成溫)과 인천(仁川) 변성진(卞成振)의 글을 모아 『호인백계실기(壺仁伯季實記)』를 편찬하였다. [3] 조석휴(㉜)는 본관은 창녕(昌寧), 자는 이경(而敬), 호는 무당(無憂堂). 고창 출신으로, 조의곤에게 배우다가 기정진에게도 수학하였다. 저서로 『무우당유고(無憂堂遺稿)』가 있는데, 아들 조덕승(曺德承)이 1931년에 간행되었다.

여섯째, 제자 양성과 관련 있는 인물을 보면 10인이 있다. [1] 김창환(⑰)은 본관은 부평(富平), 자는 사옥(士玉), 호는 후송(後松). 고창 출신으로, 문인은 6명이 있다.[45] 『모양지』 「유행(儒行)」에 수록되었다.[46] [2] 김이권(㉒)은 본관은 청도(靑道), 자는 국형(國衡), 호는 정계(鼎溪). 무장 출신으로, 문인은 10명이 있다.[47] [3] 정학원(㉕)은 본관은 진주(晉州), 자는 달수(達秀), 호는 죽사(竹史). 무장 출신으로 독립운동을 전개하였다. 문인은 34명이 있다.[48] [4] 유

45) 『노사선생연원록』 권4 「제가문인편」 〈金後松琄煥門人〉(906쪽, 6인), 『모양지』 권2 「文行」에 의거하였다.

46) 『牟陽誌』 卷2 「儒行」 107쪽 참조.

47) 김이권의 문인 조사는 『송사유림연원록』(31후면~32전면, 10인)에 의거하였다.

48) 정학원의 문인 조사는 『노사선생연원록』 권4 「제가문인편」 〈鄭竹史學源門人〉(926쪽 상단, 2인), 『송사유림연원록』(33전면~34후면, 31인), 『전라문화의 맥과 전북인물』(866쪽, 1인)에 의거하였다.

창기(㉗)는 본관은 고흥(高興), 자는 형집(亨集), 호는 청파(靑坡) 고창 출신으로 문인은 8명이 있다.[49] 5 나원기(㉟)는 본관은 금성(錦城), 자는 경유(京有), 호는 강신재(講信齋). 흥덕 출신으로, 문인은 2명이 있다.[50] 6 이병규(㊾)는 본관은 경주(慶州), 자는 춘명(春明), 호는 연사(蓮沙). 문인은 4명이 있다.[51] 7 김덕조(56)는 본관은 광산(光山), 자는 자명(子明), 호는 만오(晩悟). 문인은 3명이 있다.[52] 8 이용좌(81)는 본관은 광주(廣州), 자는 사홍(士弘), 호는 후천(後泉). 문인은 2명이 있다.[53] 9 오성환(103)은 본관은 해주(海州), 자는 경백(敬伯), 호는 독성재(獨成齋). 문인은 7명이 있다.[54] 10 이병용(119)은 본관 및 자호는 미상이나, 『송사유림연원록』에 의하면 기정진을 연원으로 하고 있으며 문인 2명을 기록하였다.[55]

일곱째, 유물유적과 관련 있는 인물을 보면 3인이 있다. 1 정사원(⑪)은 본관은 진주(晉州), 자는 도심(道心), 호는 경암(敬菴). 무장 출신으로, 성송면 괴치리 괴치마을에 송계정(松溪亭)을 세워 후

49) 유창기 문인 조사는 정학원의 문인 조사는 『노사선생연원록』 권4 「제가문인편」 〈鄭竹史學源門人〉(926쪽 상단, 6인), 『송사유림연원록』 「靑坡柳昶基門人」(79전면, 2인)에 의거하였다.

50) 나원기의 문인 조사는 『노사선생연원록』 권4 「제가문인편」 〈羅講信齋元基門人〉(929쪽)에 의거하였다.

51) 이병규의 문인은 『송사유림연원록』 26전면과 35후면 두 곳에 기록되었다. 이에 두 곳을 합하여 정리하였다.

52) 김덕조의 문인 조사는 『송사유림연원록』 「晩悟堂金德祚門人」(33전면, 3인)에 의거하였다.

53) 이용좌의 문인 조사는 『송사유림연원록』 「後泉李○○門人」(37전면, 2인)에 의거하였다.

54) 오성환의 문인 조사는 『송사유림연원록』 「獨成齋吳成煥門人」(26후면~27전면, 7인)에 의거하였다.

55) 『松沙儒林淵源錄』 「李炳容門人」(66후면) 참조.

학을 양성하며 학문에 전념하였다.[56] [2] 박양휴(㉔)는 본관은 밀양(密陽) 자는 의춘(宜春), 호는 송재(松齋). 고창 출신으로, 고수면 장두마을에 쌍괴정(雙槐亭)을 짓고 학인들과 교류하며 후학을 양성하였다.[57] [3] 신한균(㉛)은 본관은 평산(平山), 자는 의여(儀汝), 호는 오정(梧汀). 고창(아산면 오정동) 출신으로, 오정정사(梧汀精舍)를 짓고 연학에 힘쓰다가 1906년 장릉참봉(章陵參奉)에 제수했으나 나가지 않았다. 은거하여 시문을 즐기며 학인들과 서로 교류하였다. 기산서원(箕山書院)에 배향되었다.『모양지』「유행(儒行)」에 수록되었다.[58]

이상 조사한 바에 의하면,『노사선생연원록』「선생문인편」에 수록된 문인들은 일찍이 기정진에게 나아가 심도 있게 배우고 여러 방면에서 활약하였음을 엿볼 수 있다. 반면『송사유림연원록』에 수록된 문인들은 기정진이 66세 때 이후 그의 명성을 듣고 짧은 기간 수학하며 도덕적 감화를 많이 수용한 듯하다. 이들이 저서보다 강학에 힘쓴 양상은 담론을 통해 외세에 적극적으로 대응하고자 한 면이 그 이면에 있었을 것이다. 또한 유물유적으로 누정이 있는 문인들은 가학을 계승하며 지역 학인들과의 교류를 통해 서로의 동질성을 강화시키고자 한 양상이 깃들어 있었을 것이다. 그 동질성은 세도정치로 인하여 중앙정부가 부패하고 열강에 의해 국권을 상실한 위기에서 리(理)를 중시하는 성리사상을 확립

56) 누정에는 노사학파 삼전문인이자 손자인 鄭休鮮(1881~?)의 비문[제목: 松溪亭遺墟碑]이 있다.

57) 누정에는 直指使 李承旭의 기문[제목: 雙槐亭記], 증손 朴炳現의 기문[제목: 雙槐亭記]」, 기우만의 기문[제목: 雙槐記] 등이 있다.

58)『牟陽誌』卷2「儒行」109쪽 참조.

하고 이를 토대로 의리를 지향하고자 하는 가치관이 잠재하고 있었을 것이다.

기정진의 고창지역 누정기문과 현액

누정은 본래 휴식공간으로 서로 담소를 나누는 곳이다. 중국 상고시대에 신선들이 누대에서 살기를 좋아하기에 황제는 오성십이루(五城十二樓)를 짓고 신선이 오기를 기다렸다는 기록으로[59] 보아 누정의 역사는 오래한 듯하다. 이후 궁중 정원에 마련한 것은 황제가 신하와 서로 휴식하며 담소하려고 한 것이다. 사대부 또한 그러하였을 것이다. 특히 탄성을 자아낼 만한 좋은 자연경관은 지나는 과객이라면 머물고 싶고 시인묵객이라면 휴식과 사색을 통해 시 한수를 지으려 할 것이다. 자연의 아름다움과 트인 경관을 둘러보며 흥취를 붙이고 즐거움을 삼으려는 그런 곳에 누구나 누대나 정자를 만들고자 하였으니[60] 향리마다 세워진 정자가 바로 그것이다.

기정진은 후학을 양성하면서도 유서 깊은 곳을 찾아 그곳에서 시(詩)나 기문(記文)를 지었다. 고창도 예외는 아니다. 먼저 시로는 호암초당(壺巖草堂)과 계당정(溪堂亭)에 대한 것이 있다. 초당은 선

59) 『史記』 卷28 「封禪書第六」: 其明年, 東巡海上, 考神僊之屬, 未有驗者. 方士有言"黃帝時爲五城十二樓, 以候神人於執期, 命日迎年". 참조.

60) 『謹齋集』 권1 「鏡浦新亭記」: 天下之物凡有形者皆有理. 大而山水, 小而至於拳石寸木, 莫不皆然. 人之遊者, 覽是物而寓興, 因以爲樂焉, 此樓臺亭榭所由作也. 참조.

운사로 가기 이전 아산면 반암리에 있다. 이곳에는 특이한 바위가 있는데 병과 같기에 병바위라고 부르나 한자로는 호암(壺巖)이다. 호암을 자호로 삼은 이가 변성온(卞成溫, 1540～1614)이다. 변성온은 자가 여윤(汝潤)으로, 하서(河西) 김인후(金麟厚, 1510～1660)의 문하에서 학문을 닦았다.[61] 그는 벼슬에 나가지 않고 아우 인천(仁川) 변성진(卞成溫, 1549～1623)과 함께 초당(草堂)을 짓고 연학에 힘썼다. 기정진은 이곳을 내방하여 시를 남겼는 바, 제목은 「호암초당중수운(壺巖草堂重修韻)」이다. 시의 운자는 이곳에 있었던 영모당(永慕堂)이 두 번째로 중수되었을 때 7대손 변학선(卞學先)의 원운(原韻)을 따른 것이다. 현재 기정진의 현액 제목은 「근차호암초당운(謹次壺巖草堂韻)」으로, 아산면 반암리 두암초당(斗巖草堂)에 걸려 있다. 시는 다음과 같다.

桂樹之稠山色幽　계수나무 빽빽하여 산 빛 그윽한데
依然招隱琴中遊　여전히 초은곡(招隱曲) 거문고 속에서 노니네
危梯優入三層壁　높은 사다리 삼층의 벽 오르기에 넉넉하고
滴霤平連九曲洲　떨어진 낙수 구곡 물가에 평평히 닿아 있네
凉笠餘光雲水白　서늘한 갓에 남은 빛 구름과 물처럼 희고
雪門舊訣淵冰留　입설한 문의 옛 지결 연빙(淵氷)에 남아 있네
塗茨是日斯文感　흙 지붕 이는 이날 우리 도 느끼나니
吾祖當年約共修　우리 선조도 그 당시 함께 수학하기를 약속했었네[62]

이 시는 호암초당이 재차 중건하였을 때 지었으니, 이곳 출신

61) 뒷날 退溪 李滉(1501～1570)에게 나아가 학문을 익혔다고도 한다.
62) 『蘆沙文集』 卷2 「壺巖草堂重修韻」.

그의 제자 변숙규(卞淑圭, 1849~1921)도 함께 하였을 것이다. 변성온이 세속을 피해 산림에 은거하여 유유자적하게 지냈던 삶을 중국 한나라 회남왕(淮南王) 유안(劉安, 기원전 179~기원전 122)이 지은 「초은사(招隱士)」의 글을 원용하여 견주었다. 당시 중건된 호암초당은 3층 벽을 오를 정도의 높은 곳에 자리하였고 그 처마에서 떨어지는 물방울은 아홉 번 굽이쳐 섬가로 흘러가고, 사늘한 삿갓처럼 생긴 지붕에 어린 흰 빛을 정문집설(程門立雪)에 비유하기도 하였다. 정문입설이란 송나라 학자 정이(程頤)의 제자 유작(游酢)과 양시(楊時)가 스승을 찾아갔는데 스승이 눈을 감고 좌정하고 있기에 두 사람은 스승이 눈뜨기를 조용히 기다리다 그만 흰 눈이 한 자나 쌓였다는 고사이다. 중건된 호암초당이 마치 변성온과 변성진 형제가 배움을 간절히 구하는 모습이 깃들고 있음을 우회적으로 기술하고 또한 기정진의 선조 기대승(奇大升)도 당시 김인후에게 학문을 닦은 모습을 연상하고 있다.

다음으로 계당정은 성송면 계당리에 있는데, 계당은 앞서 언급한 정회찬의 호이다. 정회찬은 일찍이 숙부 이재(頤齋) 정인수(鄭仁壽)에게 배우다가, 만년에는 송시열(宋時烈)의 6대손인 강재(剛齋) 송치규(宋穉圭, 1759~1838)와 교류하며 학문에 전념하였다. 정회찬은 유유자적하며 후학을 양성하기 위해 계당정을 짓고서, 그 주변의 여덟 가지 풍취를 읊었으니 그 시제가 「계당팔영(溪堂八咏)」이다. 여덟 풍취란 구황귀운(九皇歸雲), 삼태낙조(三台落照), 용계제월(龍溪霽月), 와암쇄연(蛙巖鎖烟), 연교목적(烟郊牧笛), 우전농가(雨田農歌), 청천반석(晴川盤石), 현애폭포(懸崖瀑布) 등이다. 특히 그의 유집(遺集)에는 서한문이 없고 시 583수가 수록된 것을 보면 그의 유유자적한 삶을 엿볼 수 있을 것이다. 기정진은 73세의 일기로 마친 정회찬의 유집을 교정하고 1858년 화갑 때 그 책의 발문을 지었다.[63] 또한 앞서 언급한 그의 선조 정민주는 1682년 임술과시에 응시했으나 당시 과거제도의 병폐와 과거가 출세지향의 학문임을 깨닫고 육형제가 부모 섬김에 돈독하고 우애하였다. 특히 육형제가 여섯 소나무 아래에서 누정을 짓고 학문에 진력하며 강학에 힘쓰니 누정을 육송정(六松亭)이라 하였다. 정민주의 역할이 지대하였기에 그의 호가 육송이 되었다. 기정진은 이러한 삶의 일대기를 비음기(碑陰記)로 짓기도 하였다.[64] 이러한 계기로 기정진이 계당정에 내왕하자, 후손들은 선조 정회찬의 원운(原韻)에 따라 시 한수 짓기를 요청하기에 기정진은 감히 "계당공 마음속 일을 말하겠다"고 장담할 수 없지만 하면서 시를 지었다.[65]

기정진은 고창읍에 소재한 누정기를 짓기도 하였으니, 화산리 호동마을 입구에 있는 취석정(醉石亭), 노동리 저수지 동쪽 솔밭에 자리한 매월정(梅月亭), 월산리에 자리한 동오정(東塢亭) 기문이 그것이다. 취석정은 노계(蘆溪) 김경희(金景熹, 1515~1575)가 세운 것이다. 김경희는 일찍이 부친 김기서(金麒瑞, 1479~1549)의 학문에서 큰 감명을 받았다. 그의 부친은 불치하문(不恥下問)이란 성훈(聖訓)에 힘입어 3세 연하인 조광조(趙光祖, 1482~1519), 그리고 10세 연하인 처남 학포(學圃) 양팽손(梁彭孫, 1488~1545)과 경전을 강

63) 『溪堂集』 卷7 「跋溪堂集」.【참고】『노사문집』에는 발문을 지은 연도가 없다. 『蘆沙文集』 卷24 「跋溪堂集」.

64) 『蘆沙文集』 卷27 「六松鄭公碑陰記」 참조.

65) 『蘆沙文集』 卷2 「鄭氏溪堂八詠(曩時諸名勝多和者, 忘醜步次, 非敢日, 道得溪堂公意中事, 聊以塞希淸之求)」 참조.

마하며 도학정신(道學精神)을 지향하였다. 김경희는 외숙 양팽손에게 수학하여, 20세에 식년시에 합격하고 또 과거에 급제하였으나, 권간(權奸)의 농간으로 낙방하였다. 이를 접한 중종은 금장(金粧) 『두시전질(杜詩全帙)』을 하사하여 위로하였다. 1545년 을사사화가 일어나자 벼슬길을 단념하고 향리로 돌아와, 그 다음해 갈대가 무성한 시냇가 바위 위에 누정을 짓고 제현들과 교유하면서도 후학을 양성하는데 힘썼으니, 그 누정이 바로 취석정이다. 취석정이 오랜 세월로 낡고 퇴락하자 후손들은 1871년 중건하고, 기정진에게 기문을 청하였다. 당시 기정진은 늙고 정신이 혼미한 74세의 나이인데, 이를 개의치 않고 요청하는 그들의 마음에 부응하여 「취석정기(醉石亭記)」를 지었다. 그는 후손들이 중건한 의미를 언급하고 어진 자의 즐거워한 바는 말하기 어렵다고 하면서, "옛사람의 말에는 또한 그러하면서 죄다 그러하지 않은 것이 있다. 만일 취옹(醉翁)의 뜻이 술에 있지 않다고 하는 것이 진실로 그러하고, 산수의 사이에 있다고 하면 반드시 그러하지 않다. 이어서 산수의 즐거움이 그 마음에서 얻고 그 술에 깃든다고 하면 크게 그러한 가운데 크게 그렇지 않은 것이 있으니, 그 실상은 즐거움이 술에 있지 않을 뿐만 아니라 또한 산수에도 있지 않은 것이다. 산수의 즐거움도 깃들 뿐이다. 술은 깃들고 있는 것 가운데 깃든 것이다. 이것으로 말하면 노계공의 '취(醉: 술취함)'는 하나의 깃든 것이고, 돌도 하나의 깃든 것이며, 누정도 하나의 깃듯 것이다"[66]라고 하였다. 이는 그저 산수에 깃든 것이 아니라, 그

---

66) 『蘆沙文集』 卷22 「醉石亭記」: 昔人之言, 亦有然而未盡然者. 如曰醉翁之意不在酒固然. 曰在乎山水之間則未必然. 繼曰山水之樂. 得之心而寓之酒.

이면에 현인의 학문연찬과 제자훈도라는 정신이 깃들고 있음을 피력한 것이다.

매월정은 박종구(朴鍾九, 1829~1918)가 선조와 조부를 추모하며 새롭게 단장한 누정이다.[67] 박종구는 일찍이 기정진에게 학문을 닦으며 기운 가세를 일으켰다. 그의 선조는 매월헌(梅月軒) 박기호(朴奇琥, 1598~1678)로, 문장과 덕행이 고을에 알려진 인물이다. 병자호란 때에는 의병과 군량미를 모아 서울로 향하다가, 청주에 이르러 화의가 성립되었다는 소식을 접하고 향리로 돌아와 조용히 은거하여 선비의 풍도를 지켰다. 마을 앞 산자락에 심은 가래나무가 몇 해 안되어 무성하자, 인근의 선비들이 내왕하여 서로 교류하며 문풍을 일으키기도 하였다. 그의 6대손 지재(止齋) 박수방(朴壽邦, 1755~1829)은 가문을 중흥시키며, 선조의 자취가 있던 곳에 가래나무 40여 그루를 심었다. 나무숲이 무성하고 조밀하여 한여름 녹음이 짙어 햇빛이 뚫지 못할 정도였고, 그 주변의 여러 자연석 큰 돌 가운데 반들반들 돌에다 19줄의 괘선을 그어 바둑판을 조성하여 선조가 물려준 그늘을 즐기려 하였다. 당시 나주오씨 오금원(吳錦源)·진주정씨 정중현(鄭重賢)과 삼노회(三老會)를 맺고 시주(詩酒) 및 거문고·바둑으로 여생을 보냈다. 그의 조카 박종구는 선조의 뜻을 이으면서 화전(火田)을 일구어 가산을 증식시켰을 뿐만 아니라 마을 사람들도 항산을 갖도록 공덕을 베풀며 90세까지 살았다. 그는 가산을 출연하여 선조들이 조성한 숲에

則大然中有大不然. 其實樂非但不在酒, 亦不在山水. 山水之樂亦寓耳, 酒是寓之寓也. 以此言之, 蘆溪公之醉一寓也, 石一寓也, 亭又一寓也, 過了幾重寓而有亭屹然.

67) 매월정은 1951년 노동저수지 축조사업으로 현재의 위치로 옮겼다.

누정을 새롭게 단장하고 기정진에게 기문을 청하였다. 기정진은 그대의 선조들은 누정을 짓지 안했는데[68] 그대가 누정을 새롭게 지은 것은 선조의 심법(心法)에서 벗어난 것이 아닌가라고 힐난하자, 박종구가 놀라 누정을 지은 것이 잘못인가라고 반문하였다. 기정진은 성인의 경문(經文)과 현인의 주소(註疏)를 차용하여 다음과 같이 말하였다.

> 그대는 경문에 주소(註疏)가 있음을 보지 못했는가? 경문은 매우 간단하여도 주소는 번다하지 않을 수가 없다. 아마도 지금 사람의 말로 옛 사람의 뜻을 해석한다면 그 형세는 마땅할 뿐이다. 그대의 선조가 행한 것은 비유하자면 경문이고, 그대의 집안에서 오늘날 건립한 것은 비유하자면 주소이다. 그 뜻이 만약 '이전 사람이 나무를 심은 것은 곧 지금 사람의 이른바 벽에 흙 바르고 기와로 지붕을 덮었다는 것이고, 이전 사람이 돌 바둑판을 만든 것은 곧 지금 사람의 이른바 무늬 있는 바둑판이며, 이전 사람이 잡풀을 깔고 앉은 것은 곧 지금 사람의 이른바 대자리이다'라고 한다면, 이것과 저것의 차이를 서로 나타내어 이전 사람의 덕이 더욱 드러날 것이다. 이 정자에 올라 이를 알지 못하는 자는 곧 주공(周公)이 말한 바 '옛 사람들은 들어서 아는 것이 없다'는 것이니, 어찌 말할 것이 있겠는가? 어찌 말할 것이 있겠는가?[69]

---

68) 밀양박씨 족보는 追慕亭을 고치고 새롭게 단장하였다고 하였다. 하지만 기정진이 그의 선조가 누정을 짓지 않았다고 한 것은 매월정 자리에 누정이 없음을 의미할 것이다. 기정진의 기문제목에서 '新亭'이란 말은 새롭게 지었음을 의미한다. 박종구는 기문을 받고 그 누정명을 선조의 호를 따서 '매월정'이라 이름한 것으로 보인다.

69) 『蘆沙文集』 卷22 「蘆洞朴氏新亭記」: 君不見經文之有註疏歟? 經文甚簡, 而註疏不得不繁. 蓋以今人之語, 解古人之意, 其勢應爾. 君之先祖所行, 譬

이는 옛날과 지금을 비교하여 지금의 화려한 것이 누가 되지 않는다는 것을 언표하고자 한 것이다. 어려운 경문의 뜻은 자세한 주소가 없으면 이해하기가 어렵다. 상세한 주소가 있어야 경문을 제대로 알고 이해할 수 있는 것이다. 기정진의 이와 같은 우의(寓意)는 후손이 안일하게 지내지 않고 부지런히 쌓은 공덕을 통해 선조의 검소한 덕을 드러나도록 한 일면을 주공이 조카 성왕(成王)이 안일하게 지낼까 염려하여 지은 「무일(無逸)」편에 견주어[70] 우회적으로 피력한 것이다. 즉 공덕도 없는 후손들이 허명심에 사로잡혀 조상을 숭배하려는 숭조의식을 경계한 것이다. 요즈음 회자되는 노블레스 오블리주(Noblesse Oblige: 높은 사회적 신분에 상응하는 도덕적 의무)를 실천한 박종구의 숭조정신을 칭송한 것이라 하겠다.

동오정은 조의곤(曺毅坤, 1832~1893)이 짓고 자호 동오(東塢)를 원용하여 이름한 것이다. 조의곤은 16세 때부터 기정진의 문하에 나아가 학문을 익혔다. 그는 고창과 장성을 경계로 한 영취산을 자주 넘어 스승을 뵙고 강마한 해가 32년에 가까웠다. 이 기간 동안 그가 기록한 것이 『강상차록(江上箚錄)』이다. 이 기록은 스승의 훈회(訓誨)와 언행(言行), 그리고 문답 등을 담고 있다. 조의곤은 39세(1870년) 무렵 반등산 아래 물과 돌, 목포와 연못이 별

則經文也; 君家今日之所建立, 譬則註疏也. 其意若曰前人之植木, 卽今人所謂塗墍茨瓦也; 前人之石局, 卽今人所謂紋楸也; 前人之班荊, 今人所謂簟席也. 彼此相形而前人之德益彰. 登此亭而不知此者, 卽周公所言昔之人無聞知者, 何足道何足道?

70) 『書經』 卷8 「周書·無逸」: 相小人, 厥父母勤勞稼穡, 厥子乃不知稼穡之艱難. 乃逸, 乃諺, 旣誕, 否則侮厥父母曰: "昔之人無聞知." 참조.

천지를 이룬 곳에 동오정[71]을 세워 여러 학인들과 교류하면서도 스승을 찾아 연학에 매진하였다. 기정진은 제자가 정자를 지었다는 소식을 듣고서 73세(1870년) 때 「동오기(東塢記)」를 지어 주었다. 기정진은 제자의 자호에서 '동(東)'의 의미를 "서쪽에서 동쪽으로 집을 하면 동쪽에서는 서쪽으로 집을 하는 것이다. 이로 말미암아 말한다면 천하에 마침내 동쪽이 없는 것이니, 그렇지 않은가"[72]라고 반문하였다. 이는 동쪽에 대한 일반적 의미가 무의미함을 역설한 것이다. 제자 역시 일반적 의미에서 벗어나기를 희구하며 다음과 같이 말하였다.

> 아! 내 몸을 세워 동쪽을 찾는 자는 천만 명 속에서도 항상 자기 자신이 있음을 안다는 뜻이고, 남의 말을 수용하여 동쪽으로 삼는 자는 자기 자신을 버리고 남을 따른다는 뜻이니, 나는 사홍(士弘)이 이것을 면할 줄 안다.[73]

이에 의하면, 스승의 깊은 뜻은 모든 사람이 주장하는 편견에서 벗어나 자기 주체적으로 새로운 것을 창출하기를 바라는 것이다. "모든 만물이 동방에서 나온다"[74]는 것처럼 제자가 그저 일반인들이 말하는 '동(東)'의 의미에서 벗어나 자신이 주체가 되어

---

71) 동오정은 온천 개발사업으로 移建되어 현재 구 고창동초등학교 뒤쪽에 있다.

72) 『蘆沙文集』 卷22 「東塢記」: 西家東, 卽東家西. 繇是言之, 天下終無定東乎? 曰否?

73) 『蘆沙文集』 卷22 「東塢記」: 噫! 立吾身以求東者, 千萬人中常知有己之義; 受人言而爲東者, 舍己從人之意. 吾知士弘免矣.

74) 『周易』 「說卦傳」 〈第5章〉: 萬物出乎震, 震東方也. 참조.

모든 것을 주간(主幹)하기를 바라는 것이다. 조의곤은 스승의 가르침에 따라 더욱 연찬하여 40세(1871년) 불혹의 나이를 맞이하고, 그 해가 끝나는 섣달그믐날 시 한수를 지어 스승에게 보낸다.75) 스승은 늙어서 시 읊기를 폐했으나 보내온 시를 답하지 않을 수가 없어서 운을 따라 시를 지어 보냈다.76)

七十三年逐水流　칠십삼 년 물 흘러가는 대로 갔는데
餘生一似步竿頭　남은 생애 한결같이 백척간두 걷는 듯
無聞聖訓君休怕　무문이란 성인의 가르침 그댄 두려워 말고
勤把新春贖舊秋　근면히 새봄으로 지난날 보상하길

시에 의하면, 기정진이 73년의 세월을 살았으나 노구(老軀)로 살아갈 남은 생애가 버거움을 드러냈다. 시의 머리말에서 "늙어서 시 읊기를 폐했다"는 심정이 이를 징험할 것이다. 제자가 40세 나이가 갈무리되는 섣달그믐 아침 지난날 학문을 돌아보니 무문객(無聞客)이 되기에 넉넉하다고 하자,77) 스승은 공자의 성훈(聖訓)에서 50세를 염두한 듯 두려워하지 말고 앞으로 더 부지런히 학문에 정진하여 후생가외(後生可畏)의 소리가 있도록 즉 유문(有聞)이 있기를 간절하게 독려하였다. 스승 기정진이 1879년 82세의 일기로 생을 마감하자, 모든 치상을 마무리하고 향리로 돌아와

75) 『東塢遺稿』 卷1 「四十除夕韻」:祇信光陰長不流, 卷將百事付前頭. 今朝優作無聞客, 回首居然四十秋.

76) 『蘆沙文集』 卷2 「次曺士弘(毅坤)四十除夕韻」:老廢吟哦, 來詩不容無答, 步韻以寄.

77) 『論語』 卷9 「子罕」 〈第22章〉:子曰: "後生可畏, 焉知來者之不如今也? 四十五十而無聞焉, 斯亦不足畏也已."

스승의 가르침에 따라 후학을 양성하면서 고창지역의 노사학파가 뿌리내리도록 노력하였다. 조의곤 사후, 스승 기정진이 주향(主享)된 고산서원에 배향되었다.

맺는 말

성리학은 리와 기의 범주로 우주만물과 인간의 심성을 깊이 탐구하는 학문이지만, 궁극적으로는 공자와 맹자가 지향한 도덕적 가치를 실현하고자 하는 것이다. 이러한 학문을 건국이념으로 내세운 조선은 멸망할 때까지 모든 분야에 적용시켜 문화와 사상을 구축하였다. 특히 조선 성리학은 사제간(師弟間)의 심도 있는 담론과 분석, 타학파와의 논쟁을 통해 그 정합성을 추구하면서 심화되기에 이르렀다.

기정진은 19세기 중후기 장성을 중심으로 후학을 양성하며 학문에 전념하였다. 특히 몸이 허약하여 젊은 날부터 자주 고창의 문수사 남암으로 피서하여 병을 다스리면서도 연학의 끈을 놓지 않았다. 46세 때에는 학계에서 논쟁이 되었던 성리학을 반추하며 「납량사의」 초고를 지었으니 그곳이 바로 남암이었다. 기정진이 일찍이 고창을 내왕한 적이 있고 또한 선운사와 영광의 불갑사까지 유람한 적이 있어 여러 학인들에게 알려져, 고창지역의 많은 학인들은 장성으로 가서 수학하거나 기정진이 고창으로 내왕했을 때 학문을 닦기도 하였다. 『노사선생연원록』과 『송사유림연원록』 그리고 기타 읍지 자료를 통해 문인을 조사한 바에 의하면, 그의 고창지역 문인은 121명에 이르나, 이 가운데 28명은 후학을 양성하거나, 저서 및 유물유적 등이 있다. 이들은 스승의 학문적 영향을 받아 연학에 힘쓰기도 하고 외세에 적극 대응하고자 한 면이 있었다. 특히 누정이 있는 문인들은 가학을 계승하면서 지역사회의 여러 학인들과 서로 교류하며 서로의 동질성을 강화시켜 나갔다. 그들의 동질성은 세도정치로 인하여 중앙정부가 부패하고 열강에 의해 국권을 상실하는 위기에서 춘추의리를 지키며 성리사상을 더욱 굳건하도록 하기 위한 것이었다.

기정진은 강학을 하면서도 유서 깊은 옛 선현의 유적이나 누정을 찾아 시를 짓기도 하고 기문을 짓기도 하였다. 「호암초당」 시는 변성온과 변성진 형제의 은일적 처사의 삶과 학문을 통해 기정진 자신의 주체적 삶을 돌아보고, 「계당팔영」 시는 73세로 마친 정회찬이 후학을 양성하기 위해 자연과 조화된 계당정을 세우고 시를 지은 것에 차운한 것인데 이 시를 통해 자신을 드러내지 않으면서 자연과 친근하고자 하였다. 누정에 대한 기문 가운데 취석정은 술에 취한다는 '취' 글자의 의미를 우의적(寓意的)으로 드러내 학문연찬과 제자훈도라는 정신이 깃들고 있다. 매월정에 관한 기문은 후손의 사회적 신분에 상응하는 참다운 공덕을 통해 선조를 드러내려는 숭조의식을 칭송하고 있다. 끝으로 제자 조의곤의 동오정에 대한 기문은 그저 남들이 가리키는 동쪽의 '동'이 아니라 모든 만물이 생성되는 '동'으로 간주하여 자신의 주체적 의식을 갖도록 권면하고 있다. 그의 이러한 시문은 도를 지향하도록 하는 향도적(向道的) 측면이 강하기에 성리학에서 주창하는 문이재도(文以載道)의 관점이 유지되고 있다.

기정진의 이와 같은 활동 등은 고창지역의 학인들에게 직간접으로 영향을 끼쳐 그의 직전문인들이 내왕하여 강학할 적에도 많은 학인들이 참여하였다. 그 가운데 기우만의 문인이 많았다. 그가 기정진의 손자이기 때문이기도 하겠지만, 그의 학문이 조부의 '위정척사(衛正斥邪)' 사상을 실현하는데 적극적이었기 때문일 것이다. 기우만의 영향으로 고창지역의 노사학파가 더 큰 형세를 이루었기에 향교를 출입하는 유림들은 기정진의 호 노사(蘆沙)와 기우만의 호 송사(松沙) 앞 글자를 따서 "노송문인(蘆松門人)"이라 일컫는다.

결론적으로, 호남에서 큰 발자취를 남긴 기정진의 성리학 관련 주요 저술 「납량사의」가 고창지역에서 이루어졌는데, 이는 조선 성리학의 마지막 거장으로 칭송되는 밑거름이 되었다. 그의 성리학 사상은 그저 이념에 머물지 않고 서세동점의 시대에 춘추의리를 지키며 서구와 일본에 대한 적극적 대응을 펼쳐 문인들이 운집하였다. 고창지역의 기정진의 문인과 그 후학들 역시 이를 수용하여 항일운동에 적극적 면모가 있었기에 고창을 의향(義鄕)이라 호칭하는 것도 이 때문일 것이다.

[자료(1)] 고창지역 기정진 문인 관향별 분류

1 경주이씨(慶州李氏)

① 이희종(李希鍾, 1863~?): 자는 성국(聲國), 호는 춘헌(春軒). 고창 출신.

② 이병규(李秉奎, 1819~?): 자는 춘명(春明), 호는 연사(蓮沙).

2 고흥유씨(高興柳氏)

① 유창기(柳昶基, 1849~?): 자는 형집(亨集), 호는 청파(靑坡) 고창 출신.

3 광산김씨(光山金氏)

① 김기풍(金箕豊, 1835~1907): 자는 경삼(敬三), 호는 죽강(竹岡). 고창 출신. 『모양지』 「문망(聞望)」에 수록.

② 김덕조(金德祚, 1819~?): 자는 자명(子明), 호는 만오(晩悟).

③ 김병렬(金柄烈, 1838~?): 자는 여량(汝良), 호는 양재(良齋).

④ 김기옥(金箕玉, 1849~?): 자는 덕언(德彦), 호는 운강(雲岡).

⑤ 김기남(金箕南, 1851~?): 자는 응삼(應三), 호는 남파(南坡).

4 광주이씨(廣州李氏)

① 이필래(李弼來, 1832~?): 자는 道元, 호는 요아(蓼我).

② 이용좌(李容佐, 1819~?): 자는 사홍(士弘), 호는 후천(後泉).

5 금녕김씨(金寧金氏)

① 김영태(金英泰, 1829~?): 자는 화경(華卿), 호는 만매(晩梅). 고창 출신.

② 김윤숙(金允淑, 1818~?): 자는 성삼(聖三).

6 금성나씨(錦城羅氏)

① 나종휴(羅鍾休, 1824~?): 자는 군점(君範). 무장 출신.

② 나영순(羅英淳, 1843~?): 자는 찬숙(贊淑). 고창 출신.

③ 나원기(羅元基, 1854~?): 자는 경유(京有), 호는 강신재(講信齋). 흥덕 출신.

7 김해김씨(金海金氏)

① 김진파(金鎭欛, 1820~?): 자는 여실(如實), 호는 농재(農齋). 무장 출신.

② 김처길(金處吉, ?~?): 자는 정대(正大), 호는 월계(月溪).

③ 김현규(金顯奎, ?~?): 자는 내옥(乃玉), 호는 명암재(明暗齋).

④ 김용수(金容洙, ?~?): 자는 대규(大圭), 호는 송계(松溪). 『모양지』「유행(儒行)」에 수록.

8 남양홍씨(南陽洪氏)

① 홍종수(洪鍾洙, 1858~?): 자는 공숙(公淑), 호는 향헌(香軒).

9 남원윤씨(南原尹氏)

① 윤병의(尹秉懿, 1852~?): 자는 덕항(德恒), 호는 용강(龍岡). 흥덕 출신.

⑩ 남평문씨(南平文氏)

① 문장환(文章煥, ?～?): 자는 호진(浩振), 호는 남재(南齋). 『모양지』「유행(儒行)」에 수록.

⑪ 무송유씨(茂松庾氏)

① 유성열(庾聖烈, 1812～?): 자는 덕현(德玄), 호는 송남(松南). 무장 출신.

② 유치응(庾致應, 1820～?): 자는 덕범(德範), 호는 백헌(栢軒).

③ 유구현(庾九鉉, 1852～1922): 자는 우보(禹甫), 호는 낙사(洛史). 고창 낙양 출신.

⑫ 무안박씨(務安朴氏)

① 박성하(朴聖河, 1802～?): 자는 윤서(潤瑞).

② 박도하(朴圖河, 1822～?): 자는 재서(載瑞).

③ 박번채(朴繁采, 1823～?): 자는 덕여(德汝).

④ 박두채(朴斗采, 1859～?): 자는 성칠(星七).

⑬ 밀양박씨(密陽朴氏)

① 박영로(朴永魯, 1825～?): 자는 수경(壽卿), 호는 초루(草樓) 또는 초루(楚樓). 고창 출신. 『모양지』「유행(儒行)」에 수록.

② 박양휴(朴陽休, 1844～?): 자는 의춘(宜春), 호는 송재(松齋). 고창 출신.

③ 박정림(朴正林, 1850～?): 자는 윤삼(允三), 호는 학정(鶴亭). 고창(고수면 평지) 출신.

④ 박종수(朴鍾秀, 1823～?): 자는 민효(敏孝), 호는 월성(月城).

⑤ 박규진(朴奎鎭, 1832~?): 자는 응오(應五), 호는 존효당(存孝堂).

⑭ 밀양손씨(密陽孫氏)

① 손문행(孫文行, 1834~?): 호는 송파(松坡).

⑮ 부평김씨(富平金氏)

① 김창환(金琩煥, 1833~?): 자는 사옥(士玉), 호는 후송(後松). 고창 출신. 『모양지』 「유행(儒行)」에 수록.

⑯ 상산김씨(商山金氏)

① 김선호(金善鎬, 1849~?): 자는 오겸(五兼), 호는 상무(尙武).

② 김태호(金台鎬, 1857~?): 자는 상삼(象三), 호는 덕재(德齋).

⑰ 상주주씨(尙州周氏)

① 주돈회(周敦會, 1837~?): 자는 연화(聯化), 호는 곡은(谷隱).

⑱ 수원최씨(水原崔氏)

① 최연석(崔演錫, 1818~?): 자는 화명(和明), 호는 금재(錦齋).

⑲ 순천박씨(順天朴氏)

① 박하상(朴下上, 1844~?): 자는 경화(敬化), 호는 송파(松坡).

② 박학동(朴學東, 1850~?): 자는 종학(鍾學), 호는 송암(松菴).

⑳ 신천강씨(信川康氏)

① 강영수(康榮壽, 1818~?): 호는 계헌(戒軒).

② 강종구(康鍾衢, 1845~?): 호는 남산(南山).

③ 강종규(康鍾奎, 1851~?): 자는 진삼(振三), 호는 야은(野隱).

④ 강종만(康鍾萬, 1860~?): 호는 용우(龍愚).

21 안동김씨(安東金氏)

① 김상묵(金相默, 1856~?): 자는 경희(敬希), 호는 상암(上岩).

② 김연묵(金演默, 1857~?): 자는 경진(敬震), 호는 기죽(淇竹).

22 연안이씨(延安李氏)

① 이우춘(李遇春, 1818~?): 자는 능백(能白), 호는 수산(水山). 고창 출신.

23 영광김씨(靈光金氏)

① 김필용(金必龍, 1833~?): 자는 행서(行瑞), 호는 호담(浩潭).

24 의성김씨(義城金氏)

① 김상윤(金相潤, 1855~?): 자는 덕심(德心), 호는 애죽당(愛竹堂).

25 전의이씨(全義李氏)

① 이근룡(李根龍, 1812~?): 자는 군화(君化), 호는 송하(松下).

26 전주이씨(全州李氏)

① 이회기(李會琦, 1829~?): 자는 정수(正守), 호는 호은(湖隱).

② 이경섭(李敬燮, 1818~?): 자는 광삼(光三), 호는 만강(晩岡).

27 전주최씨(全州崔氏)

① 최영규(崔永奎, 1809～?): 자는 춘경(春景), 호는 매와(梅窩).

② 최태원(崔泰源, 1818～?): 자는 희서(希瑞), 호는 석계(石溪).

③ 최득수(崔得秀, 1830～?): 자는 찬국(贊國), 호는 봉강(鳳岡).

④ 최운수(崔運洙, 1802～?): 자는 찬성(贊成), 호는 매은(梅隱).

⑤ 최환윤(崔煥尹, 1844～?): 자는 치도(致道), 호는 학당(鶴堂).

⑥ 최삼수(崔三秀, 1852～?): 자는 찬회(贊晦), 호는 국헌(菊軒).

28 죽산안씨(竹山安氏)

① 안중섭(安重燮, 1812～1883): 자는 순화(舜華), 호는 연상(蓮上). 고창군(현 고수면 연동) 출신.

② 안석우(安錫禹, 1860～?): 자는 우현(虞賢), 호는 몽암(夢巖). 고창 출신.

29 직산조씨(稷山趙氏)

① 조두형(趙斗衡, 1858～?): 자는 권백(權伯), 호는 동고(東杲). 고창 출신. 『모양지』 「유행(儒行)」에 수록.

30 진주강씨(晋州姜氏)

① 강인회(姜寅會, 1807～1880): 자는 태화(太和), 호는 춘파(春坡). 무장면(현 성송면 암치) 출신.

② 강준영(姜俊永, 1831～?): 자는 대현(大賢), 호는 암은(巖隱). 무장 출신. 1885년 식년시 합격.

③ 강영중(姜泳重, 1856～?): 자는 경문(景文), 호는 위하(渭下). 고창 출신. 『모양지』 「학행(學行)」에 수록.

31 진주정씨(晉州鄭氏)

① 정면규(鄭冕奎, 1804～1868) : 자는 가헌(可軒), 호는 무남(茂南) 또는 노포(老圃). 무장면(현 성송면 삼태) 출신.

② 정하원(鄭河源, 1827～1902) : 자는 희정(希淸), 호는 소두(小蠹). 무장 출신.

③ 정사원(鄭士源, 1827～?) : 자는 도심(道心), 호는 경암(敬菴). 무장 출신.

④ 정종택(鄭鍾澤, 1836～1901) : 자는 태일(兌一), 호는 송담(松潭). 무장 출신. 정시해(鄭時海)는 그의 아들.

⑤ 정학원(鄭學源, 1848～1933) : 자는 달수(達秀), 호는 죽사(竹史). 무장 출신.

⑥ 정휴명(鄭休明, 1850～1916) : 자는 취송(翠松), 호는 유촌(有村). 무장 출신.

⑦ 정영원(鄭榮源, 1853～1940) : 자는 대서(大舒), 호는 대호(台湖). 고창(성송면 하고리) 출신.

⑧ 정만원(鄭晩源, 1854～?) : 자는 자희(子喜), 호는 송하(松河). 무장 출신.

⑨ 정성규(鄭成奎, 1804～?) : 자는 영숙(英淑), 호는 송은(松隱).

⑩ 정종근(鄭鍾瑾, 1829～?) : 자는 경순(景恂).

⑪ 정효원(鄭孝源, 1842～?) : 자는 행지(行之), 호는 은암(隱岩).

⑫ 정종익(鄭鍾翊, 1826～?) : 자는 진여(振汝), 호는 석은(石隱).

⑬ 정종룡(鄭鍾龍, 1819～?) : 자는 운여(雲汝), 호는 송계(松溪).

⑭ 정재원(鄭在源, 1836～?) : 자는 취지(就之).

⑮ 정종회(鄭鍾會, 1845～?) : 자는 태현(泰賢), 호는 옥천(玉川).

⑯ 정봉원(鄭鳳源, 1848~?): 자는 사홍(士洪), 호는 호은(湖隱).

⑰ 정근혁(鄭根赫, 1852~?): 자는 경홍(敬洪), 호는 묵재(默齋).

⑱ 정은원(鄭殷源, 1855~?): 자는 은재(殷再), 호는 춘계(春溪).

32 창녕성씨(昌寧成氏)

① 성영원(成永元, 1848~?): 자는 태익(泰益), 호는 후탄(後灘).

33 창녕조씨(昌寧曺氏)

① 조의곤(曺毅坤, 1832~1893): 자는 사홍(士弘), 호는 동오(東塢). 고창(현 고창읍 월산) 출신.

② 조재곤(曺載坤, 1843~?): 자는 자후(子厚), 호는 온재(溫齋). 고창 출신. 『모양지』「학행(學行)」에 수록.

③ 조석휴(曺錫休, 1852~1922): 자는 이경(而敬), 호는 무당(無憂堂). 고창 출신.

34 청도김씨(青道金氏)

① 김문익(金文益, 1832~?): 자는 덕여(德汝), 호는 쌍오(雙梧). 무장 출신.

② 김이권(金以權, 1843~?): 자는 국형(國衡), 호는 정계(鼎溪). 무장 출신.

③ 김두홍(金斗泓, 1828~?): 자는 응칠(應七), 호는 송하(松下).

④ 김의수(金宜壽, 1803~?): 자는 중화(仲和), 호는 직당(直堂).

⑤ 김상오(金相五, 1827~?): 자는 양수(良守), 호는 근암(勤菴).

⑥ 김수익(金秀翊, 1832~?): 자는 덕여(德汝), 호는 쌍오정(雙梧亭).

⑦ 김이복(金以○, 1848~?): 자는 문영(文永), 호는 두곡(斗谷).

35 초계변씨(草溪卞氏)

① 변문화(卞文華, 1823~?): 자는 국언(國彥), 호는 월암(月巖). 고창 출신.

② 변숙규(卞淑圭, 1849~1921): 자는 사홍(士洪), 호는 방호(方壺). 고창 출신.

36 태인박씨(泰仁朴氏)

① 박종구(朴鍾九, 1829~?): 자는 시용(始庸), 호는 농아(聾啞). 고창 출신.

37 파평윤씨(坡平尹氏)

① 윤학규(尹學圭, 1845~?): 자는 사호(士浩), 호는 국헌(菊軒).

38 평산신씨(平山申氏)

① 신한균(申漢均, 1852~1907): 초명은 도균(燾均), 자는 의여(儀汝), 호는 오정(梧汀). 고창(아산면 오정동) 출신. 『모양지』「유행(儒行)」에 수록.

39 평택임씨(平澤林氏)

① 임노태(林魯泰, 1806~?): 자는 종원(宗元), 호는 금사(錦沙).

② 임기복(林基卜, 1828~?): 자는 현호(賢虎), 호는 은노(隱老).

③ 임기일(林基一, 1824~?): 자는 치화(致化), 호는 운소(雲霄).

④ 임기창(林基暢, 1846~?): 자는 찬문(贊文), 호는 죽강(竹岡).

⑤ 임기섭(林基燮, 1849~?): 자는 부문(夫文), 호는 농암(聾庵).

⑥ 임기주(林基周, 1857~?): 자는 호문(浩文), 호는 금암(錦菴).

⑦ 임양호(林養鎬, 1863~?): 자는 영경(英景), 호는 산은(山隱).

40 하동정씨(河東鄭氏)

① 정한동(鄭漢東, 1840~?): 자는 원서(元瑞). 고창 출신.

41 함양박씨(咸陽朴氏)

① 박영석(朴英錫, 1832~?): 자는 여화(汝華), 호는 소와(小窩).

② 박용순(朴龍淳: 1857~?): 자는 찬숙(贊淑), 호는 운은(雲隱).

③ 박인석(朴仁錫, 1860~1919): 자는 의여(義汝), 호는 서호(西湖).

42 함양오씨(咸陽吳氏)

① 오경헌(吳璟憲, 1830~?): 자는 경옥(璟玉), 호는 겸재(謙齋).

② 오규헌(吳奎憲, 1830~?): 자는 윤문(允文), 호는 입헌(立軒).

③ 오창헌(吳昌憲, 1836~?): 자는 치강(致岡), 호는 성재(省齋).

④ 오학헌(吳學憲, 1846~?): 자는 정규(正奎), 호는 금곡(琴谷).

⑤ 오도헌(吳燾憲, 1847~?): 자는 달수(達洙), 호는 죽사(竹史).

43 함평이씨(咸平李氏)

① 이인모(李仁模, 1840~?): 자는 치선(致善), 호는 평산(平山).

44 해주오씨(海州吳氏)

① 오성환(吳成煥, 1847~?): 자는 경백(敬伯), 호는 독성재(獨成齋).

45 해풍김씨(海豊金氏)

① 김창구(金昌龜, 1818~?): 자는 우서(禹瑞).

㊻ 관향미상

① 이병용(李炳容, ?~?): 본관 및 자호는 미상이나, 『송사유림연원록』에 기정진 연원으로 기록.

[자료(2)] 기정진의 고창지역 누정 편액시와 기문

취석정

취석정(醉石亭)은 노계(蘆溪) 김경희(金景熹, 1515~1575)가 1546년(명종 1) 고창군 화산리 호동(虎洞) 마을 입구 갈대가 즐비한 시냇가 바위 있는 곳에 세웠다. '취석'이란 본래 중국 여산(廬山)의 오유봉(五乳峯) 앞을 흐르는 강물 가운데 있는 반석을 가리킨다. 중국 진(晉)나라 도연명(陶淵明, 365~427)은 술에 취하면 이 반석에 누워 잤다고 하여 연명취석(淵明醉石)이란 고사가 생겼다.[1] 훗날

1) 중국 송나라 때 동파(東坡) 소식(蘇軾, 1036~1101)은 도연명의 권세와 타협하지 않는 꼿꼿한 삶을 한 편의 시로 승화시켰다. 시의 제목은 「취수자(醉睡者)」이다. 시의 세 번째 구절에서 취(醉)와 석(石)을 원용하여 '연명취석(淵明醉石)'이란 말이 나왔다. 도연명의 많은 작품 가운데 "취석(醉石)"과 연관된 시의 구절은 보이지 않는다. 소식의 시는 아래와 같다.
有道難行不如醉　도 있어도 행하기 어려우니 술취하느니만 못하고
有口難言不如睡　입 있어도 말하기 어려우니 잠자느니만 못하구나
先生醉卧此石間　선생이 취하여 이 바위에 누웠으니
萬古無人知此意　만고토록 이런 뜻 아는 사람 없어라

'취석'은 욕심 없이 한가로이 살아간다는 뜻으로 변하였다. 취석정 담장 안에는 고인돌로 보이는 일곱 바윗돌이 있는데 이를 칠성암(七星岩)이라 한다. 한 바위에는 김경희가 직접 쓴 '취석정' 글자가 새겨졌다.

호동마을에서 태어난 김경희는 일찍이 아버지 돈목재(敦睦齋) 김기서(金麒瑞, 1479~1549)의 학문에 큰 감명을 받았다. 그의 아버지는 불치하문(不恥下問)이란 성훈(聖訓)에 힙입어 3세 연하인 정암(靜庵) 조광조(趙光祖, 1482~1519), 10세 연하인 처남 학포(學圃) 양팽손(梁彭孫, 1488~1545)과 경전을 강마하며 도학정신(道學精神)을 지향하였다. 김경희는 외숙 양팽손에게 학문을 익혀 1534년 식년시에 합격하고 이어서 문과에 합격하였으나, 김안로(金安老, 1481~1537) 등의 농간으로 낙방하였다. 중종은 금으로 장식한 『두시전질(杜詩全帙)』을 하사하여 위로하였다. 그는 30세 때 세간의 불합리한 것을 목도하고 자연 속에 묻혀 유유자적한 삶을 그리는 시 한수를 지었으니, 「취석정」이 바로 그것이다. 1545년 을사사화가 일어나자 벼슬길에 나가는 것을 단념하고 향리로 은거하였다. 그는 도연명과 같이 취석정 담장 안 바윗돌에 앉거나 누워 시문을 지으며, 당시 둔암(鈍庵) 심광언(沈光彦, 1490~1568), 규암(圭菴) 송인수(宋麟壽, 1499~1547), 죽음(竹陰) 이만영(李萬榮, 1510~1547), 청사(淸莎) 정자(鄭滋, 1515

~1547), 양응정(梁應鼎, 1519~1581) 등의 제현(諸賢)들과 더불어 학문을 논하면서 후진 양성에 힘썼다.

취석정이 오랜 세월로 낡고 퇴락하자, 김경희의 후손들은 1871년 중건하고 기정진에게 기문을 청하였다. 기정진은 74세 때 「취석정기」를 지었다.

■ 기문

醉石亭記

緇衣曷云好賢? 以其敝予改爲也. 於他人賢者猶然. 賢祖嘉遯遺躅, 而可任其泯沒乎? 此金氏醉石亭之所以重建也. 金氏光山大族. 中世有爲松沙監務者, 牟陽於松沙鄰邑也. 牟陽之有金自此始. 嘉靖間,[2] 有光陵参奉諱麒瑞及其胤子蘆溪處士諱景熹, 以隱德連世著稱於鄉. 亭曰醉石, 蘆溪公所構也. 年久而墟, 獨其欹石一面, 刻醉石亭者, 猶舊樣耳. 子孫撫摩咨嗟, 經紀有年. 辛未春, 亭始落焉. 金氏不以余耄昏, 來謀所以記之者. 余謹復曰: "賢者所樂, 蓋難言也. 昔人之言, 亦有然而未盡然者. 如曰醉翁之意不在酒固然, 曰在乎山水之間則未必然. 繼曰山水之樂, 得之心而寓之酒, 則大然中有大不然. 其實樂非但不在酒, 亦不在山水. 山水之樂亦寓耳.[3] 酒是寓之寓也." 以此言之, 蘆溪公之醉一寓也, 石一寓也, 亭又一寓也. 過了幾重寓而有亭屹然. 今金氏之所重建是

2) 嘉靖: 『蘆沙集』에는 "明宣"으로 쓰였다.

3) 이는 송나라 歐陽修가 지은 「醉翁亭記」의 글〔醉翁之意, 不在酒, 在乎山水之間也, 山水之樂, 得之心而寓之酒也〕에서 원용한 듯하다. 醉翁은 구양수의 별호이기도 하다.

也. 若其所寓之實, 蘆溪公已捲而去矣. 吾未知重建者何人也. 吾所爲金氏願者, 勿謂吾亭已成, 更謀所以進乎此者, 則其於似述之道庶幾乎![4] 請以是爲記. 是歲重陽日, 鄰邑人, 奇正鎭記.

〖번역문〗 취석정 기문

『시경』「치의(緇衣)」 편을 무엇 때문에 어진 이를 좋아하는 글이라고 하였겠는가? 옷이 해지면 다시 고쳐 만들기 때문이다.[5] 다른 사람의 어진 이에게도 오히려 그러하거늘, 어진 선조의 아름다운 은둔과 남겨진 자취를 그 사라지도록 내버려 둘 수 있겠는가? 이것이 김씨가 취석정을 중건한 까닭이다.

김씨는 광산(光山)의 대족(大族)으로, 중세에 송사(松沙)[6] 감무(監務)를 지낸 분[7]이 있었는데 모양(牟陽)[8]은 송사의 이웃 고을이다. 모양에 김씨가 살게 된 것은 이로부터 시작되었다. 가정(嘉靖)[9] 연간에 광릉(光陵) 참봉 휘 기서(麒瑞)와 그의 아들 노계처사(蘆溪處士) 휘 경희(景熹)는 숨은 덕(德)으로 대를 연이어 고을에서 저명하였다. 누정은 취석정이라 하였는데 노계공이 창건한 것이다. 세

4) 似述: 似는 잇는다는 뜻으로 繼와 같다. 繼述은 조상의 뜻과 사업을 대대로 이어 나감을 말한다. 『中庸章句』「第19章」: 夫孝者, 善繼人之志, 善述人之事者也. 참조.

5) 『詩經』 卷4 「鄭風·緇衣」: 緇衣之宜兮, 敝予又改爲兮. 適子之館兮, 還予授子之粲兮. 참조.

6) 松沙: 현 고창군 무장면을 가리키다.

7) 金仁雨를 가리킨다. 김인우는 평소 왕에게 직언을 많이 하였다. 1374년 장사현과 인접한 무송현을 함께 관할하는 長沙監務로 좌천되어 고창 지역으로 내려오면서 광산김씨 입향조가 되었다.

8) 牟陽: 현 고창군의 옛이름이다.

9) 嘉靖: 중국 명나라 세종의 연호로 1522년부터 1566년까지이다.

월이 오래되어 터만 남았으나, 유독 그 기울어진 바위 한쪽 면에 '취석정'이라고 새겨진 것은 여전히 옛 모습일 뿐이었다. 자손들이 어루만지며 한숨짓고 탄식하다가 중건을 계획한 지 몇 년 지나 신미년(1871) 봄에 정자가 비로소 낙성되었다.

김씨는 나를 연로하고 정신이 혼미하다고 여기지 않고, 찾아와 기문 지어줄 것을 도모하였다. 내가 삼가 아뢰기를 "어진 사람이 즐기는 바는 대개 말하기 어려운 일이다. 옛사람의 말도 또한 그렇기도 하지만 죄다 그렇지만도 않은 것들이 있다. 만일 취옹(醉翁)의 뜻이 술에 있지 않다고 하면 진실로 그러하겠지만, 산수(山水)의 사이에 있다고 하면 반드시 그렇지만도 않을 것이다. 이어서 산수의 즐거움도 그 마음에서 체득하여 그 술에 깃들었다고 하면 대단히 그러한 가운데 매우 그렇지 않은 것이 있을 것이다. 그 실제로는 즐거움이 술에 있지 않을 뿐만 아니라 또한 산수에도 있지 않은 것이니, 산수의 즐거움도 깃든 것일 뿐이다. 술은 깃들고 있는 것 가운데 깃든 것이다. 이것으로 말하면, 노계공이 '취(醉: 술취함)'에 한 번 깃든 것이고, 돌에 한 번 깃든 것이며, 정자에 또 한 번 깃든 것이다. 몇 번 깃든 것을 거쳐서 정자가 우뚝 서 있으니, 지금 김씨의 중건한 바가 이것이다. 그 깃든 바의 실질과 같은 것은 노계공이 이미 거두어 갔을 것이다. 나는 중건한 사람이 어떤 사람인지 알지 못하겠도다. 내가 김씨를 위해 원하는 것은 우리 정자가 이미 이루어졌다고 말하지 말고, 다시 여기서 나아갈 것을 도모한다면 그 계술(繼述)하는 방도에 거의 가까울 것이다."라고 하였다. 이것을 기문으로 삼기를 청한다.

이 해[신미년] 중양일에 이웃 고을 사람 기정진은 기문을 짓다.

두암초당

두암초당(斗巖草堂)은 고창군 아산면 반암리에 있다. 호암(壺巖) 변성온(卞成溫, 1540~1614)과 인천(仁川) 변성진(卞成振, 1549~1623) 형제가 만년에 이곳 초당에서 학문에 전념하였다. 변성온은 일찍이 하서(河西) 김인후(金麟厚, 1510~1560)에게 학문을 닦고 퇴계(退溪) 이황(李滉, 1501~1570)과 교류하기도 하였다. 변성온은 인품이 곡식 분량을 재는 말[斗]과 같이 치우치지 않았다고 하여 호를 두암(斗巖)이라 하였다고 한다. 기정진은 이곳을 내방하여 「호암초당중수운(壺巖草堂重修韻)」이란 시를 지었다. 현재 편액은 제목이 「근차호암초당운(謹次壺巖艸堂韻)」이다.

桂樹之稠山色幽	계수나무 빽빽하여 산 빛이 그윽한데
依然招隱琴中遊	여전히 초은곡 튕기며 거문고 속에서 노니네
危梯優入三層壁	높은 사다리 삼층의 벽 오르기에 넉넉하고
滴霤平連九曲洲	떨어진 낙수 구곡 물가에 평평히 닿아 있네
凉笠餘光雲水白	서늘한 갓에 남은 빛 구름과 물처럼 희고
雪門舊訣淵冰留	입설한 문의 옛 지결 연빙에 남아 있네
塗茨是日斯文感	흙 지붕 이는 이날 우리의 도 느끼나니
吾祖當年約共修	우리 선조 그 당시 함께 수학하기를 약속했었네

계당정

계당정는 계당(溪堂) 정회찬(鄭晦燦, 1759~1831)이 1800년 무렵 고창군 성송면 계당리 2번지에 건립하였다. 성송면 괴치(槐峙)에서 태어난 그는 같은 면 용계(龍溪)로 이거하였다. 일찍이 가학으로 글을 접한 정회찬은 부친 정달수(鄭達壽)의 권면에 힘입어 13세 때 종숙 이재(頤齋) 정인수(鄭仁壽)에게 글을 배워 학문이 일취월장하였다. 몇 차례 과거에 응시하였으나, 시험이 오히려 학문을 그르친다는 것을 깨달은 후 뜻을 접고 향리에 계당정을 짓고 경전과 성리학에 전념하였다. 가세가 넉넉하지 못하면서도 흉년이 들면 집안 혈족과 고을 백성을 구휼하였고, 길을 가다가 배가 고픈 자를 만나면 집으로 데리고 와서 음식을 먹여 보내기도 하였다. 고을의 미풍풍속을 바로잡기 위해 향음주례(鄕飮酒禮)를 실시하고 향약(鄕約)을 만들어 실행하기도 하였다. 만년에는 강재(剛齋) 송치규(宋穉圭, 1759~1838)와 교유하며 많은 시문을 남겼다. 이러한 연유로 마을 이름은 그의 호 계당으로 바뀌었다. 계당정에서 시문을 지으며 후학을 양성하던 그는 성리학에서 리와 기의 상호작용을 불이 일어나는 것에 비유하여 지은 「노화설(爐火說)」이 있고, 존양(存養)과 성찰(省察)을 음양의 동정과 사물의 본말에 결부시켜 지은 「답존양성찰전후설(答存養省察前後說)」이 있다. 그의 글은 적지 않았으나, 화재로 소실되었다. 기정진은 그의 증손자 정희청(鄭希淸)의 요구에 계당정팔영(溪堂亭八詠)을 차운하여 시를 짓고,[10] 1858년 『계당집』이 간행될 때 발문을 짓기도 하였다.[11]

---

10) 溪堂亭八詠은 네 글자로 된 소제목이 있으니, ① 九皇歸雲, ② 三台落照,

■ 시문

鄭氏溪堂八詠, 曩時諸名勝多和者, 忘醜步次非敢曰: "道得溪堂, 公意中事, 聊以塞希清之求."

정씨의 계당 팔영은 지난번에 모든 명사들이 많이 화답을 했는데, 부족함을 잊고 운을 맞추어 보았다. 감히 "계당옹의 마음 속 생각을 말했다"라고 할 수가 없으나 그저 희청의 요구에 응해주며

歸雲

睡穩忘開迎客扉　평온한 잠에 빈객 맞을 사립문 열기 잊으니
年來三逕轉依微　근래에는 세 오솔길 더욱 희미해져 가네
世間絕少無心物　세간에는 무심한 물건들 매우 적으니
靡爾山雲誰與歸　너의 산과 구름 아니면 뉘와 돌아갈까

落照

平原誰道落三台　평원에 뉘 삼태산으로 해 떨어짐 말하는가
每向山翁好面開　산 속 늙은이에 향할 적마다 좋은 얼굴로 대하네
頗怪東坡晩色紫　자못 동쪽 언덕에 저문 자줏빛 괴이하게 여겼더니
應知夕照穿林來　응당 저녁 낙조 숲 뚫고 왔음을 알리라

霽月

午夜明生九曲溪　한밤중 밝은 달빛 구곡 시내에 생기니
茅廬忽若鏡中棲　초가집 홀연히 거울 속 집과 같다네
憐渠瑩淨元如許　어여뻐라, 저 맑고 깨끗함 원래 이러하나

③ 龍溪霽月, ④ 蛙巖鎖煙, ⑤ 煙郊牧笛, ⑥ 雨田農家, ⑦ 晴川盤石, ⑧ 懸崖瀑布 등이다. 기정진의 문집에는 소제목의 앞 두 글자는 없다.

11) 기정진의 문집에는 鄭悔燦의 高祖 鄭敏周의 비문 「六松鄭公碑陰記」가 있으나, 이 글은 번역하지 않았음을 밝힌다.

枉被前宵風雨迷　잘못 지난밤 풍우로 어두워졌구나

鎖煙

水氣山光不暇眠　물 기운 산 빛에 잠 잘 겨를 없으니
浮生惟我獨勞賢　덧없는 삶 나 홀로 어질어 수고롭구나
朝朝暮暮莽蒼外　아침마다 저녁마다 아득한 들녘 밖에
誰復橫鋪一帶煙　누가 다시금 안개 쭈욱 걸쳐 놓았는고[12)]

牧笛

短笛晩風水草交　짧은 피리소리 저녁바람에 수초에 스쳐가니
初齊楊柳不勝巢　막 싹튼 버드나무엔 둥지조차 지을 수 없네
牧兒爵祿元無戀　목동들 벼슬엔 원래 연연해하지 않았으니
此曲非傳叩角郊　이 곡조 고각소리 들녘에는 전하지 않는구려

農歌

歲月驅人成老農　세월은 사람 몰아 늙은 농부 되니
花謠土鼓慣民風　꽃노래 질장구 민요소리에 익숙하네
盛時飮水猶甘樂　성대한 시절 물만 마셔도 오히려 즐거움 빠지니
一雨身將含哺翁　한 차례 빗줄기에 이 몸 장차 함포옹[13)] 되려는구나

盤石

鎭日徘徊頫逝川　온종일 배회하며 흘러가는 냇물 굽어보니
履綦斑作石頭圓　신발 흔적 돌머리에 동그란 무늬 되네
青山自與囂塵隔　푸른 산은 절로 시끄런 속세와 떨어졌으니
太古蒼縫氣味專　아주 옛날 바윗돌 그 모습 오롯하구나[14)]

12) 『고창의 정자문화』에는 "一帶"를 "淡色"으로 되었다.
13) 含哺: 含哺鼓腹의 줄인말로, 배불리 먹고 즐겁게 노는 것을 의미한다.
14) 蒼縫: 돌이 마치 이끼가 끼여 푸르고 꿰맨 듯 얽히고설켜서 바윗돌을 뜻한다.

瀑布

氷溜一條分外佳	고드름 한 줄기 분수에 넘치게 아름다우니
溪心從此向天涯	시냇물 중심이 이곳에서 하늘 가로 향하는구나
鷗鷺尋常深處浴	갈매기 해로라기 늘 깊은 데서 목욕하는데
源頭豈識出懸崖	근원이 낭떠러지에서 나옴을 어찌 알겠는고?

■ 기문

跋溪堂集

溪堂鄭公遺集讎校之役, 正鎭以謏寡不敢, 然留案旣久, 翫繹則有矣. 方其還瓻,[15] 其可無一語乎? 大抵公之爲詩文氣也. 歷世文章, 孰非氣之所發? 而乃於公之詩文云爾者有說焉. 蓋自科擧之門開, 而時文之弊興, 夙宵所磨琢者, 不敢從吾之好, 而惟他人之好是從. 積以年歲, 胷中直氣, 斲喪無餘. 試使若人操觚弄墨,[16] 非不贍麗圓滑. 其如經霜之花卉, 生意已絶, 何哉? 公之少日, 蓋亦從事於時文, 而旋卽不屑, 其所養可知也. 是以其發於言語文字者, 皆從吾所好, 無婉孌求合意, 夫是之謂氣也. 讀公遺文者, 必有悟余言之不阿者. 公之冢曾孫希淸, 種學績文,[17] 綽有地步. 公

---

15) 還瓻: 직역하면 술 단지를 돌려준다는 말이다. 이는 옛날 말에 남에게 책을 빌려 갈 적에 술 한 병을 선물로 주고, 돌려줄 적에도 술 한 병을 선물로 주어 보답한다는 의미이다.

16) 操觚弄墨: 붓 또는 종이를 잡고 먹물을 놀린다는 말이다. 이는 문사들이 필묵을 놀리며 시를 짓는 것을 의미한다. '觚'는 '목간고'·'칼자루고'로도 훈독한다. 목간은 글씨를 적는 나뭇조각〔대나무조각〕인데 종이가 나오면서부터 '觚'는 종이의 의미도 포함된 듯하다. 칼자루는 의미가 변화하여 붓자루로 쓰였다.

17) 種學績文: 학식을 쌓고 문장을 갈고닦는다는 뜻이다. 이는 당나라 韓愈가

之十毋十必, 不墜於地決矣. 異日收拾草本, 成就完袠, 將在斯人. 吾雖老不及見, 猶惓惓焉.

〖번역문〗『계당집』[18] 발문

계당(溪堂) 정공(鄭公)의 유집 교열의 일은 내가 부족해서 맡을 수 없었으나, 책상에 둔 지가 이미 오래되어 완미하며 궁구한 것은 있었는데, 바야흐로 책을 돌려보낼 적에 어찌 한 마디 말이 없을 수 있겠는가? 대저 공이 시문을 지은 것은 기세이다. 역대 문장은 어느 것이 기세의 발현이 아니겠는가마는, 이에 공의 시문에 대해서 그렇게 말한 것에는 할 말이 있다. 대개 과거의 문이 열리면서부터 당시 시문의 폐단이 일어나, 밤낮 노력해서 시문 공부하는 것은 감히 내가 좋아하는 것을 좇지 않고 다른 사람이 좋아하는 것만 좇았으니, 여러 해가 쌓여 흉중의 곧은 기운이 여지없이 깎여 없어지게 되었다. 시험삼아 사람들로 하여금 당장 종이를 펴놓고 글을 짓게 한다 하더라도 아름답고 화려하며 원활하지 않음이 없을 것이나, 그것이 서리 맞은 꽃과 같아 생기가 이미 끊어진 것은 무슨 까닭인가?

공이 젊은 날에는 대개 당시 문장에도 종사하였으나 재빨리 마음을 바꿔 그것을 좋아하지 않았으니, 그 수양한 바를 알 수 있

지은 「藍田縣丞廳壁記」에서 원용한 것이다. 글 내용은 다음과 같다. "박릉 최사립이 학식을 쌓고 문장을 갈고닦아 그 실력을 쌓아가니 큰 물이 넘쳐 흘러가듯 날로 커져서 퍼져나갔다〔博陵崔斯立種學績文, 以蓄其有, 泓涵演迤, 日大以肆〕."

18) 『계당집』은 7권 3책 목활자본으로, 아들 鄭龜奎가 편집해두었던 것을 1858년(철종 9) 증손 鄭希淸이 간행하였다.

다. 그래서 그 언어문자로 드러난 것은 모두 내가 좋아하는 바를 좇았고 아름답게 꾸며 남의 뜻에 맞추는 것이 없었다. 무릇 이것을 기세라고 하는 것이다. 공의 유문(遺文)을 읽은 사람은 반드시 내 말이 아부하지 않았다는 것을 깨달음이 있을 것이다. 공의 적장자 증손 희청(希淸)은 학문을 갈고닦아 넉넉히 경지가 있으니, 공의 십무(十毋)[19]와 십필(十必)[20]은 결코 땅에 떨어지지 않을 것이다. 다른 날에 초본을 수습하여 완질(完袠)을 이루는 것은 장차 이 사람에게 있을 것이다. 내가 비록 늙어서 미처 보지 못하게 되더라도 오히려 그렇게 되기를 바라는 마음은 간절하다.

매월정

매월정는 농아(聾啞) 박종구(朴鍾九, 1829~1918)가 선조와 조부를 추모하며 새롭게 단정한 누정이다. 그의 선조 가운데 매월헌(梅月軒) 박기호(朴奇琥, 1598~1678)는 고창 노동에 입향한 태인박씨(泰仁朴氏) 첫 번째 인물로, 병자호란 때 의병과 군량미를 모아 서울로 향하다가 화의(和議) 소식을 접하고 향리로 돌아와 조용히

19) 十毋: 鄭悔燦이 열 가지 금지조항으로 자손을 훈계하기 위해 지은 「十毋字遺戒」를 가리킨다.
20) 十必: 정회찬이 열 가지 실천조항으로 자손을 훈계하기 위해 지은 「十必字遺戒」이다.

은거하여 선비의 풍도를 지켰다. 마을 앞쪽 구릉에 심은 한 그루 가래나무가 몇 해 안되어 무성하자, 그는 인근의 선비들과 교류하면서 문풍을 일으키기도 하였다. 그의 6대손 지재(止齋) 박수방(朴壽邦, 1755~1829)은 가문을 중흥시키며, 선조의 자취가 있던 곳에 가래나무 40여 그루를 심었다. 나무숲이 무성하고 조밀하여 한여름 녹음이 짙어 햇빛이 뚫지 못할 정도여서 휴식하기가 좋았다. 그 주변의 여러 자연석 큰 돌 가운데 반들반들한 돌에다 19줄의 괘선을 그어 바둑판을 조성하여 선조가 물려준 그늘을 즐기려 하였다. 당시 나주오씨 오금원(吳錦源)·진주정씨 정중현(鄭重賢)과 삼노회(三老會)를 맺고 시주(詩酒) 및 거문고·바둑으로 여생을 보냈다. 그의 조카 박종구는 선조의 뜻을 이으면서 기정진에게 나아가 학문을 익혔고, 말년에는 동오(東塢) 조의곤(曺毅坤)·춘장(春莊) 유경선(柳暻善)·농와(農窩) 김상준(金相晙) 등과 시를 읊으며 소일하였다. 특히 화전(火田)을 일구어 가산을 증식시켰고, 마을 사람들이 항산(恒産)을 갖도록 공덕을 베풀며 90세까지 살았다.

박종구는 가산을 출연하여 선조들이 조성한 숲을 단정하고 누정를 새롭게 건립하였다. 밀양박씨 족보에 의하면 추모정(追慕亭)을 고치고 단장하였다고 한다. 기정진이 기문 제목에서 언급한 '신정(新亭)'과 내용에서 그의 선조는 누정을 짓지 않았다는 것을 보면 누정다운 누정이 없었음을 암시할 것이다. 박종구는 스승 기정진에게 기문을 청하고, 선조 박기호를 기리기 위해 그의 호를 따서 '매월정'이라 이름하였다. 기정진은 1871년 기문을 지었다. 누정은 본래 저수지 안쪽에 자리하였는데, 낡고 훼손되어 1923년 중수하였다.

마을 앞에는 노동제(蘆洞堤)가 있었는데 장마철만 되면 물이 넘쳐 누정과 그 주변이 자주 피해가 있었다. 1951년 저수지 관개용수 사업으로 인하여 현재의 곳으로 옮겼다.

▪ 기문

蘆洞朴氏新亭記

走少也一過蘆洞, 見其山不甚高而蒼然以圍, 谷不甚長而窈然以曲. 桑麻黍稌, 具體而微; 林木之間, 籬落隱映.[21] 庶幾其間有澗阿陸之碩人乎![22] 而惜乎未之見也. 今年因蘆虎二洞新亭對起,[23] 始聞金朴兩姓先德爲詳. 雖古今不同時, 足驗向也庶幾遇者爲不妄. 金亭不揆耄昏, 先已泚筆.[24] 今朴氏重有請焉, 辭之則疑有薄

21) 籬落: 집이나 일정한 공간의 둘레에 담 대신에 풀이나 나무 따위를 얽어서 경계를 지어 막은 구조물을 말한다.

22) 『詩經』「衛風·考槃」: 考槃在澗, 碩人之寬. 獨寐寤言, 永矢弗諼. 考槃在阿, 碩人之薖. 獨寐寤歌, 永矢弗過. 考槃在陸, 碩人之軸. 獨寐寤宿, 永矢弗告. 참조.

23) 對起: 마주하여 서 있다는 뜻이다.

24) 泚筆: 붓에 맑은 먹물을 적신다는 말이나 여기서는 글을 짓는다는 뜻이다.

厚.[25] 謹按其家乘, 朴氏先居長城, 入高敞亦數世. 有諱奇琥公始居蘆洞. 公素著文行. 嘗募兵糧, 赴丙子義旅, 旣不遂矣. 則托兹山以肥隱.[26] 始至之初, 占不食一堆, 手植一梓. 不幾年, 枝葉茂密, 有賓客至, 則輒曰吾有凉亭一區, 盍往觀乎? 後先至樹陰下, 班荊而坐[27], 陶然相樂, 盡日而歸. 未論他事, 只此一段興味, 非有古隱士風度不能. 勿剪之戒,[28] 傳至六世孫壽邦, 加封植焉.[29] 凡爲梓者四十餘根, 盛夏陰濃, 日光不透. 又以自然石, 剜爲十九路, 置之其間. 蓋欲與遠近朋友, 樂祖先之遺陰也. 又二世而新亭起焉, 來告者朴君宗九也. 余告朴君, "人情日遠則忘, 君家桑梓之敬, 數百年而不替, 至於立亭以壽其傳, 追遠之厚, 非君家伊誰?" 雖然, 吾竊有爲君憂焉. 君之先世, 非不知世間有塗墍茨瓦而必樹

25) 疑有薄厚: 직역하면, 엷고 두터움이 있음을 의심한다는 뜻이다. 여기서는 누구에게는 글을 지어주고 누구에게는 지어주지 않아 소홀하게 여기는 것으로 의심한다는 의미이다.

26) 肥隱: 肥遯과 같은 말로, 은둔하며 한가로이 사는 것을 말한다. 『周易』「遯卦」: 上九: 肥遯, 无不利. 참조.

27) 班荊: 옛 친구와 길에서 만나 기쁜 정을 나누는 것을 말한다. 춘추 시대 초(楚)나라 오거(伍擧)가 정(鄭)나라 도망쳤다가, 다시 진(晉)나라로 망명하려고 하였다. 채(蔡)나라 성자(聲子)도 장차 진나라로 가려고 하였다. 두 사람은 이전부터 세교(世交)를 맺고 있었는데, 우연히 정(鄭)나라 교외에서 만나 잡풀을 깔고 앉아서 그 옛이야기를 정답게 주고받았다. 이 고사에서 유래한 것이다. 『春秋左氏傳』 襄公 26年 참조.

28) 勿剪: 옛사람의 자취를 훼손하지 않고 잘 보존하는 것을 말한다. 『시경』「감당(甘棠)」의 "무성한 감당나무를 자르지도 말고 베지도 말라. 소백께서 머무셨던 곳이니라[蔽芾甘棠, 勿翦勿拜. 召伯所說.]"라는 말에서 나온 것이다. 이 시는 주나라 소백인 소공(召公) 석(奭)이 남국을 순행하면서 문왕의 정사를 널리 펼친 데 대하여 백성들이 그의 덕정(德政)을 추모하며 찬미한 것이다.

29) 封植: 봉문을 높이 쌓고 나무를 심는 것을 의미한다. 여기서는 흙을 쌓아 나무를 심는 것을 말한다.

陰之取, 非不知有紋楸而必石面之刻, 非不知有簟席而必班荊之安. 無乃願迴橧巢之風,[30] 同醉汙抔之飮, 相忘於鶉鷇之世也歟?[31] 今樹陰之下, 疊以茨瓦. 少焉棋必紋楸, 坐必簟席, 或以爲遁天離眞, 非其先祖相傳心法, 則若之何? 宗九瞿然曰: "然則吾之起亭, 非歟?" 余反而解之曰: "無傷也. 君不見經文之有註疏歟? 經文甚簡, 而註疏不得不繁. 蓋以今人之語, 解古人之意, 其勢應爾. 君之先祖所行, 譬則經文也; 君家今日之所建立, 譬則註疏也. 其意若曰前人之植木, 卽今人所謂塗墍茨瓦也; 前人之石局, 卽今人所謂紋楸也; 前人之班荊, 卽今人所謂簟席也. 彼此相形而前人之德益彰, 登此亭而不知此者, 卽周公所言昔之人無聞知者[32], 何足道何足道? 請書此以爲之記. 辛未月日, 幸州奇正鎭記.

〖번역문〗 노동박씨 신정 기문

젊었을 적에 노동(蘆洞)을 한 번 지나갔는데, 그 산은 그리 높지 않지만 나무들이 고색창연하게 둘러싸였고 골짜기는 그다지 길지 않지만 그윽히 굽이친 것을 보았다. 뽕나무와 삼나무, 기장

---

30) 橧巢: 태고의 임금들이 거주했다는 새둥지처럼 허름한 집을 가리킨다. 『예기』「예운(禮運)」에 "옛날 선왕이 집이라는 것을 가지고 있지 않았을 때에는, 겨울엔 동굴에서 살고 여름엔 나뭇가지를 모아 만든 보금자리 위에 누워서 지냈다〔昔者, 先王未有宮室, 冬則居營窟, 夏則居橧巢.〕"라는 말이 있다.

31) 鶉鷇: 일정한 거처 없이 간편하게 생활하는 것을 말한다. 『장자』「천지(天地)」 편에 "성인이란 메추라기처럼 일정한 거처도 없고 새 새끼처럼 부실하게 먹는다. 그러면서도 새처럼 날아다니면서 행적을 남기지 않는다〔夫聖人鶉居而鷇食, 鳥行而毋彰.〕"라는 말이 있다.

32) 昔之人無聞知: 이는 『서경』「무일(無逸)」 편의 글〔相小人, 厥父母勤勞稼穡, 厥子乃不知稼穡之艱難. 乃逸乃諺旣誕, 否則侮厥父母曰: "昔之人無聞知."〕을 원용한 것이다.

과 벼들도 모습을 갖추었으나 크기는 작았다. 나무숲 사이로는 울타리가 은은하게 비치고 있었는데, 거의 그 틈 사이에 시냇가·언덕·땅에서 은거하는 현인이 있을 듯하였지만 애석하게도 보지 못하였다.

금년 노동(蘆洞)과 호동(虎洞) 두 마을에서 새롭게 단장한 정자가 마주하여 서있는 것으로 인하여, 비로소 김씨와 박씨 두 성씨의 선덕(先德)을 상세히 듣게 되었다. 비록 옛날이나 지금은 때가 같지 않으나, 예전에 만나려고 한 것이 망녕되지 않았음을 족히 징험하였다. 김씨의 정자 기문은 연로하고 정신이 혼미하다는 것을 헤아리지 않고 먼저 이미 글을 지었다. 이제는 박씨가 거듭 기문을 청함이 있었는데, 내가 사양하면 박대하고 후대함이 있을 듯하였다.

삼가 그 가승(家乘)을 살펴보니, 박씨는 선대가 장성(長城)에서 살다가 고창에 입향하였고, 또한 몇 대가 지나서 휘 기호(奇琥)라는 분이 비로소 노동에 거주하였다. 공은 평소 문장과 덕행으로 저명하였는데, 일찍이 의병과 군량을 모아 병자호란 때 의병대로 나간 적이 있으나 이미 이루지 못하였다. 그렇게 되자 곧 이 산에 의탁하여 깊이 은둔하였다. 처음 이르렀을 초기에는 농사짓지 못할 언덕 한 쪽을 차지하여 손수 가래나무 한 그루를 심었다. 몇 해가 안 되어 가지와 잎이 무성하고 빽빽하였다. 빈객들이 이르면 그때마다 말하기를 "나에게 시원한 정자 한 채 있는데 어찌하여 가서 보지 않겠습니까?"라고 하고서, 앞서거니 뒤서거니 하며 나무 그늘 아래 이르러 잡풀을 깔고 앉아서 흐뭇하게 서로 즐거워하다가 날이 저물어 돌아갔다. 다른 일들은 아직 말하지 않았지만, 단지 이 흥미 한 토막만은 옛 은사(隱士)의 풍도가 아니면 할 수 없는 것이었다.

"무성한 나무 자르지 말라[勿翦]"는 훈계는 전해져 6세손 수방(壽邦)에 이르러, 흙을 높이 쌓고 나무를 더 많이 심었다. 무릇 가래나무가 40여 그루가 되어, 더위가 왕성한 한여름엔 그늘이 짙게 깔려 햇빛이 들지 못하였다. 또 천연 그대로의 돌을 깎아내 열아홉 줄 바둑판을 만들어 그 사이에 두었으니, 아마도 멀고 가까운 벗들과 함께 선조가 남겨준 그늘을 즐기려 하였을 것이다.

또 2대 뒤에 새로운 정자가 세워졌다. 이 일을 내게 와서 알린 사람은 박종구(朴宗求) 군이었다. 내가 박군에게 말하기를, "사람의 정은 세월이 멀어지면 잊어버리는데, 그대 집안은 뽕나라와 가래나무에 대한 경건함이 수백 년이 지나도 바뀌지 않아 정자를 세워 그 오래도록 전해지기에 이르렀으니, 먼 선조를 추모하는 두터운 마음은 그대 가문이 아니면 그 누구이겠는가? 비록 그렇기 하나, 내가 그윽이 그대를 위하여 걱정하는 바가 있다. 그대의 선대는 세간에서 벽에 흙 바르고 기와로 지붕을 덮는 것을 모르지 않지만 반드시 나무 그늘을 취하였고, 무늬 있는 바둑판이 있는 것을 모르지 않지만 반드시 돌 윗면에 새겼으며, 대자리가 있는 것을 모르지 않지만 반드시 잡풀을 편안하게 여겼으니, 아마도 소박하게 섶으로 집짓는 풍속으로 돌아가기를 원하고, 움푹 패인 땅을 술단지로 삼아 술을 마시며 함께 취하여 일정한 거처 없이 간편하게 사는 세상에서 서로 잊으려 한 것이 아니었겠는가? 오늘날 나무 그늘 아래에는 겹겹이 기와로 지붕을 덮었고, 조금 뒤에는 바둑 둘 적에 반드시 무늬 있는 바둑판이었으며, 앉을 적에는 대자리를 깔았다. 어떤 사람은 하늘의 도에 위배하고 진실함에서 떨어져 그 선조가 서로 전한 마음의 법이 아니라고 한다면 어떻게 할 것인가?"라고 하였다. 종구가 깜짝 놀라며 말하기를 "그렇다면 우리가 정자를 세운 것이 잘못된 것입니까?"라고 하였다.

나는 반대로 해석해 주기를 "이치에 잘못될 것은 없다. 그대는 경문에 주소(註疏)가 있음을 보지 못했는가? 경문은 매우 간단하여도 주소는 번다하지 않을 수가 없다. 아마도 지금 사람의 말로 옛 사람의 뜻을 해석한다면 그 형세는 마땅할 뿐이다. 그대의 선조가 행한 것은 비유하자면 경문이고, 그대의 집안에서 오늘날 건립한 것은 비유하자면 주소이다. 그 뜻이 만약 '이전 사람이 나무를 심은 것은 곧 지금 사람의 이른바 벽에 흙 바르고 기와로 지붕을 덮었다는 것이고, 이전 사람이 돌 바둑판을 만든 것은 곧 지금 사람의 이른바 무늬 있는 바둑판이며, 이전 사람이 잡풀을 깔고 앉은 것은 곧 지금 사람의 이른바 대자리이다'라고 한다면, 이것과 저것의 차이를 서로 나타내어 이전 사람의 덕이 더욱 드러날 것이다. 이 정자에 올라 이를 알지 못하는 자는 곧 주공(周公)이 말한 바 '옛 사람들은 들어서 아는 것이 없다'는 것이니, 어찌 말할 것이 있겠는가? 어찌 말할 것이 있겠는가?"라고 하였다. 이 글 내용을 써서 그 기문으로 삼기를 청한다.

신미년(1871) 모월 모일에 행주 기정진이 기록하다.

동오정

동오정은 조의곤(曺毅坤, 1832~1893)이 고창군 고창읍 월산리 산자락에 건립한 정자이다. 그 주변은 반등산 아래 물과 돌, 폭포와 연못이 별천지를 이룰 정도로 아름다웠다. 그는 16세 때부터 기정진의 문하에서 학문을 닦았는데, 39세(1870년) 무렵 조그마한 동오정을 세워 연학에 매진하였다. 기정진은 제자가 정자를 지었다는 소식을 접하고 73세(1870년) 때 「동오기(東塢記)」를 지어 주었다. 조의곤은 그곳에서 후학을 양성하며 학인들과 교류하였다. 1885년 보수된 정자는 본래 창령조씨 세천비(世阡碑)가 있던 곳에 자리하였다. 동오정 편액은 흥선대원군 석파(石坡) 이하응(李昰應, 1820~1898)이 썼으나 애석하게도 원본은 사라졌다. 면암(勉庵) 최익현(崔益鉉, 1833~1907)이 지은 차운시를 비롯한 여러 학인들의 시가 정자 내부에 걸려 있다. 2008년 온천 개발 및 골프장 건립으로 현재 구 고창동초등학교 뒤쪽에 자리하고 있다.

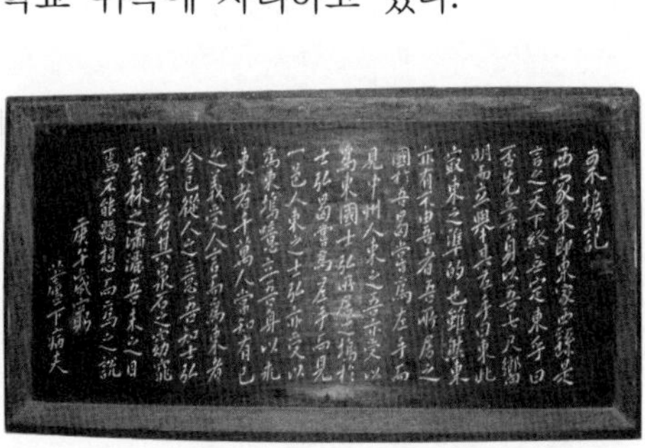

■ 기문

東塢記

西家東, 卽東家西. 繇是言之, 天下終無定東乎? 曰否. 先立吾身, 以吾七尺, 嚮明而立. 擧其左手曰東, 此最東之準的也. 雖然, 東亦有不由吾者, 吾所居之國, 於吾曷嘗爲左手, 而見中州人東之, 吾亦受以爲東國. 士弘所居之塢. 於士弘曷嘗爲左手, 而見一邑人東之? 士弘亦受以爲東塢. 噫! 立吾身以求東者, 千萬人常知有己之義;[33] 受人言而爲東者, 舍己從人之意. 吾知士弘免矣. 若其泉石之窈窕[34]·雲林之瀟灑[35], 吾未之因焉. 不能懸想而爲之說.

庚午歲窮, 蘆下病夫.

〖번역문〗 동오정 기문

서쪽 집의 동쪽은 곧 동쪽 집의 서쪽이다. 이것으로 말미암아 말한다면, 천하에는 마침내 정해진 동쪽이 없는 것인가? 아니라고 말하겠다. 먼저 내 몸을 세워 나의 일곱 자 된 몸이 밝은 곳을 향하여 서서, 그 왼손을 들어 동쪽이라고 한다면 이것이 가장 동쪽의 표준이다. 비록 그러하나, 동쪽 또한 나를 연유하지 않는 것이 있다. 내가 사는 나라가 나에게 어찌 일찍이 왼손이 되었겠는

33) 이는 『心經』 卷3 「孟子牛山之木章」에서 魯齋 許衡의 글〔靜而敬, 常念天地鬼神臨之, 不敢少忽, 動而敬, 自視聽色貌言事疑忿得一一省察, 不要逐物去了, 雖在千萬人中, 常知有己, 此持敬之大略也.〕에서 원용한 듯하다.

34) 泉石: 샘물과 돌이 어우러진 자연의 경치를 의미한다. 窈窕: 궁궐이나 산골자기 따위가 깊숙하고 그윽한 곳을 의미한다.

35) 雲林: 구름이 걸쳐 있는 숲을 가리킨다. 瀟灑: 맑고 깨끗하다, 말쑥하고 멋스럽다 등의 의미이다.

가마는, 중국 사람이 동쪽이라 한 것을 보고 나도 또한 받아들여 동쪽 나라라고 한 것이다.

사홍(士弘: 조의곤)이 사는 작은 언덕은 사홍에게 어찌 왼손이 되었겠는가마는, 한 고을 사람들이 동쪽이라 한 것을 보고 사홍도 또한 받아들여 동쪽 작은 언덕[東塢]이라고 한 것이다. 아! 내 몸을 세워 동쪽을 찾는 자는 천만 명 속에서도 항상 자기 자신이 있음을 안다는 뜻이고, 남의 말을 수용하여 동쪽으로 삼는 자는 자기 자신을 버리고 남을 따른다는 뜻이니, 나는 사홍(士弘)이 이것을 면할 줄 안다. 만약 그 천석(泉石)의 깊고 그윽한 곳과 운림(雲林)의 맑고 깨끗한 곳이라면, 나는 아직 연유하지 못하였다. 그리워하고 상상해서 글을 지을 수가 없다.

경오년(1870) 한 해를 다하며 노하병부(蘆下病夫) 짓다.

■ 시문

次曺士弘(毅坤)四十除夕韻
사홍 조의곤의 「사십제석」 시에 차운하다

老廢吟哦, 來詩不容無答, 步韻以寄.
늙어서 시 읊기를 폐했으나 보내온 시를 답하지 않을 수가 없어서 운을 따라 부쳤다.

七十三年逐水流　칠십삼 년 물 흘가는 대로 갔는데
餘生一似步竿頭　남은 생애 한결같이 백척간두 걷는 듯
無聞聖訓君休怕　무문이란 성인의 가르침 그댄 두려워 말고
勤把新春贖舊秋　근면히 새봄으로 지난날 보상하길

[자료(3)] 고창지역 기정진의 직전과 재전문인

안중섭의 문인[1]

① 김기풍(金箕豊: 1835～1907, 光山人, 자는 敬三, 호는 竹岡. 고창).[2]

② 유준철(柳浚喆: 1859～1918, 高興人, 자는 善明, 호는 錦西).

③ 이집손(李集遜: ?～?, 慶州人, 자는 白麗, 호는 月湖).

④ 최익수(崔益修: ?～?, 慶州人, 자는 仁秀).

⑤ 최동환(崔東煥: 1848～?, 慶州人, 자는 正三, 호는 竹軒).

⑥ 강정기(康正炁: 1849～?, 信川人, 자는 在天, 호는 誠齋).

⑦ 강기필(康基弼: 1856～?, 信川人, 자는 致良, 호는 南岡).[3]

⑧ 강기두(康基斗: 1856～?, 信川人, 자는 致淑, 호는 勇菴).

⑨ 강훤(康烜: 1846～?, 信川人, 자는 益現, 호는 日新堂).

⑩ 강기화(康基華: 1847～?, 信川人, 자는 致中, 호는 野圃).

⑪ 구환서(具煥書: 1848～?, 綾城人, 자는 光彦, 호는 蓮谷).

⑫ 권병학(權丙鶴: 1850～?, 安東人, 자는 儀仲, 호는 鶴南).

⑬ 김상준(金商俊: 1849～?, 慶州人, 자는 道彦).

---

1) 문인은 『蘆沙先生淵源錄』 卷4 「諸家門人編」 〈曺東塢毅坤門人〉(904쪽 상면, 1인), 『松沙儒林淵源錄』 「蓮上安重燮門人」(10전면～10후면, 11인), 『牟陽誌』 등에 의거하였다.

2) 뒷날 기정진의 문하에서 학문을 닦았다. 『牟陽誌』 권2 「聞望」 101쪽 참조.

3) 康基弼은 『松沙儒林淵源錄』에 열한 번째에도 수록되었는데 잘못 기재된 듯하여 뒤쪽 인물은 삭제하였다.

⑭ 유창기(柳昶基: 1849～? 高興人, 자는 亨集, 호는 靑坡).[4]

⑮ 임노태(林魯泰: 1854～?, 平澤人, 자는 冠五, 호는 興南).[5]

⑯ 정규삼(鄭奎三: 1858～1925, 晉陽人, 호는 蕉山).[6]

⑰ 안정수(安鼎壽: ?～?, 竹山人, 자는 公春, 호는 淵谷).[7]

⑱ 김영주(金永周: ?～?, 道康人, 자는 汝洪, 호는 笠齋).[8]

⑲ 안석열(安錫烈: ?～?, 竹山人, 자는 聚敬, 호는 愼庵).[9]

⑳ 안기섭(安基燮: ?～?, 竹山人, 자는 敬肇, 호는 石下).[10]

㉑ 오익휴(吳翊休: ?～?, 咸陽人, 자는 俊瑞, 호는 醉岩).[11]

㉒ 김기종(金箕宗: ?～?, 光山人, 자는 和叔, 호는 愼庵).[12]

정하원의 문인[13]

① 정백원(鄭伯源: 1876～?, 晉州人, 자는 幸彦, 호는 松坡).

---

4) 蘆沙 奇正鎭에게도 수학하였다. 『노사선생연원록』 권3 「선생문인편」(899쪽 하단) 참조.
5) 淵齋 宋秉璿에게도 수학하였다. 『고창의 유교』 이회문화사, 1996년, 302쪽 참조.
6) 『蓮上集』 跋文 참조.
7) 『모양지』 권2 「聞望」(102쪽) 참조.
8) 宋秉璿에게도 수학하였다. 『모양지』 권2 「儒行」 109쪽 참조.
9) 『모양지』 권2 「儒行」 121쪽 참조.
10) 『모양지』 권2 「善行」 121쪽 참조.
11) 『모양지』 권2 「善行」 123쪽 참조.
12) 『모양지』 권3 「孝行」 143쪽 참조.
13) 문인은 『송사유림연원록』 「小靄鄭河源門人」(18전면～20전면, 58인)에 의거하였다.【참고】鄭官源은 족형 정하원에게 수학하였기에 추가하고, 李哲魯는 정하원을 연원으로 두고 있기에 추가하였다. 『고창의 유교』(254쪽), 『송사유림연원록』 「錦坡李哲魯門人」(81후면) 참조.

② 고우진(高佑鎭: 1885～?, 長興人, 호는 石山).

③ 박철환(朴喆煥: 1842～?, 務安人, 자는 明玉, 호는 後亭).

④ 김상기(金商祺: 1835～?, 慶州人, 자는 益瑞, 호는 三省).

⑤ 송경석(宋景錫: 1839～?, 新平人, 자는 致壽, 호는 後隱).

⑥ 이경로(李敬魯: 1842～?, 全義人, 자는 禮仲, 호는 錦湖).

⑦ 정종진(鄭鍾振: 1845～?, 晉州人, 자는 福汝).

⑧ 조현풍(曺炫豊: 1845～?, 昌寧人, 자는 子文, 호는 南塘).

⑨ 이승로(李承魯: 1845～?, 晉州人, 자는 聖壽, 호는 錦下).

⑩ 정일원(鄭一源: 1845～?, 晉州人, 자는 致吾, 호는 槐下).

⑪ 정민원(鄭民源: 1845～?, 晉州人, 자는 國元, 호는 星齋).

⑫ 정휴구(鄭休球: 1846～?, 晉州人, 자는 寬汝, 호는 寓隱).

⑬ 오필환(吳弼煥: 1848～?, 咸陽人, 자는 宗賢, 호는 龍巖).

⑭ 김상일(金商一: 1848～?, 慶州人, 자는 聖範, 호는 玉溪).

⑮ 현대혁(玄大赫: 1849～?, 星州人, 자는 致奎, 호는 晩寤).

⑯ 오원영(吳原泳: 1853～?, 海州人, 자는 一文).

⑰ 김덕환(金德煥: 1865～?, 蔚山人, 자는 成汝, 호는 德齋).

⑱ 김재성(金在聖: 1851～?, 光山人, 자는 良七, 호는 玉峰).

⑲ 정형원(鄭炯源: 1851～?, 晉州人, 초명은 學源, 자는 孔振).

⑳ 이만노(李萬老: 1851～?, 全州人, 자는 成希, 호는 月湖).

㉑ 정명원(鄭明源: 1852～?, 晉州人, 자는 子中, 호는 松南).

㉒ 이종준(李鍾俊: 1853～?, 慶州人, 자는 永化, 호는 智隱).

㉓ 심운택(沈雲澤: 1854～?, 青松人, 자는 權八, 호는 松圃).

㉔ 이풍조(李豊祖: 1854～?, 全義人, 자는 士益).

㉕ 정시묵(鄭時默: 1854～?, 晉州人, 자는 孔道, 호는 聖思).

㉖ 오하근(吳夏根: 1854～?, 海州人, 자는 君佐, 호는 德菴).

㉗ 정규원(鄭珪源: 1854～?, 晉州人, 자는 致瑞, 호는 松南).

㉘ 장봉식(張鳳植: 1855～?, 仁同人, 호는 松菴).

㉙ 천낙유(千洛裕: 1856～?, 穎陽人, 자는 處中, 호는 德隱).

㉚ 박선채(朴鏇采: 1856～?, 務安人, 자는 禹卿, 호는 農隱).

㉛ 정근욱(鄭根郁: 1857～?, 晉州人, 자는 陽秀, 호는 惺庵).

㉜ 정철원(鄭哲源: 1858～?, 晉州人, 자는 道明, 호는 智叟).

㉝ 정정원(鄭鼎源: 1858～?, 晉州人, 자는 致九, 호는 晩槐).

㉞ 유인석(庾仁錫: 1859～?, 茂松人, 자는 德洪, 호는 理齋).

㉟ 이진우(李震宇: 1859～?, 全州人, 자는 化京, 호는 農隱).

㊱ 정성원(鄭聖源: 1859～?, 晉州人, 자는 大中, 호는 栢烏).

㊲ 정휴관(鄭休官: 1859～?, 晉州人, 자는 倍彦).

㊳ 정난수(丁蘭秀: 1860～?, 靈城人, 자는 成玉).

㊴ 정종희(鄭鍾禧: 1861～?, 晉州人, 자는 性寬, 호는 良谷).

㊵ 정종철(鄭鍾喆: 1863～?, 晉州人, 자는 乃承, 호는 松北).

㊶ 유찬열(庾贊烈: 1863～?, 茂松人, 자는 其順).

㊷ 정휴열(鄭休烈: 1863～?, 晉州人, 자는 德昌, 호는 茂槐).

㊸ 전재수(全在守: ?～?, 天安人, 자는 順行, 호는 治圃).

㊹ 정시원(鄭始源: 1862～?, 晉州人, 자는 樂中, 호는 竹塢).

㊺ 박순채(朴舜彩: 1864～?, 務安人, 자는 永國, 호는 慕下).

㊻ 정휴태(鄭休泰: 1865～?, 晉州人, 자는 官國, 호는 松坡).

㊼ 정충원(鄭忠源: 1866～?, 晉州人, 자는 子信, 호는 松塢).

㊽ 박재열(朴在烈: 1866～?, 務安人, 자는 理中, 호는 野軒).

㊾ 정희원(鄭禧源: 1866～?, 晉州人, 자는 成善, 호는 竹山).

⑩ 전성우(全性愚: 1870～?, 天安人, 자는 敬佰, 호는 月井).

⑤ 정남철(鄭南澈: 1878～?, 晉州人, 자는 善文, 호는 垂村).

⑫ 김찬중(金燦中: 1879～?, 光山人, 자는 良三, 호는 晚圃).

⑬ 김영우(金永愚: 1879～?, 金海人, 자는 來化, 호는 南圃).

⑭ 송영기(宋榮璣: 1836～?, 礪山人, 자는 性璣, 호는 後峰).

⑮ 정기원(鄭起源: 1858～?, 晉州人, 자는 聖秀).

⑯ 이희중(李喜中: 1863～?, 光山人, 자는 華卿, 호는 鶴天).

⑰ 오정근(吳正根: ?～?, 海州人, 자는 洛範, 호는 晚悔).

⑱ 전구용(全龜容: ?～?, 天安人, 자는 象一, 호는 丹史).

⑲ 정관원(鄭官源: 1857～1920, 晉州人, 자는 明賢, 호는 龍塢).

⑳ 이철노(李哲魯: ?～?,○人, 호는 錦坡).

(61) 강인선(姜仁善: ?～?)

(62) 이동무(李東武: ?～?)

(63) 서병모(徐炳模: ?～?)

(64) 서병환(徐炳煥: ?～?)

(65) 이용우(李容宇: ?～?)

(66) 김수인(金秀仁: ?～?)

조의곤의 문인[14)]

① 조경승(曺敬承: 1848～?, 昌寧人, 자는 德賢, 호는 栗亭. 고창).

14) 문인은 『노사선생연원록』 권5 「제가문인편」 〈曺東塢毅坤門人〉(905쪽 하면～906쪽 상면, 25인), 『松沙儒林淵源錄』(31후면, 2인), 『모양지』에 의거하였다. 후자의 2인 가운데 鄭警源은 중복되고, 金永基는 중복되지 않는다.

② 조병일(曺秉馹: 1849~?, 昌寧人, 자는 德裕, 호는 方樵. 고창).

③ 조석휴(曺錫休: 1852~?, 昌寧人, 자는 而敬, 호는 無憂堂. 고창).

④ 조용곤(曺鎔坤: 1856~?, 昌寧人, 자는 甫敬, 호는 儉軒. 고창).[15]

⑤ 조경곤(曺景坤: 1857~?, 昌寧人, 자는 正彬, 호는 儉圃. 고창).

⑥ 유윤석(柳允錫: 1863~?, 高興人, 자는 善慶, 호는 春齋. 고창).[16]

⑦ 조홍승(曺洪承: 1867~?, 昌寧人, 자는 文用, 호는 方巖. 고창).[17]

⑧ 김한묵(金翰默: 1867~?, 安東人, 자는 允天, 호는 晦山. 고창).

⑨ 조석일(曺錫一: 1868~?, 昌寧人, 자는 學敬, 호는 梧巖. 고창).[18]

⑩ 정경원(鄭警源: 1871~?, 晉州人, 자는 啓明, 호는 後松. 고창).

⑪ 김준묵(金峻默: 1872~?, 安東人, 자는 穉德, 호는 希齋. 고창).

⑫ 변종혁(卞鍾爀: 1873~1947, 草溪人, 자는 晦叔, 호는 尼山. 고창).[19]

⑬ 강태영(姜泰永: 1873~?, 晉州人, 자는 公魯, 호는 栢軒. 고창).[20]

⑭ 정휴철(鄭休哲: 1874~?, 晉州人, 자는 元明, 호는 東臯).

⑮ 변종원(卞鍾瑗: 1876~?, 草溪人, 자는 仲述, 호는 慕巖. 고창).[21]

⑯ 조병직(曺秉直: 1876~?, 昌寧人, 자는 公裕, 호는 龍齋. 고창).

⑰ 조병의(曺秉宜: 1876~?, 昌寧人, 자는 仁夫, 호는 方軒. 고창).[22]

⑱ 임기만(林基萬: 1878~1962, 平澤人, 자는 定一, 호는 愚軒. 고창).

---

15) 松沙 奇宇萬에게도 수학하였다. 『모양지』 권2 「聞望」(102쪽)에 수록되었다.
16) 『모양지』 권2 「文行」(118쪽)에 수록되었다.
17) 奇宇萬에게도 수학하였다. 『모양지』 권2 「儒行」 110쪽.
18) 『모양지』 권2 「行義」(96쪽)에 수록되었다.
19) 奇宇萬에게도 수학하였다. 『노사선생연원록』 권5 「제가문인편」 〈奇松沙宇萬門人〉(914쪽 상단) 참조. 『모양지』 권2 「學行」(98쪽)에 수록되었다.
20) 崔益鉉과 奇宇萬에게도 수학하였다. 『모양지』 권2 「儒行」 111쪽 참조.
21) 崔益鉉과 奇宇萬에게도 수학하였다. 『모양지』 권2 「儒行」 111쪽 참조.
22) 『모양지』 권2 「儒行」(111쪽)에 수록되었다.

⑲ 조석균(曺錫勻: 1878~?, 昌寧人, 자는 允平, 호는 東巖. 고창).[23)]

⑳ 이인녕(李璘寧: 1879~?, 延安人, 자는 文敬, 호는 水村. 고창).

㉑ 이종덕(李鍾悳: 1879~?, 驪州人, 자는 允明, 호는 愚山. 고창).[24)]

㉒ 서우식(徐愚植: 1881~?, 利川人, 자는 子明, 호는 東山. 고창).[25)]

㉓ 조석영(曺錫永: 1881~?, 昌寧人, 자는 景類, 호는 訥軒. 고창).[26)]

㉔ 이공우(李孔雨: 1882~?, 慶州人, 자는 肅卿, 호는 愼庵. 고창).[27)]

㉕ 김영기(金永基: 1852~?, 海豊人, 자는 仁三).

㉖ 조풍곤(曺豊坤: 1851~?, 昌寧人, 자는 炳三, 호는 斗峯).[28)]

㉗ 조국승(曺國承: ?~?, 昌寧人, 자는 觀謙, 호는 星齋).[29)]

김창환의 문인[30)]

① 김기묵(金基默: 1856~?, 富平人, 자는 元中, 호는 晩軒. 고창).

② 김병조(金秉照: 1861~?, 江陵人, 자는 汝玉, 호는 雲樵. 고창).[31)]

③ 김철수(金喆洙: 1862~?, 光山人, 자는 大一, 호는 桂山. 고창).[32)]

---

23) 奇宇萬에게도 수학하였다. 『모양지』 권2 「文行」(118쪽)에 수록되었다.
24) 奇宇萬에게도 수학하였다. 『송사유림연원록』 「松沙奇宇萬門人」(39후면) 참조.
25) 奇宇萬에게도 수학하였다. 『모양지』 권2 「儒行」 112쪽 참조.
26) 『모양지』 권2 「儒行」(113쪽)에 수록되었다.
27) 『모양지』 권2 「學行」(98쪽)에 수록되었다.
28) 『모양지』 권2 「學行」 96쪽 참조.
29) 『모양지』 권2 「儒行」 107쪽 참조.
30) 문인은 『노사선생연원록』 권4 「제가문인편」 〈金後松琩煥門人〉(906쪽, 6인), 『모양지』 권2 「文行」에 의거하였다.
31) 『모양지』 권2 「文行」(117쪽)에 수록되었다.
32) 『모양지』 권2 「儒行」 109쪽 참조.

④ 조병두(曺秉斗: 1873～?, 昌寧人, 자는 敬七, 호는 農庵. 고창).

⑤ 김태현(金泰鉉: 1879～?, 富平人, 자는 汝章, 호는 南史. 고창).

⑥ 김기관(金基琯: ?～?, 富平人, 자는 浩卿, 호는 鰲川).[33]

김기풍의 문인[34]

① 박봉환(朴鳳煥: 1852～?, 務安人, 자는 舜九, 호는 梧軒).

② 김재신(金在信: 1867～?, 光山人, 자는 權一, 호는 信齋).

③ 박규채(朴奎采: 1872～?, 務安人, 자는 敬文, 호는 湖隱).

④ 박세환(朴世煥: 1883～?, 務安人, 자는 元國, 호는 草亭).

⑤ 김재용(金在鏞: 1883～?, 光山人, 자는 大奎, 호는 退隱).

김이권의 문인[35]

① 김현국(金顯國: 1852～?, 金海人, 자는 洛現, 호는 松齋).

② 김은배(金殷培: 1868～?, 金海人, 자는 聖載, 호는 小松).

③ 임영규(林靈圭: 1868～?, 羅州人, 자는 仲彦, 호는 思峯).

④ 김흥배(金興培: 1869～?, 金海人, 자는 子卿, 호는 松谷).

⑤ 김동순(金東順: 1871～?, 彦陽人, 자는 以鉉, 호는 農隱).

---

33) 『모양지』 권2 「文行」 117쪽 참조.

34) 김기풍은 淵齋 宋秉璿에게 보낸 여러 편의 서한이 문집에 있는 것을 보면, 송병선에게도 배운 듯하다.

35) 문인은 『송사유림연원록』(31후면～32전면, 10인)에 의거하였다.

⑥ 김강일(金康一: 1879～?, 靑道人, 자는 聖中, 호는 止松).

⑦ 김덕용(金德容: 1879～?, 靑道人, 자는 文哉, 호는 南軒).

⑧ 김인일(金仁一: 1888～?, 청도人, 호는 梅山).

⑨ 문창수(文昌秀: 1873～?, 南坪人, 호는 水山).

⑩ 김수봉(金水奉: ?～?, 金海人, 호는 海石).

정학원의 문인[36)]

① 김동식(金東植: 1879～?, 彦陽人, 자는 根豊, 호는 竹坡. 고창).

② 조병만(曺秉萬: 1880～?, 昌寧人, 자는 成一, 호는 晦南. 고창).

③ 정진원(鄭鎭源: 1854～?, 晉州人, 자는 君玉, 호는 敬齋).

④ 이인구(李仁九: 1855～?, 驪州人, 자는 智一, 호는 雲庵).

⑤ 김의회(金義會: 1859～?, 安東人, 자는 元三, 호는 羅岩).

⑥ 박정주(朴廷柱: 1861～?, 忠州人, 자는 良汝, 호는 芝齋).

⑦ 정근수(鄭根洙: 1864～?, 晉州人, 자는 聖儀, 호는 後竹).

⑧ 정근수(鄭根秀: 1866～?, 晉州人, 자는 光淑, 호는 光齋).

⑨ 김봉윤(金鳳潤: 1867～?, 金海人, 자는 德武, 호는 承藍).

⑩ 김성권(金成權: 1872～?, 金寧人, 자는 化淵, 호는 城菴).

⑪ 김중권(金重權: 1873～?, 金寧人, 자는 聖連, 호는 白岩).

⑫ 정인묵(鄭寅默: 1873～?, 晉州人, 자는 元明, 호는 默齋).

36) 문인은 『노사선생연원록』 권4 「제가문인편」 〈鄭竹史學源門人〉(926쪽 상단, 2인), 『송사유림연원록』 「竹史鄭學源門人」(33전면～34후면, 31인), 『전라문화의 맥과 전북인물』(866쪽, 1인)에 의거하였다.

⑬ 문기호(文奇浩: 1873~?, 南平人, 자는 乃京, 호는 敬齋).

⑭ 정근태(鄭根泰: 1875~?, 晉州人, 자는 致淑, 호는 淵湖).

⑮ 김태병(金台炳: 1876~?, 金海人, 자는 采辰, 호는 德岩).

⑯ 김춘권(金春權: 1878~?, 金寧人, 자는 盛昌, 호는 白岩).

⑰ 정준수(鄭晙洙: 1879~?, 晉州人, 자는 鮮明, 호는 晩隱).

⑱ 김기현(金奇鉉: 1881~?, 光山人, 자는 景淑, 호는 晦山).

⑲ 김재인(金在仁: 1882~?, 安東人, 자는 夏京, 호는 栢堂).

⑳ 이재근(李栽根: 1884~?, 光山人, 자는 仁西, 호는 農隱).

㉑ 정창묵(鄭昌默: 1885~?, 晉州人, 자는 鳳振, 호는 一止).

㉒ 변상옥(卞相玉: 1884~?, 草溪人, 자는 京玉, 호는 黃山).

㉓ 정기환(鄭基煥: 1888~?, 晉州人, 자는 邦玉).

㉔ 정일환(鄭一煥: 1876~?, 晉州人, 자는 君明, 호는 野雲).

㉕ 김재복(金在福: 1889~?, 安東人, 자는 德弘, 호는 岩隱).

㉖ 정차묵(鄭且默: 1890~?, 晉州人, 자는 聖演, 호는 農隱).

㉗ 정근수(鄭根琇: 1890~?, 晉州人, 자는 國明, 호는 素齋).

㉘ 김수현(金洙鉉: 1890~?, 安東人, 자는 俊巨, 호는 栢菴).

㉙ 김기회(金琪會: 1891~?, 安東人, 호는 竹圃).

㉚ 정근적(鄭根積: 1892~?, 晉州人, 자는 春京, 호는 春齋).

㉛ 김수종(金洙鍾: 1892~?, 安東人, 자는 俊龍, 호는 愼菴).

㉜ 정근량(鄭根亮: 1899~?, 晉州人, 자는 祥振, 호는 南陽).

㉝ 강수암(姜秀岩: ?~?, 晉州人, 자는 丙文, 호는 龍岡).

㉞ 정근영(鄭根永: 1869~1920, 晉州人, 자는 伯賢, 호는 眞庵·藥峰).[37]

37) 『전라문화의 맥과 전북인물』에 의하면, 정근영은 孔學源의 문하에서 수학하였고, 한때 동학에도 몸담기도 하였으며, 뒤에 海州觀察府 主事를 지냈

유창기의 문인[38)]

① 유정기(柳定基: 1876～?, 高興人, 자는 成運, 호는 午川. 고창).

② 윤병연(尹秉衍: 1883～?, 南原人, 자는 性培, 호는 南坡. 고창).

③ 서양곤(徐陽坤: 1884～?, 利川人, 자는 斗奉, 호는 正隱. 고창).

④ 유용선(柳容善: 1887～?, 高興人, 자는 承萬, 호는 淸谷. 고창).

⑤ 유태선(柳泰善: 1894～?, 高興人, 자는 和日, 호는 石沙. 고창).

⑥ 유영선(柳泳善: 1897～?, 高興人, 자는 永雨. 고창).

⑦ 김병규(金炳圭: 1896～?, 金寧人, 자는 秉澤, 호는 晩松).

⑧ 김진형(金鎭瑩: 1906～?, 寧人, 자는 仁化, 호는 晩庵).

박정림의 문인[39)]

① 이경환(李瓊煥: ?～?, 咸平人).

② 이인녕(李璘寧: ?～?, 延安人).

다. 문집으로는 『眞庵見聞錄』(필사본 1책)이 있다.

38) 유창기는 기정진과 안중섭에게 수학하였다. 그의 문인은 『노사선생연원록』 권4 「제가문인편」 〈鄭竹史學源門人〉(926쪽 상단, 6인), 『송사유림연원록』 「青坡柳昶基門人」(79전면, 2인)에 의거하였다.

39) 문인은 『고창의 정자문화』(고창문화원, 2010년, 115～116쪽)에 의거하였다.

정휴명의 문인[40)]

① 정동원(鄭棟源: 1886～?, 晉州人, 자는 履敬, 호는 松友).

② 정필원(鄭必源: 1887～?, 晉州人, 자는 奇澤).

③ 정휴봉(鄭休鳳: 1890～?, 晉州人, 자는 仁洪, 호는 松谷).

④ 정명도(鄭明燾: 1892～?, 晉州人, 자는 玄燾, 호는 閒圃).

⑤ 정동원(鄭東源: 1893～?, 晉州人, 초명 乳源).

⑥ 정휴진(鄭休鎭: 1896～?, 晉州人, 자는 聖述, 호는 西溪).

⑦ 주식용(周植榕: 1896～?, 尙州人, 자는 誠一, 호는 慕齋).

⑧ 전근호(全根鎬: 1897～?, 天安人, 자는 文燮, 호는 蓮湖).

⑨ 정휴봉(鄭休奉: 1901～?, 晉州人, 초명은 東殷).

⑩ 정복휴(鄭福休: 1905～?, 晉州人, 자는 大集, 호는 松坡).

⑪ 유봉구(庾鳳求: 1908～?, 茂松人, 자는 達敬, 호는 星坡).

⑫ 정휴수(鄭休狩: 1873～?, 晉州人, 자는 耕輔, 호는 惜陰).

⑬ 정휴섭(鄭休燮: 1851～?, 晉州人, 자는 公彬, 호는 松隱).

⑭ 정석환(鄭碩煥: 1853～?, 晉州人, 초명은 炳默).

나원기의 문인[41)]

① 김순태(金舜泰: 1891～?, 金海人, 자는 奉敬, 호는 耕隱. 고창).

40) 문인은 『송사유림연원록』 「有村鄭休明門人」(69전면～69후면, 14인)에 의거하였다.

41) 문인은 『노사선생연원록』 권4 「제가문인편」 〈羅講信齋元基門人〉(929쪽)에 의거하였다.

② 정문백(鄭文伯: 1895～?, 慶州人, 자는 判用, 호는 忍庵. 고창).

이병규의 문인[42]

① 김영규(金永奎: 1855～?, 鑛山人, 자는 德潤, 호는 沙洲).

② 김창균(金昌均: 1856～?, 金海人, 자는 振三, 호는 月軒).

③ 배종응(裵鍾應: 1861～?, 慶州人, 자는 正三, 호는 竹軒).

④ 이상순(李相順: 1872～?, 慶州人, 자는 碩甫, 호는 月谷).

김덕조의 문인[43]

① 김홍조(金洪祚: 1853～?, 光山人, 자는 國振, 호는 菊齋).

② 김태원(金泰元: 1854～?, 光山人, 자는 聖心, 호는 荷塘).

③ 김기선(金箕鮮: 1861～?, 光山人, 자는 致明, 호는 竹軒).

42) 이병규는 『노사선생연원록』에 보이지 않고 『송사유림연원록』 「蘆沙奇正鎭門人」(12면 후면)에 보인다. 그 문인은 『송사유림연원록』 26전면과 35후면 두 곳에 있는 바, 이에 의거하였다.

43) 김덕조는 『노사선생연원록』에 보이지 않고, 『송사유림연원록』 「蘆沙奇正鎭門人」(12후면)에 보인다. 그의 문인은 『송사유림연원록』 「晩悟堂金德祚門人」(33전면, 3인)에 의거하였다.

이용좌의 문인[44)]

① 김재헌(金在憲: 1829~?, 靑道人, 자는 宇京, 호는 澗雲).

② 이휘재(李徽載: 1834~?, 慶州人, 자는 致順, 호는 遠堂).

오성환의 문인[45)]

① 김재준(金在峻: 1885~?, 安東人, 자는 起雲, 호는 龍溪).

② 김기순(金記淳: 1862~?, 金海人, 자는 黃一, 호는 笑河).

③ 김덕진(金德震: 1862~?, 金海人, 자는 士彦, 호는 竹彦).

④ 조두석(趙斗奭: 1871~?, 稷山人, 자는 天裕, 호는 芝谷).

⑤ 오재섭(吳在灄: 1876~?, 海州人, 자는 丙先, 호는 樵隱).

⑥ 한기연(韓基連: 1893~?, 淸州人, 자는 百祿, 호는 牛峰).

⑦ 오재풍(吳在豊: 1884~?, 海州人, 자는 仲奎, 호는 丙史).

---

44) 이용좌는 『노사선생연원록』에 보이지 않고, 『송사유림연원록』 「노사기정진문인」(13후면)에 보인다. 그의 문인은 『송사유림연원록』 「후천이○○문인(後泉李○○門人)」(37전면, 2인)에 의거하였다. 호 후천(後泉)과 성씨 이(李)는 「노사기정진문인」(13후면)에서 기록한 것과 같다.

45) 오성환은 『노사선생연원록』 권3 「선생문인편」에 보이지 않고, 『송사유림연원록』 「노사기정진문인」(14후면)에 보인다. 그의 문인은 「獨成齋吳成煥門人」(26후면~27전면, 7인)에 의거하였다.

김기남의 문인[46)]

① 김준현(金俊鉉: 1884∼?, 光山人, 자는 成烈, 호는 晩悔).

② 김재팔(金在八: 1890∼?, 光山人, 자는 士一, 호는 巽堂).

유구현의 문인[47)]

① 유채현(庾埰鉉: 1872∼?, 茂松人, 자는 輝瑞).

② 유정봉(庾政鳳: 1873∼?, 茂松人, 자는 乃京, 호는 松溪).

③ 김기현(金箕現: 1876∼?, 光山人, 자는 性初, 호는 石溪).

④ 유인봉(庾仁鳳: 1881∼?, 茂松人, 자는 順五, 호는 蓮堂).

⑤ 유윤봉(庾允鳳: 1882∼?, 茂松人, 자는 乃三, 호는 農隱).

⑥ 박문순(朴文淳: 1882∼?, 密陽人, 자는 正允, 호는 月菴).

⑦ 김기열(金箕烈: 1883∼?, 商山人, 자는 貞汝, 호는 松岡).

⑧ 유동준(庾東璿: 1885∼?, 茂松人, 자는 敬玉, 호는 晦谷).

⑨ 박정순(朴正淳: 1885∼?, 密陽人, 자는 幸洙, 호는 松谷).

⑩ 유병철(庾炳哲: 1886∼?, 茂松人, 자는 貞義, 호는 松庵).

⑪ 유기현(庾琪鉉: 1887∼?, 茂松人, 자는 華玉, 호는 醉峯).

⑫ 최기학(崔基學: 1888∼?, 廣州人, 자는 贊文, 호는 南岡).

46) 김기남은 『노사선생연원록』에 보이지 않고, 『송사유림연원록』 「노사기정진문인」(15후면)에 보인다. 그의 문인은 「南坡金箕南門人」(56전면, 2인)에 의거하였다.

47) 유구현은 『노사선생연원록』에 보이지 않고, 『송사유림연원록』 「노사기정진문인」(15후면)에 보인다. 그의 문인은 「洛史庾九鉉門人)」(51전면∼후면, 17인)에 의거하였다.

⑬ 이종실(李鍾實: 1895~?, 全義人, 자는 允玉, 호는 梅友).

⑭ 유찬봉(庾瓚鳳: 1897~?, 茂松人, 자는 國瑞, 호는 陽齋).

⑮ 유병현(庾炳鉉: 1898~?, 茂松人, 자는 子允, 호는 南岡).

⑯ 김공수(金工洙: 1899~?, 金海人, 자는 贊秀, 호는 沙隱).[48]

⑰ 유동준(庾東濬: 1901~?, 茂松人, 자는 和春, 호는 竹齋).

⑱ 유동식(庾東植: 1880~1952, 平山人, 자는 文明, 호는 愼齋).

이병용의 문인[49]

① 김흥섭(金興燮: 1874~?, 金海人, 자는 德洪, 호는 榮菴).[50]

② 박행을(朴幸乙: 1897~?, 咸陽, 자는 用典, 호는 石坡).

---

48) 警庵 李元燮에게도 수학하였다. 『송사유림연원록』 「警庵李元燮門人」(78후면) 참조.

49) 이병용은 『노사선생연원록』과 『송사유림연원록』 「노사 기정진 문인」에 보이지 않는다. 다만 그의 문인을 기록한 표제(「이병용문인」) 다음에 노사 기정진 연원이라고 되었기에 포함하였다.

50) 김흥섭의 호는 "榮菴"과 "靈庵"이 있다. 문인조는 후자로 기재하였다.

참고문헌

高光洵, 『鹿川遺稿』; 奇陽衍, 『柏石軒遺集』; 奇宇萬, 『松沙集』.
고영진, 『조선시대 사상사를 어떻게 볼 것인가』 풀빛, 1999년.
權命熙, 『三畏齋文集』, 국립중앙도서관 소장본.
권오영, 『조선후기 유림의 사상과 활동』, 돌베개, 2003년.
金魯洙 編, 『扶闢錄』, 서울대학교 규장각 소장본.
琴章泰·高光植, 『儒學近百年』 박영사, 1984년.
奇正鎭, 『蘆沙先生全集』, 보경문화사, 1983년.
______, 『蘆沙集』(『韓國文集叢刊』 310), 민족문화추진회, 2003년.
______, 『答問類編』(『蘆沙先生文集』 수록), 아성문화사, 1976년.
______, 『蘆沙先生文集』, 아성문화사, 1976년.
______, 『蘆沙集』(『韓國文集叢刊』 310), 민족문화추진회, 2003년.
奇浩元, 『省齋奇參衍先生傳』 한국문화사, 1990년.
金錫龜, 『大谷遺稿』; 羅燾圭, 『德巖漫錄』; 李光秀, 『玉山集』.
金容燮, 『韓國近代農業史硏究』 일조각, 1978년.
金平默, 『重菴集』(『韓國文集叢刊』 320), 민족문화추진회, 2003년.
南廷瑀, 『立巖文集』, 경상대학교 문천각 소장본.
다카하시 도루 지음, 『조선의 유학』, 소나무, 1999년.
류승국, 『한국의 유교』, 세종대왕기념사업회, 1976), 243쪽.
李 柬, 『巍巖遺稿』[『韓國文集叢刊』 190], 민족문화추진회, 1997년.
李 榘, 『活齋集』(『韓國文集叢刊』 續 32), 민족문화추진회, 2007년.
李圭晙, 『石谷心書』, 국립중앙도서관 소장본.
李 珥, 『栗谷全書』(『韓國文集叢刊』 44), 민족문화추진회, 1990년.
李 瀷, 『李子粹語』(『退溪全書』 續), 成均館大學校 大東文化硏究院, 1971년.
李震相, 『寒洲集』(『韓國文集叢刊』 317), 민족문화추진회, 2003년.

李最善, 『石田集』; 吳駿善, 『後石遺稿』; 鄭載圭, 『老柏軒集集』.
李玄逸, 『葛庵集』(『韓國文集叢刊』 128), 민족문화추진회, 1994년.
李　滉, 『退溪集』(『韓國文集叢刊』 29), 민족문화추진회, 1989년.
武內義雄, 이동희 역, 『중국사상사』, 여강출판사, 1987년.
미조구치 유조 지음, 최진석 옮김, 『개념과 시대로 읽는 중국사상 명강의』, 소나무, 2004년.
박학래, 『기정진, 한말 성리학의 거유』, 성균관대학교출판부, 2008년.
배종호, 『한국유학사』, 연세대학교출판부, 1985년.
______, 『韓國儒學의 哲學的 展開』 下, 연세대학교출판부, 1985년.
徐敬德, 『花潭集』(『韓國文集叢刊』 24), 민족문화추진회, 1988년.
宋秉珣, 『心石齋集』, 국립중앙도서관 소장본.
안진오, 『호남유학의 탐구』, 이화문화사, 1996년.
禹仁秀, 『朝鮮後期 山林勢力研究』 일조각, 1999년.
友枝龍太郎, 『朱子の思想形成』, 東京: 春秋社, 1969년.
劉明鍾, 『朝鮮後期 性理學』, 이문출판사, 1985년.
유봉학, 『燕巖一派 北學思想研究』 일지사, 1995년.
______, 『조선 후기 학계와 지식인』 신구문화사, 1998년.
윤사순, 『한국유학사』 하, 지식산업사, 2013년.
이동희, 『한국의 철학적 사유의 전통ㅡ화이트헤드와 성리학의 만남』, 대구: 계명대출판부, 1999년.
이병도, 『한국유학사』, 아세아문화사, 1989년.
이상익, 『기호성리학연구』, 한울아카데미, 1998년.
李　珥, 『栗谷全書』, 成均館大學校 大東文化研究院, 1959년.
李震相, 『寒洲集』, 아세아문화사, 1980년.
이향준, 『조선의 유학자들 켄타우로스를 상상하며 리와 기를 논하다』, 예문서원, 2011년.
李　滉, 『退溪全書』, 成均館大學校 大東文化研究院, 1958년.

任聖周, 『鹿門集』(『韓國文集叢刊』 228), 민족문화추진회, 1999년.

임형택, 『문명의식과 실학』, 돌베개, 2009년.

장지연, 『조선유교연원』, 아세아문화사, 1973년.

蔣華植, 『復菴文集』, 국립중앙도서관 소장본.

錢 穆, 『朱子新學案』[全5冊], 臺北: 三民書局, 中華民國 67년.

田 愚, 『艮齋集』(『韓國文集叢刊』 332), 민족문화추진회, 2004년.

鄭時林, 『月坡集』, 국립중앙도서관 소장본.

丁時翰, 『愚潭集』(『韓國文集叢刊』 126), 민족문화추진회, 1994년.

鄭載圭, 『老柏軒集』, 국립중앙도서관 소장본.

趙性家, 『月皐文集』, 국립중앙도서관 소장본.

최영성, 『한국유학통사』(하), 심산, 2006년.

_____, 『한국유학사상사』(Ⅴ), 아세아문화사, 1997년.

崔英成, 『韓國儒學思想史』, 아세아문화사, 1997년.

韓元震, 『南塘先生文集』(『韓國文集叢刊』 201), 민족문화추진회, 1998년.

_____, 『주자언론동이고』, 곽신환 역주, 소명, 2003년.

_____, 『朱子言論同異攷』(『南塘集』 수록), 아성문화사, 1976년.

현상윤 저·이형성 교주, 『현상윤의 조선유학사』, 심산, 2010년.

_____, 『조선유학사』, 민중서관, 1949년(1982년 현암사에서 재간행).

_____, 『조선유학사』, 민중서림, 1976년.

_____, 『조선유학사』, 현음사, 1982년.

화이트헤드, 류기종 옮김, 『종교론』, 종로서적, 1986년.

_________, 오영환 역, 『과학과 근대세계』, 서광사, 1991년.

『고창의 유교』(고창군), 이회문화사, 1996년

『南塘集』(『韓國文集叢刊』 201～202), 민족문화추진회, 1998년.

『蘆沙文集』, 아성문화사, 1976년.

『大漢和辭典』, 日本: 大修館書店, 1966년.

『東塢遺稿』(『韓國近代文集選刊』), 한국학호남진흥원, 2019년.

『禮記集說』(『文淵閣四庫全書』 117～120, 禮 3), 臺灣商務印書館, 中華民國 75년.
『蘆沙先生文集』, 아성문화사, 1976년.
『蘆沙先生全集』, 보경문화사, 1983년.
『栗谷全書』, 成均館大學校 大東文化硏究院, 1959년.
『孟子字義疏證』(『戴東原先生全集』 수록), 臺北: 大化書局, 中華民國 67년.
『性理大全』, 보경문화사, 1984년.
『易傳』(『周易傳義大全』), 보경문화사, 1983년.
『巍巖遺稿』(『韓國文集叢刊』 190), 민족문화추진회, 1997년.
『二程全書』, 보경문화사, 1986년.
『二程集』, 臺北: 漢京文化事業有限公司, 1983년.
『朱子大全』, 경문사, 1977년.
『朱子大全』, 중화당, 1994년.
『朱子語類』 北京: 中華書局, 1986년.
『朱子語類』, 경문사, 1977년.
『中文大辭典』, 대북: 中華學術院印行, 中華民國 62년.

권수용, 「노사학파의 누정 건립활동 연구」, 『석당논총』 제49집(석당학술원), 2011년.
金根浩, 「華西 李恒老의 理學的 心論 연구」, 고려대학교 대학원, 박사학위논문, 2008년.
金炯瓚, 「理氣論의 一元論化 연구－鹿門 任聖周와 蘆沙 奇正鎭을 중심으로」, 고려대 박사학위논문, 1996년.
김낙진, 「만물일체론과 인물성동이론을 통해 본 明 儒學과 朝鮮 儒學의 비교」, 『유교사상연구』 제39집, 한국유교학회, 2010년.
김봉곤, 「노사 기정진 사상의 형성과 위정척사운동」, 『조선시대사학보』 30, 조선시대사학회, 2004년.

______, 「호남지역의 기정진 문인집단의 분석」, 『호남문화연구』 제44집, 호남학연구원, 2009년.

김　현, 「녹문 임성주의 사상 연구」, 고려대학교 박사학위논문, 1991년.

김형찬, 「理氣論의 一元論化 연구－鹿門 任聖周와 蘆沙 奇正鎭을 중심으로」, 고려대학교 대학원 박사학위논문, 1996년.

______, 「이기론의 일원론화 연구」, 고려대학교 박사학위논문, 1996년.

노관범, 「19세기 후반 호서산림의 위상과 '正學' 운동—淵齋 宋秉璿(1836～1905)을 중심으로」, 『한국사론』 38, 서울대학교 인문대학 국사학과, 1997년.

李相益, 「기정진 성리학의 재검토」, 『철학』 제52집, 한국철학회, 1997년 가을.

______, 「畿湖性理學에 있어서 理의 主宰問題」, 『철학』 제55집, 한국철학회, 1998년 봄.

______, 「洛學에서 北學으로의 思想的 發展」, 『철학』 제46집, 한국철학회, 1996년 봄.

朴圭榮, 「蘆沙 奇正鎭의 理一分殊 研究」 연세대 석사학위논문, 1993년.

박학래, 「근현대 湖南儒學의 地形과 전개 양상-도학 계열 문인 집단의 형성과 지역별 분포에 주목하여」, 『동양고전연구』 제78집(동양고전학회), 2020년.

______, 「기정진의 '납량사의'를 둘러싼 기호학계의 논쟁」, 『유교사상문화연구』, 39, 2010년.

______, 「노사 기정진 성리설을 둘러싼 기호학계의 논쟁: 猥筆을 중심으로」, 『민족문화연구』 48, 2008년.

______, 「蘆沙 奇正鎭 哲學思想 研究」, 고려대학교 대학원, 박사학위논문, 2001년.

______, 「노사 기정진의 성리설을 둘러싼 기호학계의 논쟁—「외필」을 중심으로」, 『민족문화연구』 48호, 고려대학교 민족문화연구원,

2008년.

______, 「노사학 연구의 현황과 과제-한국 철학계의 연구를 중심으로-」, 『동양고전연구』 제70집, 동양고전학회, 2018년.

______, 「노사학파의 지역적 전개양상과 사상적 특성」, 『국학연구』 제15호(한국국학진흥원), 2009년.

______, 「蘆沙 奇正鎭의 성리설을 둘러싼 기호학계의 논쟁」, 『민족문화연구』 48집, 고려대 민족문화연구원, 2008년.

______, 「蘆沙學 硏究의 現況과 課題」, 『동양고전연구』 70집, 동양고전학회, 2018년.

宋寅昌, 「蘆沙 奇正鎭의 哲學과 現實認識」 『大田大學論文集』 2, 1983년.

안영상, 「매산 홍직필의 인물성론과 명덕설」 『인성물성론』, 한국사상사연구회편, 한길사, 1994년.

______, 「외암 인간의 인물성동론과 이성이심론」, 『인성물성론』, 한국사상사연구회 편, 한길사, 1994년.

안종수, 「리와 기에 대한 라이프니츠와 기정진의 해석」, 『철학연구』 제72집, 대한철학회, 1999년.

安晋吾, 「奇蘆沙 理哲學에 관한 硏究－理一分殊의 哲學體系를 中心으로－」, 동국대 박사, 1988년.

야스다 지로 지음, 이원석 옮김, 『주자와 양명의 철학』, 논형, 2012년.

吳錫源, 「華西學派의 心說論爭에 대한 고찰」 『朝鮮朝 儒學思想의 探究』 여강출판사, 1988년.

友技龍太郎, 「朱子」, 『講座東洋思想(2)』[宇野精一 編], 東京大學出版會, 1967년.

劉明鐘, 「大谷 金錫龜의 학문방법과 理氣心性說」 『蘆沙學派의 唯理哲學과 倫理的 實踐性向』 한국동양철학회 동계학술대회, 1998년.

俞成翰, 「石田 李最善 硏究」, 조선대 석사학위논문, 2001년.

윤사순, 「인성 물성 동이논변에 대한 사상사적 고찰」, 1999년 동양철학회 하계 학술대회 발표논문.
_____, 「朝鮮末期 主理派 思想의 意義」, 『東洋學國際學術會議論文集』 2.1, 성균관대 대동문화연구원, 1980년.
_____, 「朝鮮末期 主理派의 現實 實踐觀」 『한국유학사상론』 열음사, 1986년.
_____, 「寒洲 李震相의 性理學的 '心卽理說'」, 『孔子學』 제20호, 한국공자학회, 2011년.
李坰丘, 「金昌翕의 學風과 湖洛論爭」 『韓國史論』 36 1996년.
_____, 「영조-순조 연간 호락논쟁의 전개」, 『한국학보』 제93집, 일지사, 1998년.
李起洵, 「奇蘆沙의 思想과 文學」, 고려대 석사학위논문, 1991년.
이동희, 「녹문 임성주 유기론의 과정철학적 의미 고찰」, 『철학논총』 제32집 제2권, 새한철학회, 2003년.
李相寔, 「韓末의 民族運動—長城地方의 義兵活動을 중심으로—」 『人文科學』 2, 목포대, 1985년.
이상은, 「퇴계의 생애와 학문」, 『李相殷先生全集』 2, 예문서원, 1998년.
이상익, 「기정진 성리학의 재검토」, 『철학』 52, 한국철학회, 1997년.
이상호, 「노사 기정진의 성리설에 대한 재검토」, 『유교사상연구』 제7집, 유교학회, 1994년.
_____, 「朝鮮性理學派의 性理說 分化에 관한 研究」, 성균관대 박사학위논문, 1993년.
李離和, 「斥邪衛正論의 批判的 檢討—華西 李恒老의 所論을 中心으로—」, 『韓國史研究』 18, 1977년.
이천승, 「율곡 학파의 수양론에 관한 연구」, 『유교사상연구』 35집, 2009년.
李澤徽, 「朝鮮後期 斥邪論議의 展開와 그 意義」 『朝鮮朝政治思想研究』

韓國政治外交史學會論叢, 제4집, 평민사, 1987년.
이향준, 「「외필(猥筆)」의 기원(起源)」, 『유학연구』 51집, 충남대 유학연구소, 2020년.
정병련, 「栗溪 鄭琦의 학통과 학술적 특성」 『蘆沙學派의 唯理哲學과 倫理的 實踐性向』 한국동양철학회 동계학술대회, 1998년.
______, 「湖南知性의 人脈과 學脈」, 『茶山學報』 16, 1998년.
趙南旭, 「老柏軒 鄭載圭의 학파적 位相과 思想」 『蘆沙學派의 唯理哲學과 倫理的 實踐性向』, 한국동양철학회 동계학술대회, 1998년.
趙東杰, 「鹿川 高光洵義兵將의 戰迹地 紀行」, 『韓國近代史의 試鍊과 反省』, 지식산업사, 1989년.
趙成山, 「18세기 湖洛論爭과 老論 思想界의 分化」 『韓國思想史學』 8, 1997년.
崔英辰, 「蘆沙 奇正鎭의 理一分殊說에 관한 고찰」, 『朝鮮朝 儒學思想의 探究』, 여강출판사, 1988년
河岐洛, 「主理論의 展望」, 『哲學研究』 제32집, 韓國哲學研究會, 1981년.
洪英基, 「蘆沙學派의 형성과 衛正斥邪運動」 『한국근현대사연구』 10, 1999년.
______, 「韓末 湖南義兵의 蜂起와 그 活動」 『湖南精神과 國家發展』 다산학 학술세미나 자료집, 1997년.

※ 고창지역 기정진의 문인과 유물유적 조사 자료는 아래와 같다.

◦ 『蘆沙先生淵源錄』 【참고】 『노사선생연원록』은 1960년(庚子) 장성(長城) 담대헌(澹對軒)에서 발행되었다. 『노사선생연원록』은 1983년 보경문화사에서 영인하였다.
◦ 茂長鄉校 編, 『松沙儒林淵源錄』, 茂長鄉校 1967년.

◦ 柳浩錫이 1963년에 편찬한 『모양지(牟陽誌)』, 1963년.
◦ 『興城誌』, 홍인문화사, 2004년.
◦ 『高敞鄕校誌』, 호남문화사, 2005년.
◦ 『茂長鄕校誌』, 호남문화사, 2004년.
◦ 『興德鄕校誌』, 호남문화사, 2004년.
◦ 高敞三鄕誌編纂委員會, 『高敞三鄕誌』, 호남문화사, 1991년.
◦ 고창문화원 편, 『고창의 정자문화』, 고창군·고창문화원, 2010～2015년.
◦ 고창군 편, 『高敞의 儒教』, 이회출판사, 1996년.
◦ 전북향토문화연구회 편, 『全北의 旌閭·忠孝烈碑』, 신아출판사, 2000년.
◦ 한국문화원연합회 전북도지회, 『전북의 정려비각(충·효·열) 자료집』, 신아출판사, 2009년.
◦ 전라북도향교재단 편, 『全北鄕校院宇大觀』, 이회출판사, 1994년.
◦ 전북향토문화연구회 편, 『全北의 樓亭』, 신아출판사, 2000년.
◦ 전북대학교 전라문화연구소, 『全羅文化의 脈과 全北人物』, 대흥정판사, 1990년.
◦ 호남한문학연구소, 『20세기 호남 한문문집 간명해제』, 경인문화사, 2007년.
◦ 유교사전편찬위원 편, 『유교대사전』(현황편), 박영사, 1990년.
◦ 국립중앙도서관, 호남기록문화유산, 국가전자도서관, 한국고전적종합목록시스템 등의 인터넷 웹 서버를 통해 기정진 문인의 저서유무를 일일이 조사하였다. 국가전자도서관과 한국고전적종합목록시스템은 국내 대학 도서관과 연결되었다.

윤사순(尹絲淳)

고려대학교 철학과 졸업, 동대학원 철학과 졸업(철학박사)
한국공자학회 회장·한국동양철학회 회장 역임
현재 대한민국 학술원 회원 겸 고려대학교 명예교수
저서: 『한국유학사』(상·하), 『퇴계철학의 연구』, 『실학의 철학적 특성』
『조선, 도덕의 성찰—조선시대 유학의 도덕철학』 외
논문: 「인성물성의 동이논변에 대한 연구」
「사단칠정론의 윤리적 성격에 대한 성찰」 외

이동희(李東熙)

성균관대학교 유학과 졸업, 동대학원 동양철학과 졸업(철학박사)
동양철학연구회 회장, 한국동양철학회 회장 역임
현재 계명대학교 명예교수
저서: 『조선조 주자학의 철학적 사유와 쟁점』, 『주자—동아시아 세계관의 원천』
『주자학 신연구』, 『화이트헤드의 과정철학과 조선조 성리학』 외
논문: 「라이프니츠에 있어서 중국철학 수용과정에 대한 연구」
「牛溪 成渾의 性理說과 조선후기 '折衷派'」 외

최영진(崔英辰)

성균관대학교 유학과 졸업, 동대학원 동양철학과 졸업(철학박사)
중국사회과학원 객좌교수, 율곡학회 회장, 한국주자학회 회장 역임
현재 성균관대학교 명예교수
저서: 『유교사상의 본질과 현재성』, 『조선조 유학사상사의 양상』
『한국성리학의 발전과 심학적·실학적 변용』 외
논문: 「노사 기정진의 사단칠정론에 대한 고찰」
「「태극도설」에 대한 남당의 이기론적 해석체계」 외

박학래(朴鶴來)

고려대학교 철학과 졸업, 동대학원 철학과 졸업(철학박사)
현재 군산대학교 역사철학부 교수
저서: 『기정진 철학사상 연구』, 『기정진: 한말 성리학의 거유』 외
논문: 「蘆沙學派의 形成과 蘆沙學의 繼承」
「蘆沙學派의 理氣論—田愚의 蘆沙說 비판에 대한 鄭載圭의 반비판을 중심으로」 외

이향준(李向俊)

전남대학교 철학과 졸업, 동대학원 철학과 졸업(철학박사)
현재 전남대학교 학술교수
저서: 『조선의 유학자들 켄타우로스를 상상하며 리와 기를 논하다』,
『인지유학의 철걸음』 외
논문: 「'인승마(人乘馬)' 은유의 형성과 변형」
「이발설(理發說)과 은유: 체험주의적 분석의 필요성」 외

이천승(李天承)

성균관대학교 한국철학과 졸업, 동대학원 동양철학과 졸업(철학박사)
현재 성균관대학교 유학대학 교수
저서: 『농암 김창협의 철학사상 연구』, 『월령과 국가』(공저) 외
논문: 「간재 전우의 도덕심 계발과 유교문화 전승」
「이간과 한원진의 심성논변 전개과정과 철학적 함의」 외

이상익(李相益)

성균관대학교 한국철학과 졸업, 동대학원 동양철학과 졸업(철학박사)
현재 부산교육대학교 윤리교육과 교수
저서: 『서국의 충격과 근대 한국사상』, 『朱子學의 길』
『韓國性理學史論』(1·2), 『畿湖性理學研究』, 『사람의 길, 文明의 꿈』 외
논문: 「栗谷에 있어서 理와 氣의 相互主宰와 그 의의」
「丁若鏞의 倫理思想에 대한 朱子學的 反論」 외

고영진(高英津)

서울대학교 국사학과 졸업, 동대학원 국사학과 졸업(문학박사)
현재 광주대학교 관광학부 교수
저서: 『조선중기 예학사상사』, 『조선시대 사상사를 어떻게 볼 것인가』
『호남사림의 학맥과 사상』 외
논문: 「16세기 후반 喪祭禮書의 發展과 그 意義」
「16-17세기 예학의 지역적 분화과정과 그 특징」 외

이형성(李炯性)

전주대학교 한문교육과 졸업, 성균관대학교 대학원 동양철학과 졸업(철학박사)
현재 전남대학교 학술교수.
저서: 『한주 이진상의 철학사상』, 『한주 이진상 연구』(공저) 외
논문: 「寒洲學派 性理學의 지역적 전개양상과 사상적 특성」
「頤齋 黃胤錫의 洛學 繼承的 性理說 一攷」 외

전남대학교 철학연구교육센터 근대호남유학연구 총서 1

노사 기정진의 철학 사상

인 쇄 2021년 6월 15일
발 행 2021년 6월 21일

저 자 윤사순·이동희·최영진·박학래·이향준
이천승·이상익·고영진·이형성

발행인 정성택
발행처 전남대학교출판문화원

등 록 1981. 5. 21. 제53호
주 소 61186 광주광역시 북구 용봉로 77
전 화 (062) 530-0571~2
마케팅 (062) 530-0573
팩 스 (062) 530-0579
홈페이지 http://www.cnup.co.kr
이메일 cnup0571@hanmail.net

값 20,000 원

ISBN 978-89-6849-819-0 (93800)

이 저서는 2019년 대한민국 교육부와 한국연구재단의 지원을 받아 수행된 연구임
(NRF-2019S1A5C2A02082534)